W0172762

SPORT
VERLAG

Nikolai Krogius

Schach für Einsteiger
33 Lektionen

Mitarbeit: Anatoli Mazukewitsch

Sportverlag Berlin

Krogius, Schach für Einsteiger – 33 Lektionen

Übersetzung aus dem Russischen:
Otto Dietze

Krogius, Nikolaj Vladimirovič:
Schach für Einsteiger – 33 Lektionen / Nikolai Krogius. Mitarb.:
Anatoli Mazukewitsch. [Übers. aus d. Russ.: Otto Dietze] – 1. Aufl.
– Berlin : Sportverl., 1992

ISBN 3-328-00432-7

© Sportverlag GmbH Berlin 1992
Erste Auflage
Einband: Theodor Bayer-Eynck
Einbandfoto: Mechthild Wilhelmi
Printed in Germany
Satz: Graphischer Großbetrieb Pößneck GmbH
Ein Mohndruck-Betrieb
Druck und Bindung: Mohndruck Graphische Betriebe GmbH, Gütersloh

Inhalt

Vorwort

Anleitungen über den Anfangsunterricht gibt es viele. Und dennoch habe ich von Menschen der unterschiedlichsten Altersgruppen und Berufe immer wieder ein und dieselbe Frage gehört: Wie kann man das Schachspiel effektiv erlernen und sich am besten die schachlichen Grundlagen aneignen?

Ich habe mich bemüht, mit diesem Lehrbuch den Wünschen nach einer optimalen Anleitung Rechnung zu tragen und stelle mich nun dem Urteil der Leser. Bei der Abfassung des Lehrbuches steckte ich mir das Ziel, zusammen mit den Spielregeln ein kompaktes System von Wissen, Ratschlägen und Empfehlungen zu vermitteln – kurzum die für einen erfolgreichen Einstieg notwendigen Grundlagen der Theorie und Praxis des Schachspiels.

Der bekannte Philosoph Prof. Georg Klaus vertrat die Auffassung, daß „genaues logisches Denken mit Hilfe des Schachspiels leichter zu trainieren ist als mit einem für diese Zwecke bestimmten Lehrbuch der Logik". In der Tat stellt das Geschehen auf dem Schachbrett eine festgefügte Kette logischer Abläufe dar.

Mich auf die dem Schachspiel innewohnende Logik stützend, war ich bei meinen Darlegungen bestrebt, folgerichtig vom Einfachen zum Schwierigeren vorzugehen. Dabei war ich bemüht, mich in die Lage des Lernenden zu versetzen – aber stets auf einer neuen, höheren Stufe.

Die Fähigkeit, selbständig zu arbeiten, bietet die Gewähr für den bestmöglichen schachlichen Erfolg. Ich empfehle deshalb dem Leser, die in diesem Buch angeführten Beispiele und Übungen gewissenhaft durchzuarbeiten. Dabei sollte die Hilfe eines erfahrenen Schachspielers nur dann in Anspruch genommen werden, wenn sich eventuell Fragen ergeben, die man selbst nicht klären kann. Für die Lösung der am Schluß der Lektionen gestellten Übungsaufgaben ist die Benutzung eines Arbeitsheftes hilfreich.

Natürlich kann bloßes Wissen niemals die lebendige Spielpraxis ersetzen. Darum ist mein dringender Rat: Sie sollten sich keinesfalls nur auf das Studium dieses Lehrbuches beschränken, sondern spielen, spielen und nochmals spielen. Nur wenn Sie, lieber Schachfreund, Ihr erworbenes theoretisches Wissen mit einer ausreichenden Spielpraxis verbinden, kommen Sie in Ihrer schachlichen Vervollkommnung wirklich schnell voran.

Nikolai Krogius

I. Grundkurs

Lektionen 1 bis 13

Das Schachbrett

Aufstellen des Schachbretts

Schach ist ein Spiel, das zwischen zwei Personen mit Schachfiguren auf dem Schachbrett betrieben wird. Ein Spieler führt die weißen, der andere die schwarzen Steine.
Das Schachbrett stellt ein Quadrat dar, das wiederum in 64 kleine, gleichmäßige Quadrate unterteilt ist. Diese kleinen Quadrate werden Felder genannt und sind abwechselnd von weißer und schwarzer Farbe.

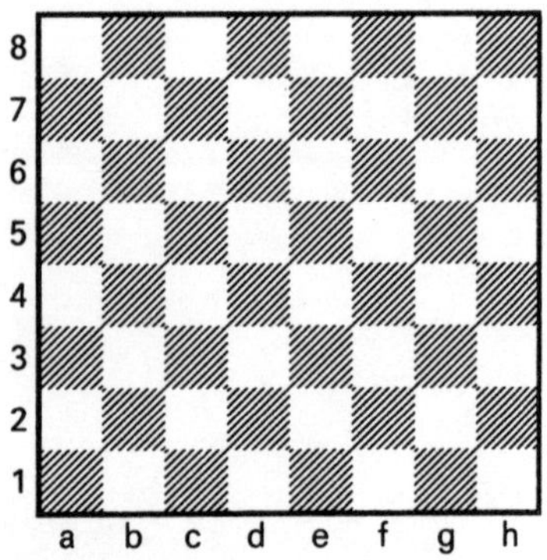

1

Das Schachbrett

Merke:

■ *Das Schachbrett wird stets so zwischen die Spieler gestellt, daß das Feld in der rechten Ecke ein weißes ist.*

Bezeichnung der Felder

Jedes einzelne Feld kann dank einem besonderen System, Schachnotation genannt, genau bezeichnet werden. Diese Notation ist denkbar einfach. Die waagerechten oder horizontalen Felderreihen (immer vom Spieler mit den weißen Schachfiguren aus gesehen) tragen die Zahlen 1 bis 8. Die senkrechten oder vertikalen Reihen, im Schach **Linien** genannt, haben von links nach rechts die Buchstabenbezeichnung a, b, c, d, e, f, g, h. Auf diese Weise kann jedes Feld mit einem Buchstaben der Waagerechten und einer Zahl der Senkrechten bezeichnet werden (siehe Diagramm 2 und 3).

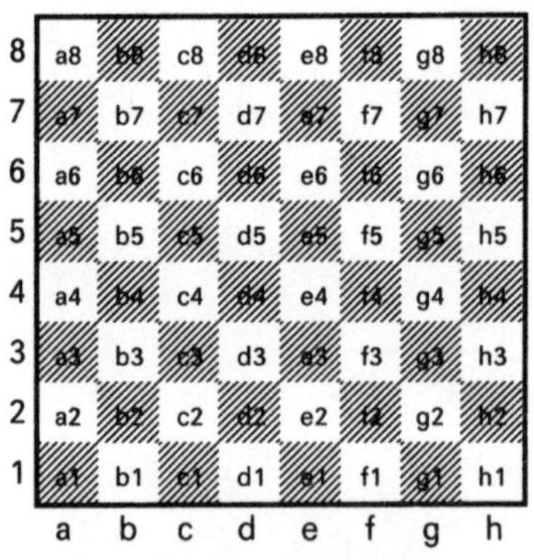

2

Das Schachbrett aus der Sicht von Weiß

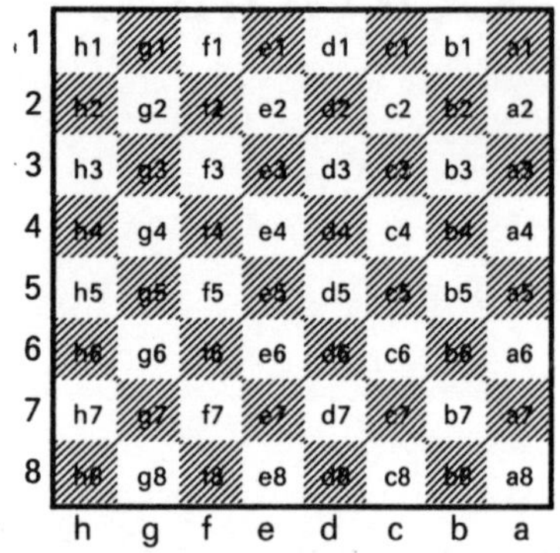

3

Das Schachbrett aus der Sicht von Schwarz

Durch die Bezeichnung der Felder ist es möglich, jede Figurenstellung auf dem Schachbrett (oder Position, wie man häufig sagt) aufzuschreiben.

Merke:

■ *In unseren Ausführungen wird das Schachbrett immer aus der Sicht des Spielers mit den weißen Steinen betrachtet.*

Auf diese Weise wird Mißverständnissen vorgebeugt. So ist beispielsweise die Reihe von h7 bis a7 von Weiß aus betrachtet die siebente Reihe (würde man dagegen von Schwarz aus zählen, wäre es die zweite Reihe).

Reihen und Linien

Insgesamt gibt es auf dem Schachbrett acht Reihen:
1. Reihe von a1 bis h1
2. Reihe von a2 bis h2
3. Reihe von a3 bis h3
4. Reihe von a4 bis h4
5. Reihe von a5 bis h5
6. Reihe von a6 bis h6
7. Reihe von a7 bis h7
8. Reihe von a8 bis h8

Ebenso befinden sich auf dem Schachbrett acht Linien oder Vertikalen:
a-Linie von a1 bis a8
b-Linie von b1 bis b8
c-Linie von c1 bis c8
d-Linie von d1 bis d8
e-Linie von e1 bis e8
f-Linie von f1 bis f8
g-Linie von g1 bis g8
h-Linie von h1 bis h8

Setzen wir die „Geographie des Schachbretts" fort und machen uns mit weiteren Merkmalen bekannt.

Das Zentrum

Auf dem Diagramm 4 ist in der Brettmitte ein aus den Feldern d4, e4, d5 und e5 bestehendes Quadrat markiert. Dieser Raum wird als **Zentrum** oder auch klassisches Zentrum bezeichnet. Wir werden uns später davon überzeugen, daß die Beherrschung dieses Brettabschnitts wichtig für den schachlichen Erfolg ist.
Das von den Feldern c3–c6–f6–f3 begrenzte Quadrat stellt das **erweiterte Zentrum** dar.

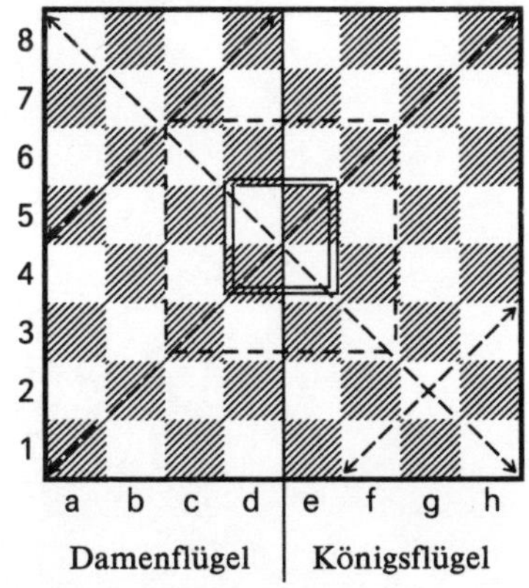

4

Königsflügel und Damenflügel

Wenn man eine (gedachte) senkrechte Grenzlinie zwischen den Linien d und e zieht (siehe Diagramm 4), erhalten wir zwei gleichgroße Brettabschnitte. Die rechte Bretthälfte (von Weiß aus gesehen) heißt Königsflügel, weil sich hier zu Beginn des Spiels der König befindet. Die linke Hälfte wird als Damenflügel bezeichnet, denn dort steht zu Spielbeginn die Dame.

Die Diagonalen

Häufig wird in der Schachterminologie der Ausdruck **Diagonale** verwandt. Auf dem Diagramm 4 sind zum Beispiel die Schrägen von a1–h8, a5–d8 und f1–h3 Diagonalen. Als Diagonale wird also eine schräge Reihe von Feldern gleicher Farbe bezeichnet, wobei sich das erste und letzte Feld am Brettrand befindet. Das Schachbrett besitzt 26 Diagonalen, und zwar 13 weiß- und 13 schwarzfeldrige. Die Diagonalen unterscheiden sich auch hinsichtlich der Anzahl ihrer Felder. Zwei Diagonalen (a1–h8 und a8–h1), die aus 8 Feldern bestehen, werden als die großen oder langen Diagonalen bezeichnet. Es gibt auch ganze kurze Diagonalen, die nur zwei Felder umfassen, zum Beispiel die Diagonale b1–a2.

In der 1. Lektion haben wir behandelt:
- Das richtige Aufstellen des Schachbretts
- Die Bezeichnung der Felder, Reihen und Linien
- Die Begriffe Zentrum, Königsflügel und Damenflügel sowie die Diagonalen.

Übungsaufgaben zur 1. Lektion

Aufgabe 1:
☐ Nennen Sie alle Felder, die sich auf der c-Linie befinden.

Aufgabe 2:
☐ Nennen Sie alle Felder, die sich auf der 6. Reihe befinden.

Aufgabe 3:
☐ Zählen Sie die 26 Diagonalen auf, die sich auf dem Schachbrett befinden.

Aufgabe 4:
□ Nennen Sie die Diagonalen, die nur auf dem Damen- oder nur auf dem Königsflügel anzutreffen sind.

Aufgabe 5:
□ Nennen Sie die Diagonalen, die durch das Zentrum und das erweiterte Zentrum führen.

Aufgabe 6:
□ Nennen Sie ohne Ansicht des Brettes die Farben der Felder b2, c3, d1 und f3.

Aufgabe 7:
□ Geben Sie ohne Ansicht des Brettes die Farben der Felder c6, e7, g5 und h3 an.

Aufgabe 8:
□ Nennen Sie ohne Ansicht des Brettes die weißen Felder auf der e-Linie.

Aufgabe 9:
□ Nennen Sie ohne Ansicht des Brettes die schwarzen Felder auf der vierten Reihe.

2. Lektion

Die Schachsteine – Gangart des Königs

Die Ausgangsstellung oder Grundstellung

In der Ausgangsstellung stehen 32 Schachsteine auf dem Brett – 16 weiße und 16 schwarze.
Jeder Spieler besitzt zu Partiebeginn:
einen König
eine Dame
zwei Türme
zwei Läufer
zwei Springer
acht Bauern.
Die Streitkräfte beider Seiten sind also gleich stark.

Kurzbezeichnungen und Symbole für die Schachfiguren

In der Schachnotation werden alle Schachsteine durch Kurzbezeichnungen oder Symbole benannt (siehe die folgende Tabelle). Nur der Bauer hat keine Kurzbezeichnung.

Name des Steins	Symbol		Kurz-bezeichnung
König	♔	♚	K
Dame	♕	♛	D
Turm	♖	♜	T
Läufer	♗	♝	L
Springer	♘	♞	S
Bauer	♙	♟	–

In der Ausgangsstellung sind die Figuren und Bauern so aufgestellt, wie es das Diagramm 5 zeigt.

5

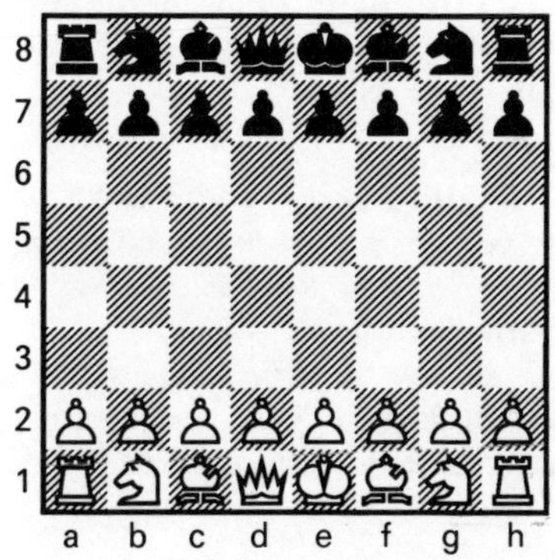

Ausgangs- oder Grundstellung

Die weißen Steine stehen auf der 1. und 2. Reihe, die schwarzen auf der 8. und 7. Reihe.
Auf jedem Feld darf sich nur ein Stein befinden. Auf den Eckfeldern des Brettes stehen die Türme (die weißen auf a1 und h1, die schwarzen auf a8 und h8). Neben den Türmen auf der 1. und 8. Reihe sind die Springer postiert (die weißen auf b1 und g1, die schwarzen auf b8 und g8). Daneben befindet sich der Platz für die Läufer (die weißen auf c1 und f1, die schwarzen auf c8 und f8). Auf der d-Linie sind die Damen (die weiße auf d1, die schwarze auf d8) plaziert.

Merke:
■ *Die Damen stehen zu Spielbeginn immer auf einem Feld ihrer Farbe: weiße Dame auf weißem Feld, schwarze Dame auf schwarzem Feld.*

Neben der Dame hat die Hauptfigur, der König, seinen Platz, und zwar der weiße auf e1, der schwarze auf e8.
Im Unterschied zu den Damen stehen die Könige zu Spielbeginn auf einem Feld, das nicht ihrer eigenen Farbe entspricht. Das heißt, der weiße König thront auf einem schwarzen, der schwarze König auf einem weißen Feld.
Auf der zweiten Reihe stehen vom Feld a2 bis zum Feld h2 die weißen Bauern. Auf der siebenten Reihe (vom Feld a7 bis h7) befinden sich die schwarzen Bauern.
In der Sprache der Schachnotation sieht die Anfangsstellung so aus:
Weiß: ♔e1, ♕d1, ♖a1, ♖h1, ♗c1, ♗f1, ♘b1, ♘g1; Bauern: a2, b2, c2, d2, e2, f2, g2, h2.
Schwarz: ♔e8, ♕d8, ♖a8, ♖h8, ♗c8, ♗f8, ♘b8, ♘g8; Bauern: a7, b7, c7, d7, e7, f7, g7, h7.
Die schriftliche Aufzeichnung der

Steine geschieht dabei in der Reihenfolge ihrer Wichtigkeit und Stärke im Spiel: König, Dame, Turm, Läufer, Springer, Bauer.

Das Ziehen

Befassen wir uns nun mit den Spielregeln. Der Kampf auf dem Schachbrett zwischen zwei Spielern wird Schachpartie genannt. Eine Schachpartie spielt man, indem man auf dem Brett *Züge* ausführt, das heißt, einen Schachstein von einem Feld auf ein anderes setzt. Das Spiel beginnt der Spieler, der die weißen Figuren besitzt.

Merke:
■ *Es wird abwechselnd gezogen. Mit dem Ziehen auszusetzen ist nicht gestattet.*

Dem 1. Zug von Weiß schließt sich der 1. Zug von Schwarz an, dann folgt der 2. Zug von Weiß usw. bis zum Partieende.
Bei der Ausübung seines Zugrechts darf man nur einen Stein ziehen. (Eine einzige Ausnahme, mit der wir uns später vertraut machen, stellt die Rochade dar: ein Zug, bei dem König und Turm gleichzeitig gezogen werden.)

Das Schlagen

Zu Beginn dieser Lektion haben wir gesagt, daß auf einem Feld nur ein Stein stehen darf. So versteht sich von selbst, daß man keinen Stein auf ein Feld postieren darf, wo sich schon ein eigener befindet. Steht dort aber ein gegnerischer, dann muß man diesen *schlagen*; das heißt, der feindliche Stein wird vom Brett genommen und somit aus dem Spiel entfernt. Einen eigenen Stein darf man natürlich nicht schlagen.

Merke:
■ *Im Schach ist das Schlagen nicht Pflicht.*

Darin unterscheidet sich das Schach beispielsweise vom Damespiel.

Berührt – geführt!

In offiziellen Turnierpartien ist der am Zug befindliche Spieler verpflichtet, einen berührten eigenen Stein zu ziehen. Berührt er einen gegnerischen Stein, muß er – sofern es nach den Spielregeln möglich ist – diesen schlagen. Das heißt, das Spiel verläuft nach der Regel: Berührt – geführt. Ist ein Zug mit dem berührten eigenen Stein unzulässig, hat das allerdings keine Folgen.

Merke:
■ *Die Regel berührt – geführt sollte unbedingt von Anfang an in allen Partien befolgt werden, also auch in sog. Freundschaftspartien.*
■ *Falls ein Spieler seine Schachsteine nur zurechtrücken möchte, muß er vorher sagen: „Ich rücke zurecht" oder „j'adoube".*

Gangart des Königs

Wenden wir uns nun der Gangart der Figuren zu und beginnen mit dem König. Der König (bei der Niederschrift der Partie mit dem Kurzzeichen K bezeichnet) hat das Recht, jeweils auf das nächste Feld in waagerechter, senkrechter oder diagonaler Richtung zu ziehen. Auf dem Diagramm 6 sind die für den weißen und schwarzen König möglichen Züge mit Kreuzen gekennzeichnet.

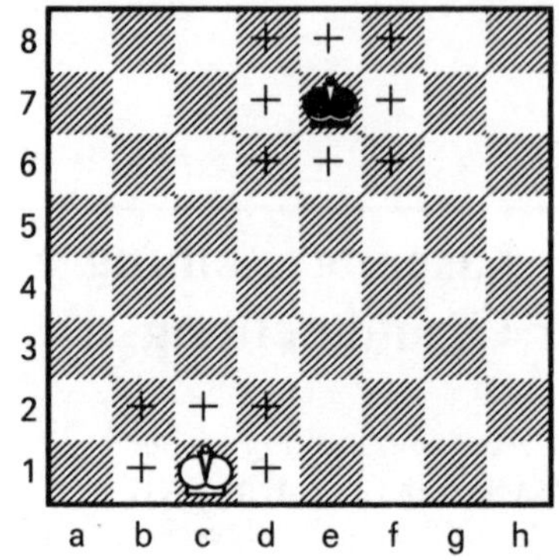

6

Der auf dem Feld e7 befindliche schwarze König kann acht Felder betreten: d6, d7, e6, d8, e8, f6, f7 und f8. Wenn der König jedoch auf einer Randreihe oder Randlinie (1. und 8. Reihe, a- und b-Linie) steht, ist seine Beweglichkeit wesentlich eingeschränkt. So hat der weiße König auf c1 nur die Möglichkeit, eines der fünf Felder b1, b2, c2, d1 oder d2 einzunehmen. Für einen König, der auf einem Eckfeld steht, ist die Bewegungsfreiheit noch mehr eingeengt – er kann lediglich drei Felder betreten.

Eine wichtige Eigenschaft der Figuren ist ihre Beweglichkeit, die Fähigkeit zur Fortbewegung nach verschiedenen Brettabschnitten. Der König stellt gegenüber anderen Figuren, deren Gangart wir noch kennenlernen werden, eine verhältnismäßig kurzschrittige Figur dar. Er kann sich nur ein Feld weit, also auf ein ihm benachbartes Feld bewegen.
Bei unserer Untersuchung der Gangart des Königs sei noch auf eine Art optische Täuschung bei der herkömmlichen Einschätzung der Ent-

fernung hingewiesen. Sehen wir uns dazu das Diagramm 7 an.

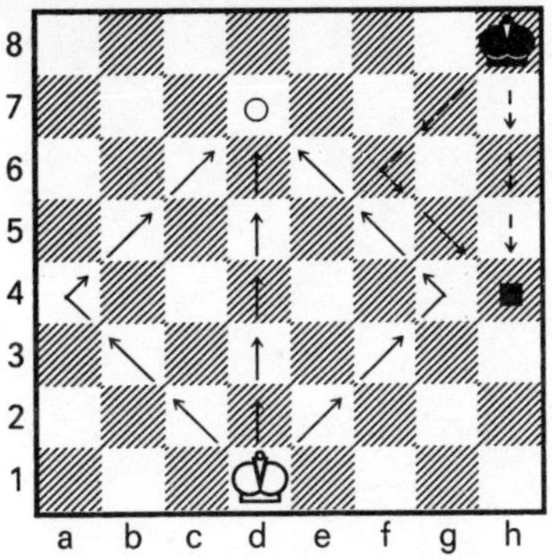

7

Nehmen wir an, daß sich der weiße König von d1 nach dem Feld d7 begeben will. Auf den ersten Blick scheint der Weg auf der Geraden, also auf der d-Linie, der kürzeste zu sein. Einfaches Abzählen zeigt, daß der König, wenn er sich über die Felder d2, d3, d4, d5 und d6 bewegt, das Feld d7 im sechsten Zug erreicht. Erstaunlich ist aber, daß „seine Majestät" auf der Marschroute c2, b3, a4, b5, c6 oder e2, f3, g4, f5, e6 ebenfalls nach sechs Zügen auf d7 ankommt! Analog verhält es sich, wenn der schwarze König von h8 nach dem Feld h4 über die Felder h7, h6, h5 oder g7, f6, g5 strebt. Geometrisch betrachtet, stellen die Marschrouten der Könige d1–a4–d7–d1, d1–g4–d7–d1 oder h8–f6–h4–h8 gleichschenklige Dreiecke dar. Der Weg über die Katheten gleicht dem über die Hypotenuse! Diese Besonderheit trifft auch für andere Marschrouten innerhalb der „Dreiecke" zu. Zum Beispiel gelangt der König d1 über e2, e3, f4, e5 und e6 ebenfalls im sechsten Zug zum Feld d7.
Es ist besonders für den Schachanfänger wichtig, sich diese Besonderheit des Königs gut einzuprägen – daß ein Zielfeld oft auf mehreren Wegen in einer gleich großen Zügezahl erreicht werden kann.
Der König darf gemäß seiner Gangart Figuren des Gegners auf jedem Nachbarfeld schlagen. Jedoch ist es dem König nicht erlaubt, sich auf Felder zu begeben, die von gegnerischen Figuren angegriffen werden.

Merke:

■ *Der König darf einen gegnerischen Stein nicht schlagen, wenn dieser von anderen gegnerischen Steinen geschützt ist.*

In der 2. Lektion haben wir behandelt:

- Die Ausgangsstellung der 32 Schachsteine
- Kurzbezeichnungen und Symbole für die Schachfiguren
- Das Ziehen und Schlagen
- Die Regel berührt – geführt
- Die Gangart des Königs.

Übungsaufgaben zur 2. Lektion

Aufgabe 10:
□ Wieviel Steine dürfen sich gleichzeitig auf *einem* Feld befinden?

Aufgabe 11:
□ Stellen Sie auf ein leeres Brett die weißen und schwarzen Bauern, die sich noch in ihrer Ausgangsstellung befinden:
a) vor den Läufern
b) vor den Türmen
c) vor den Königen
d) vor den Springern
e) vor den Damen.

Aufgabe 12:
□ Bauen Sie die weißen Steine und die schwarzen in ihrer Ausgangsstellung in folgender Reihenfolge auf:
a) die Springer
b) die Könige
c) die Türme
d) die Damen
e) die Bauern
f) die Läufer.

Aufgabe 13:
□ Geben Sie an, auf welchen Reihen, Linien und Diagonalen die weißen und schwarzen Steine in ihrer Ausgangsstellung stehen.

Aufgabe 14:
□ Welche Figuren nehmen die Eckfelder ein?

Aufgabe 15:
□ Nennen Sie die Figuren, die auf dem Damenflügel und die auf dem Königsflügel stehen.

Aufgabe 16:
□ Nennen Sie ohne Ansicht des Brettes die Standorte der weißen und schwarzen Steine in ihrer Ausgangsstellung.

Aufgabe 17:
□ Zählen Sie ohne Ansicht des Brettes die weißen und schwarzen Steine auf, die in der Ausgangsstellung a) auf schwarzen und b) auf weißen Feldern stehen.

Aufgabe 18:
□ Darf ein Spieler zwei Züge hintereinander ausführen?

Aufgabe 19:
□ Ist es erlaubt, mit einem Zug zwei gegnerische Steine zu schlagen?

Aufgabe 20:

□ Bauen Sie auf dem Brett folgende Stellung auf:

Weiß: ♔e6

Schwarz: ♔e8

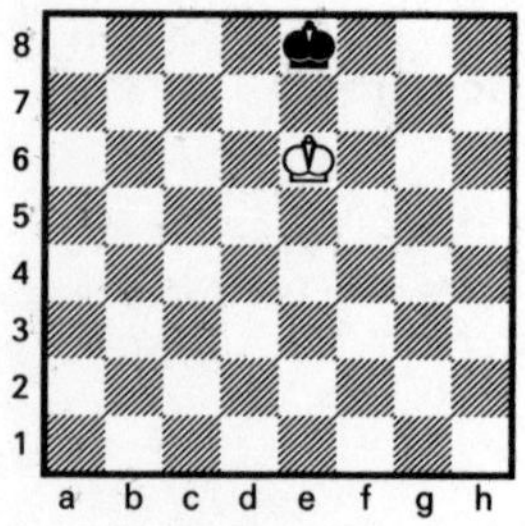

Kontrolldiagramm

□ Nennen Sie die möglichen Fortsetzungen, wenn Weiß und wenn Schwarz am Zuge ist.

Aufgabe 21:

Weiß: ♔c6

Schwarz: ♔a8

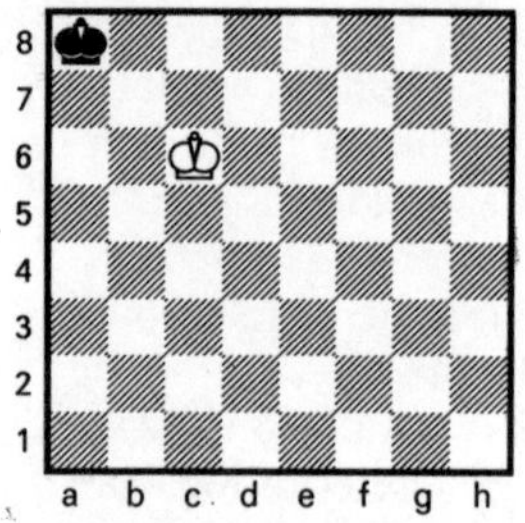

Kontrolldiagramm

□ Weiß ist am Zuge. Welche Züge sind unmöglich und warum?

3. LEKTION

Gangart der Türme – Schach und Matt

Die Gangart der Türme

Der Turm (Kurzbezeichnung T) zieht auf Reihen und Linien seit-, vor- und rückwärts und beliebig weit. Steht dem Turm ein gegnerischer Schachstein im Wege, darf er diesen schlagen und muß dann dessen Platz einnehmen. Steht ihm aber ein Stein der eigenen Farbe im Wege, darf er nur bis zu dem Feld davor ziehen. Ein Überspringen gegnerischer oder eigener Spielsteine ist ihm untersagt.

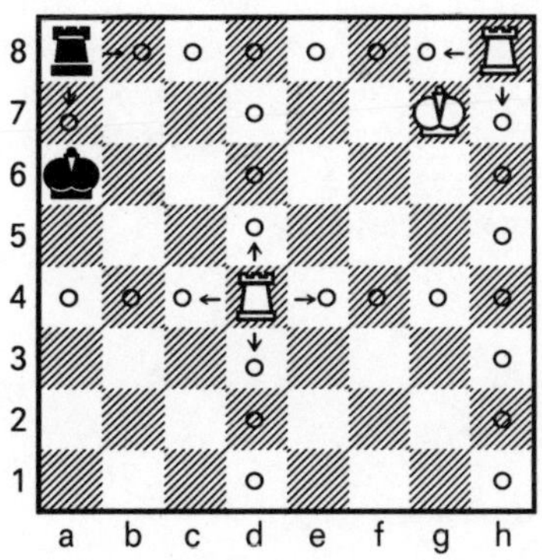

8

Sehen wir uns das Diagramm an und schreiben zuerst einmal die Stellung der Figuren auf. Auf Grund unseres bisherigen Wissens müßte die Notation so aussehen:
Weiß: Kg7, Td4, Th8;
Schwarz: Ka6, Ta8.
Die Kreise auf dem Diagramm kennzeichnen die Felder, die den Türmen zugänglich sind. Die Pfeile zeigen die Bewegungsrichtung an. So kann sich der Turm d4 nach den Feldern c4, b4, a4, d3, d2, d1, d5, d6, d7, d8, e4, f4, g4, h4 begeben, der Turm h8 nach den Feldern h7, h6, h5, h4, h3, h2, h1, g8, f8, e8, d8, c8, b8 und a8. Im letzten Fall schlägt der Turm h8 den Turm a8 und nimmt dessen Platz ein. Der geschlagene schwarze Turm wird vom Brett genommen.
Wenn Schwarz am Zuge ist, kann der Turm a8 auf der a-Linie nur bis a7 ziehen, denn eine weitere Fortbewegung versperrt ihm der eigene König. Dafür sind auf der 8. Reihe für den schwarzen Turm alle Felder erreichbar: b8, c8, d8, e8, f8, g8 und h8. Falls sich der schwarze Turm auf h8 niederläßt, schlägt er den weißen Turm, der aus dem Spiel genommen wird.
Als wir uns mit der Gangart des Königs vertraut machten, konnten wir uns überzeugen, daß der König, wenn er auf einer Randreihe, Randlinie oder gar auf einem Eckfeld steht, über viel weniger Zugmöglichkeiten verfügt als bei der Postierung auf einem Zentrumsfeld. Die Beweglichkeit des Turmes hängt hingegen nicht von seinem Standort auf dem Brett ab. Sowohl von a1 als von e4 aus besitzt er die gleiche Anzahl möglicher Züge, und zwar vierzehn. In dieser Beziehung ist der Turm eine sehr bewegliche Figur.

Das Aufschreiben der Züge

Um den Spielverlauf besser verstehen zu lernen, erweist es sich schon im Anfangsstadium als sehr nützlich, die Züge aufzuschreiben. Dazu einige notwendige Erläuterungen. Beim Aufschreiben eines Zuges wird vom Spieler zuerst die laufende Zugnummer notiert, dann die Kurzbezeichnung der Figur (vgl. 2. Lektion) sowie deren Ausgangs- und Zielfeld. Das ist die **vollständige** oder **ausführliche Schachnotation.** Der Zug des Turmes von d4 nach e4 (siehe Diagramm 8) wird z. B. folgendermaßen geschrieben:
1.Td4–e4
Wenn Schwarz als Antwortzug in Diagramm 8 mit seinem Turm a8 den weißen Turm h8 schlägt, wird unter derselben Zugnummer rechts daneben Ta8:h8 notiert. Der Doppelpunkt stellt das Zeichen für das Schlagen dar. Die komplette Notierung des weißen und des schwarzen Zuges sieht dann so aus:
1.Td4–e4 Ta8:h8
Neben der ausführlichen Notation gibt es noch die **Kurznotation**. Hierbei wird das Ausgangsfeld der Figur weggelassen und nur ihr Zielfeld bezeichnet. Das eben genannte Zugbeispiel sieht in der Kurznotation so aus:
1.Te4 T:h8

Bei Verwendung der Kurznotation gilt es zu beachten, daß des öfteren zwei gleichartige Figuren auf dasselbe Feld ziehen können. Im Diagramm 8 können z. B. beide weiße Türme nach dem Feld h4 ziehen; sowohl der auf d4 als auch der auf h8 stehende. In derartigen Fällen ist es unbedingt notwendig anzugeben, welche der beiden Figuren den Zug ausführt. Dazu wird zusätzlich die Linie genannt, auf der die ziehende Figur anfangs steht. Soll in Diagramm 8 der Turm d4 nach h4 ziehen, schreibt man:
1.Tdh4
Ist der andere Turm gemeint, schreibt man:
1.Thh4
Sollten beide gleichartige Figuren auf derselben Linie stehen, wird zur Verdeutlichung des Zuges die Reihennummer angegeben.

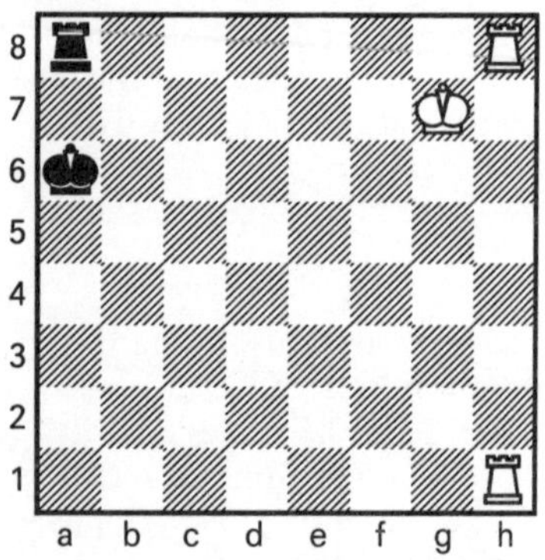

9

In Diagramm 9 kann der weiße Turm h1 wie auch der weiße Turm h8 nach h4 ziehen. Im ersteren Fall notiert man:
1.T1h4
Soll der Turm h8 nach h4 ziehen, schreibt man:
1.T8h4
Natürlich ist die Kurznotation nicht so klar wie die ausführliche. Ihre Anwendung bereitet in der ersten Zeit meist gewisse Schwierigkeiten. Dem Lernenden sei dennoch geraten, sie sich gründlich anzueignen, weil sie ökonomischer ist und auch in der Schachliteratur überwiegend benutzt wird.
Dem Leser wird aufgefallen sein, daß wir in diesem Buch gewöhnlich *die Figurensymbole* verwenden – wie es in der modernene Schachliteratur üblich ist. Nur in diesem Abschnitt, wo es um das Aufschreiben der Züge ging, haben wir die Kurzbezeichnungen benutzt.
Wir verweisen auf die Tabelle zu Beginn der 2. Lektion, wo für alle Figuren die Symbole und Kurzbezeichnungen zusammengestellt sind.

Das Hauptziel in der Schachpartie

Obwohl wir erst von zwei Figuren die Gangarten kennen gelernt haben – von König und Turm –, wollen wir nun das Hauptziel des Schachspiels darlegen. Im Unterschied zum Damespiel, wo die Aufgabe darin besteht, die Spielsteine zu vernichten, hängt der Ausgang des Kampfes beim Schachspiel vom Schicksal nur einer Figur ab, von dem des Königs als der wertvollsten Figur. Man kann ein großes Materialübergewicht gegenüber dem Gegner besitzen, doch wenn der eigene König zugrunde geht, gilt die Partie als verloren. Deshalb stellt sich jeder der beiden Kontrahenten das Ziel, den feindlichen König in eine ausweglose Situation zu bringen, so daß sein Untergang unvermeidlich ist. Welche Besonderheiten charakterisieren den Angriff auf den König?

Das Schachbieten

Wenn irgendein Stein so zieht, daß er im nächsten Zug den gegnerischen König schlagen *könnte*, so wird diese Bedrohung des Königs Schach genannt.

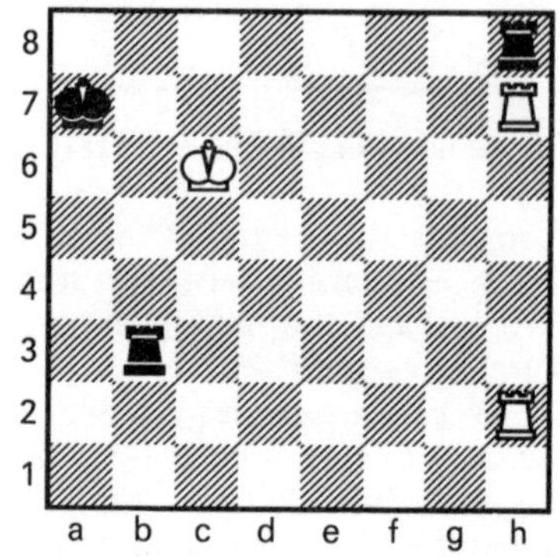

10

Betrachten wir die Stellung auf dem Diagramm 10. Der weiße Turm h7 droht, den schwarzen König, der auf a7 steht, zu schlagen. Wir sagen: Der schwarze König steht im Schach. Eine solche Drohung darf ein Spieler nicht ignorieren. Er muß sich unverzüglich dagegen verteidigen und das Schachgebot parieren.

Parieren eines Schachgebots

Einer Schachdrohung kann auf dreierlei Art begegnet werden:

■ *1. Man kann seinen König auf ein anderes Feld ziehen, das nicht von einem gegnerischen Stein bedroht ist, also aus dem Schach gehen.*

In Diagramm 10 sind die Züge 1. ... ♔a7–a6, ♔a7–b8 oder 1. ... ♔a7–a8 möglich. (Beachten wir bei der Notation:

Wenn in einer Stellung Schwarz beginnt, sind in die linke Spalte drei Punkte zu setzen.) Der Zug 1. … ♔a7–b7 verbietet sich, weil das Feld b7 von dem weißen König auf c6 und dem Turm auf h7 angegriffen ist.

■ *2. Das zweite Verfahren, um ein Schachgebot zu parieren, ist das Schlagen des schachbietenden gegnerischen Steines* (in unserem Beispiel also 1. … ♖h8:h7).

■ *3. Die dritte Art, sich gegen ein Schachgebot zu verteidigen, ist es abzudecken. Hierbei wird ein eigener Stein zwischen die angreifende gegnerische Figur (die dem König Schach bietet) und den angegriffenen König gestellt.*

Diese Forderung erfüllt in unserem Beispiel der Antwortzug 1. … ♖b3–b7, der den Angriff des Turmes auf der 7. Reihe abdeckt.

In der Notation wird ein Schachgebot mit dem Symbol + gekennzeichnet. Folglich würde in der unter 2 angeführten Variante der weitere Spielverlauf 1. … ♖h8:h7 2.♖h2:h7+ geschrieben; denn nach dem beiderseitigen Schlagen auf h7 stellt der von h1 kommende weiße Turm ein Schachgebot gegen den schwarzen König auf.

Einst mußte ein Schachspieler bei einer Schachdrohung laut „Schach" sagen. Nach den jetzigen Regeln ist der Spieler nicht mehr dazu verpflichtet. Dennoch empfehlen wir einem Schachanfänger, ein Schachgebot mit dem Wort „Schach" zu begleiten.

Merke:

■ *Wenn der eigene König einem Schachgebot ausgesetzt ist, muß man sich bemühen, das günstigste der drei beschriebenen Verteidigungsverfahren herauszufinden.*

Hierzu sei wieder auf das Diagramm 10 verwiesen. Welches Verteidigungsverfahren ist für Schwarz am besten? Offensichtlich ist das Abdecken des Schachs unbefriedigend, denn nach 1. … ♖b3–b7 2.♖h7:b7+ verliert Schwarz einen Turm, und der weiße Angriff setzt sich fort. Bei einem Wegzug des Königs durch 1. … ♔a7–a8 oder 1. … ♔a7–a6 kann Weiß den Gegner mittels 2.♖h7:h8 in eine ausweglose Lage bringen. Deshalb erweist sich das Schlagen des weißen Turmes als beste Lösung für Schwarz. Nach 1. … ♖h8:h7 2.♖h2:h7+ zieht Schwarz den König nach a6, a8 oder b8, und eine wirkungsvolle Fortsetzung des weißen Angriffs ist nicht zu sehen.

Das Matt

Wenn alle drei beschriebenen Verteidigungsverfahren gegen ein Schachgebot (Schlagen des Angriffssteins, Wegzug des Königs und Abdecken) nicht möglich sind, bedeutet das das Aus für den König: Er ist matt gesetzt und die Partie beendet. Folglich stellt das Matt ein „Schach" dar, gegen das es keine Verteidigung gibt. Der Spieler, der den gegnerischen König matt gesetzt hat, ist der Sieger in der Partie. Wird die Partie in einem Turnier oder in einem Match (an einem Turnier nehmen mindestens drei Spieler teil; ein Match ist ein Wettkampf zwischen zwei Spielern) ausgetragen, werden dem Gewinner ein (1) Punkt und dem Verlierer null (0) Punkte angerechnet.

Merke:

■ *Das Hauptziel in der Schachpartie besteht darin, den gegnerischen König matt zu setzen.*

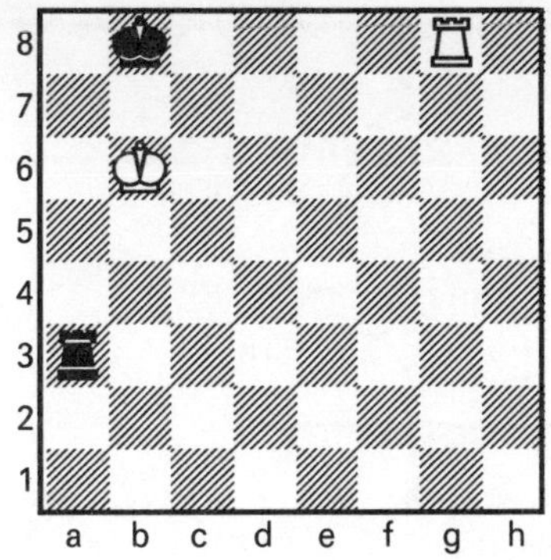

11

Das Diagramm 11 zeigt ein Schachgebot, gegen das es keine Verteidigung gibt – also eine Mattstellung. Der schwarze König ist von dem weißen Turm g8 angegriffen. Dieser Turm kann nicht geschlagen werden, eine Abdeckung des Schachs ist unmöglich (der Turm auf a3 muß untätig zusehen), und ein Wegzug des Königs nach der 7. Reihe wird von dem weißen König verhindert – folglich ist Schwarz Matt.

Sehen wir uns das Zusammenwirken des weißen Königs mit dem Turm g8 an. Der Turm greift an, und der König schneidet dem gegnerischen König den Fluchtweg ab. Ein wichtiger Umstand ist dabei die Einengung des schwarzen Königs auf der 8. Reihe, also am Brettrand. Der Leser möge sich selbst überzeugen, daß der weiße Turm und der weiße König den schwarzen König nicht matt setzen können, wenn dieser nicht auf einer Randreihe oder -linie steht.

In der 3. Lektion haben wir behandelt:

- Die Gangart der Türme
- Das Aufschreiben der Züge
- Das Hauptziel in der Schachpartie: das Matt
- Schachbieten und die drei Arten, ein Schachgebot zu parieren.

Übungsaufgaben zur 3. Lektion

Aufgabe 22:
Weiß: ♔a2, ♖e1, ♖e2
Schwarz: ♔a7, ♖e7, ♖e8

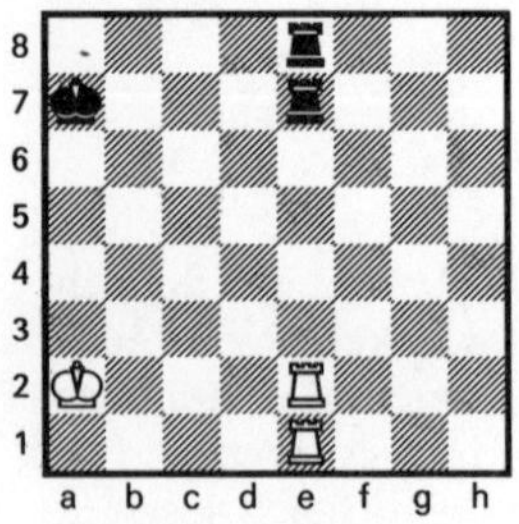

Kontrolldiagramm

□ Finden Sie eine vorteilhafte Fortsetzung für Weiß, wenn er am Zuge ist

□ Finden Sie ebenfalls eine vorteilhafte Fortsetzung für Schwarz, wenn er am Zuge ist

□ Schreiben Sie die sich ergebende Entwicklung des Spiels in vollständiger und in gekürzter Notation nieder.

Aufgabe 23:
Weiß: ♔e1, ♖a1
Schwarz: ♔e8, ♖h8

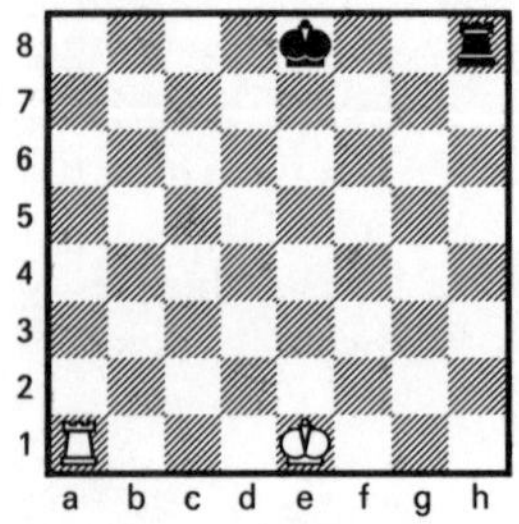

Kontrolldiagramm

□ Weiß zieht. Bieten Sie dem schwarzen König Schach. Welche Vorteile kann dieser Zug für Weiß bringen?

□ Betrachten Sie die gleiche Stellung, wenn Schwarz am Zuge ist. Kann er den weißen Turm gewinnen?

Aufgabe 24:

□ Auf dem Brett stehen nur die weißen Türme, und zwar auf a1 und e1. In wieviel Zügen können sie ihre Standorte tauschen?

Aufgabe 25:

□ Auf dem Brett steht ein weißer Turm auf dem Feld e1. Versuchen Sie ohne Ansicht des Brettes, den Turm in die beiden schwarzen Eckfelder zu führen. In wieviel Zügen kann man das bewerkstelligen. Schreiben Sie die Marschroute auf.

Aufgabe 26:
Weiß: ♔e1, ♖a7, ♖c1
Schwarz: ♔e8

□ Weiß am Zuge. Wie würden Sie spielen?

Aufgabe 27:
Weiß: ♔b5, ♖e7
Schwarz: ♔a8

□ Weiß zieht und setzt in zwei Zügen matt. Finden Sie die Lösung.

4. Lektion

Türme setzen Matt – Die drei Remisarten

Mattsetzen mit einem Turm

Wir wollen uns jetzt ausführlicher mit der Mattführung durch König und Turm beschäftigen. In der vorigen Lektion wurde dargelegt, daß das Matt des gegnerischen Königs durch seine Einengung auf einer Randreihe oder Randlinie erreicht wird. Wie gelingt das?

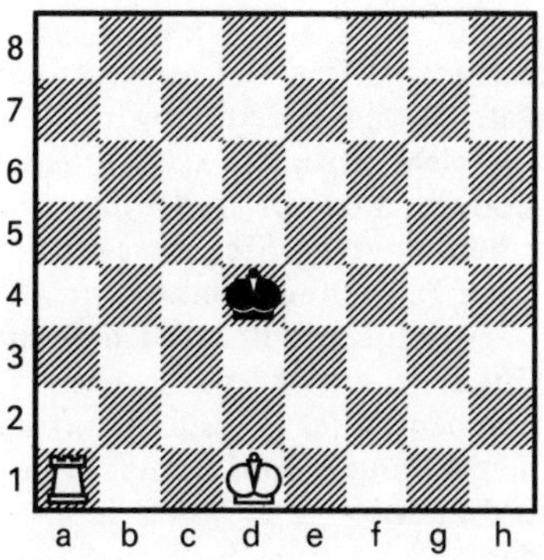

12

Probieren wir es in Diagramm 12 zuerst nur mit dem Turm:

1.♖a1–a3	**♔d4–e4**
2.♖a3–c3	**♔e4–d4**
3.♖c3–f3	**♔d4–e4**

Wie wir sehen, hat Weiß wenig erreicht, denn der schwarze König geht nicht freiwillig zum Brettrand. Der Turm allein schafft es nicht.
Der weiße Turm und der weiße König müssen gemeinsam vorgehen. Das Spiel kann dann folgendermaßen verlaufen:

1.♖a1–a3	**♔d4–e4**
2.♔d1–d2	**♔e4–d4**
3.♖a3–a4+	**♔d4–d5**
4.♔d2–d3	**♔d5–e5**
5.♖a4–d4!	**...**

Ein wichtiger Augenblick bei der Verwirklichung des weißen Plans – jetzt ist der schwarze König nicht nur von der 4. Reihe abgeschnitten, sondern auch von der d-Linie. Ihm ist nur noch ein Brettviertel verblieben, das Quadrat e5–e8–h8–h5, aber auch dieses Territorium wird sich unvermeidlich verkleinern. Die verlockenden Schachgebote durch den Turm mittels 5.♖a4–a5+ führen nach 5. ... ♔e5–f4 bzw. mittels 5.♖a4–e4+ und nun 5. ... ♔e5–d5 nicht zu einer Verschlechterung der Stellung des schwarzen Königs. Sie stellen folglich nicht die stärksten Wege für die Verwirklichung des Planes von Weiß dar. Schachanfänger bieten gern Schach und halten dies für einen Erfolg. Das ist aber ein Irrtum, denn an und für sich bringt ein Schachgebot dem Gegner keinen Schaden. Es ist darum nur dann gerechtfertigt, wenn daraus ein Nutzen erwächst.

Der Schachfreund wird vielleicht das Ausrufezeichen (!) nach dem 5. Zug von Weiß bemerkt haben. Es bedeutet, daß es sich um einen starken Zug handelt, während ein schwacher Zug mit einem Fragezeichen (?) versehen wird.
Doch setzen wir unsere Partie fort.

5. ...	**♔e5–e6**

Wenn Schwarz 5. ... ♔e5–f5 gezogen hätte, wäre die Antwort 6.♖d4–e4 am logischsten.

6.♔d3–e4	**♔e6–f6**
7.♖d4–d5	**♔f6–e6**
8.♔e4–d4!	**...**

Ein wichtiger Abwartezug. Der schwarze König wird nun gezwungen, Raum aufzugeben.

8. ...	**♔e6–f6**

Falls 8. ... ♔e6–e7, dann folgt natürlich 9.♔d4–e5.

9.♖d5–e5!	**♔f6–f7**
10.♔d4–e4	**♔f7–f6**
11.♔e4–f4	**♔f6–g6**
12.♖e5–f5	**♔g6–g7**
13.♔f4–g5	**♔g7–h7**
14.♖f5–f7+	**♔h7–h8**

Der Hauptteil des Planes ist erfüllt – der schwarze König wurde an den Brettrand gedrängt.

15.♔g5–g6	**♔h8–g8**
16.♖f7–f1	**...**

Der entscheidende Abwartezug mit dem Turm auf der f-Linie. Jetzt kann der schwarze König nicht über das Feld f8 in die Freiheit gelangen, was zum Beispiel nach 16.♖f7–a7 der Fall wäre.

16. ... ♔g8–h8
17. ♖f1–f8 matt.

Wie dieses Beispiel zeigt, hat sich das Spiel von Weiß nach einem bestimmten Plan entwickelt. Ein solches Vorgehen stellt keine Ausnahme dar, sondern ist eine unerläßliche Notwendigkeit für den schachlichen Erfolg.

Merke:

■ *Planung der bevorstehenden Aktionen auf dem Brett, nicht impulsives Handeln zeichnet den guten Schachspieler aus.*

■ *Bemühen Sie sich, bereits bei den ersten schachlichen Schritten jedem Ihrer Züge einen Sinn zu geben!*

Gewiß wird Ihr Plan in manchen Fällen Mängel aufweisen, aber dies ist besser, als ohne Plan zu spielen und auf den blinden Zufall zu hoffen.

Mattsetzen mit zwei Türmen

Kommen wir nun zu der Mattführung mit dem Turmpaar gegen den alleinigen König.

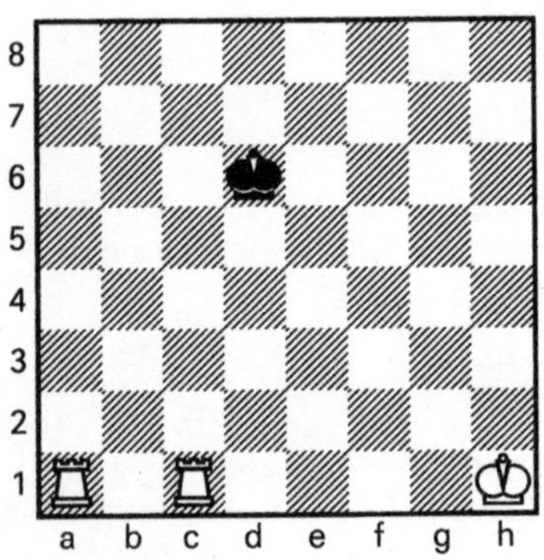

13

In der Diagrammstellung 13 bietet sich (wie im vorangegangenen Beispiel) der Plan an, den schwarzen König zum Brettrand zu drängen und dann matt zu setzen. Prüfen wir unser Vorhaben, indem wir nur die beiden Türme verwenden. Zuerst muß die Bewegungsfreiheit des Königs maximal eingeengt werden. Diesem Ziel dient der Zug:

1. ♖a1–a5 ...

Nun ist der schwarze König auf den letzten drei Reihen eingesperrt.

1. ... ♔d6–e6

Als nicht besser erweist sich 1. ... ♔e6–d7, worauf 2. ♖a5–a6 folgen würde, und der Blockadering zieht sich zusammen.

2. ♖c1–c6+ ...

Die Türme erfüllen unterschiedliche Aufgaben: Der auf dem Feld a5 postierte dient als Sperrstein, der andere fungiert als Angreifer. Nur durch aufeinander abgestimmte Aktionen können die Türme den König zum Brettrand zwingen.

2. ... ♔e6–d7
3. ♖c6–h6 ...

Es ist zweckmäßig, weit auf der Reihe wegzuziehen, damit der Turm nicht vom König attackiert werden kann. Jetzt haben die Türme ihre Rollen getauscht – der Turm h6 übernimmt das Absperren, und der Turm a5 steht zum Angriff bereit.

3. ... ♔d7–c7
4. ♖a5–a7+ ♔c7–b8
5. ♖a7–g7 ...

Der König ist eingeengt. Erneut haben sich die Funktionen der Türme verändert. Der Turm auf g7 sperrt ab, und der andere führt den entscheidenden Schlag.

5. ... ♔b8–c8
6. ♖h6–h8 matt.

Wie wir gesehen haben, ist die Mattführung mit zwei Türmen ohne Hilfe des Königs möglich und ziemlich einfach. Bei der Behandlung solcher Stellungen ist es von Anfang an wichtig zu entscheiden, zu welchem Brettrand der König gedrängt werden soll. In der Diagrammstellung 12 waren auch andere Pläne möglich, zum Beispiel konnte man den König auch auf die h-Linie treiben. Jedoch hat sich die von uns gewählte Spielmethode als ökonomischer erwiesen, da nach 1. ♖a1–a5 (mit der Absicht, 2. ♖c1–c6 zu spielen) dem schwarzen König drei Reihen verbleiben. Im Falle von 1. ♖a1–a5 ♔d6–e6 2. ♖c1–d1 (anstelle 2. ♖c6+), um den König zur h-Linie zu jagen, wären es hingegen vier Linien gewesen.

Drei Remisarten

Eine Schachpartie endet nicht immer mit Matt, das heißt dem Gewinn eines Spielers. Mitunter kommt es zu Situationen, in denen keiner der Kontrahenten einen Sieg erringen kann. Die Partie endet dann remis oder unentschieden. Bei einem derartigen Ergebnis erhält jeder Spieler einen halben Punkt ($^1/_2$ oder 0,5). Welche Stellungen sind remis? Hier gibt es drei typische Fälle zu unterscheiden:

■ 1. Stellungen, in denen beide Seiten nur noch den König besitzen. Wenn Weiß auf dem Diagramm 13 nicht mehr die beiden Türme hätte, blieben nur noch der weiße König auf h1 und der schwarze König auf d6 übrig. Sie können sich einander nicht matt setzen, weil keiner von beiden Schach bieten kann und zwischen ihnen immer ein Feld Abstand bestehen muß. Sie würden sich nur gegenseitig über das Brett treiben, ohne sich einander Schaden zuzufügen. Hier ist also ein Remis ganz offensichtlich.

■ 2. Häufiger kommt es zu folgender Situation: Außer den Königen besitzen eine oder beide Seiten noch Figuren (vielleicht auch Bauern), aber der am Zug befindliche Spieler kann keinen Stein ziehen, und sein König steht auch nicht im Schach. Eine solche Stellung heißt *Patt.* Die Partie gilt dann als remis und ist beendet.

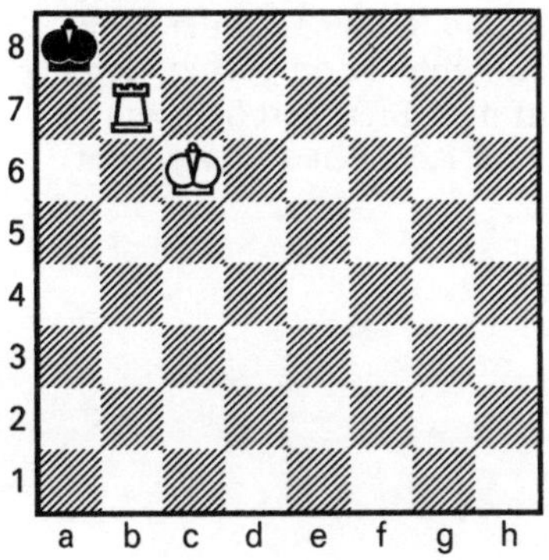

14

In der Diagrammstellung 14 ist Schwarz am Zuge. Er kann jedoch keinen den Regeln entsprechenden Zug ausführen: Die Felder a7 und b8 sind von dem weißen Turm angegriffen, und den Turm b7 kann er auch nicht nehmen, da er durch den König c6 gedeckt ist. Remis! Natürlich bedauerlich für Weiß. Denn er hat einen Turm mehr, und stände der an einer anderen Stelle, könnte er den gegnerischen König in einigen Zügen matt setzen.

■ 3. Der dritte Fall des Remisausganges einer Partie tritt ein, wenn der eine König ununterbrochen Schachgebote erhält. Diese Situation heißt **ewiges Schach.** Es versteht sich, daß ein Schachspieler nur dann ewiges Schach bietet, wenn jede andere Fortsetzung für ihn unvorteilhaft ist oder gar zur Niederlage führt. Das ewige Schach stellt das häufigste Verfahren dar, den Gegner an der Verwertung seines Vorteils zu hindern.

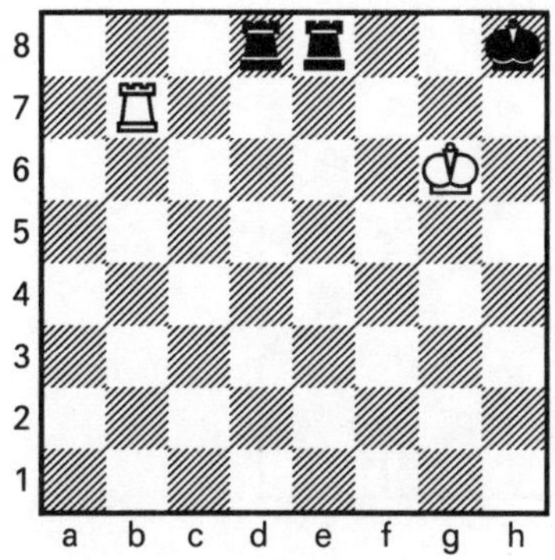

15

In der Diagrammstellung 15 besitzt Schwarz großen Vorteil – einen Turm mehr. Falls Schwarz am Zuge wäre, würde er wahrscheinlich 1. ... ♖d8–d6+ spielen, den weißen König einengen und im weiteren Verlauf Weiß zwingen, den Turm abzutauschen. Danach wäre der Gewinnweg mit dem Turm gegen den alleinigen König, wie wir uns bereits überzeugen konnten, ziemlich klar. Jedoch Weiß ist am Zuge, und es gelingt ihm, sich zu retten:

1. ♖b7–h7+	♔h8–g8
2. ♖h7–g7+	♔g8–f8
3. ♖g7–f7+	♔f8–g8
4. ♖f7–g7+	

Schwarz kann der Zugwiederholung nicht ausweichen, und die Partie endet remis durch ewiges Schach. Ungünstig war nicht nur die Stellung des schwarzen Königs, sondern auch seines Turmes auf e8. Befände sich zum Beispiel dieser Turm auf a8 oder c8, so könnte Schwarz mittels 3. ... ♔f8–e8 ein ewiges Schach vermeiden, weil ein Schach auf e7 wegen des Schlagens des weißen Turmes sinnlos ist.

Merke:

■ *Wenn man im Vorteil ist, darf dem Gegner keine Gelegenheit gegeben werden, ewiges Schach zu erreichen oder seinen König in eine Pattstellung zu bringen.*

Außer den angeführten Remismöglichkeiten gibt es noch mehrere Verfahren, ein Remis zu erreichen, von denen später die Rede sein wird.

In der 4. Lektion haben wir behandelt:

- Mattsetzen mit einem Turm und mit zwei Türmen
- Drei Remisarten.

Übungsaufgaben zur 4. Lektion

Aufgabe 28:
Weiß: ♔h1, ♖a8
Schwarz: ♔h4
□ Weiß am Zuge. Nach welchem Spielplan wird der schwarze König am schnellsten matt gesetzt?

Aufgabe 29:
□ Worin besteht der Unterschied zwischen Matt und Patt?

Aufgabe 30:
Weiß: ♔f6, ♖a7, ♖c1
Schwarz: ♔h8, ♖g7

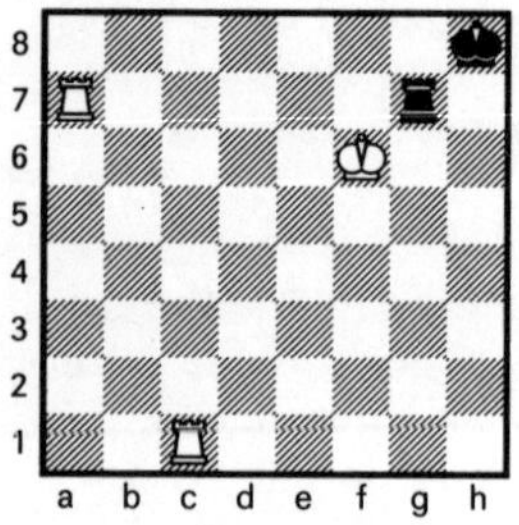

Kontrolldiagramm

□ Weiß zieht.
1. Führen Sie eine Pattstellung des schwarzen Königs herbei.
2. Setzen Sie Schwarz in zwei Zügen matt.

Aufgabe 31:
Weiß: ♔h6, ♖f1
Schwarz: ♔g8, ♖g7, ♖g5

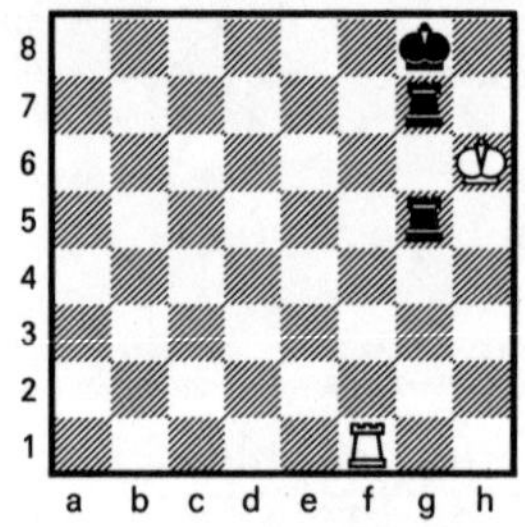

Kontrolldiagramm

□ Weiß am Zuge. Führen Sie für Weiß eine Pattstellung herbei.

Aufgabe 32:
Weiß: ♔g6, ♖f1, ♖h1
Schwarz: ♔g8.
□ Weiß am Zuge. Setzen Sie Schwarz in zwei Zügen matt.

Aufgabe 33:
□ Nennen Sie ohne Ansicht des Brettes eine Stellung, in der Weiß, der König und Turm besitzt, den allein auf dem Brett verbliebenen schwarzen König matt gesetzt hat.

5. Lektion

Die Läufer

Gangart des Läufers

Der Läufer (Kurzbezeichnung L) bewegt sich nur auf den Diagonalen, und zwar nach jeder Richtung vor-, rück- und seitwärts beliebig weit. Wenn ein Feld auf der Diagonale von einem eigenen Stein besetzt ist, darf der Läufer nur bis zum Feld davor ziehen. Steht auf dem Zielfeld ein feindlicher Stein, kann er ihn schlagen. Dieser Stein wird vom Brett entfernt, und der Läufer nimmt seine Stelle ein. Das Überspringen eigener und gegnerischer Steine ist nicht erlaubt.

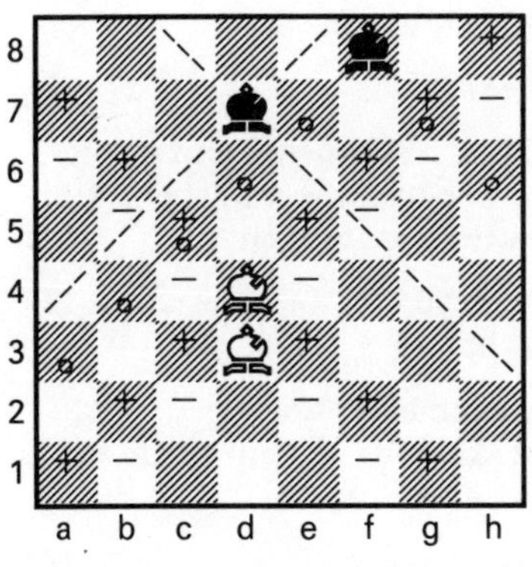

16

Auf dem Diagramm 16 sind mit Kreuzen die Felder markiert, auf die der Läufer d4 ziehen kann. Striche kennzeichnen die möglichen Zugfelder des Läufers d3, unterbrochene Linien die des Läufers d7 und Kreise die des Läufers f8.

Merke:

■ *Der Läufer kann sich nur auf Feldern einer Farbe bewegen.*

Damit ist der Läufer die einzige Figur, die von Partieanfang bis -ende auf gleichfarbigen Feldern zieht. Die Läufer, die sich auf den weißen Diagonalen fortbewegen, werden weißfeldrige, die auf den schwarzen Diagonalen schwarzfeldrige Läufer genannt. Zu Partiebeginn besitzt jeder Spieler einen weißfeldrigen (Weiß auf f1, Schwarz auf c8) und einen schwarzfeldrigen Läufer (Weiß auf c1 und Schwarz auf f8).
Wie der Turm, ist auch der Läufer eine langschrittige Figur. Ein Läufer, der auf einem der Felder des klassischen Zentrums (d. h. auf den Feldern d4, e5, d5, e5) steht, beherrscht 13 Felder. Je mehr er sich jedoch dem Brettrand nähert, verringert sich seine Beweglichkeit: Ein Läufer im erweiterten Zentrum (d. h. im Quadrat, das durch die Felder c3–c6–f6–f3 begrenzt wird) kontrolliert 11 Felder, ein auf einer dem Brettrand benachbarten Reihe befindlicher Läufer noch 9 Felder und ein am Brettrand stehender Läufer nur 7 Felder. Das Gesagte wird im Diagramm 16 veranschaulicht, wo der Läufer d4 13 Züge, der Läufer d3 11 Züge, der Läufer d7 9 Züge und der Läufer auf f8 nur 7 Züge zur Verfügung hat.

Vergleich von Läufer und Turm

Ein Vergleich dieser beiden Figuren zeigt, daß der Läufer an Beweglichkeit hinter dem Turm zurücksteht. Der Turm hat auf freien Reihen und Linien von jedem Feld aus 14 Zugmöglichkeiten, während der Läufer nur im Zentrum 13 besitzt. Auch sind dem Turm weiße und schwarze Felder zugänglich, während sich ein Läufer immer nur auf Feldern einer Farbe bewegen kann.

Merke:

■ *Der Turm übertrifft den Läufer an Kampfkraft.*

Diese Feststellung wird auch dadurch erhärtet, daß ein Tum allein mit seinem König den gegnerischen König matt setzen kann, während ein Läufer mehr (siehe Diagramm 17) nicht zum Gewinn ausreicht.

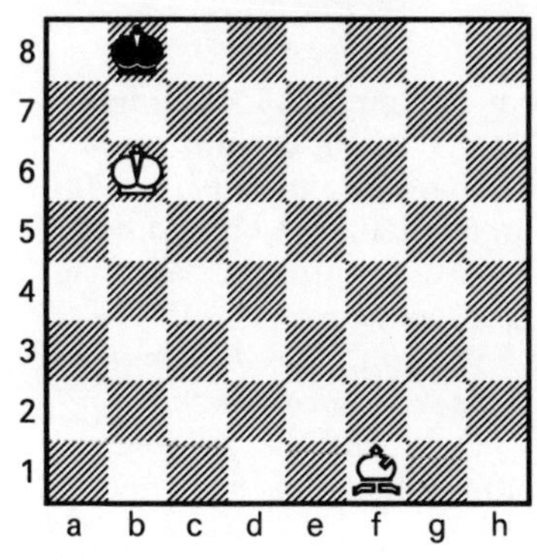

17

Weiß hat scheinbar viel erreicht, denn der schwarze König ist am Brettrand eingeengt und wird mit dem Zug 1.♗f1–a6 gezwungen, sich auf das Eckfeld zu begeben. All das reicht aber nicht aus zum Mattsetzen, zum Beispiel 1. … ♔b8–a8 2.♗a6–b7+ ♔a8–b8, und der Läufer muß wieder wegziehen, um für den König ein Feld auf der achten Reihe frei zu machen. Wenn Weiß als Antwort auf 1. … ♔b8–a8 glaubt, listiger 2.♗a6–c8 ♔a8–b8 und erst jetzt 3.♗c8–b7 zu spielen, ist Schwarz patt, und das Spiel somit remis.

Merke:

■ *König und Läufer allein können den gegnerischen König nicht Mattsetzen.*

Nur in Ausnahmefällen, wenn ungünstig postierte gegnerische Figuren der Läuferpartei „Hilfe" leisten, kann ein Läufer allein matt setzen.

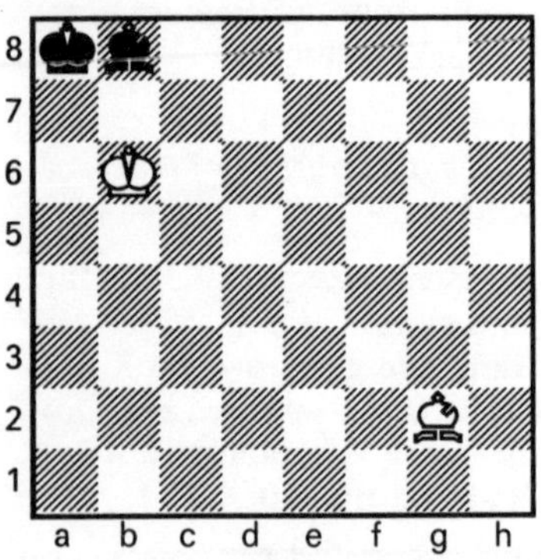

18

Auf dem Diagramm 18 kann man ein Mattbild sehen, das mit *einem* Läufer zustande kam. Aber … stände der schwarze Läufer nicht auf dem Brett, wäre dies unmöglich. Es mag paradox klingen:

Eigene Figuren helfen nicht immer; zuweilen können sie sogar stören.

Relativ häufig trifft das zu, wenn Streikräfte beengt stehen und bedrängt sind.

Mattsetzen mit zwei Läufern

Besitzt die stärkere Seite zwei Läufer, also das Läuferpaar, wird das Matt des alleinigen gegnerischen Königs verhältnismäßig leicht erreicht. Sehen wir uns die Spielmethode in dieser Situation an.

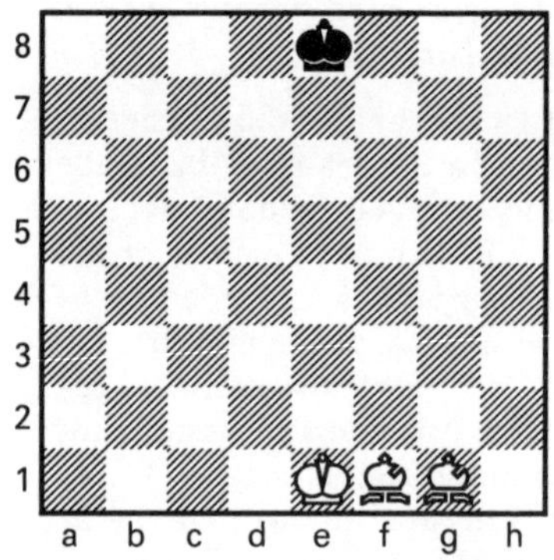

19

Der Plan von Weiß beinhaltet, den schwarzen König einzuengen, ihn in eine Brettecke zu drängen und eine Mattstellung herbeizuführen. Alle Etappen dieses Planes bedingen gemeinsame Aktionen von Läufern und König. Betrachten wir eine mögliche Spielentwicklung.

1.♗f1–c4 …

Es ist wichtig, den König nicht in das Zentrum zu lassen und auch seinen Übergang zum Königsflügel zu verhindern.

1. … ♔e8–e7
2.♗g1–d4 …

Sehen wir uns die Postierung der Läufer aufmerksam an. Nebeneinander stehend, wirken ihre gemeinsamen Aktionen maximal. Die Läufer sind unantastbar und engen die Beweglichkeit des feindlichen Königs auf einen Brettabschnitt ein, dessen Grenze die Felder a8, b7, c6, d6, e7, f8 bilden. In der entstandenen Situation muß das Matt des schwarzen Königs in der linken oberen Brettecke (im Gebiet des Feldes a8) geplant werden. Hierbei kommt der weiße König den Läufern zu Hilfe.

2. … ♔e7–d6
3.♔e1–d2 ♔d6–c6
4.♔d2–c3 ♔c6–d6

Der schwarze König hat keine bessere Marschroute, weil ein freiwilliger Rückzug zum Brettrand nicht Gutes verheißt.

5.♔c3–b4 ♔d6–c6
6.♗d4–e5 …

Da das Feld c5 von dem weißen König kontrolliert wird, ist dieser Zug möglich, der die Beweglichkeit des schwarzen Königs noch mehr einengt.

6. … ♔c6–d7
7.♔b4–c5 ♔d7–e7
8.♗c4–d5 ♔e7–d7

Oder 8. … ♔e7–f8 9.♔c5–d6 ♔f8–e8 10.♗e5–g7 ♔e8–d8 11.♗d5–c6 usw.

9.♗e5–f6 ♔d7–e8

Der König ist an den Brettrand gedrängt. Die nächste Aufgabe ist, ihn in eine Ecke zu treiben.

10.♔c5–d6 ♔e8–f8
11.♗d5–e6 …

Ein schrecklicher Fehler wäre der Zug 11.♔d6–d7. Es entstände ein Patt!

11. … ♔f8–e8
12.♗f6–g7 ♔e8–d8
13.♗e6–f7 …

Nicht 13.♗e6–d7??, und Schwarz wäre patt.

13. … ♔d8–c8
14.♔d6–c6 ♔c8–b8

Falls 14. ... ♔c8–d8, so 15.♗g7–f6 matt.

15.♗g7–d4	**♔b8–c8**
16.♗d4–b6	**♔c8–b8**
17.♗f7–e6	**♔b8–a8**
18.♗b6–g1	**♔a8–b8**
19.♔c6–b6	**♔b8–a8**
20.♗e6–d7	**...**

Ein notwendiger Abwartezug.

20. ...	**♔a8–b8**
21.♗g1–h2+	**♔b8–a8**
22.♗d7–c6 matt.	

Wir haben das Matt im 22. Zug erzielt. Wie die Erkenntnisse der Schachtheorie beweisen, wird das Matt mit zwei Läufern gegen den alleinigen König aus jeder beliebigen Stellung nicht später als im 30. Zug erreicht. Der Läufer ist, ebenso wie der Turm, in der Lage, aus der Ferne matt zu setzen.
Dem Lernenden sei geraten, sich selbständig in solchen Endspielen zu üben und unbedingt den Spielverlauf aufzuschreiben. Die Aufzeichnungen helfen, Fehler in der Technik der Mattführung zu erkennen und zu vermeiden.

Merke:
■ *Man muß beim Mattsetzen mit zwei Läufern darauf achten, daß man den gegnerischen König nicht patt setzt.*

Fesselung durch Läufer

■ *Ein Stein, der durch eine gegnerische Figur am Ziehen gehindert wird, weil bei seinem Wegziehen eine andere wichtige Figur verlorenginge, heißt gefesselt.*

Dank seiner Beweglichkeit wird der Läufer häufig für Fesselungen verwendet. Natürlich kann der Läufer eine Fesselung nur auf von ihm beherrschten Diagonalen durchführen.

Zwei Beispiele sollen die Fesselung verdeutlichen.

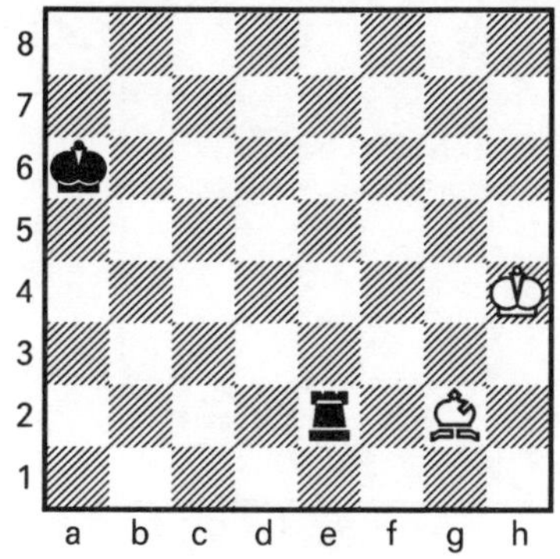

20

Auf dem Diagramm 20 fesselt der weiße Läufer mit dem Zug 1.♗g2–f1 den Turm, der nicht wegziehen darf, da dann der schwarze König im Schach stände.

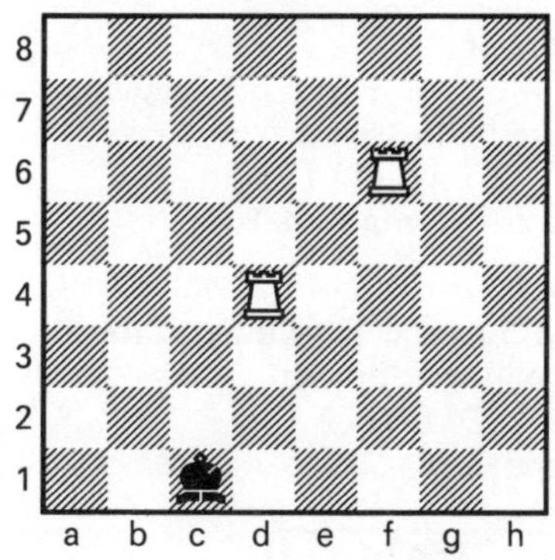

21

Auf der schematischen Stellung im Diagramm 21 ist nach dem Zug von Schwarz 1. ... ♗c1–b2 der weiße Turm auf d4 gefesselt. In diesem Falle darf der Turm d4 zwar wegziehen, aber dann kann eine andere, von ihm bislang geschützte Figur geschlagen werden – der Turm f6.

Doppelangriff durch Läufer

■ *Ein gleichzeitiger Angriff auf zwei gegnerische Steine heißt Doppelangriff.* Fesselung und Doppelangriff sind zwei in der Spielpraxis sehr häufig vorkommende taktische Verfahren.

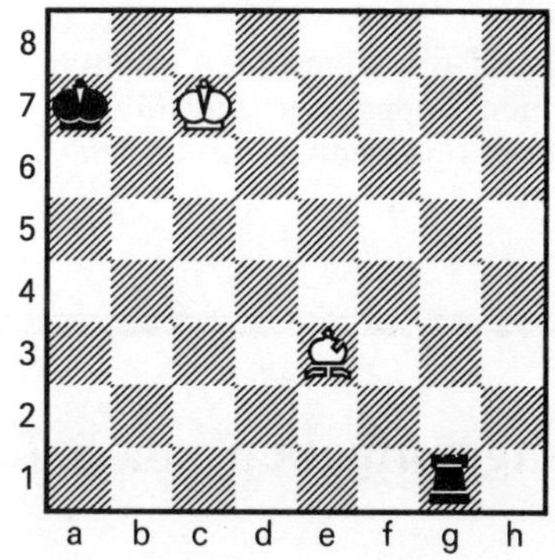

22

Das Diagramm 22 veranschaulicht einen Doppelangriff des weißen Läufers: Der schwarze König a7 steht im Schach, und zugleich ist der Turm g1 bedroht. Der König muß ziehen, und Weiß nimmt im nächsten Zug den Turm.

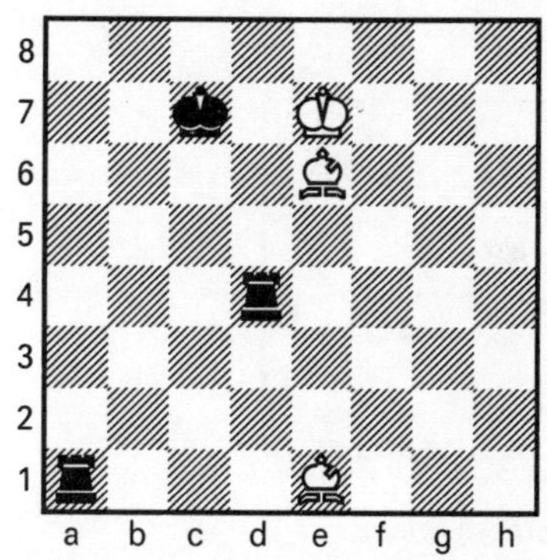

23

In der Diagrammstellung 23 haben wir es nach 1.♗e1–c3 mit einer anderen Form eines Doppelangriffs zu tun. Es sind gleichzeitig beide schwarzen Türme angegriffen. Natürlich kann sich einer der beiden Türme durch Wegzug der Bedrohung entziehen, doch ein Turm geht verloren.

Fesselung und Doppelangriff durch einen Turm

Auch der Turm kann eine Fesselung oder einen Doppelangriff ausführen. Allerdings sind dann nicht die Diagonalen, sondern die Reihen und Linien der Aktionsbereich.

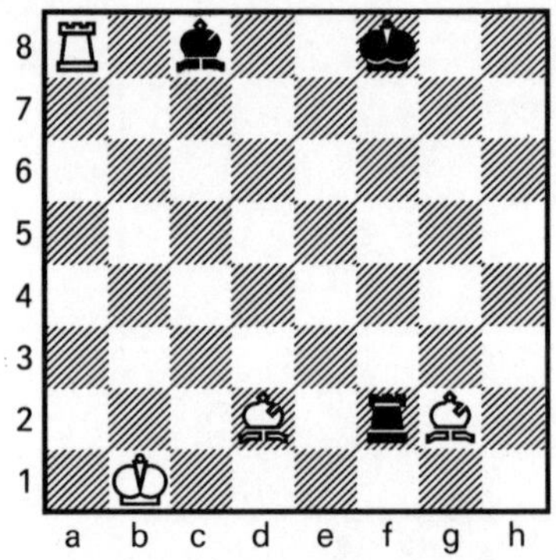

24

Auf dem Diagramm 24 hat der Turm a8 den Läufer c8 gefesselt.
Der schwarze Turm f2 bedroht die beiden weißen Läufer auf d2 und g2.

In der 5. Lektion haben wir behandelt:

- Die Gangart des Läufers
- Vergleich von Läufer und Turm
- Mattsetzen mit zwei Läufern
- Fesselung und Doppelangriff.

Übungsaufgaben zur 5. Lektion

Aufgabe 34:
Geben Sie ohne Ansicht des Brettes die Züge an, die ein Läufer ausführen kann, der a) auf f2, b) auf c4, c) auf e5 und d) auf h3 steht.

Aufgabe 35:
Setzen Sie den schwarzen König aus folgenden Stellungen matt:
a) *Weiß:* ♔g1, ♗e1, ♗g8
Schwarz: ♔c5

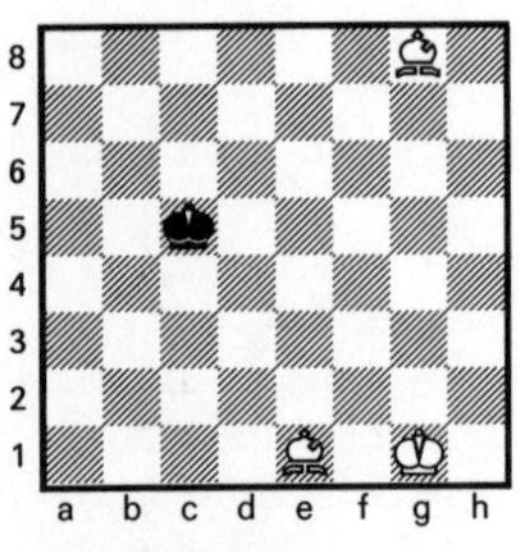

Kontrolldiagramm
☐ Weiß zieht.

b) *Weiß:* ♔a1, ♗c1, ♗h1
Schwarz: ♔h8
☐ Schwarz zieht.

Aufgabe 36:
Kann Weiß die Partie bei folgenden Kräfteverhältnissen gewinnen:
Weiß – König und Läufer;
Schwarz – König und Turm?

Aufgabe 37:
Führen Sie eine Fesselung in folgenden Stellungen durch:
a) *Weiß:* ♔e1, ♗e2
Schwarz: ♔e8, ♖c6

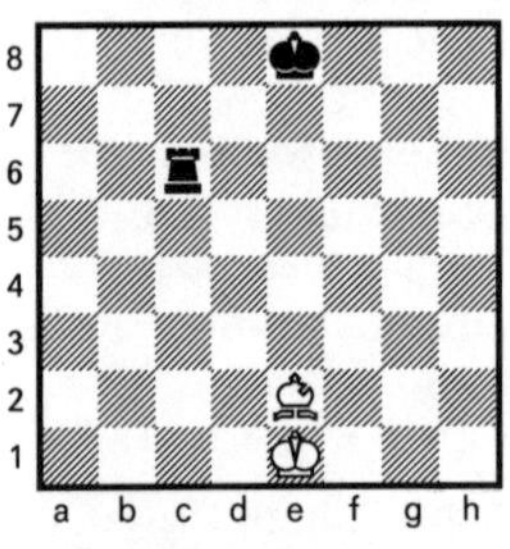

Kontrolldiagramm
☐ Weiß zieht.

b) *Weiß:* ♔a1, ♗b1, ♗g1
Schwarz: ♔a3, ♖f4, ♖h6
☐ Schwarz zieht.

c) *Weiß:* ♔g6, ♖a2
Schwarz: ♔g8, ♗f8
☐ Weiß zieht.

Aufgabe 38:
Unternehmen Sie einen Doppelangriff in folgenden Stellungen:
a) *Weiß:* ♔c2, ♗b3
Schwarz: ♔f3, ♖b7
☐ Weiß zieht.
b) *Weiß:* ♔h2, ♗a7, ♗g2
Schwarz: ♔h4, ♖c3, ♖h8
☐ Weiß zieht.
c) *Weiß:* ♔c5, ♗h5
Schwarz: ♔a1, ♖e6
☐ Schwarz zieht.

Aufgabe 39:
☐ Kann der Turm oder Läufer gleichzeitig eine Fesselung und einen Doppelangriff unternehmen? Führen Sie Beispiele an.

Aufgabe 40:
☐ Führen Sie ohne Ansicht des Brettes mit dem Läufer Beispiele für eine Fesselung und einen Doppelangriff an.

6. Lektion

Die Dame

Gangart der Dame

Die Dame (Kurzbezeichnung D) ist die stärkste Schachfigur. Sie zieht und schlägt nach allen Richtungen, vorwärts und rückwärts, beliebig weit, auf Reihen, Linien und Diagonalen. Dadurch vereinigt die Dame in sich gleichzeitig die Gangarten von Turm und Läufer. Dank ihrer außergewöhnlich hohen Beweglichkeit und der Möglichkeit, sowohl auf den weißen wie auch auf den schwarzen Feldern zu wirken, ist sie sogar stärker als diese beiden Figuren zusammen genommen. Auf einem freien Brett (siehe Diagramm 25) bestreicht die im Zentrum postierte Dame 27 Felder und von einem Eckfeld aus 21.

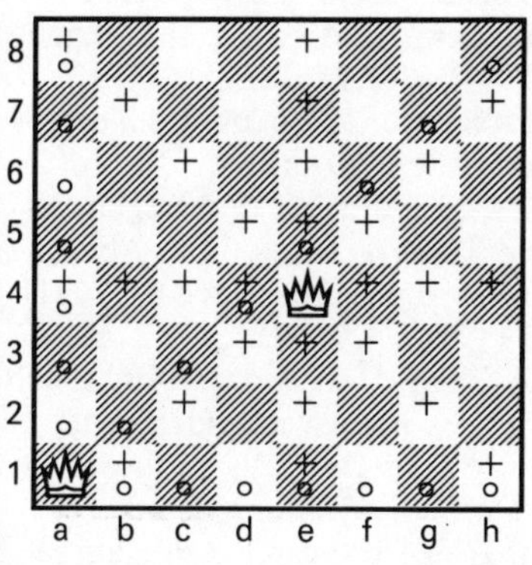

25

Auf dem Diagramm sind die möglichen Züge der Dame e4 mit Kreuzen und die Marschrouten der auf dem Feld a1 stehenden Dame mit Kreisen markiert. Wir empfehlen dem Leser, alle Felder zu nennen, auf die sich die Damen im Diagramm 25 begeben können.
Wie Läufer und Turm, darf auch die Dame eigene und fremde Figuren nicht überspringen. Wenn auf ihrer Marschroute ein Feld von einem eigenen Spielstein besetzt ist, darf sie maximal bis auf das davor liegende Feld ziehen. Handelt es sich aber um einen gegnerischen Spielstein, kann sie ihn schlagen. Dieser wird vom Brett genommen, und die Dame nimmt dessen Platz ein.

Mattsetzen mit der Dame

Die Mattführung mit der Dame gegen den alleinigen König ist verhältnismäßig einfach und geht nach bereits bekanntem Muster vor sich: Der König der schwächeren Seite wird zum Brettrand gedrängt, und danach geschieht das Mattsetzen mit Hilfe des eigenen Königs.
Zum Unterschied von Turm und Läuferpaar ist die Dame allein in der Lage, den gegnerischen König einzuengen.

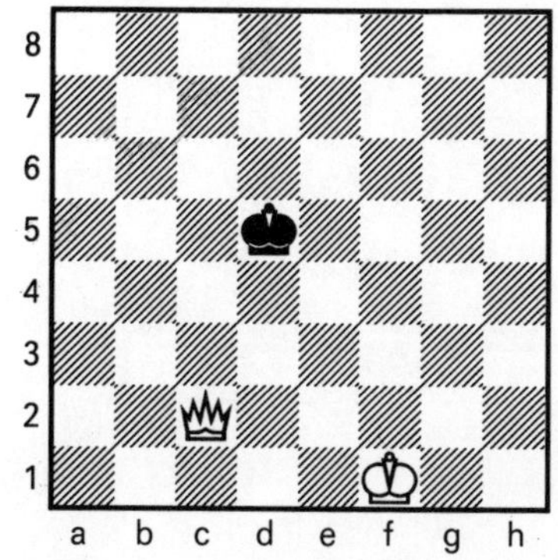

26

Sehen wir uns auf dem Diagramm 26 an, wie die Dame ohne Hilfe des Königs den schwarzen König einengt. In der Annahme, daß sich die Leser inzwischen in den beiden Notationsarten, der ausführlichen und der gekürzten, auskennen (vgl. Seite 19), gehen wir jetzt zur Kurznotation über:
1.♕c3 ♔e4 2.♕d2 ♔e5 3.♕d3 ♔f4 4.♕e2 ♔f5 5.♕e3 ♔f6 6.♕e4 ♔g5 7.♕f3 ♔g6 8.♕f4 ♔g7 9.♕f5 ♔h6 (oder 9. … ♔g8 10.♕f6 ♔h7 11.♕g5) **10.♕g4 ♔h7 11.♕g5 ♔h8 12.♔f2**
Jetzt, wo der gegnerische König am Rand steht, wird der eigene König zur Schaffung einer Mattstellung herangeführt. Das Bestreben, mittels 12.♕g6?? den schwarzen König noch mehr einzuengen, wäre ein grober Fehler, weil dann auf dem Brett eine Pattsituation entstände.
12. … ♔h7 13.♔f3 ♔h8 14.♔f4 ♔h7 15.♔f5 ♔h8 16.♔f6 ♔h7 17.♕g7 matt.

Wenn anstelle alleiniger Aktionen der Dame auch der eigene König an der Einengung des gegnerischen Königs teilnimmt, wird das Matt schneller erreicht. Probieren Sie das bitte selbst aus und beginnen Sie mit folgender Stellung:

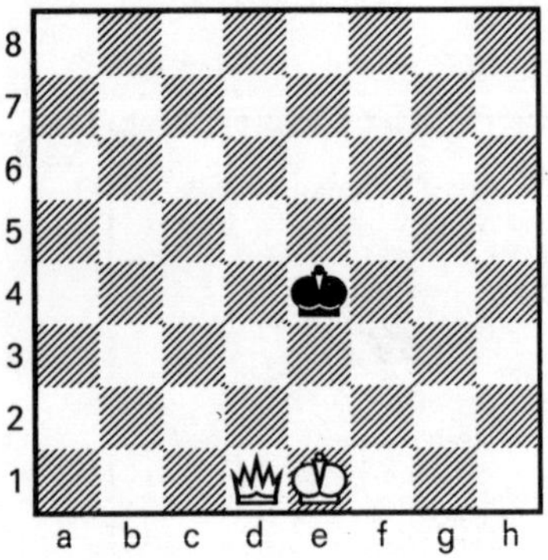

27

Fassen wir zusammen:

■ *Die Dame vermag allein den feindlichen König an den Brettrand zu drängen, jedoch braucht sie zum Mattsetzen die Hilfe ihres Königs.*

Natürlich kann anstelle des Königs auch die andere Figur Hilfe leisten.

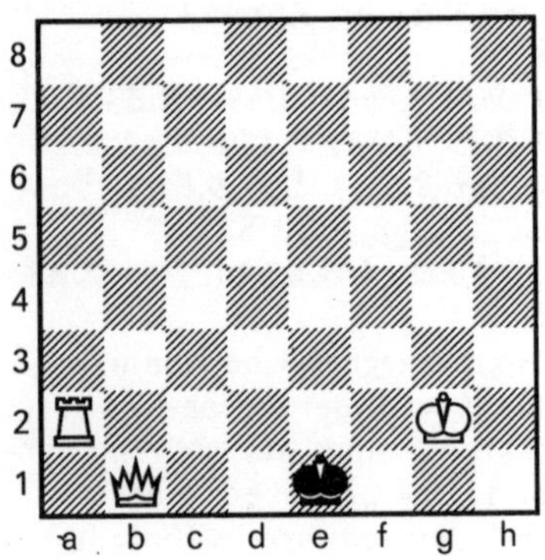

28

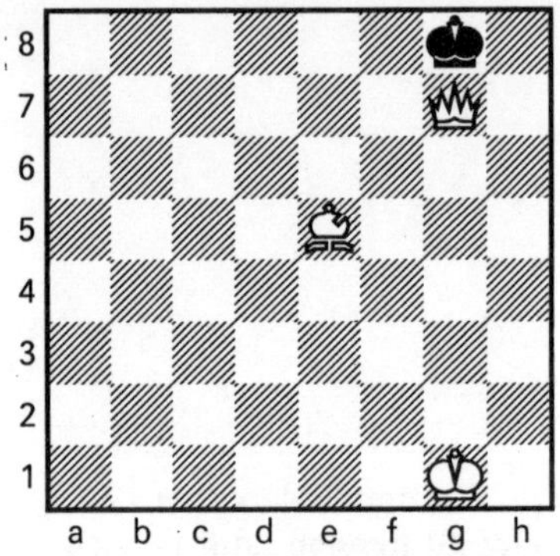

29

Auf den Diagrammen 28 und 29 sind zwei typische Mattbilder dargestellt. Auf dem einen wirkt die Dame mit dem Turm, auf dem anderen mit dem Läufer zusammen.

Die Dame im Kampf gegen andere Figuren

Dank ihrer Langschrittigkeit und der universellen Bewegungsmöglichkeiten auf dem Brett ist die Dame im Kampf gegen andere Figuren erfolgreich. Den Turm besiegt die Dame am häufigsten durch einen Angriff von den Diagonalen aus, auf denen der Turm sich bekanntlich nicht bewegen kann. Im Kampf gegen die Läufer entscheiden Schläge auf den Reihen und Linien.

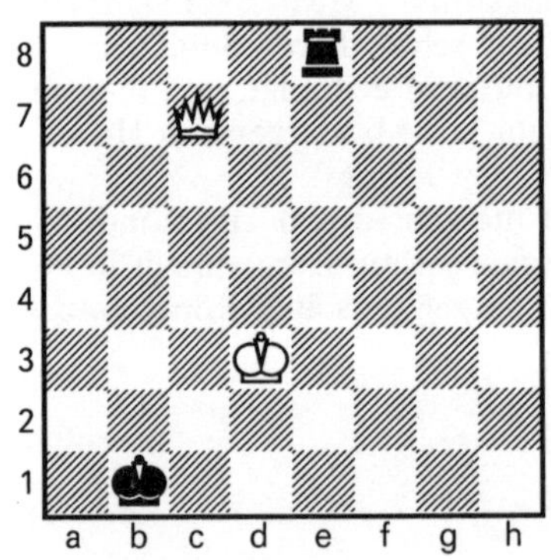

30

In der Stellung auf dem Diagramm 30 besteht die Aufgabe von Weiß darin, erst einmal den feindlichen Turm zu erobern. Nur wenn Schwarz den Turm behält, kann er hoffen, um eine Niederlage herumzukommen.
In dieser Stellung ist Schwarz am Zuge. (Wenn Weiß ziehen würde, gewänne er mittels des Manövers 1.♕c2+ ♔a1 2.♕a4+ den Turm.)
Sehen wir uns die sich bietenden Möglichkeiten näher an. Wählen wir zuerst Züge mit dem König. Eine Analyse beweist, daß Weiß nach 1. ... ♔a1 (der Leser möge sich überzeugen, daß auch 1. ... ♔a2 die Sachlage nicht ändert) 2.♕a5+ ♔b1 (oder ♔b2) 3.♕b5+ oder auch nach 1. ... ♔b2 2.♕c3+ ♔b1 (2. ... ♔a2 3.♕a5+) 3.♕c2+ ♔a1 4.♕a4+ den Turm gewinnt.
Untersuchen wir nun die Turmzüge. Leicht ist zu erkennen, daß für den schwarzen Turm die von der weißen Dame kontrollierten Felder b8, c8, und d8 unzugänglich sind. Andere Turmzüge auf der achten Reihe retten ebenfalls nicht: 1. ... ♖a8 wegen 2.♕b7+, 1. ... ♖f8 wegen 2.♕c2+ ♔a1 3.♕a4+ ♔b2 4.♕b4+, 1. ... ♖g8 wegen 2.♕c2+ ♔a1 3.♕c1+ ♔a2 4.♕c4+ und 1. ... ♖h8 wegen 2.♕c2+ ♔a1 3.♕c3+.
Bleibt noch der Rückzug des Turmes auf der e-Linie zu prüfen. Die Felder e7, e5, e4, e3 und e2 sind wegen sofortigen Turmverlustes tabu. Aber auch nach 1. ... ♖e6 2.♕c2+ ♔a1 3.♕c1+ ♔a2 4.♕c4+ oder 1. ... ♖e1 2.♕c2+ ♔a1 3.♕c3+ läßt sich Turmverlust nicht vermeiden, und die Partie geht ebenfalls verloren.
Eine lehrreiche Stellung. Trotz der scheinbar fast unbegrenzten Räume auf dem Brett gelang es dem Turm nicht, seiner Vernichtung zu entgehen.

Weiß hat durch die Ausnutzung des Doppelangriffs Erfolg erzielt, wobei der Turm auf einer Diagonale angegriffen wurde.

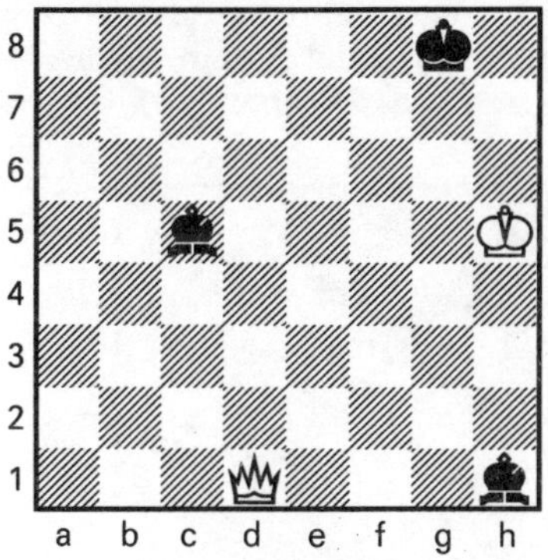

31

In der Diagrammstellung 31 zieht Schwarz.
Vor Weiß steht die Aufgabe, einen Läufer zu gewinnen, wonach sein Sieg gesichert ist.
Betrachten wir die sich anbietenden Varianten. Schwarz muß den Läufer h1 wegziehen, den die Dame sofort zu schlagen droht. Schlecht ist 1. … ♗g2 oder 1. … ♗e4 wegen 2.♕g4+ sowie 1. … ♗b7 angesichts 2.♕b3+ und 1. … ♗a8 wegen 2.♕d8+.
Da die Felder f3 und d5 von der weißen Dame kontrolliert werden, bleibt nur der Zug **1. … ♗c6** übrig.
Jetzt bringt Weiß 2.♕c2 nichts ein wegen 2. … ♗f3+ oder 2. … ♗e8+ mit anschließendem Rückzug des Läufers c5. Nach 2.♕d8+ verteidigt sich Schwarz mittels 2. … ♗f8.
Deshalb beginnt der richtige Weg mit dem Zug **2.♕g4+**. Im Falle von 2. … ♔h8 oder 2. … ♔f8 entscheidet nun 3.♕c8+. Wenn 2. … ♔h7 oder 2. … ♔f7 geschieht, folgt 3.♕f5+ mit Doppelangriff auf König und den Läufer c5. Die Aufgabe ist also erfüllt – Weiß gewinnt den Läufer.
Um uns die Technik für die Behandlung des Endspiels *Dame gegen Läufer* anzueignen, setzen wir das Spiel nach 1. … ♗c6 2.♕g4+ ♔f7 3.♕f5+ fort. Möglich ist die folgende Variante: 3. … ♔e7 4.♕:c5+ ♔d7 5.♔g5 ♗b7 6.♔f6 ♗c6 7.♕e7+ ♔c8 8.♔e5 ♗d7 9.♔d6 ♗a4 10.♕c7 matt.
Die Gewinnmethode ist unkompliziert:

□ Der König der stärkeren Seite bricht auf den Feldern der Farbe durch, die der Läufer nicht kontrolliert, und engt gemeinsam mit der Dame den feindlichen König am Brettrand ein.

In den angeführten Beispielen wurde oft der Doppelangriff angewandt, der eine der wirksamsten Methoden ist, die Kampfkraft der Dame auszunutzen. Die Stärke der Dame macht sich dann besonders bemerkbar, wenn die gegnerischen Figuren abgeschnitten sind und einander nicht schützen. Wenn die Figuren der verteidigenden Seite jedoch gut zusammenwirken, ist die Dame oft nicht in der Lage, die gegnerische Verteidigung aufzubrechen.

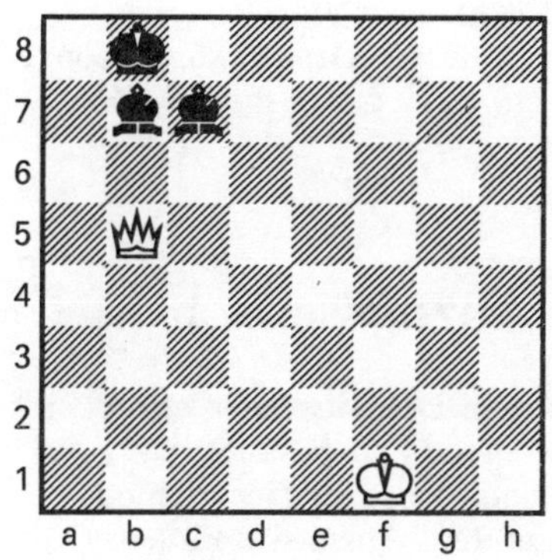

32

Die Diagramme 32 und 33 zeigen zwei Stellungsbeispiele, wo sich die schwarzen Figuren erfolgreich den Angriffen der weißen Dame widersetzen.

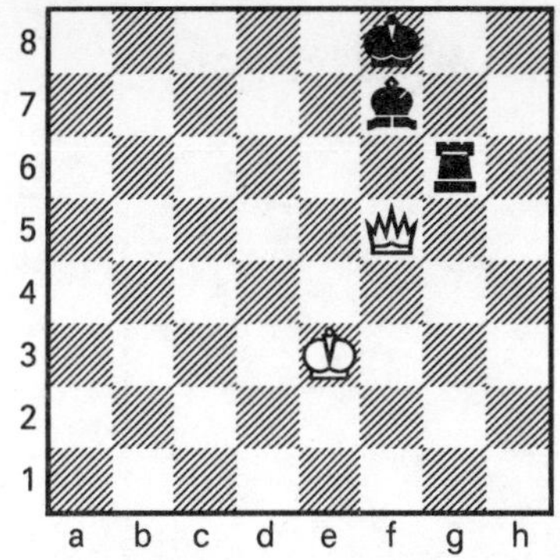

33

Im Diagramm 32 kann die weiße Dame die „kompakte“, von dem Läuferpaar errichtete Deckung nicht überwinden.
Ähnlich verhält es sich auf dem Diagramm 33: Schwarz braucht nur mit dem Turm auf der Marschroute g6–e6–g6 zu ziehen.
Wie wir uns im vorhergehenden überzeugen konnten, kann eine Figur allein den Partieausgang nicht entscheiden. Die Dame kann zwar allein den feindlichen König an den Brettrand treiben, doch zum Mattsetzen bedarf es der Unterstützung durch andere Figuren. Deshalb ist ein guter Spieler stets bemüht, daß seine Kampfeinheiten zusammenwirken.

■ *Nur durch eine geschickte Koordination der Figuren kann man auf Erfolg rechnen.*

Das Doppelschach

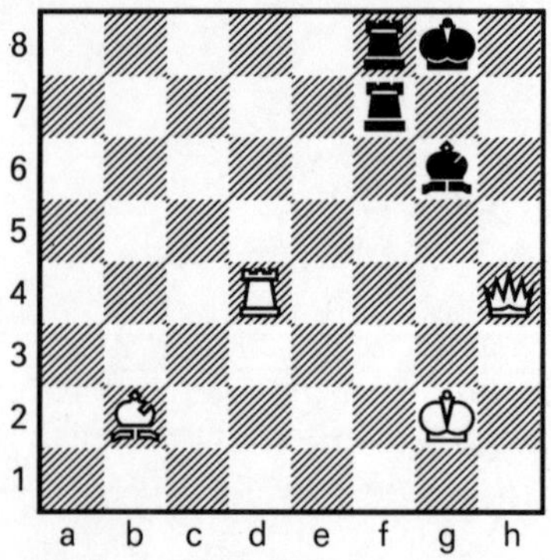

34

Auf dem Diagramm 34 zieht Weiß. Er erreicht den Gewinn durch die folgende erzwungene Abwicklung:
1.♕h8+! ♔:h8
Durch ein Damenopfer hat Weiß den gegnerischen König nach dem Feld h8 gelenkt, was für ihn tödlich ist.
2.♖h4++
Das Zeichen ++ steht für ein Doppelschach.

Merke:
■ *Unter Doppelschach versteht man den gleichzeitigen Angriff von zwei Steinen auf den König.*

In unserem Beispiel erfolgt das Doppelschach durch den Turm h4 und den Läufer b2.
Ein Doppelschach entsteht wie folgt: Auf einer Diagonale, Linie oder Reihe stehen zwei ungleiche Figuren eines Spielers. Mit ihrem Zug bedroht die Figur, die sich näher dem feindlichen König befindet, diesen mit Schach. Gleichzeitig wird durch diesen Zug auch für die dahinter stehende Figur die Angriffsbahn zum gegnerischen König geöffnet.
In unserem Beispiel ist das Doppelschach durch den Zug 2.♖h4++ zustande gekommen, da nun Turm und Läufer gleichzeitig den schwarzen König attackieren.

Ein Doppelschach ist sehr gefährlich. Es kann nicht abgedeckt werden. Denn *eine* Figur kann unmöglich die Bedrohung durch zwei Figuren abwehren. Ebenso können die beiden Schach bietenden Figuren nicht gleichzeitig geschlagen werden. Zumeist bleibt der Verteidigung nur ein Mittel – den König auf ein Feld ziehen, das nicht von feindlichen Figuren angegriffen ist. Deshalb ist auch in unserem Beispiel die Antwort von Schwarz erzwungen – **2. ... ♔g8**, worauf der letzte Schlag folgt: **3.♖h8** matt.

Die Hinlenkung

In diesem Beispiel lernten wir noch ein weiteres taktisches Verfahren kennen – die Hinlenkung. Ihr Sinn ist es, gegnerische Figuren zu zwingen, ein für sie ungünstiges Feld zu besetzen. Dabei wird ein Mittel angewandt, das auf den ersten Blick als Zugeständnis der anderen Seite anmutet. So hat sich hier das Damenopfer 1.♕h8+ als ein Danaergeschenk erwiesen. Der schwarze König wurde auf das Feld h8 hingelenkt.

Das Abzugsschach

Neben dem Doppelschach kommt in der Spielpraxis auch häufig das **Abzugsschach** vor. Der Unterschied zwischen dem Abzugs- und dem Doppelschach besteht darin, daß bei einem Abzugsschach die auf der betreffenden Diagonale, Reihe oder Linie näher zum feindlichen König stehende Figur bei ihrem Wegzug selbst keine Drohung gegen den König aufstellt; sie öffnet nur eine Angriffslinie für eine andere Figur. So konnte zum Beispiel in der Stellung auf dem Diagramm 34 ein Abzugsschach entstehen, wenn nach 1.♕h8+ ♔:h8 mit dem Turm ein anderer Zug als 2.♖h4++ ausgeführt worden wäre. Ein anderes Beispiel für ein Abzugsschach zeigt das Diagramm 35.

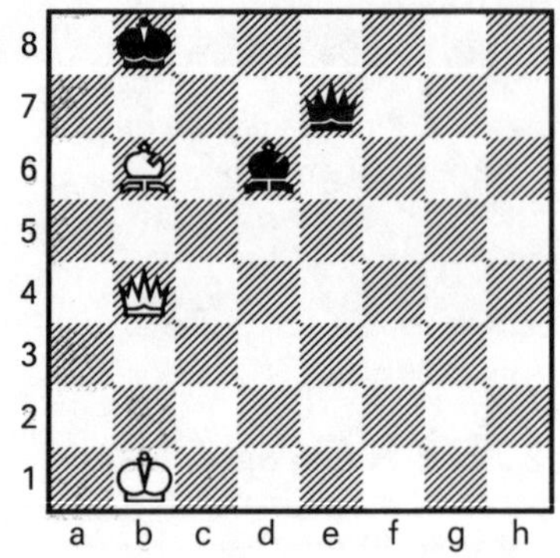

35

Weiß am Zuge kann mittels 1.♗a7++ oder 1.♗c7++ ein Doppelschach bieten, aber in beiden Fällen schlägt Schwarz mit Vorteil den Läufer (1. ... ♔:a7 oder 1. ... ♔:c7). Obwohl in der Regel ein Doppelschach gefährlicher ist, ist es in dieser Stellung für Weiß vorteilhafter, das Abzugsschach **1.♗c5+** zu geben. Denn es stellt die Drohung 2.♗:d6 auf und erzwingt deshalb die Antwort **1. ... ♔c7.**
□ Ein Abzugs- oder Doppelschach läßt sich nicht mit zwei gleichartigen Figuren, beispielsweise mit zwei Türmen, durchführen. Es bedarf dazu einer Figurenkombination wie Dame mit Turm, Dame mit Läufer usw.

In der 6. Lektion haben wir behandelt:
- Die Gangart der Dame und das Mattsetzen mit ihr
- Die Dame im Kampf gegen andere Figuren
- Doppelschach, Hinlenkung und Abzugsschach.

Übungsaufgaben zur 6. Lektion

Aufgabe 41:
Weiß: ♔e1, ♕d1
Schwarz: ♔e6
□ Weiß zieht. Treiben Sie den schwarzen König, möglichst ohne die Figuren auf das Brett zu stellen (Sie können aber ein leeres Schachbrett vor sich stehen haben), auf eine Randreihe oder -linie und führen Sie dazu nur Damenzüge aus.

Aufgabe 42:
Weiß: ♔a1, ♕d7
Schwarz: ♔h8
□ Weiß zieht. Setzen Sie den schwarzen König möglichst ohne Aufstellung der Figuren in 6 Zügen matt.

Aufgabe 43:
Weiß: ♔g1, ♕g2, ♖e4, ♗e2, ♗f4
Schwarz: ♔c6, ♕a6, ♗b4

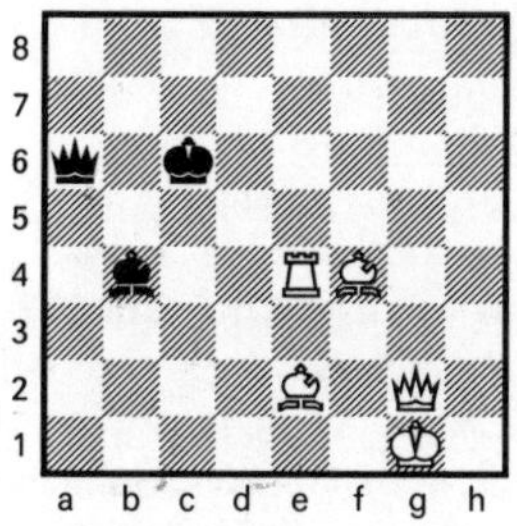

Kontrolldiagramm

□ Weiß zieht. Welche Doppel- und Abzugsschachs sind in dieser Stellung möglich?

Aufgabe 44:
Weiß: ♔g1, ♖c1, ♗c6
Schwarz: ♔c8, ♖g8, ♗g7
□ Durch welche Abzugsschachs kann ein gegnerischer Turm gewonnen werden – bei Anzug von Weiß und bei Anzug von Schwarz?

Aufgabe 45:
Weiß: ♔g1, ♕c6, ♖d5, ♗e4
Schwarz: ♔b8, ♕f8, ♖f7, ♗c7, ♗c4

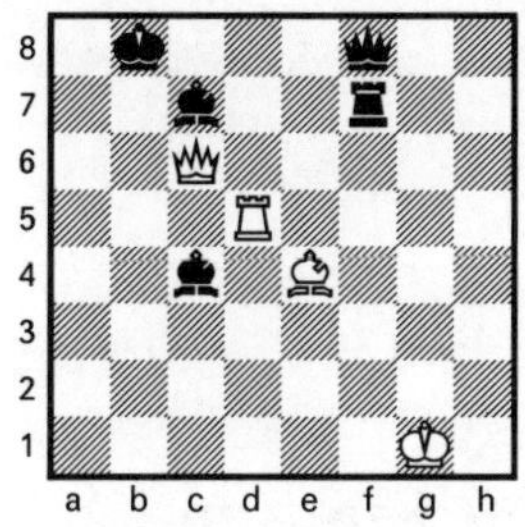

Kontrolldiagramm

□ Weiß zieht. Setzen Sie in drei Zügen unter Ausnutzung einer Hinlenkung matt.

Aufgabe 46:
Weiß: ♔h1, ♕g2, ♖f1, ♖f3, ♗h2, ♗h5
Schwarz: ♔a8, ♕b7, ♖c6, ♖c8, ♗a4, ♗a7
□ Spielen Sie, beginnend mit dieser Stellung, zwei Partien (abwechselnd mit Weiß und Schwarz) gegen einen Gegner, der auch Schachanfänger ist. Schreiben Sie die Partie auf. Bemühen Sie sich, die begangenen Fehler herauszufinden.

7. Lektion

Der Springer

Gangart des Springers

Für einen Anfänger ist es besonders schwierig, sich die Gangart des Springers einzuprägen und ihn richtig zu ziehen. Der Springer (seine Kurzbezeichnung ist S) bewegt sich komplizierter als die anderen Figuren.

Merke:
■ *Der Springer zieht zwei Felder vor und eines zur Seite bzw. zwei Felder zur Seite und eines vor.*

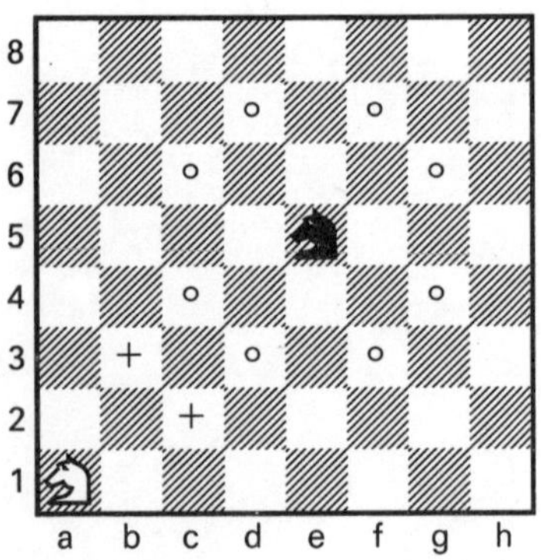

36

Auf dem Diagramm 36 sind die Felder mit Kreisen gekennzeichnet, auf die der Springer e5 ziehen kann. Die Kreuze markieren die Felder, die dem Springer a1 zugänglich sind.
Die Gangart des Springers läßt sich noch auf andere Weise erklären: Der Springer zieht ein Feld wie ein Läufer und das nächste wie ein Turm, aber so, daß er sich bei der zweiten Bewegung von seiner Ausgangsstellung weg bewegt (zum Beispiel von a1 nach b2 und von hier nach b3 oder c2 – aber nicht nach a2 oder b1).
Der Springer kann einen gegnerischen Stein schlagen, der sich auf den Feldern befindet, nach denen er ziehen darf. In diesem Falle wird der feindliche Stein vom Brett entfernt, und an ihre Stelle tritt der Springer.

Unterschiede des Springers zu anderen Figuren

Der Springer ist eine eigenwillige Figur, die sich in vielem von den anderen Schachfiguren unterscheidet. Diese Unterschiede bestehen in folgendem:
■ 1. Während König, Dame, Turm und Läufer sich nur gerade oder schräg (auf Reihen, Linien und Diagonalen) bewegen, führt der Springer, wie schon sein Name sagt, Sprünge aus – zwei Felder vor- oder rückwärts und eines zur Seite, zwei Felder zur Seite und ein Feld vor- oder rückwärts.
■ 2. Der Springer darf bei seiner Fortbewegung eigene und fremde Figuren überspringen. Wichtig ist nur, daß das Ankunftsfeld seiner Marschroute nicht von einer eigenen Figur besetzt ist (eine fremde, wie bereits gesagt, kann er schlagen). Wenn zum Beispiel auf dem Diagramm 36 auf den Feldern a2, b2, b1 eigene oder fremde Figuren stehen, werden dadurch keineswegs die Züge ♘a1–b3 oder ♘a1–c2 verhindert.

Merke:
■ *Der Springer ist die einzige Schachfigur, die befähigt ist, auf seinem Weg befindliche eigene und fremde Steine zu überspringen.*
■ 3. Im Unterschied zu den Zügen anderer Figuren sind die Sprünge des Springers immer gleich groß.
■ 4. Im Gegensatz zum Läufer betritt der Springer bei jedem Zug ein Feld der anderen Farbe.
Wenden wir uns nun wieder dem Diagramm 36 zu und vergleichen die Bewegungsmöglichkeiten des Springers e5, der sich im Brettzentrum befindet, mit denen des Springers a1 am Brettrand. Leicht kann man sich überzeugen, daß dem ersteren acht Züge und dem anderen lediglich zwei Züge zur Verfügung stehen.

Merke:
■ *Ein Springer im Zentrum ist in der Regel kampfstärker als am Brettrand.*
(„Springer am Rand – schlechter Stand.")
Aber selbst ein günstig postierter Springer erweist sich im Vergleich zu einem Läufer (gar nicht zu reden von Dame und Turm) nicht sehr schnellschrittig und wendig. So braucht zum Beispiel der Springer, um auf ein

Nachbarfeld zu ziehen (von e5 nach d5), drei Züge. Für eine Reise von einem Brettrand zum anderen, beispielsweise von a1 nach h8, muß der Springer sechs Züge ausführen (eine mögliche Marschroute ist: 1.♘b3 2.♘c5 3.♘d7 4.♘f8 5.♘g6 6.♘h8). Dagegen überwindet der Läufer diese Entfernung in einem Zug!
Jedoch besitzt der dem Läufer an Langschrittigkeit nachstehende Springer diesem gegenüber einen wichtigen Vorzug: Er kann jedes Feld auf dem Brett, unabhängig von dessen Farbe, erreichen.

Mattsetzen mit dem Springer

Springer und König können, ebenso wie Läufer und König, den alleinigen gegnerischen König nicht matt setzen. Mit anderen Worten, wenn auf dem Brett nur noch ein Springer und der König gegen den alleinigen gegnerischen König übriggeblieben sind, gilt die Partie als mit Remis beendet. Selbst wenn der feindliche König in eine Ecke getrieben ist, kann die stärkere Seite nur ein Patt erreichen. Instruktiv ist die folgende Stellung.

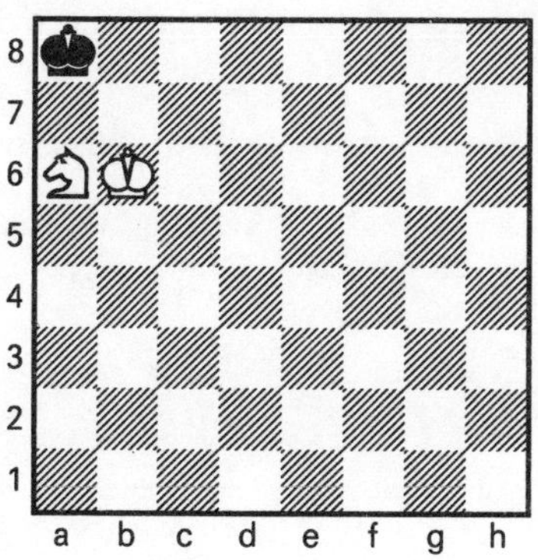

37

Wenn Schwarz am Zuge ist, steht er patt.
Steht allerdings auf dem Feld b8 noch ein schwarzer Springer, kann Weiß, wenn er am Zuge ist, die Partie gewinnen: 1.♘a6–c7 matt. In diesem Falle hat sich die schwarze Figur auf b8 als völlig unnütz, ja verderblich erwiesen, denn sie blockiert die Bewegung des eigenen Königs.
Sehen wir uns noch ein komplizierteres Beispiel zu diesem Thema an.

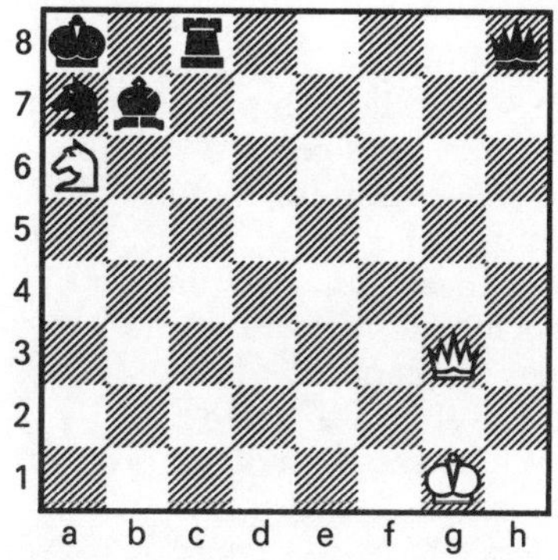

38

In der Stellung auf dem Diagramm 38 ist Weiß am Zuge. Auf den ersten Blick scheint es schlecht um ihn bestellt, weil Schwarz einen Turm und einen Läufer mehr besitzt. Weiß kann sich aber nicht nur retten, sondern gewinnt sogar auf überraschende und prächtige Weise: **1.♕b8+!! ♖:b8 2.♘c7** matt. Eine erstaunliche Situation! Ein einziger Springer erklärt das Matt, und die eigene Armee von Figuren, die sich um ihn versammelt hat, stört ihn nur. Die Schachtheorie gab diesem matt den Namen **ersticktes Matt.** Richten wir auch das Augenmerk auf das taktische Verfahren der Ablenkung, dessen sich Weiß im ersten Zug bediente. Indem Weiß die Dame opferte, lenkte er den Turm auf das Feld b8, das einzige freie Feld für den Abzug des schwarzen Königs.

Merke:

- *Die eigenartige Fortbewegung des Springers erfordert von dem Schachanfänger besondere Aufmerksamkeit.*
- *Ein Springerschach ist deshalb gefährlich, weil man einen solchen Angriff nicht abdecken kann, und nur zwei Möglichkeiten bleiben – Schlagen des Springers oder Wegzug des Königs.*
- *Besonders tückisch wirkt ein Doppelschach, an dem ein Springer beteiligt ist. In diesem Falle sind die Verteidigungsmöglichkeiten noch mehr eingeengt – der König muß ziehen.*

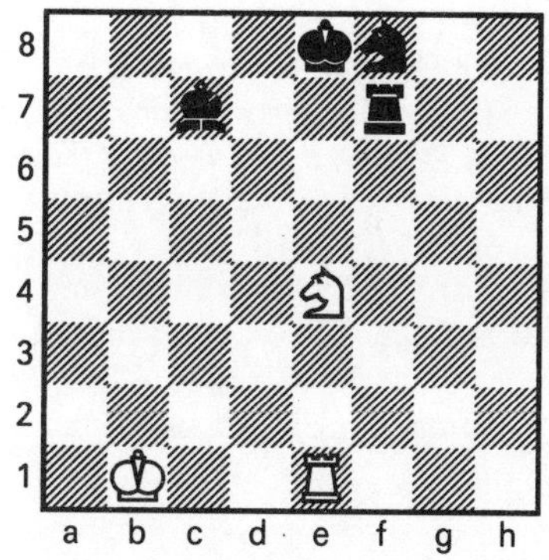

39

Weiß bietet Doppelschach: 1.♘f6++. Auf die einzige Antwort 1. ... ♔d8 folgt 2.♖e8 matt. Das andere Doppelschach, nämlich 1.♘d6++ wäre schwächer, da Weiß nach 1. ... ♔d7 oder 1. ... ♔d8 nicht mit Mattdrohungen aufwarten kann.

Springergabeln

Häufig werden Springer zur Durchführung von Doppelangriffen benutzt (sogenannte Springergabeln).

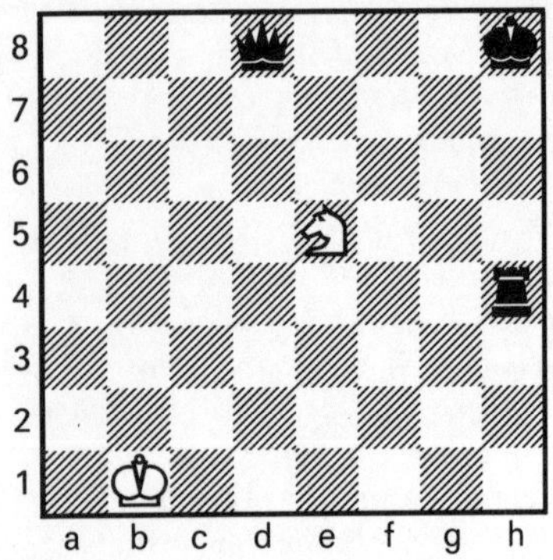

40

Weiß hat zwei Möglichkeiten, einen Gabelangriff zu unternehmen: 1.♘f7+ und 1.♘g6+. Im ersten Falle greift der Springer gleichzeitig König und Dame an, im zweiten König und Turm. Vorteilhafter ist natürlich der erste Weg, weil nach 1. … ♔g7 2.♘:d8 die Dame verlorengeht und der Springer obendrein erhalten bleibt. Im Falle von 1.♘g6+ ♔g7 2.♘:h4 würde 2. … ♕:h4 folgen.

Zusammenwirken des Springers mit anderen Figuren

Beim Zusammenwirken mit den Türmen und der Dame machen sich die Vorzüge des Springers gewöhnlich noch stärker bemerkbar. Wir führen ein typisches Beispiel an.

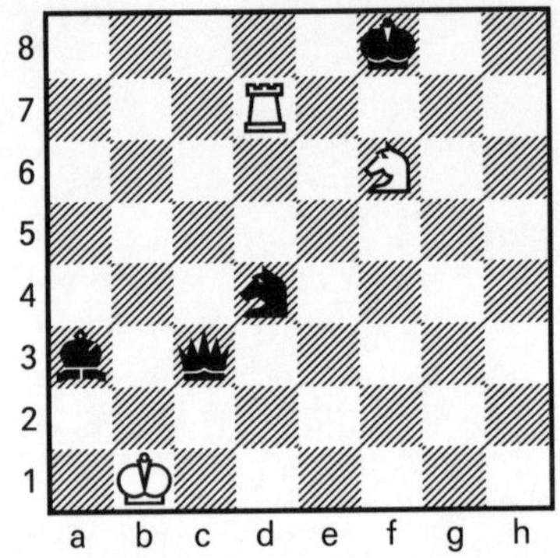

41

In der Stellung auf dem Diagramm 41 verfügt Schwarz über sehr starke Drohungen gegen den König. Aber Weiß ist am Zuge und rettet auf erstaunliche Weise mittels eines ewigen Schachs unter Ausnutzung der Wechselwirkung von Turm und Springer die Partie: 1.♘h7+ ♔e8 2.♘f6+ ♔f8 3.♘h7+ ♔g8 4.♘f6+ ♔f8. Wie leicht zu erkennen ist, verbietet sich 4. … ♔h8 wegen 5.♖h7 matt. Deshalb ist das ewige Schach unvermeidbar.
Das Springerpaar erweist sich in einer Reihe von Fällen als nicht so wirksam. Zwei Springer können den alleinigen König nicht matt setzen.

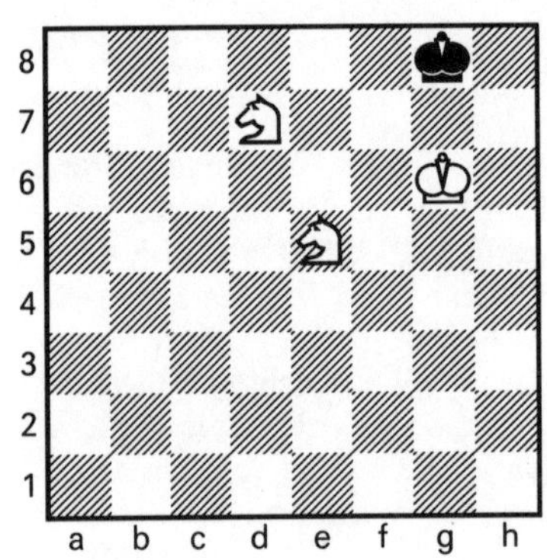

42

Auf der Diagrammstellung 42 scheint Weiß viel erreicht zu haben – der schwarze König ist am Brettrand eingeengt, und die Springer stehen aktiv. Aber eine weitere Einengung des schwarzen Königs mittels ♘f7 wäre wegen des Patts erfolglos. Auch andere Züge können die Stellung des schwarzen Königs nicht verschlechtern. Bleibt 1.♘f6+ auszuprobieren und, falls Schwarz 1. … ♔h8?? spielt, dann 2.♘f7 matt. Doch begegnet im Falle von 1. … ♔f8 der schwarze König erfolgreich allen Drohungen. Deshalb gelten solche Endspiele als remis.

In der 7. Lektion haben wir behandelt:
- Gangart des Springers und Unterschiede zu anderen Figuren
- Mattsetzen mit dem Springer
- Springergabeln
- Zusammenwirken mit anderen Figuren

Übungsaufgaben zur 7. Lektion

Aufgabe 47:
□ Stellen Sie einen Springer auf das Feld b1. Wie kann der Springer am schnellsten auf das Feld b8 gelangen?

Aufgabe 48:
□ In wieviel Zügen kann der Springer von g1 zu den Feldern e3, c5 und a7 gelangen?

Aufgabe 49:
□ Stellen Sie einen Springer auf das Feld a1 und kehren Sie, nachdem Sie mit dem Springer alle Eckfelder (h1, h8, a8) aufgesucht haben zum Ausgangsfeld zurück. Verwenden Sie dafür nicht mehr als 20 Züge und schreiben Sie die Lösung auf.

Aufgabe 50:
□ Finden Sie, ohne die Figuren zu berühren, den schnellsten Weg für den Springer vom Feld e1 nach a3 und vom Feld b8 nach d4.

Aufgabe 51:
□ Ermitteln Sie ohne Ansicht des Brettes die Marschroute des Springers vom Feld h1 nach d5.

Aufgabe 52:
□ Stellen Sie einen weißen Springer auf das Feld b1 und einen schwarzen auf g8. Weiß beginnt.
Die Aufgabe lautet: Jeder Springer muß so schnell wie möglich zum Feld a6 gelangen. In wieviel Zügen ist das möglich, und welche Stellung entsteht nach Erfüllung der Aufgabe?

Aufgabe 53:
□ Spielen Sie mehrere Partien, abwechselnd mit Weiß und Schwarz, mit Schachanfängern aus der Stellung:
Weiß: ♔e1, ♖f2, ♗c1, ♗f1, ♘b1, ♘g1
Schwarz: ♔e8, ♖d7, ♗c8, ♗f8, ♘b8, ♘g8
□ Weiß zieht. Notieren Sie die Partie, und versuchen Sie die begangenen Fehler zu finden.

Aufgabe 54:
Weiß: ♔e1, ♖b1, ♘d5
Schwarz: ♔a8, ♕f8, ♖a7, ♗b7

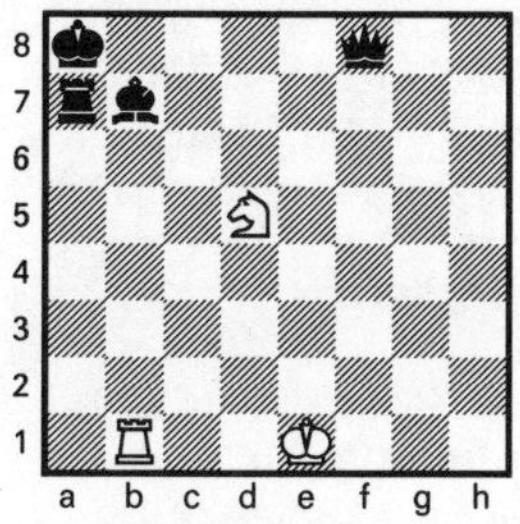

Kontrolldiagramm

□ Weiß zieht. Gewinnen Sie im zweiten Zug durch einen Gabelangriff des Springers die schwarze Dame.

Aufgabe 55:
Weiß: ♔b1, ♗c1
Schwarz: ♔b5, ♖h2, ♘e2
□ Schwarz zieht. Setzen Sie in zwei Zügen den weißen König matt.

Aufgabe 56:
Weiß: ♔b1, ♕d4, ♘e5
Schwarz: ♔h8, ♖f7, ♘h7
□ Weiß zieht. Setzen Sie in zwei Zügen den schwarzen König matt.

Aufgabe 57:
Weiß: ♔e1, ♘e3
Schwarz: ♔d4, ♕a3
□ Weiß zieht. Führen Sie einen Gabelangriff gegen den schwarzen König und die Dame.

8. Lektion

Die Bauern

Gangart der Bauern

Zu Partiebeginn besitzt jeder Spieler acht Bauern. Bei Weiß stehen sie auf der zweiten, bei Schwarz auf der siebenten Reihe. Somit verfügt jede Seite über die gleiche Bauernformation. Die Bauern schützen die anderen Figuren, die sich auf der ersten (bei Weiß) und achten Reihe (bei Schwarz) befinden. Deshalb heißen die Bauern auf der a- und h-Linie, also die Bauern vor den Türmen, Turmbauern, die Bauern auf der b- und g-Linie Springerbauern, die der c- und f-Linie Läuferbauern, auf der d-Linie Damen- und auf der e-Linie Königsbauern.
Bei der Zugnotation erhalten die Bauern kein Symbol. Es werden nur die Felder für ihre Bewegung angegeben. So bedeutet zum Beispiel die Notation in ausführlicher Form e2–e4, daß sich der Bauer vom Feld e2 nach e4 begeben hat. Die Kurznotation e4 informiert darüber, daß mit einem Bauern ein Zug nach dem Feld e4 ausgeführt wurde.
Der Bauer zieht vorwärts und in der Regel nur ein Feld weit, das heißt auf ein Feld, das sich vor ihm auf der Linie befindet. Der Bauer hat nicht das Recht, sich, wie die anderen Figuren, rückwärts zu bewegen. Mit einem Zug zwei Felder weit ziehen, darf der Bauer nur einmal, und zwar wenn er in seiner Ausgangsstellung steht (also die weißen Bauern auf der zweiten, die schwarzen auf der siebenten Reihe). Der Bauer hat dann das Recht zu einem Doppelschritt, jedoch nicht die Pflicht. Der Bauer kann in der Ausgangsstellung auch nur ein Feld weit ziehen, er darf aber später keinen Doppelschritt mehr ausführen.

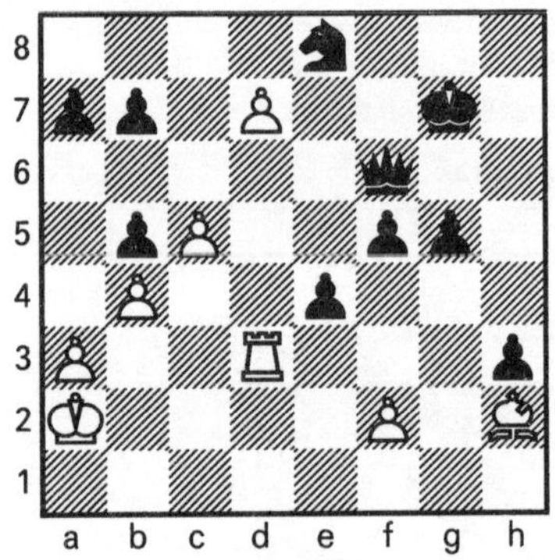

43

Um das Gesagte zu verdeutlichen, wollen wir uns nun die Stellung auf dem Diagramm 43 ansehen. Falls Weiß am Zuge ist, sind folgende Bauernzüge möglich: a4, c6, f3 und f4. (Über den Bauern auf der d-Linie sprechen wir später.) Zieht Schwarz, kommen die Züge a6, a5, b6, e3 (von der anderen Möglichkeit des e-Bauern reden wir noch), f4 und g4 in Betracht.

Wie Bauern schlagen

Wie geschieht das Schlagen mit einem Bauern? Zum Unterschied von allen anderen Figuren schlägt der Bauer nicht so, wie er zieht. Er schlägt ein Feld vorwärts auf der Diagonale, nach rechts und links; rückwärts schlägt er nicht. Wenn auf dem Diagramm 43 Weiß am Zuge ist, kann er mit dem Bauern d7 den schwarzen Springer e8 schlagen. In diesem Falle wird die vollständige Notation **d7:e8** und die abgekürzte **de** geschrieben. Wie zu sehen ist, werden bei der Kurznotation die Angabe für die Bewegung auf der Linie und das Symbol für das Schlagen (:) weggelassen. Zieht Schwarz, kann er mit dem Bauern e4 den weißen Turm d3 schlagen (in der Niederschrift **e4:d3** oder **ed**).
Wenn eine Seite zwei Bauern auf der gleichen Linie besitzt, kann mitunter der Fall eintreten, daß jeder dieser Bauern im gleichen Augenblick einen gegnerischen Stein schlagen kann, der ebenfalls auf der gleichen benachbarten Linie steht. Auf dem Diagramm 45 trifft dies für die Bauern c2 und c3 zu, die den Springer d3 bzw. den Bauern d4 schlagen können. Die Notation 1.cd wäre hier ungenügend, da daraus nicht hervorgeht, welcher der beiden Bauern was schlug. Deshalb muß die Kurznotation in diesem Falle noch um die Angabe ergänzt werden, wohin der

schlagende Bauer zog: also **1.cd3**, wenn der Bauer c2 den Springer auf d3 schlug, oder **1.cd4**, wenn der Bauer c3 den Bauern d4 nahm. Nach dem Schlagen nimmt der Bauer den Platz des geschlagenen Steins ein, er ist folglich auf die Nachbarlinie übergewechselt. Jetzt darf er nur auf dieser Linie weiterziehen und muß auf ihr bis zum nächsten Schlagen verbleiben. Wenn er auf seinem Wege auf der Linie auf ein Hindernis stößt (in Form eines eigenen oder fremden Steins), darf er seinen Weg nicht fortsetzen und muß auf seinem Platz bleiben. So haben zum Beispiel auf dem Diagramm 43 der weiße Bauer auf dem Feld b4 und der schwarze auf b5 eine gegenseitige Blockadestellung errichtet – jeder hindert den anderen an der Vorwärtsbewegung.

Schlagen im Vorübergehen (en passant)

Noch eine wichtige Besonderheit in den Aktionen der Bauern muß man sich einprägen – das Schlagen im Vorübergehen. Worin besteht diese Besonderheit? Wenn ein Bauer von seinem Ausgangsfeld einen Doppelschritt vorgeht und dabei ein Feld überschreitet, das von einem gegnerischen Bauern bedroht ist, besitzt dieser feindliche Bauer das Recht, ihn zu schlagen. Dabei besetzt der gegnerische schlagende Bauer nicht das Feld, das jener zuvor mit seinem Doppelschritt betreten hat, sondern das von diesem übersprungene „Schlagfeld".
Sehen wir uns dazu ein Beispiel an.

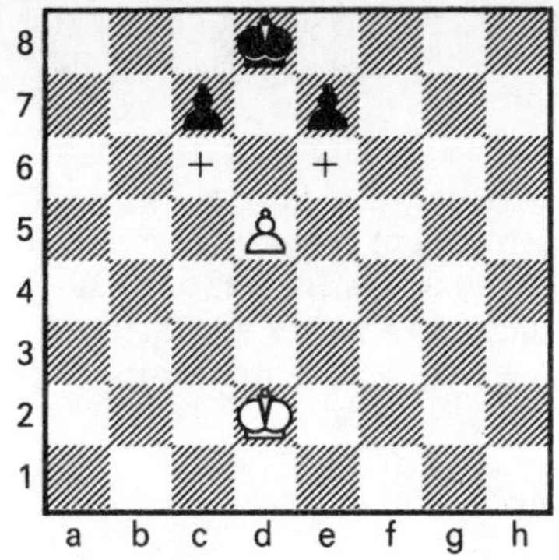

44

In der Diagrammstellung 44 ist Schwarz am Zuge. Entsprechend der uns bereits bekannten Regel, darf der Bauer c7 von seiner Ausgangsstellung aus in einen Zug sofort zwei Felder vorwärts gehen, d. h. 1. ... c7–c5. Dabei überschreitet er das Feld c6, das der weiße Bauer d5 bedroht, und es entsteht eine Situation, wo es diesem möglich ist, im Vorübergehen zu schlagen. Weiß führt diese Operation so durch, als ob der schwarze Bauer nur nach c6 gezogen hätte. Er nimmt den schwarzen Bauern c5 vom Brett und stellt seinen Bauern d5 auf das Feld c6 (2.d5:c6 oder 2.dc).
Ähnlich verhält es sich, wenn Schwarz 1. ... e7–e5 spielt. Weiß darf wiederum den Bauern im Vorübergehen schlagen, d. h. den schwarzen Bauern e5 vom Brett entfernen und seinen Bauern d5 nach e6 setzen (2.d5:e6 oder 2.de).
Auf dem Diagramm 43 ist ein analoges Verfahren im Falle von 1.f2–f4 möglich. Schwarz kann den weißen Bauern f4 im Vorübergehen schlagen: 1. ... e4:f3.

Merke:
■ *Das Schlagen im Vorübergehen darf nur im unmittelbar folgenden Antwortzug auf den Doppelschritt des gegnerischen Bauern geschehen.*

Später hat der Spieler nicht mehr das Recht zum Schlagen im Vorübergehen. Wenn zum Beispiel Weiß in der Diagrammstellung 44 als Antwort auf 1. ... c7–c5 einen Königszug ausführt, verliert er das Recht, im Vorübergehen zu schlagen.
Das Schlagen im Vorübergehen ist wie jedes Schlagen im Schachspiel nicht Pflicht. Ausgehend von seiner Einschätzung der Stellung auf dem Brett, entscheidet der Spieler selbst, ob er im Vorübergehen schlägt.
Die Regel für das Schlagen im Vorübergehen gilt nur für Bauern. Andere Schachfiguren dürfen nicht im Vorübergehen schlagen.

Vergleich des Bauern mit anderen Schachfiguren

Im Vergleich zu den anderen Schachfiguren bewegt sich der Bauer langsam. Er ist ein typischer Kurzschrittler. Außerdem ist er nicht sehr wendig. Er hat nicht das Recht, zurückzugehen, und man kann ihn ungestraft von vorn und hinten auf seiner Reihe, von der Seite und auf der Diagonale bedrohen. Deshalb gilt der Bauer als der schwächste Spielstein. Aber in der relativen Schwäche des Bauern verbirgt sich auch eine große Gefahr für die Streitkräfte des Gegners. Denn wenn es einem Bauern gelingt, selbst um den Preis seines Untergangs, einen Springer, Läufer, Turm oder gar eine Dame zu schlagen, so erweist sich ein solcher Abtausch für den Gegner als sehr nachteilig.

Bauernumwandlung

Der Bauer ist jedoch nicht nur ein „Tauschobjekt". Im Spiel kann er auf eine große Zukunft hoffen. Ein Bauer besitzt nämlich eine außergewöhnliche Eigenschaft. Sobald er die letzte Reihe (die achte für Weiß, die erste für Schwarz) erreicht, wird er sofort in eine beliebige Figur seiner Farbe, den König ausgenommen, umgewandelt.

Merke:

■ *Die Umwandlung eines Bauern, der die letzte Reihe erreicht hat, in eine beliebige Figur (außer dem König) ist Pflicht.*

Alle mit der Bauernumwandlung verbundenen Aktionen – Vorstoß des Bauern auf das Feld der letzten Reihe, seine Entfernung vom Brett und das Aufstellen der anderen Figur auf seinen Platz – rechnen als ein Zug. Die durch die Umwandlung auf das Brett gekommene Figur erhält alle Rechte der Fortbewegung und des Schlagens, die nach den Regeln für diese Figur gelten.
Auch wenn die Figur, in die man den Bauern verwandeln möchte, bereits auf dem Schachbrett vorhanden ist, stellt das kein Hindernis dar.
Durch Bauernumwandlung kann jede Seite mehrere Damen (theoretisch bis neun), Türme, Läufer und Springer erhalten. Weil es aber fast immer am vorteilhaftesten ist, den Bauern durch die stärkste Figur zu ersetzen, wird er am häufigsten in eine Dame umgewandelt. Besteht mit der Umwandlung gleichzeitig die Möglichkeit, einen Gabelangriff zu führen, empfiehlt es sich mitunter, den Bauern durch einen Springer zu ersetzen. Sehr selten entscheidet man sich für einen Turm oder Läufer.
In der Diagrammstellung 43 steht der Bauer d7 vor einer schwierigen Wahl. Zwei Umwandlungsfelder stehen zur Verfügung: Einzug auf das Feld d8 oder Schlagen des Springers e8. Wir wollen die möglichen Züge in ausführlicher und abgekürzter Notation anführen. Dabei geben wir nicht nur die Bewegung des Bauern an, sondern auch das Symbol der Figur, in die der Bauer verwandelt wird:

1.d7–d8♕, 1.d8♕
1.d7–d8♖, 1.d8♖
1.d7–d8♗, 1.d8♗
1.d7–d8♘, 1.d8♘
1.d7:e8♕, 1.de♕
1.d7:e8♖, 1.de♖
1.d7:e8♗, 1.de♗
1.d7:d8♘+, 1.de♘+

Ein Vergleich der Vorzüge und Mängel dieser Varianten führt zu dem Schluß, daß es für Weiß in der vorliegenden Stellung am vorteilhaftesten ist, den Bauern nicht in eine Dame, sondern auf dem Feld e8 in einen Springer zu verwandeln. Durch eine solche Umwandlung ergibt sich ein Gabelangriff auf den schwarzen König (Schachgebot) und die Dame. Dies führt im nächsten Zug unvermeidlich zur Vernichtung der schwarzen Dame.

Merke:

■ *Es erweist sich manchmal als wirkungsvoller, den Bauern nicht in die Dame, sondern in eine andere Figur umzuwandeln.*

Typische Bauernformationen

Die Aufstellung der Bauern besitzt im Spiel große Bedeutung. Eine Reihe typischer Bauernformationen sind bekannt. Mit einigen machen wir uns auf dem Diagramm 45 vertraut.

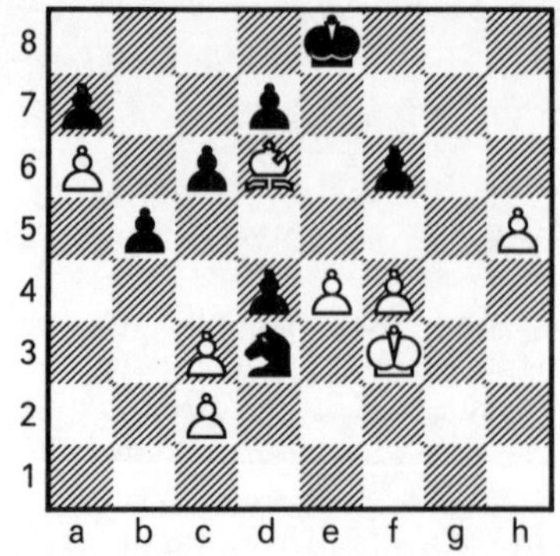

45

Das Hauptziel des Bauern – das Vordringen zur letzten Reihe – geht weitaus erfolgreicher vonstatten, wenn auf seinem Wege keine gegnerischen Bauern stehen. Deshalb verdienen die sogenannten **Freibauern** unsere besondere Aufmerksamkeit.

□ Freibauern sind Bauern, die vor sich auf der eigenen Linie und den angrenzenden Linien keine gegnerischen Bauern haben.

In der vorliegenden Stellung gibt es einen Freibauern – es ist der weiße Bauer auf h5. Da das Vorgehen dieses Bauern nicht von Bauern aufgehalten werden kann, bedarf es nur noch der Ablenkung der anderen Figuren. In unserem Fall muß der scharze König die Rolle des Wächters ausüben.
Wenn das nächste Feld auf der Linie eines Bauern ein gegnerischer Bauer besetzt hält, werden die beiden sich gegenüberstehenden Bauern **blokkierte Bauern** genannt. Auf dem Diagramm 45 sind das der weiße Bauer a6 und der schwarze auf a7.
Oft wechseln im Spielverlauf Bauern durch Schlagen auf Nachbarlinien über. Dadurch kann es zu Stellungen kommen, in denen zwei oder mehr Bauern derselben Farbe auf einer Linie stehen.

□ Stehen auf einer Linie zwei Bauern derselben Farbe hintereinander, spricht man von einem **Doppelbau-**

ern. Handelt es sich gar um drei Bauern, nennt man dies **Tripelbauer**. In der Spielpraxis sind Doppelbauern öfter anzutreffen. In Diagramm 45 hat Weiß den Doppelbauern c2 und c3 und Schwarz den Doppelbauern d4 und d7.
Bauern, die nebeneinander auf benachbarten Linien stehen, bilden eine sogenannte **Bauernphalanx**. Das ist ein sehr starker Bauernaufbau, dem man sich schwer von vorn nähern kann, denn alle unmittelbar vor ihnen liegende Felder unterliegen der gemeinsamen Kontrolle der Phalanx. In Beispiel 45 bilden die Bauern e4 und f4 eine Phalanx. Sich ihnen beispielsweise mit dem schwarzen König von vorn zu nähern gelingt nicht, da hier alle entsprechenden Felder (d5, e5, f5, g5) unter Beschuß liegen.
Ein Bauernaufbau auf den benachbarten Feldern einer Diagonale **(eine Bauernkette)** ist weniger gefährlich. Zuweilen kann das Vorgehen einer Bauernkette von einem Läufer oder vom König gebremst werden. Auf dem Diagramm 45 wird die Bauernkette, die aus den schwarzen Bauern b5, c6, d7 besteht, von dem weißen Läufer auf d6 blockiert.

Typische Spielverfahren der Bauern

Die Bauern beteiligen sich an den verschiedenartigsten Operationen auf dem Schachbrett. Davon wird später noch die Rede sein. Jetzt wollen wir uns auf einige Spielverfahren beschränken, die für den Bauern charakteristisch sind.

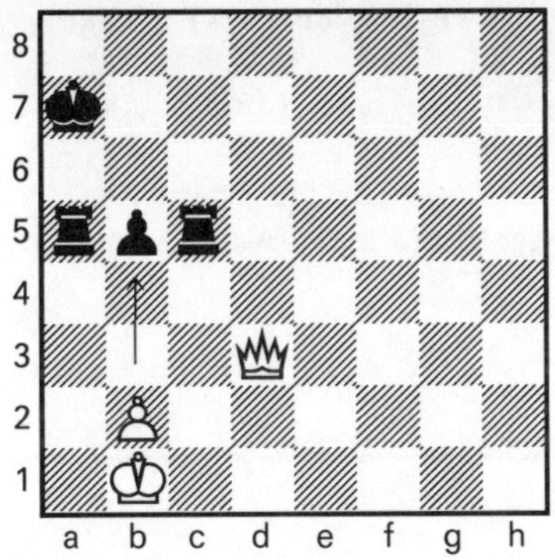

46

In der Stellung des Diagramms 46 ist Weiß am Zuge.
Mittels der **Bauerngabel** 1.b2–b4! gewinnt Weiß einen Turm.

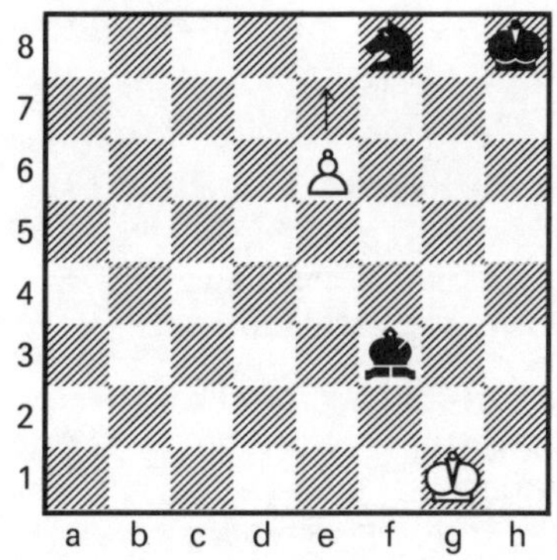

47

In Diagramm 47 stellt der Zug 1.e6–e7! eine Doppeldrohung auf – entweder mit dem Bauern auf das Feld d8 der letzten Reihe zu ziehen oder den Springer auf e8 zu schlagen. Gegen eine Drohung kann sich Schwarz verteidigen (1. ... ♗h5 oder 1. ... ♘g6), aber gegen die andere ist er dann machtlos.
Interessant ist dabei, daß Schwarz das Problem lösen könnte, wenn sein Springer e8 nicht vorhanden wäre. Durch seine Anwesenheit verhindert er die Verteidigung.
Die folgenden zwei Diagramme veranschaulichen typische Spielverfahren für die Umwandlung eines Freibauern.

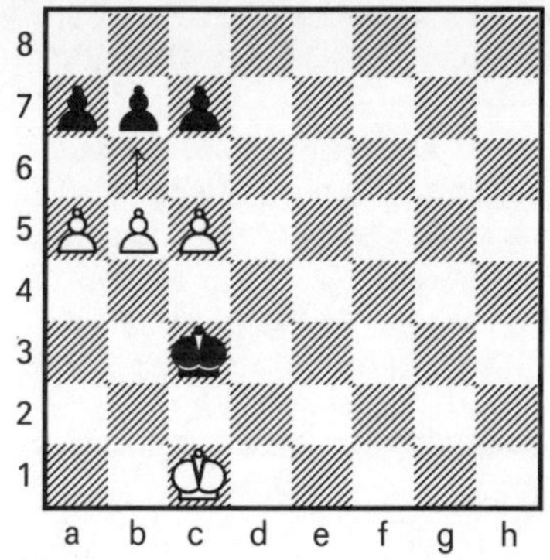

48

In Diagramm 48 scheint es um Weiß schlecht zu stehen, da sein König weit von den Bauern entfernt ist. Jedoch entscheidet ein prächtiger Bauerndurchbruch den Ausgang des Kampfes: **1.b6! ab** (falls 1. ... cb, dann 2.a6 ba 3.c6, und der c-Bauer zieht ungehindert auf die 8. Reihe durch, wo er zur Dame wird) **2.c6!** Jetzt droht 3.cb, und deshalb ist die Antwort von Schwarz erzwungen: **2. ... bc 3.a6.**
Der Weg ist frei, und der Bauer wird in eine Dame verwandelt. Mit der neuen Dame gewinnt Weiß leicht gegen drei Bauern.

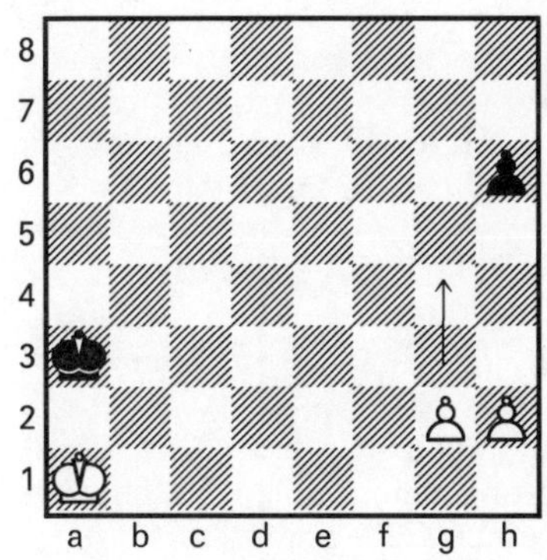

49

In Diagramm 49 steht Weiß vor der Aufgabe, den richtigen Bauern in Bewegung zu setzen. Von dem ersten Zug hängt hier viel ab. So antwortet Schwarz im Falle von 1.h4? mit 1. ...

h5, und blockiert das Vorgehen der weißen Bauern. Richtig ist deshalb 1.g4.
Dieses Beispiel veranschaulicht gut, wie solche Stellungen behandelt werden:

■ *Gezogen werden muß der Bauer, auf dessen Linie kein Gegenspieler vorhanden ist.*

In der 8. Lektion haben wir behandelt:

- Gangart der Bauern und wie sie schlagen
- Das Schlagen im Vorübergehen
- Vergleich des Bauern mit anderen Figuren
- Bauernumwandlung
- Typische Bauernformationen (Freibauer, blockierte Bauern, Doppelbauer, Tripelbauer, Bauernphalanx, Bauernkette)
- Typische Spielverfahren der Bauern.

Übungsaufgaben zur 8. Lektion

Aufgabe 58:
Weiß: ♔e1; b7, h7
Schwarz: ♔g7; h2

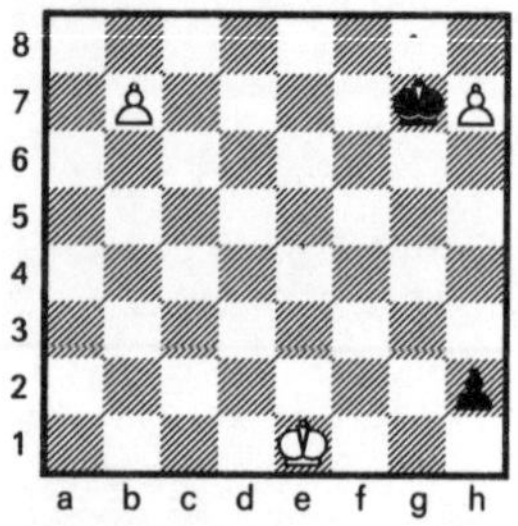

Kontrolldiagramm
□ Weiß zieht. Wie würden Sie spielen?

Aufgabe 59:
Weiß: ♔d1; e4, f3, g2, h2
Schwarz: ♔b3; e5, f6, g4, h5

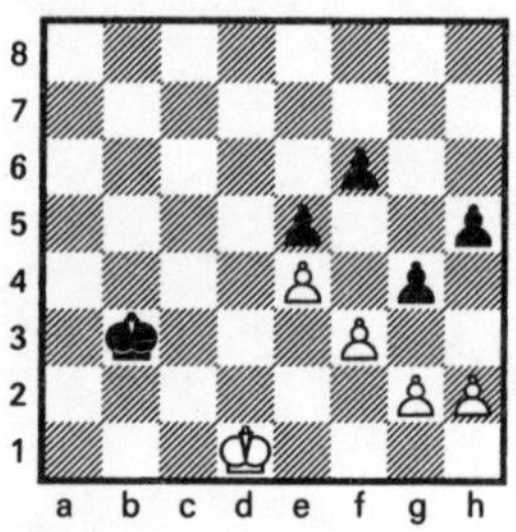

Kontrolldiagramm
□ Weiß zieht. Schaffen Sie sich einen Freibauern.

Aufgabe 60:
Weiß: ♔h1; a4, b3
Schwarz: ♔h3; a7
□ Schwarz zieht. Wie würden Sie spielen?

Aufgabe 61:
Weiß: a5, e2, g3, h4
Schwarz: a6, b7, e7, h5
□ Wer gewinnt einen Bauern
a) beim Anzug von Weiß und
b) beim Anzug von Schwarz?

Aufgabe 62:
Weiß: a2, b2, c2, g2, h2
Schwarz: a7, b7, f7, g7, h7
□ Weiß zieht. Welchen Bauern würden Sie zuerst ziehen a) beim Anzug von Weiß und b) beim Anzug von Schwarz?

Aufgabe 63:
Weiß: ♔e1; a2, b2, c2, f2, g2, h2
Schwarz: ♔e8, a7, b7, c7, f7, g7, h7
□ Weiß zieht. Spielen Sie, beginnend mit dieser Stellung, einige Partien. Schreiben Sie die Partien auf.

Aufgabe 64:
Weiß: ♔e1; a2, b2, e2, f2, g2, h2
Schwarz: ♔d8; a7, b7, c7, d7, g7, h7
□ Weiß zieht. Spielen Sie einige Partien, abwechselnd mit Weiß und Schwarz. Schreiben Sie die Partien auf.

Aufgabe 65:
Weiß: ♔c6; b7
Schwarz: ♔a7, ♖c8; c7
□ Weiß zieht. Setzen Sie den schwarzen König in zwei Zügen matt.

Aufgabe 66:
Weiß: ♖h8; g2
Schwarz: a3, b4, f7, g7, h7
□ Weiß zieht. Wie würden Sie spielen?

Aufgabe 67:
Weiß: ♗c5
Schwarz: f7, g5, h7
□ Weiß zieht. Gewinnen Sie die schwarzen Bauern.

Aufgabe 68:
Weiß: ♘g8
Schwarz: a5
□ Weiß zieht. Wie würden Sie spielen?

Aufgabe 69:
Weiß: ♘e1
Schwarz: a6, b5
□ Weiß zieht. Wie würden Sie spielen?

Aufgabe 70:
Weiß: ♕d1
Schwarz: a3, b3, c3, d3
□ Weiß zieht. Sichern Sie für Weiß den Gewinn.

Die Rochade – Aufschreiben der Partien – Symbole und Zeichen

Ausführung der Rochade

Wir wissen, daß man bei einem Zug nur eine eigene Figur ziehen darf. Diese Regel hat eine einzige Ausnahme. Einmal ist es im Partieverlauf sowohl Weiß wie auch Schwarz gestattet, mit einem Zug zwei eigene Figuren zu bewegen. Der kombinierte Zug von König und Turm wird Rochade genannt.

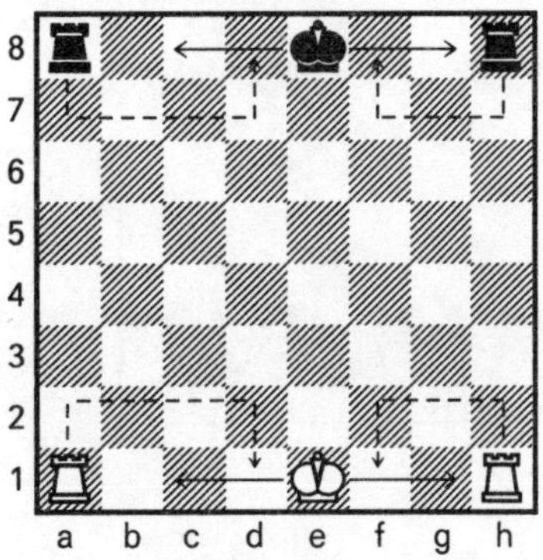

50

■ *Die Rochade wird folgendermaßen ausgeführt: Zuerst zieht man den König zwei Felder weit in Richtung des Turms. Dann wird der Turm über den König hinweg geführt und auf das Feld unmittelbar neben den König postiert.*

Da jede Seite über zwei Türme verfügt, sind zwei Arten der Rochade möglich:

1. Die kurze oder kleine Rochade. Diese Art der Rochade wird am Königsflügel durchgeführt, und an ihr ist der h-Turm beteiligt.
2. Die lange oder große Rochade. Sie wird am Damenflügel mit dem a-Turm ausgeführt, der weiter entfernt vom König steht.
Die Ausführung der Rochade veranschaulicht das Diagramm 50. Die durchgehende Pfeillinie gibt den Weg des Königs an, die unterbrochene den des Turms. Folglich nehmen nach der kurzen Rochade von *Weiß* der König auf dem Feld g1 und der Turm auf f1 ihren Platz ein. Bei der langen Rochade zieht der König nach c1, der Turm nach d1.
Wenn *Schwarz* kurz rochiert, begibt sich der König nach g8, der Turm nach f8. Bei der langen Rochade besetzt der schwarze König das Feld c8 und der Turm das Feld d8.
In der Notation ist das Zeichen für die kurze Rochade 0–0 und für die lange 0–0–0.

Merke:
■ *Bei der Ausführung der Rochade ist zuerst der König, danach der Turm zu ziehen.*
■ *Die Rochade ist in den meisten Fällen ein sehr nützlicher Zug:*

1. Der König wird aus der Brettmitte entfernt, wo er leichter den Angriffen feindlicher Figuren ausgesetzt ist als am Flügel.
2. Ohne den „Rochadesprung" wäre es für den Rochadeturm viel schwieriger, zu dem wichtigen mittleren Brettabschnitt zu gelangen.
Somit stellt die Rochade ein wichtiges Mittel dar, um die Stellung zu verstärken. Deshalb sind beide Kontrahenten auch häufig bestrebt, die andere Seite an der Rochade zu hindern. Vollauf zu Recht hoffen sie, daraus bestimmte Vorteile für sich zu ziehen.

Wann ist die Rochade möglich?

Es sei daran erinnert, daß jeder Spieler nur einmal das Recht auf eine Rochade besitzt. Dieses Recht gilt die ganze Partie hindurch. Die Rochade darf man also beispielsweise sowohl im 5. wie auch im 40. Zug durchführen. Es sind jedoch noch einige Regeln zu beachten:
■ 1. Die Rochade ist möglich, wenn sich König und Turm in ihren Ausgangsstellungen befinden. Beide dürfen zuvor noch nicht gezogen haben.
■ 2. Die Rochade ist nicht gestattet, wenn der König im Schach steht.
Es ist nicht erlaubt, mit Rochade aus dem Schach zu fliehen. Ein König, der früher Schachgeboten ausgesetzt war, verliert nicht das Recht auf die Rochade.
■ 3. Die Rochade ist nicht zulässig, wenn der rochierende König über ein

Feld ziehen muß, das von gegnerischen Figuren angegriffen ist. Der König darf bei der Rochade auch auf kein Feld ziehen, das vom Gegner kontrolliert wird.

■ 4. Wenn nicht der König, sondern der Turm auf seinem Ausgangsfeld unter Beschuß steht oder ein angegriffenes Feld überqueren muß, ist die Rochade gestattet.

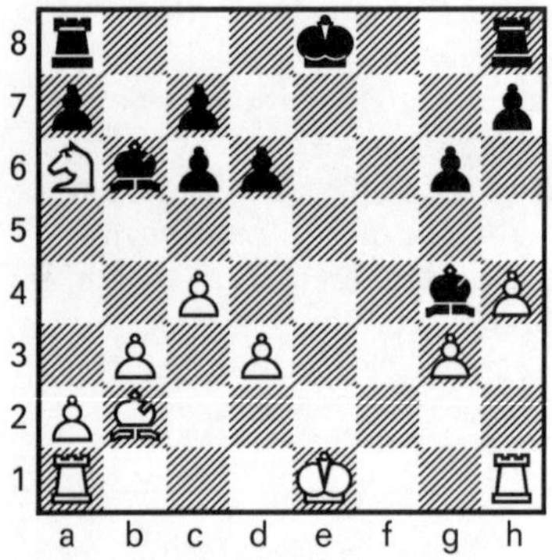

51

Sehen wir uns die obigen Regeln an einem konkreten Beispiel an. Nehmen wir an, daß im Diagramm 51 beide Seiten weder mit den Königen noch mit den Türmen Züge ausgeführt haben. Nehmen wir weiter an, daß in dieser Stellung Weiß am Zuge ist. Wir stellen dann fest, daß Weiß weder kurz noch lang rochieren darf. Im ersten Fall würde der König auf g1 im Schach stehen, im zweiten wäre das Feld d1 angegriffen, das der König überqueren müßte.

Wenn Schwarz zieht, kann er sich zwischen der kurzen und der langen Rochade entscheiden. Der Turm h8 ist zwar vom Läufer b2 angegriffen, aber dies verhindert die Rochade nicht. Im Falle von 1. … 0–0–0, also der langen Rochade, überquert nicht der König, sondern der Turm das angegriffene Feld b8.

Es erweist sich als zweckmäßig, zwischen dem zeitweiligen und dem völligen Verlust des Rechts auf Rochade zu unterscheiden. Eine zeitweilige Verhinderung der Rochade kann bedingt sein durch ein Schachgebot oder durch die gegnerische Kontrolle über ein Feld, das der König überqueren oder besetzen muß.

In der Diagrammstellung 51 tragen alle Hindernisse, die sich der kurzen oder langen Rochade von Weiß in den Weg stellen, zeitweiligen Charakter. So kann Weiß zum Beispiel, um die kurze Rochade durchzuführen, zunächst 1.c4–c5 oder 1.d3–d4 spielen, wodurch die Kontrolle des Läufers b6 über das Feld g1 aufgehoben wird. Im Falle von 1. … ♗b6–a5+ antwortet Weiß 2.b3–b4. Wenn Weiß lang rochieren will, muß er zuvor den schwarzen Läufer von der Diagonale d1–h5 vertreiben. Allerdings ist das ihm im Augenblick nicht möglich.

Nur wenn die Könige oder die Türme gezogen haben, tritt völliger Rochadeverlust ein. In der vorliegenden Stellung wäre das der Fall, wenn Schwarz am Zug ist und 1. … ♗b6–f2+ spielt. Der weiße König wird dadurch gezwungen, sein Ausgangsfeld zu verlassen. Das würde sich aber für Schwarz nicht lohnen, denn Weiß erhielte für das verlorene Recht auf die Rochade den Läufer (2.♔e1:f2) und hätte dadurch eine Figur mehr.

Angriff auf der letzten Reihe nach der Rochade

Wie bereits ausgeführt, stellt die Rochade eine für viel Stellungen zweckmäßige Figurenumgruppierung dar. Natürlich darf man nicht annehmen, daß ein Spieler nach der Rochade aller Sorgen enthoben ist und keine weiteren Sicherheitsmaßnahmen für den König erforderlich sind. Ein Angriff gegen die Königsstellung am Flügel, auch Rochadestellung genannt, erfordert vom Verteidiger oft große Umsicht.

Später werden wir die meisten typischen Angriffsverfahren gegen die Rochadestellung behandeln. Jetzt sei nur auf eine eingegangen – den Angriff auf der letzten (bzw. ersten bei Weiß) Reihe. Dieses Verfahren ist sehr verbreitet.

Nach der Rochade verbleibt der König auf der ersten oder achten Reihe, geschützt von seinen Bauern, die vor ihm einen Wall bilden. Diese Bauern verteidigen einerseits den König gegen von vorn angreifende feindliche Figuren. Andererseits aber hemmen sie des Königs Beweglichkeit, wenn der Angriff von der Seite geschieht, das heißt auf der Grundreihe. Oft enden solche Angriffe mit Matt.

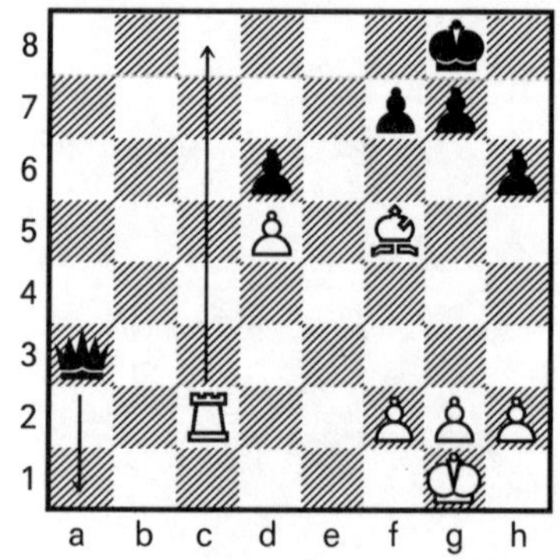

52

In der Diagrammstellung 52 ist Schwarz am Zuge und spielt **1. … ♕a1+**, wodurch nach **2.♖c1 ♕:c1** matt die Partie beendet wird. Das Unglück von Weiß besteht darin, daß keiner der Bauern, die den König schützen, die zweite Reihe verlassen hat. Wäre einer der Bauern vorgegangen (nach f3, g3 oder h3 usw.), dann hätte der König ein Fluchtfeld, ein sogenanntes Luftloch, gehabt; ein Matt wäre unmöglich gewesen.

Jedoch rettet ein Luftloch nicht immer. Im Falle des Anzuges von Weiß wird Schwarz auf der letzten Reihe matt – 1.♖c8 matt, weil das Luftloch auf h7 sich unter Kontrolle des weißen Läufers befindet.

Deshalb unser Rat:

■ *Denken Sie an die letzte (erste) Reihe. Ziehen Sie von ihr nicht alle Verteidigungskräfte ab. Vergessen Sie das „Luftloch“ nicht.*

Aufschreiben der Partien – Symbole und Zeichen

Das Aufschreiben der Partien trägt zur Festigung der Regelkenntnis und zur Vervollkommnung im Spiel bei. Es erleichtert das Erkennen und Bekämpfen von Fehlern oder Versehen und hilft, sie künftig zu vermeiden. Wir wollen deshalb die Kurzbezeichnungen und Symbole, die für die Partieaufzeichnung und das Verstehen der Schachliteratur notwendig sind, wiederholen und ergänzen.

König	= ♔	oder	♚	oder	K
Dame	= ♕	oder	♛	oder	D
Turm	= ♖	oder	♜	oder	T
Läufer	= ♗	oder	♝	oder	L
Springer	= ♘	oder	♞	oder	S
Bauer	= ♙	oder	♟		

■ *Für den Bauern wird in der Schachnotation kein Symbol oder Kurzzeichen verwandt. Bei ihm wird in der ausführlichen Notation nur Stand- und Zielfeld und bei der Kurznotation allein das Zielfeld angegeben.*

Weitere für das Aufschreiben der Züge nötige Zeichen sind:

Zeichen	Bedeutung
–	zieht nach
:	schlägt
+	bietet Schach
++	Doppelschach
matt oder ≠	setzt matt
0–0	kurze Rochade
0–0–0	lange Rochade

Für die Bewertung von Zügen werden folgende Zeichen benutzt:

Zeichen	Bedeutung	Beispiele
!	starker Zug	15.e5!
!!	sehr starker Zug	11.♘e4!!
?	schwacher Zug	23. ... b6?
??	sehr schwacher Zug	43.♕:f7??
!?	beachtenswerter Zug	32. ... ♗:c3!?
?!	zweifelhafter Zug	40.e6?!

In der Schachliteratur trifft man noch weitere Zeichen an:

Zeichen	Bedeutung
~	beliebiger Zug
±	Weiß ist im Vorteil
⩲	Weiß hat etwas Vorteil
=	beiderseitige Chancen sind gleich
∓	Schwarz ist im Vorteil
⩱	Schwarz hat etwas Vorteil
+–	Weiß gewinnt
–+	Schwarz gewinnt

Zwei spannende Partien

Es folgen zwei spannende Partien aus vergangenen Tagen. Beim Nachspielen üben wir uns im Lesen von Partieaufzeichnungen.

Weiß: Réti Schwarz: Tartakower

Wien 1910

1.e2–e4	**c7–c6**
2.d2–d4	**d7–d5**
3.♘b1–c3	**d5:e4**
4.♘c3:e4	**♘g8–f6**
5.♕d1–d3	**e7–e5**
6.d4:e5	**♕d8–a5+**
7.♗c1–d2	**♕a5:e5**
8.0–0–0	**♘f6:e4?**

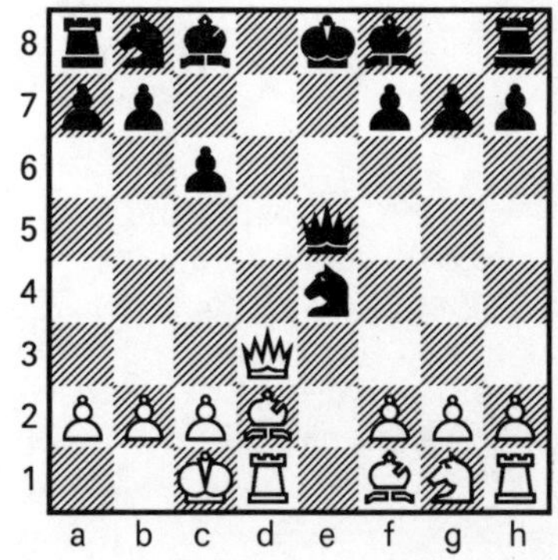

53

Schwarz läßt sich leichtsinnig zu dem Gewinn des Springers e4 verführen. Notwendig war, mittels 8. ... ♗f8–e7 die kurze Rochade vorzubereiten. Jetzt organisiert Weiß einen vernichtenden Angriff gegen den in der Mitte steckengebliebenen schwarzen König.

9.♕d3–d8+! ...

Schwarz ist gezwungen die Dame zu nehmen.

9. ... ♔e8:d8
10.♗d2–g5++ ♔d8–e8

Falls 10. ... ♔d8–c7, dann 11.♗g5–d8 matt.

11.♖d1–d8 matt.

Diese prächtige Partie, gespielt von zwei hervorragenden Schachspielern der zwanziger Jahre unseres Jahrhunderts, beweist, daß ein unrochierter König leicht zum Objekt eines gefährlichen gegnerischen Angriffs werden kann.

Das verdeutlicht auch gut das folgende Partiebeispiel. Weiß spielte Greco, ein berühmter italienischer Schachmeister des 17. Jahrhunderts; der Name seines Gegners ist unbekannt.

1.e2–e4 **e7–e5**
2.♘g1–f3 **♘b8–c6**
3.♗f1–c4 **♗f8–c5**
4.c2–c3 **♘g8–f6**
5.d2–d4 **e5:d4**
6.c3:d4 **♗c5–b4+**
7.♘b1–c3 **♘f6:e4**
8.0–0 **♘e4:c3**

Günstiger ist 8. ... ♗b4:c3 und, falls 9.b2:c3, dann 9. ... d7–d5 mit der Absicht, schnellstens zu rochieren. Schwarz gewinnt zwar mit dem Textzug noch einen Bauern, erleichtert aber dem Gegner, einen Königsangriff durchzuführen.

9.b2:c3 **♗b4:c3**
10.♕d1–b3 **♗c3:a1**

Weiß hat den Turm geopfert, um dafür Schwarz an der Rochade zu hindern und gegen ihn mit gefährlichen Drohungen aufzuwarten. Die Berechnung von Weiß erweist sich als begründeter. Das Schlagen des Turmes ist der entscheidende Fehler. Schwarz mußte sich mittels 10. ... d7–d5 verteidigen, zum Beispiel 11.♗c4:d5 0–0! 12.♗d5:f7+ ♔g8–h8 (12. ... ♖:f7 13.♘g5±) 13.♕b3:c3 ♖f8:f7 mit etwa gleichen Chancen.

11.♗c4:f7+ **♔e8–f8**
12.♗c1–g5 **♘c6–e7**

Andernfalls geht die Dame verloren.

13.♘f3–e5 **♗a1:d4**
14.♗f7–g6 **...**

Droht Matt auf dem Feld f7.

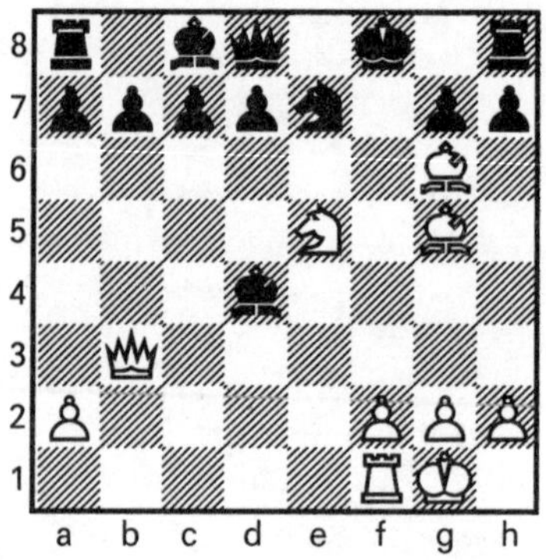

54

14. ... **d7–d5**
15.♕b3–f3+ **♗c8–f5**
16.♗g6:f5 **♗d4:e5**
17.♗f5–e6+ **♗e5–f6**
18.♗g5:f6 **g7:f6**
19.♕f3:f6+ **♔f8–e8**
20.♕f6–f7 matt.

Wir empfehlen dem Leser, noch einmal eingehend die beiden Partien zu untersuchen und die einzelnen Züge und die sich im Spielverlauf ergebenden Stellungen mit Bewertungszeichen (!, ? usw.) zu versehen.

In der 9. Lektion haben wir behandelt:

- Ausführung der Rochade und wann die Rochade möglich ist
- Angriff auf der letzten Reihe nach der Rochade
- Aufschreiben der Partien – Symbole und Zeichen.

Übungsaufgaben zur 9. Lektion

Aufgabe 71:
Weiß: ♔e1, ♖a1, ♖h1, ♘h6; a2, b2, c2, f2, g2, h2
Schwarz: ♔e8, ♖a8, ♖h8, ♗a5, ♘d7; a6, b7, c7, f7, g6, h7
□ Die Könige und Türme haben noch nicht gezogen. Kann Weiß oder Schwarz, wenn er am Zuge ist, kurz oder lang rochieren?

Aufgabe 72:
Weiß: ♔g1, ♕d1, ♖a1, ♖f1, ♗c1, ♗c4, ♘f3; a2, b3, c2, f2, g2, h2
Schwarz: ♔e8, ♕c8, ♖a8, ♖h8, ♗b6, ♗g4, ♘c7: a7, b7, c6, f7, g7, h7

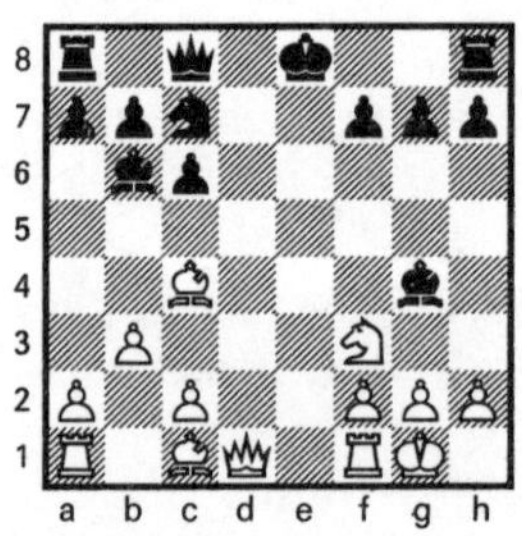

Kontrolldiagramm
□ Weiß zieht.
a) Auf welche Weise kann Weiß zeitweilig Schwarz an der Rochade hindern?
b) Mit welchen Antwortzügen kann sich Schwarz die Möglichkeit der Rochade verschaffen?
c) Auf welche Weise kann Weiß für immer Schwarz das Recht auf die Rochade nehmen?

Aufgabe 73:
Weiß: ♔h1, ♕g4, ♖f1, ♗c1; a2, b2, c3, g2, h2
Schwarz: ♔g8, ♕e7, ♖f8, ♘e4; a7, b7, f7, g7, h7

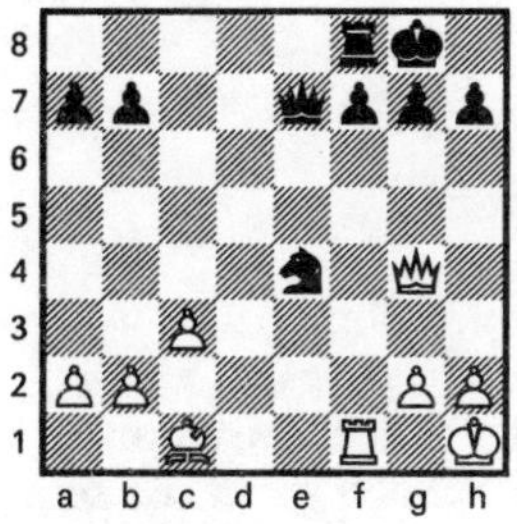

Kontrolldiagramm
□ Schwarz zieht. Wie würden Sie spielen?

Aufgabc 74:
Weiß: ♔e6, ♖g1
Schwarz: ♔d8, ♖c5

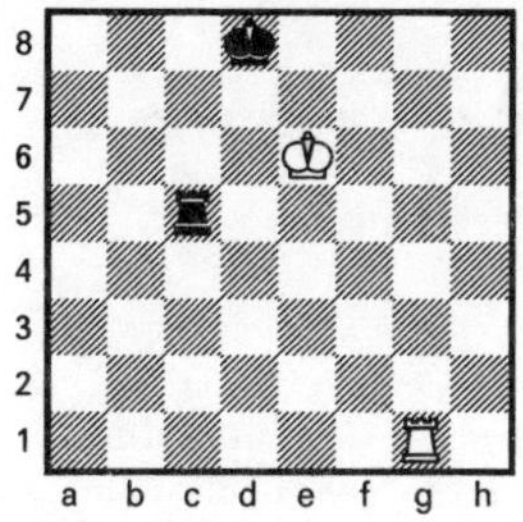

Kontrolldiagramm
□ Weiß zieht. Kann Weiß den schwarzen Turm gewinnen?

Aufgabe 75:
Weiß: ♔g2, ♖c1, ♖e1; f2, f3, g3, h2
Schwarz: ♔g8, ♕g5, ♖d7; f7, g6, g7
□ Weiß zieht. Wie würden Sie spielen?

10. Lektion

Der relative Wert der Figuren und Bauern

Auf dem Schachbrett findet sich selten eine Stellung, in der die Figuren einer Seite so verstreut stehen, daß sie sich einander nicht verteidigen. Deshalb muß ein Spieler, wenn er einen gegnerischen Stein zu schlagen beabsichtigt, abwägen, ob sich das auch „auszahlen“ wird, wie sich der Verlust der eigenen Figur nach dem Wiederschlagen des Gegners auswirkt. Es stellt sich die Frage: Auf welchen Tausch kann man eingehen, und welcher ist unvorteilhaft? Eine Antwort darauf kann nur gegeben werden, wenn man den relativen Wert der einzelnen Figuren kennt. Die Stärke einer Figur wird hauptsächlich durch ihre Beweglichkeit bestimmt, die von der Anzahl der mit einem Zug erreichbaren Felder abhängt. Ferner ist die Anzahl der Richtungen von Bedeutung, nach denen die betreffende Figur ziehen kann.

Die Dame ist, gemessen an diesen Maßstäben, die weitaus stärkste Figur. Wenn sie nicht auf einer Randreihe oder -linie steht, kann sie sich auf einem leeren Brett in acht Richtungen auf eines von 27 Feldern begeben. Am Brettrand stehen ihr nur fünf Richtungen und 21 Felder, auf einem Eckfeld lediglich drei Richtungen, doch ebenfalls 21 Felder zur Verfügung.

Der Turm rangiert in der Wertskala an zweiter Stelle, der sich meist nach vier Richtungen (am Brettrand sind es drei, auf einem Eckfeld zwei) bewegen kann. In jeder Stellung sind für ihn auf einem leeren Brett 14 Felder erreichbar.

Der Läufer ist bedeutend schwächer als der Turm. Im Brettzentrum wirkt er nach vier Richtungen, am Brettrand sind es zwei und auf dem Eckfeld eine Richtung. Vom Zentrum aus kontrolliert er 13 Felder, und je mehr er sich dem Brettrand nähert, desto mehr sinkt die Felderzahl bis auf sieben. Dabei darf man auch nicht vergessen, daß sich ein Läufer nur auf den Feldern einer Farbe bewegt und ihm folglich nur die Hälfte des Brettraumes zugänglich ist.

Der Springer übertrifft den Läufer in der Anzahl der Richtungsbewegungen (von acht im Brettzentrum bis auf zwei auf einem Eckfeld), steht ihm aber in der Fernwirkung nach (im Zentrum kontrolliert er acht Felder, in der Brettecke nur zwei). Ein wichtiger Vorteil des Springers gegenüber dem Läufer besteht darin, daß er auf alle Felder zu ziehen vermag. Alle diese Vor- und Nachteile gleichen sich annähernd aus. Springer und Läufer gelten hinsichtlich ihrer Stärke als etwa gleichwertig.

Der Bauer ist wegen seiner Kurzschrittigkeit und seinen begrenzten Schlagmöglichkeiten die schwächste Figur. Er steht an Stärke sowohl dem Springer als auch dem Läufer beträchtlich nach. Allerdings kann sich der Wert des Bauern, wenn er die gegnerische Grundreihe erreicht, gewaltig erhöhen.

Der König ist hinsichtlich seiner Spielstärke am schwierigsten einzuschätzen. Wegen seiner Ausnahmerolle, die er im Schach spielt, ist sein Wert von ganz anderer Art. Obwohl die Beweglichkeit des Königs der des Springers ähnelt (zum Beispiel kontrolliert er, wenn er im Zentrum steht, wie dieser 8 Felder), stellt er, solange viele Figuren auf dem Brett vorhanden sind, keine große Kampfeinheit dar. Zudem muß der König in den meisten Situationen geschützt werden (diesem Ziel dient die Rochade), da sein Verlust den Partieverlust bedeutet.

Die Stärke des Königs wird erst augenfällig, wenn sich auf dem Brett wenig Figuren befinden und die Gefahr, matt gesetzt zu werden, sich verringert hat. In solchen Stellungen übernimmt der König häufig die Rolle einer aktiven Figur. Praktisch entspricht dann die Stärke des Königs annähernd der eines Läufers oder Springers.

Vergleichende Wertskala

Oft hat man versucht, konkrete Wertbeziehungen zwischen den einzelnen Figuren aufzustellen. Als Vergleichseinheit wurde der Wert der schwächsten Figur, des Bauern, genommen.

Die moderne Schachtheorie geht bei den Vergleichswerten der einzelnen Figuren von der folgenden Skala aus:

♘ = ♟♟♟
♗ = ♟♟♟
♗ = ♞
♖ = ♞♟♟
♖ = ♝♟♟
♕♙ = ♜♜
♗♘ = ♜♟

Diese Übersicht veranschaulicht die **Durchschnittswerte** der Figuren.

■ *Danach entsprechen also dem Springer oder Läufer je 3 Bauern, dem Turm 5 Bauern und der Dame 9 Bauern.*

Wie wir noch sehen werden (vgl. Seite 52f.) ergeben sich nicht selten Stellungen, in denen diese Vergleichswerte nicht gelten.

Die Wertskala ist für den Lernenden dennoch sehr nützlich. Sie kann als eine Art Kompaß dienen, um den Tauschwert der Figuren richtig einzuschätzen. Ein Schachspieler, der diese Skala kennt, wird zum Beispiel eine sich bietende Gelegenheit nutzen, den Läufer gegen den Turm, zwei Bauern gegen einen Springer, Turm und Läufer gegen die Dame abzutauschen. Der Gegner wiederum wird sich bemühen, unvorteilhafte Tauschaktionen zu vermeiden, da ein Nachteil im Gleichgewicht der auf dem Brett wirkenden Kräfte meistens zum Partieverlust führt.

Im Zusammenhang mit dem Vergleichswert der Schachfiguren müssen wir uns mit einigen Termini bekanntmachen.

Materialgleichheit bedeutet, daß der Gesamtwert der Figuren und Bauern beider Seiten gleich ist.

Materialvorteil besitzt ein Spieler, dessen Gesamtwert der Figuren und Bauern größer als der gegnerische ist. Beispielsweise kann er einen Bauern gewonnen haben.

Qualität nennt man den Wertunterschied zwischen Turm und Läufer oder Turm und Springer.

Qualitätsgewinn bezeichnet den Abtausch eines Läufers oder Springers gegen einen feindlichen Turm. Der Gegner hat in diesem Falle einen **Qualitätsverlust** erlitten.

Auf Grund des ungleichartigen Wertes und der spezifischen Besonderheiten in der Gangart der Figuren unterscheidet die Schachtheorie zwischen **Schwerfiguren** (Damen und Türme) und **Leichtfiguren** (Springer und Läufer).

Langschrittige Figuren sind Figuren, die mit einem Zug eine beliebige Entfernung auf einer bestimmten Reihe, Linie oder Diagonale zurücklegen können. Dazu gehören die Damen, die Türme und die Läufer.

Abtausch

Im Schachspiel ist es praktisch unmöglich, eine einseitige Verringerung der Figuren des Gegners zu erreichen. Treffen im Spielverlauf die beiderseitigen Streitkräfte aufeinander, geht dies gewöhnlich nicht ohne *beiderseitige* Verluste ab. Es ist deshalb wichtig, sich mit einer Reihe typischer Situationen vertraut zu machen, die bei wechselseitigen oder einseitigen Schlagaktionen der Figuren oder auch bei der Schaffung von Möglichkeiten für solche Schlagaktionen entstehen.

Im Spiel wird häufig der Abtausch angewendet. Dabei wird entweder eine eigene Figur für eine ihr gleichwertige gegnerische gegeben, oder es findet ein Abtausch gleichwertigen Materials statt, zum Beispiel der Abtausch eines Springers gegen drei Bauern.

Jedoch enden Tauschoperationen durchaus nicht immer mit der Bewahrung des materiellen Gleichgewichts. Häufig gelingt es einem Spieler, dabei einen Materialgewinn zu erlangen. Dies ist der Fall, wenn er eine eigene Figur gegen eine wertvollere gegnerische tauschen kann. In solchen Fällen hat der Gegner Materialverlust erlitten.

Angriffe auf Figuren und ihre Abwehr

Um eine feindliche Figur zu schlagen, ist es notwendig, vorher eine potentielle Möglichkeit (Drohung) für ihr Schlagen zu schaffen, also einen Angriff gegen sie zu richten. Natürlich kann nicht jede Schlagdrohung als ein Angriff gelten. Ein Angriff auf eine Figur ist die Drohung, eine gegnerische Figur entschädigungslos zu schlagen oder eine eigene Figur für eine wertvollere gegnerische abzutauschen. Der Verteidiger widersetzt sich dem Angriff auf seine Figur und bedient sich dabei folgender Mittel:

a) Wegzug der Figur, die einem Angriff ausgesetzt ist;

b) Verteidigung dieser Figur durch andere Streitkräfte;

c) Versperren der gegnerischen Angriffslinien;

d) Schlagen der angreifenden gegnerischen Figur.

Neben dem Bestreben, einen Angriff unmittelbar abzuwehren, unternimmt die verteidigende Seite häufig einen Gegenangriff und organisiert Konterschläge. Dies geschieht in Form von Gegenangriffen auf wertvollere Figuren des Angreifers, Schachgebote usw. Führen wir einige Beispiele an.

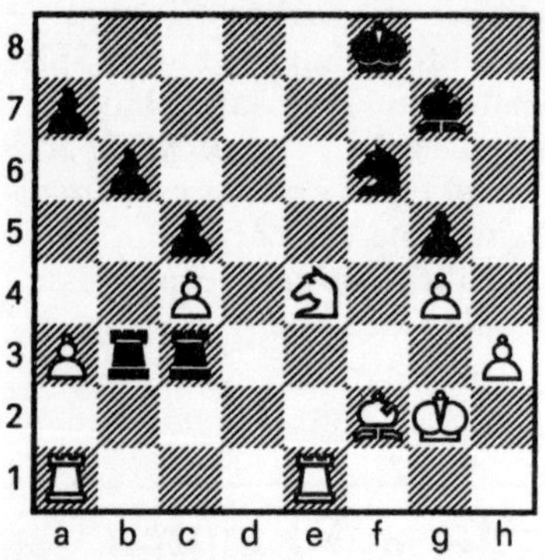

55

Nehmen wir an, daß in der Diagrammstellung 55 Weiß am Zuge ist. Ihm bieten sich zwei *Abtauschmöglichkeiten* an:

a) 1.♘:f6, was nach 1. … ♗:f6 zum Abtausch der Springer führt;

b) der kompliziertere Weg 1.♘:c5, wonach Weiß im Falle von 1. … bc 2.♗:c5+ ♔g8 3.♗:a7 drei Bauern für den Springer erhält, also das materielle Gleichgewicht bewahrt bleibt. Schließlich kann Weiß mit dem Springer c4 zwei Angriffsschläge verwirklichen:

a) 1.♘:g5, da der Bauer g5 ungedeckt ist.

b) 1.♘:c3. Dies gewinnt nach der Antwort 1. … T:c3 die Qualität, weil der Turm wertvoller als der Springer ist.

Auf diese Weise ergeben beide weiße Züge Materialgewinn.

Wenn im Diagramm 55 Schwarz zieht, wäre der Springerabtausch 1. … ♘:e4 2.♖:e4 möglich. Dieser Abtausch gleichwertigen Materials erfüllt hier eine wichtige Verteidigungsaufgabe (Beseitigung einer Figur, die den Turm c3 und den Bauern g5 angreift). Dadurch kann Schwarz anschließend die Bauern a3, h3 oder c4 schlagen. Obwohl Weiß den Bauern a3 mit dem Turm a1 und den Bauern h3 mit dem König verteidigt, ist es möglich, 2. … ♖:a3 oder 2. … ♖:h3 zu spielen, weil der schlagende Turm durch den anderen Turm geschützt ist. Der weiße König darf darum auch nicht auf h3 wieder schlagen. Wie wir weiter sehen, kann Schwarz mittels 1. … ♖:c4 einen Bauern „gratis" einheimsen.

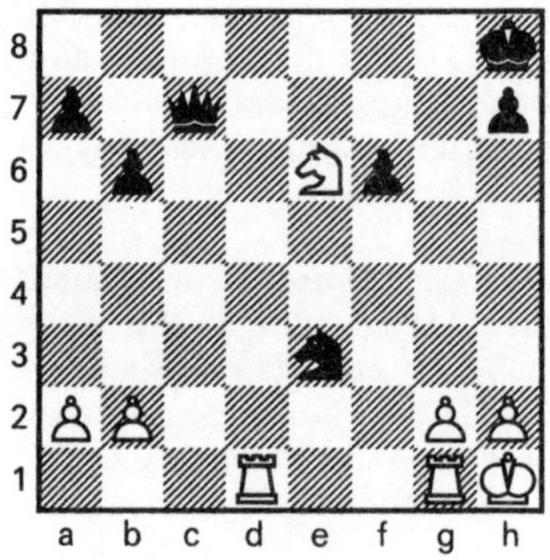

56

In der Diagrammstellung 56 ist Schwarz am Zuge. Seine Lage gibt scheinbar keinen Anlaß zur Freude, denn der weiße Springer greift seine Dame an. Außerdem droht das Manöver ♖d1–d8+, und um ein Matt zu vermeiden, muß Schwarz die Dame für den Turm geben (zum Beispiel in der Variante 1. … ♕e7 2.♖d8+ ♕:d8 3.♘:d8). Auch wenn Schwarz durch 1. … ♘:d1 den Turm schlägt (mit der Drohung, im Falle von 2.♘:c7 auf f2 mit dem Springer ein ersticktes Matt zu geben) hilft das nicht. Weiß antwortet nämlich 2.♖:d1 und nach 2. … ♕e7 3.♖d8+ ♕:d8 4.♘:d8 hat er einen Springer mehr und gewinnt mühelos.

Doch Schwarz kann sich besser verteidigen. Ihm bietet sich ein Gegenschlag auf den König an, und zwar durch **1. … ♘g4!**

Auf 2.♘:c7 folgt jetzt 2. … ♘f2 matt. Auf 2.♖d8+ geschieht einfach 2. … ♕:d8, und wieder darf die Dame wegen des Matts auf f2 nicht genommen werden.

Weil auch auf h2 ein Matt droht (2.♖gf1? ♕:h2 matt), muß Weiß **2.g3** spielen. Danach schließt Schwarz jedoch erfolgreich seine mit dem Springerzug begonnene Gegenoffensive ab:

2. … ♕c6+ 3.♖g2 ♘f2+ 4.♔g1 ♘:d1.

Weiß büßt den Turm ein, und damit ist seine Stellung verloren.

Die Wertskala ist kein Dogma

Der Vergleichswert der Figuren darf keinesfalls als absolut aufgefaßt werden. Obwohl in den meisten Stellungen die uns bekannte Wertskala gilt, kann man sie nicht auf alle Situationen, die auf dem Schachbrett entstehen, anwenden.

■ **Merke:** *Entsprechend den konkreten Besonderheiten der Stellung kann sich die relative Stärke der Figuren verändern.*

Der Bauer stellt keine beständige Größe dar. Er gewinnt in der Regel an Stärke, je mehr er sich dem Umwandlungsfeld nähert sowie in Stellungen mit einer geringen Anzahl von Figuren.

Der Turm kommt besser in offeneren Positionen zur Wirkung, wenn er auf den Reihen und Linien nicht durch eigene oder gegnerische Figuren gehemmt wird.

Der Läufer wirkt ebenfalls erfolgreicher in Stellungen mit freien Diagonalen und wenn Freibauern vorhanden sind.

Der Springer demonstriert mehr Stärke beim Spiel in geschlossenenen Stellungen mit wenig beweglichen Bauernketten und im Kampf auf einem Flügel.

Der Dame bringen Schachanfänger

besonderen Respekt entgegen. Doch kommt es oft vor, daß sich die gemeinsamen Aktionen anderer, schwächerer Figuren als effektiver erweisen.
Bei der Bewertung der relativen Stärke einer Figur hängt nicht alles von ihrer Beweglichkeit in einem bestimmten Moment ab. Es sind auch andere Faktoren einzubeziehen wie der Grad ihrer Teilnahme am Schachkampf an der entscheidenden Stelle, ihre Rolle bei einem Königsangriff und in der eigenen Verteidigung.

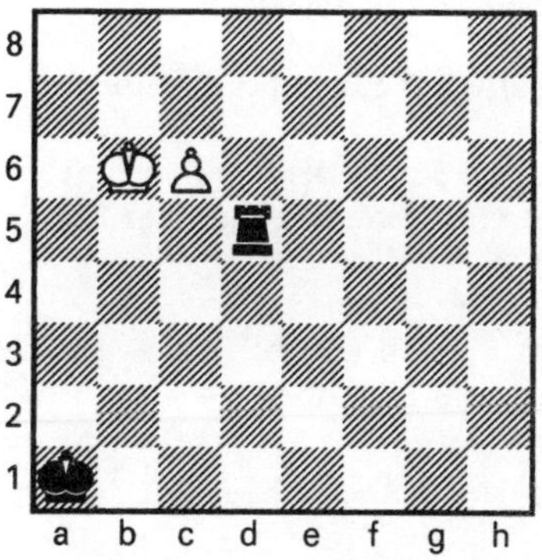

57

In der Diagrammstellung 57 ist Weiß am Zuge.
Natürlich liegt der Zug **1.c7** nahe. Gelingt es Weiß, den Bauern zur Dame zu führen, besteht kein Zweifel an seinem Sieg. Denn der Turm allein kann auf die Dauer den Schlägen der Dame nicht entrinnen. Deshalb setzt Schwarz seine Hoffnungen auf ein Remis, indem er seinen Turm für den weißen Freibauern opfert. Er spielt **1. ... ♖d6+**, um im Falle von 2.♔b7 den Bauern mittels 2. ... ♖d7 zu fesseln und anschließend zu schlagen. Weiß darf auch nicht 2.♔a7 oder 2.♔a5 spielen wegen 2. ... ♖c6. Günstig für Schwarz wäre ebenfalls 2.♔c5 wegen 2. ... ♖d1 mit der Drohung 3. ... ♖c1+ und unvermeidlichem Schlagen des Bauern.
Deshalb zog Weiß **2.♔b5!**
Nach **2. ... ♖d5+ 3.♔b4 ♖d4+ 4.♔b3 ♖d3+ 5.♔c2** fand Schwarz die geistreiche Verteidigung **5. ... ♖d4!**, die ihn scheinbar vor einer Niederlage rettet. Im Falle des geradlinigen 6.c8♕ folgt 6. ... ♖c4+! (so hatte Schwarz gerechnet) 7.♕:c4 mit Patt.
Aber Weiß spielt **6.c8♖!!** Jetzt droht er selbst Matt (7.♖a8 matt). Da 6. ... ♖c4+ nicht zum Patt führt, scheint die einzige Verteidigung gegen die Mattdrohung auf a8 **6. ... ♖a4** zu sein.
Jedoch hierauf setzt **7.♔b3** mit Angriff auf den Turm und der neuen unerwarteten Drohung 8.♖c1 matt den Schlußpunkt in diesem Kampf. Schwarz, der den Turm verliert, kann aufgeben.
In diesem Beispiel erwies sich der Bauer stärker als der Turm und der Turm wiederum stärker als die Dame (als es um die Umwandlung des Bauern ging).

Opfer

Von der relativen Bedeutung des Materials in der Schachpartie zeugen Operationen, die mit Opfer bezeichnet werden.
■ *Ein Opfer ist die freiwillige Hergabe von Figuren oder Bauern, um dafür irgendwelche anderen Vorteile zu erlangen.*
Derartige andere Vorteile können sein: gefährliche Angriffsmöglichkeiten gegen den feindlichen König, Einschränkung der Beweglichkeit der gegnerischen Figuren, Aktivierung der eigenen Streitkräfte, günstige Materialrückeroberung und vieles andere.
Natürlich können Opfer richtig oder auch falsch sein. Die Berechnung der Folgen hängt von den Fähigkeiten, Kenntnissen und der Konzentrationsfähigkeit eines Schachspielers ab.

Wir raten:
■ Opfer nicht vermeiden und sich vor dem Opfern nicht fürchten.
■ Die Entscheidung für ein Opfer mit besonderer Verantwortung treffen, da ein unkorrektes Opfer zum Partieverlust führen kann.

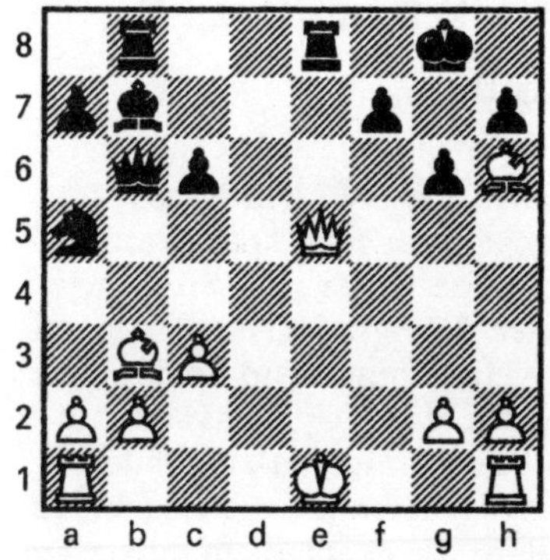

58

In der Diagrammstellung 58 ist Weiß am Zuge. Die Idee, ein Matt auf g7 zu geben, sticht ins Auge. Aber die Dame ist gefesselt, und es scheint, daß Schwarz gewinnt. Ein Opfer verändert jedoch die Bewertung.
1.♗:f7+ ♔:f7 2.♖f1+
Alle Probleme könnte die kurze Rochade lösen, würde nicht die schwarze Dame das Feld g1 kontrollieren.
2. ... ♔g8 3.♖f8+!
Die Pointe der Idee von Weiß. Der schwarze Turm wird gezwungen, seine Wächterposition auf der e-Linie aufzugeben:
3. ... ♖:f8 4.♕g7 matt.
Wir konnten feststellen, daß die Opfer (1.♗:f7 und 3.♖f8) eine Umbewertung der Situation brachten und den Übergang des Spiels in einen anderen qualitativen Zustand bewirkten.
Das Opfer ist ein wichtiges Element

des Schachkampfes. Neben den ästhetischen Gefühlen, die oft von Opfern hervorgerufen werden, lehren sie, nicht blind materiellen Werten zu vertrauen. Schach ist mehr als ein bloßes Zählen der Figuren auf dem Brett.

Und jetzt heißt es spielen!

Wir haben Sie mit allen Regeln für die Gangart der Streitkräfte vertraut gemacht. Sie wissen, wie Sie den gegnerischen König matt setzen können. Ihren Aktionen auf dem Schachbrett können Sie den Vergleichswert der verschiedenen Figuren zugrunde legen. Jetzt können Sie die Figuren so aufstellen, wie es im Diagramm 5 gezeigt wurde, und die Partie beginnen. Wir raten, häufig zu spielen, denn die Praxis ist der beste Lehrmeister.

Berührt – geführt und: Ich rücke zurecht

Denken Sie beim Spielen aber daran, daß im Schach ein strenges Gesetz herrscht – die Regel: **Berührt – geführt!** Sie besagt:
Wenn ein Spieler, der am Zuge ist, gewollt oder ungewollt, eine eigene Figur berührt, muß er diese Figur ziehen. Faßt er eine gegnerische Figur an, ist er verpflichtet, sie zu schlagen, ohne Rücksicht darauf, ob das für ihn vorteilhaft ist oder nicht. Falls jedoch die eigene Figur keine Zugmöglichkeiten besitzt oder die feindliche nicht geschlagen werden kann, so wird die Berührung nicht bestraft. Der betreffende Spieler darf dann einen Zug nach eigener Wahl ausführen.

Wir raten:

■ *Fassen Sie einen Stein erst dann an, wenn Sie sich fest entschieden haben, ihn auch wirklich zu ziehen!*

Merke:
■ *Wenn Sie eine ungenaue Postierung von Figuren oder Bauern korrigieren möchten, müssen Sie den Partner vorher mit den Worten „Ich rücke zurecht" oder „j'adoube" darüber informieren.*
Danach erst dürfen Sie die entsprechenden Steine berühren.

In der 10. Lektion haben wir behandelt:
- Relativer Wert der Figuren und Bauern
- Vergleichende Wertskala
- Abtausch
- Angriffe auf Figuren und ihre Abwehr
- Relative Stärke der Figuren und konkrete Besonderheiten der Stellung
- Opfer
- Beim Spielen gilt: berührt – geführt! und j'adoube!

Übungsaufgaben zur 10. Lektion

Aufgabe 76:
Weiß: ♔g1, ♕g2
Schwarz: ♔h8, ♖f8, ♗f6; g7, h7
□ Welche Seite besitzt Materialvorteil?

Aufgabe 77:
Weiß: ♔h1, ♖a1, ♖c1; g3
Schwarz: ♔g7, ♖e6, ♘f4; f7
□ Schwarz zieht. Kann Schwarz die Qualität gewinnen?

Aufgabe 78:
Weiß: ♔g1, ♕g3, ♖c1; c6, f2, h2
Schwarz: ♔g8, ♕c7, ♖d6; d3, f7, g7, h7

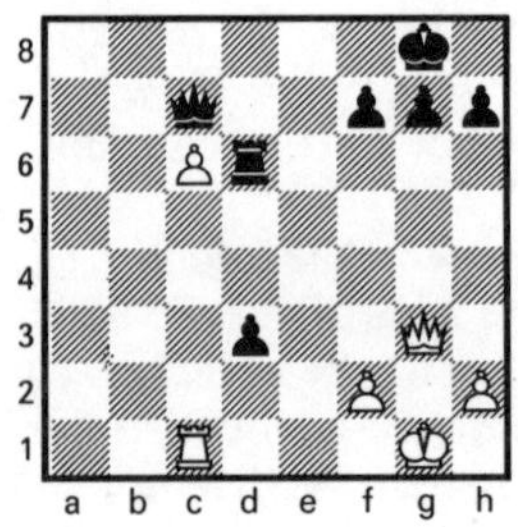

Kontrolldiagramm

□ Weiß zieht. Wie würden Sie spielen?

Aufgabe 79:
Weiß: ♔g1, ♕a1, ♗e2
Schwarz: ♔c6, ♕d5
□ Weiß zieht und gewinnt.

Aufgabe 80:
Weiß: ♔g2, ♖f4, ♖g7; c2, d3, e4, g3
Schwarz: ♔h5, ♖b8, ♖e5; c5, c4, g5, h6
□ Weiß zieht und setzt den schwarzen König in zwei Zügen matt.

Aufgabe 81:
Weiß: ♔h3, ♖g4, ♘f5, ♘h6; a2, b3, e4, g3, h2
Schwarz: ♔h8, ♕c3, ♖f8, ♘f7; a5, b7, c7, f6, h7
□ Weiß zieht. Wie würden Sie spielen?

Aufgabe 82:
Weiß: ♔h1, ♕h4, ♖g1, ♖h3, ♗e5; a2, b2, c3, d4, e3, f4, f6, h2
Schwarz: ♔f8, ♕b6, ♖a7, ♖e8, ♘h5; a5, b5, c4, d5, f7, g6, h7
□ Weiß zieht, opfert und gewinnt.

Aufgabe 83:
Weiß: ♔h2, ♕e7, ♖c3, ♗h3; a5, b2, d5, e4, g5
Schwarz: ♔h8, ♖f1, ♖f8, ♘e5; a6, d6, g6, h4

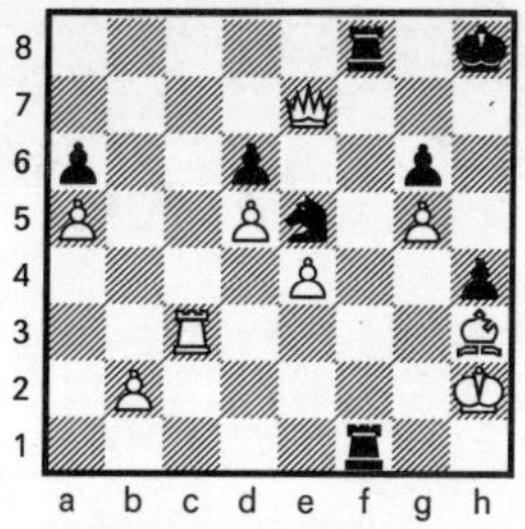

Kontrolldiagramm
□ Schwarz zieht und gewinnt.

Aufgabe 84:
Weiß: ♔b4, ♕f1, ♖c5, ♖f3; a2, b3, c3, d4
Schwarz: ♔c8, ♕d8, ♖d2, ♖g8; a7, b5, c6, f4
□ Schwarz zieht. Wie würden Sie spielen?

Aufgabe 85:
Weiß: ♔e2, ♕e6, ♖d1, ♖f7, ♗b3, ♘d6; a4, f2
Schwarz: ♔h8, ♕h5, ♖c6, ♖c8, ♗g7, ♘g4; a5, b4, g6, h7
□ Weiß zieht und setzt in drei Zügen matt.

Aufgabe 86:
Weiß: ♔h1, ♕g2, ♖e1, ♖g3, ♗h6; a2, b2, c3, d5, h2
Schwarz: ♔g8, ♕d7, ♖f7, ♖h4, ♗f5; a6, b7, g7, h7
□ Weiß zieht und setzt in vier Zügen matt.

11. Lektion

Das Zusammenwirken der Figuren

In den vorangegangenen Lektionen haben wir bereits gesagt, daß die Aktionen der Figuren koordiniert sein müssen. Bekanntlich ist eine einzelne Figur nicht in der Lage, allein auf dem Brett den gegnerischen König matt zu setzen. Selbst die Dame braucht dazu die Unterstützung durch eine andere Figur.
Der hervorragende kubanische Schachspieler José Raoul Capablanca, Weltmeister von 1921 bis 1927, riet:
■ *„Sie müssen die Aktionen Ihrer Figuren miteinander in Übereinstimmung bringen – das ist das Hauptprinzip, das die ganze Partie durchzieht."*

Den Wert der einzelnen Figuren, die miteinander in Wechselwirkung stehen, darf man nicht nur als einen summarischen Wert ansehen. Der Weltmeister von 1894–1921 Emanuel Lasker, bekannt auch durch seine Werke auf dem Gebiet der Pädagogik, Psychologie und Philosophie des Schachs, betonte:
■ *„Neben dem Wert einzelner Figuren existiert ein Wert ihrer koordinierten Aktionen, und das ist im Schach sehr bedeutsam."*

Hauptformen des Zusammenwirkens

Offensichtlich erhöht sich die relative Stärke jeder Figur bei der gemeinsamen Erfüllung von Aufgaben. Machen wir uns näher mit Beispielen für das Zusammenwirken der Schachstreitkräfte bekannt. Es versteht sich, daß das Zusammenwirken der Figuren nutzbringend sowohl im Angriff als auch in der Verteidigung funktioniert.

Die Hauptformen des Zusammenwirkens der Schachfiguren sind:
a) gemeinsamer Angriff
b) beiderseitige Unterstützung in den Aktionen
c) aufeinander abgestimmte Verteidigung.

Natürlich darf man diese Einteilung nicht absolut betrachten: Verschmelzungen der unterschiedlichen Formen des Zusammenwirkens und Übergänge von einer Form in eine andere kommen vor.

Beispiele für das Zusammenwirken der Figuren

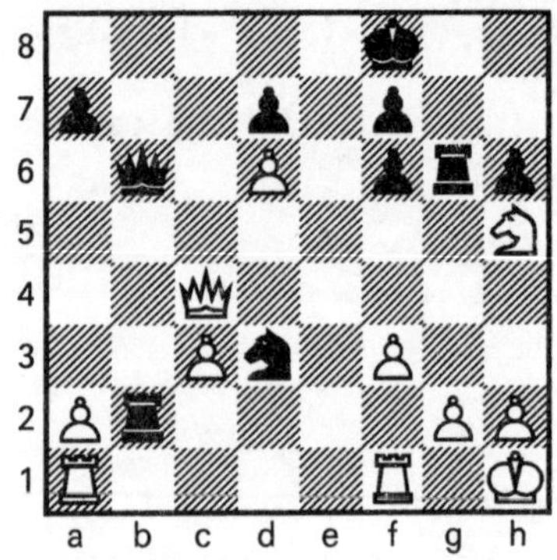

59

In der Diagrammstellung 59 zieht Schwarz. Er wollte 1. ... ♖g:g2 spielen, aber dieser Zug stieße auf den vernichtenden Gegenschlag 2.♕c8+ mit Matt in zwei Zügen. Deshalb verleiht Schwarz, um einen gemeinsamen Angriff seiner Türme zu organisieren, dem Spiel forcierten Charakter und wählt eine Variante mit einem Damenopfer.

Prägen Sie sich diese Termini ein:
■ Forciert werden Züge genannt, die erzwungen sind.
■ Eine forcierte Variante ist eine erzwungene Serie von Zügen beider Seiten.

Schwarz spielte in der Diagrammstellung **1. ... ♕g1+!!** Jetzt scheitert 2.♖:g1 wegen des erstickten Matts 2. ... ♘f2 matt. Deshalb ist **2.♔:g1** erzwungen. Danach gewinnt Schwarz jedoch Zeit für einen gemeinsamen Angriff der Türme, weil jetzt das Schlagen des Bauern g2 mit Schach erfolgt:

2. … ♖g:g2+ 3.♔h1 ♖:h2+ 4.♔g1 ♖bg2 matt. Die forcierte Variante führte zum Sieg.

Lenken wir unser Augenmerk auf das erfolgreiche Zusammenwirken der schwarzen Türme auf der zweiten Reihe. Eine solche Postierung der Türme (auf der 7. Reihe für Weiß und auf der 2. für Schwarz) stellt ein weitverbreitetes Spielverfahren dar. In den meisten Fällen erweist sich seine Anwendung als vorteilhaft.

Das folgende Diagramm zeigt eine Partiestellung, in der der berühmte amerikanische Schachspieler **Paul Morphy,** der um die Mitte des 19. Jahrhunderts als stärkster Spieler der Welt galt, **die weißen Steine führte.**

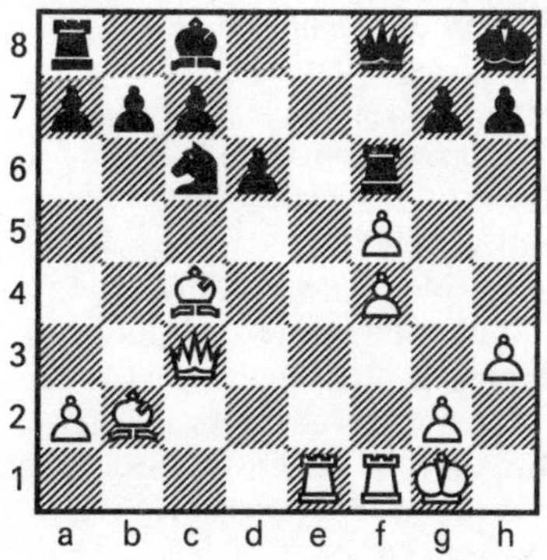

60

Die weißen Streitkräfte haben sich zu einem Angriff auf der Diagonale a1–h8 konzentriert, auf der sich der feindliche König befindet. Trivial wäre jedoch der Weg 1.♕g3 ♗:f5 2.♗:f6 ♕:f6 – und zudem ungefährlich für Schwarz, da er für die Qualität zwei Mehrbauern besäße. Deshalb lenkt Morphy die schwarze Dame von der Bewachung der Hauptdiagonale ab. Es folgte:

1.♖e8!!	**♕:e8**
2.♕:f6	**…**

Dieses Opfer ist durch das günstige Zusammenwirken der beiden weißen Läufer möglich, die auf benachbarten Diagonalen stehen und sich einander in ihrer Schlagkraft ergänzen. Nach 2. … gf 3.♗:f6 wäre Schwarz matt.

2. …	**♕e7**
3.♕:g7+	**♕:g7**
4.f6!	

Die Stellung von Schwarz ist aussichtslos. Im Falle von 4. … ♕h6 entscheidet 5.f7+ ♘e5 6.fe, und auf 4. … ♘e5 folgt 5.fg+ ♔:g7 6.fe.
In diesem Beispiel wird das vorbildliche Zusammenwirken der Läufer deutlich.

Gewöhnlich erweisen sich gemeinsame Aktionen von Dame und Springer als sehr gefährlich. Die Dame kontrolliert die direkten Linien, und der Springer ergänzt sie günstig auf den Zwischenfeldern.

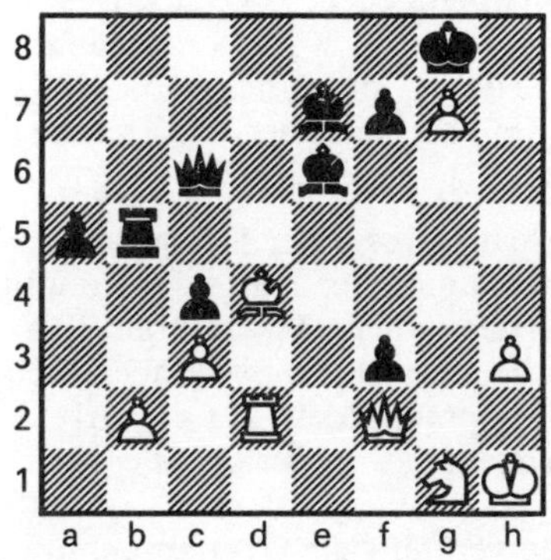

61

In dieser Stellung ist Schwarz am Zuge. Er erreicht den Gewinn auf folgendem Wege:

1. …	**♗h4**
2.♕:h4	**f2+**
3.♔h2	**f1♘** matt.

Die Umwandlung des Bauern in einen Springer ist die einzige Lösung, da Weiß selber auf dem Feld h8 mit Matt drohte.

Zur weiteren Verdeutlichung des Zusammenwirkens bei gemeinsamen Aktionen der Figuren führen wir noch zwei Beispiele an.

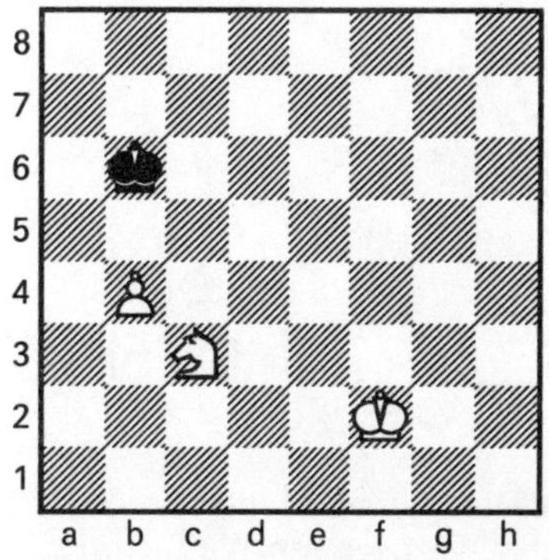

62

Im Diagramm erfüllen Springer und Bauer eine Aufgabe gemeinsam. Ihr Zusammenwirken sichert die Kontrolle über die Felder a5, b5, c5 und d5. Dem schwarzen König ist auf diese Weise ein Durchbruch verwehrt.

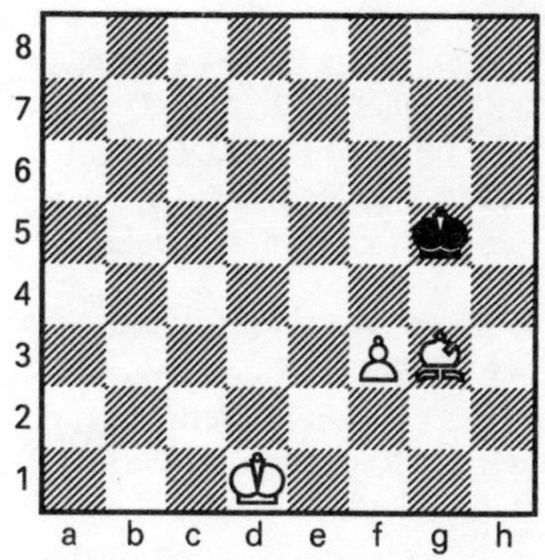

63

Eine ähnliche Barriere errichten in Diagramm 63 Läufer und Bauer auf den Feldern e4, f4, g4 und h4.
Man beachte die zweckmäßige Ver-

teilung der Funktionen von Läufer und Bauer. Stände der weiße Bauer auf f2, so könnte Schwarz, wenn er am Zuge wäre, über das Feld g4 mit dem König in die gegnerische Stellung eindringen.

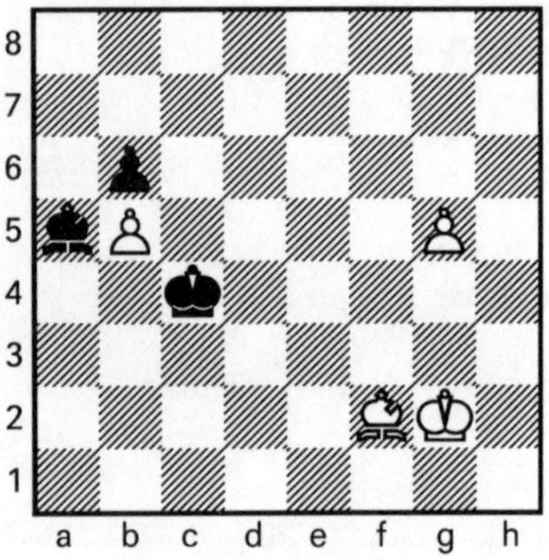

64

In der Diagrammstellung 64 scheint trotz des Anzuges von Weiß ein Remisausgang der Partie unvermeidlich, zum Beispiel 1.g6 ♗c3 2.♗:b6 ♔:b5, wonach der schwarze König sich dem Königsflügel zuwendet. Der Läufer steht immer bereit, sich für den Bauern zu opfern, wenn dieser auf dem Feld g7 angelangt ist.
Auch der listige Zug 1.♗d4 führt nicht zum Ziel. Zwar scheitert jetzt 1. ... ♔:d4 an 2.g6, und der Bauer zieht zur Dame ein, aber es rettet 1. ... ♗b4 2.g6 ♗f8 3.♗b2 ♔:b5 4.♔f3 ♔c4 5.♔e4 b5 6.♔f5 ♔d3 7.♔e6 ♔e4 8.♔f7 ♔f5 mit Remis.
Weiß kann jedoch anders spielen:
1.♗:b6!
Nach 1. ... ♗:b6 2.g6 ♗d4 3.b6 stellt sich heraus, daß der Bauer b6 den Bauern g6 indirekt verteidigt, da sich 3. ... ♗:b6 wegen 4.g7 verbietet.
Deshalb erwiderte Schwarz:
1. ... ♗c3
Um im nächsten Zug den Bauern b5 zu schlagen. Aber es folgte:
2.♗a5!!
Eine unerwartete und wirkungsvolle Verteidigung des Bauern b5. Nun ist 2. ... ♗:a5 unbefriedigend wegen 3.g6 ♗c3 4.b6 ♗e5 5.b7 ♔c5 6.g7 ♗:g7 7.b8♕. Es verliert auch 2. ... ♗d4 3.b6 ♗:b6 4.♗:b6 ♔d5 5.♔f3 ♔e6 6.♔g4, und Weiß führt mit Hilfe des Läufers den Bauern leicht zur Dame.

Ein einfacheres Beispiel des Zusammenwirkens der Figuren veranschaulicht das Diagramm 65.

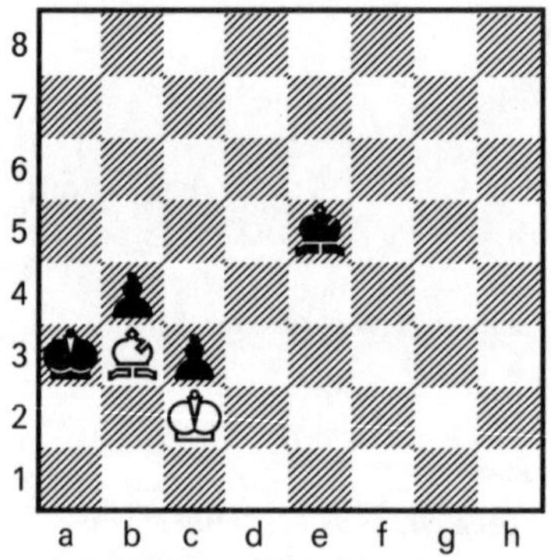

65

Unabhängig vom Anzug ist jeder Versuch von Schwarz, mit seinen Bauern vorzugehen, zwecklos. Das starke „Gespann“ König und Läufer kann Schwarz unmöglich vom Feld b3 vertreiben, denn der Läufer zieht auf der Diagonale b3–g8.

Natürlich ist jeder der Spieler bestrebt, während der Partie die Koordination der eigenen Figuren und Bauern zu verbessern, zugleich aber auch das Zusammenwirken der gegnerischen Steine zu stören und sie zu isolieren.
Zu den verbreitetsten Verfahren, um dieses Ziel zu erreichen, gehören die Trennung der Türme (oft wenn der Gegner das Recht auf die Rochade verliert) und die Verdrängung einer Leichtfigur aus dem aktiven Wirkungsbereich.

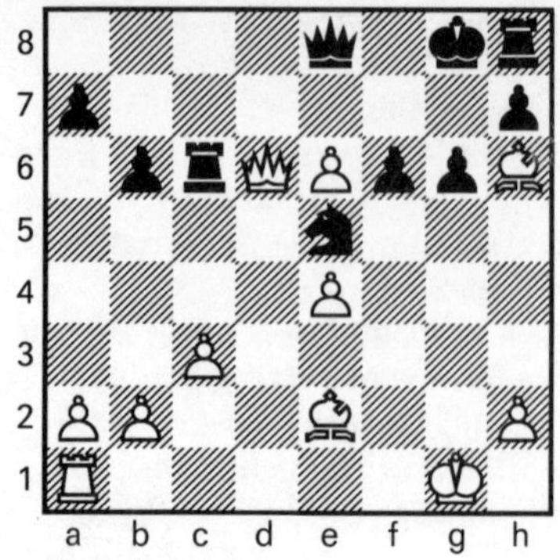

66

In der Diagrammstellung 66 sind die schwarzen Streitkräfte vereinzelt. Der Turm h8 ist zum Zusehen verurteilt, und auch der König steht ungünstig. Allerdings besitzt Schwarz die Qualität mehr (Turm gegen Läufer). Nach dem Wegzug der weißen Dame hofft er, seine Stellung zu konsolidieren, zum Beispiel 1.♕d2 ♖:e6 mit der Folge 2. ... ♘f7 nebst 3. ... ♔g7.
Weiß fand jedoch einen unerwarteten, starken und schönen Zug, der alle Hoffnungen von Schwarz, das Zusammenwirken seiner Figuren in Gang zu bringen, begrub.
Es folgte:
1.♕:e5!! fe 2.♖f1!
Formal gesehen besitzt Schwarz eine große Materialüberlegenheit, aber in der gegebenen Stellung bedeutet das wenig, denn die Dame kann wegen des Matts auf f8 die Grundlinie nicht verlassen. Schlecht wäre auch 2. ... ♖:e6 wegen 3.♗c4. Außerdem sind der König und der Turm h8 für immer eingesperrt.
2. ... ♖c8 3.♗d1
Der Läufer strebt nach b3, wonach der Vorstoß e6–e7 droht mit tödlichem Matt. In der Variante 3. ... ♕:e6 4.♗b3 ♕:b3 5.ab a5 6.♖f6 spielt Weiß praktisch mit einem Läufer mehr. Der Übergang seines Königs in das Zentrum oder auf den Damenflügel muß die Partie entscheiden.

In der Partie geschah:
3. ... ♖c4 4.♗b3 b5 5.♗:c4 bc 6.b4!, und Schwarz gab auf.
Falls 6. ... cb 7.ab ♕d8, dann 8.b4 ♕e8 9.c4 ♕d8 10.♔h1 ♕e8 11.c5. Im weiteren zieht Weiß den c-Bauern nach c7 vor und spielt e6-e7. Im Falle von 6. ... ♕d8 entscheidet 7.a4 und danach b4–b5, a4–a5, b5–b6 nebst b6–b7. Schwarz ist hilflos gegen den Vormarsch des Bauern wegen der ständigen Mattdrohung auf f8.

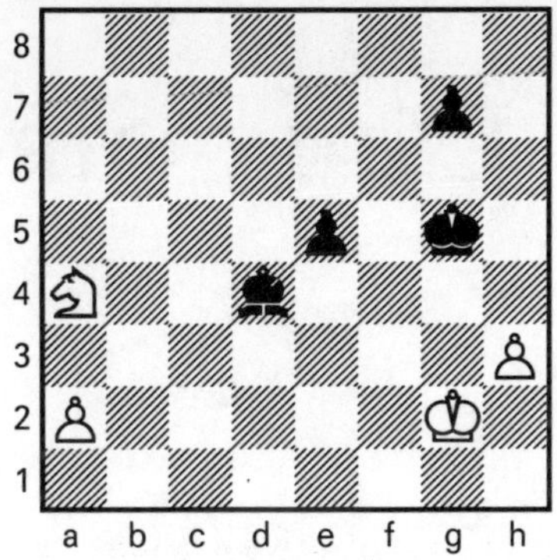

67

In dieser Stellung ist der weiße Springer auf a4 durch den schwarzen Läufer vom Spiel ausgeschlossen. Der weiße König muß deshalb im Grunde genommen allein gegen die vorzüglich postierten feindlichen Streitkräfte kämpfen. Nach **1.♔f3 ♔f5 2.♔g3 e4 3.♔g2** (3.h4 g6) **3. ... ♔f4 4.♔h2 ♔f3 5.♔h1 e3** gewinnt Schwarz leicht.

In der 11. Lektion haben wir behandelt:

- Das Zusammenwirken der Figuren und seine Hauptformen
- Praktische Beispiele für das Zusammenwirken der Figuren.

Übungsaufgaben zur 11. Lektion

Aufgabe 87:
Weiß: ♔g1, ♕b3, ♖b4, ♖f1, ♗f2; b6, d5, e4, f3, g2, h3
Schwarz: ♔g8, ♕a6, ♖a2, ♖d2, ♗h6; b7, d6, e5, f6, g6, h5

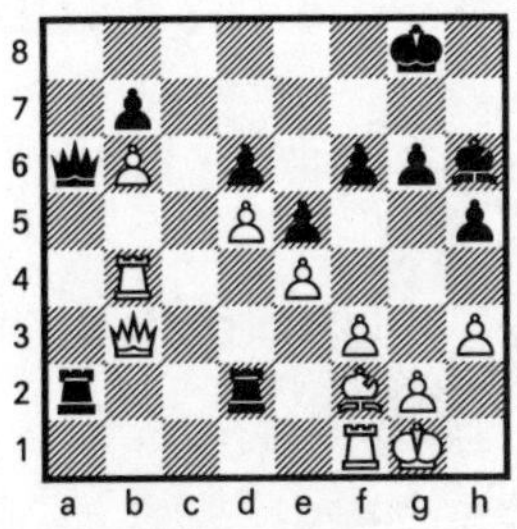

Kontrolldiagramm

□ Schwarz zieht. Kann er die Stellung der Türme auf der 2. Reihe vorteilhaft ausnutzen?

Aufgabe 88:
Weiß: ♔g1, ♕e2, ♖a1, ♖f1, ♗c1; a4, d4, e3, f2, g2, h2
Schwarz: ♔e8, ♕d8, ♖h8, ♗c8; a6, b7, d5, f7, h7
□ Weiß zieht. Auf welche Weise kann man die Isolierung der schwarzen Streitkräfte erreichen?

Aufgabe 89:
Weiß: ♔e3, ♗c8; a2, b3, c3, f2, g4, h3
Schwarz: ♔e5, ♗h7; a7, b6, c5, f7, f6, h6
□ Weiß zieht. Wie würden Sie spielen?

Aufgabe 90:
Weiß: ♔h2; a6, b5
Schwarz: ♔g6, ♖f3
□ Schwarz zieht. Läßt sich das Vorgehen der weißen Bauern aufhalten?

Aufgabe 91:
Weiß: ♔d7, ♖d6
Schwarz: ♔h8, ♘b2
□ Weiß zieht. Kann Weiß das Zusammenwirken der schwarzen Figuren so stören, daß er den schwarzen Springer gewinnt?

Mattsetzen mit Läufer und Springer

Das aufeinander abgestimmte Zusammenspiel der Figuren macht sich besonders deutlich bemerkbar bei der Mattführung mit Läufer und Springer. Bei der Lösung dieser schwierigen Aufgabe nehmen alle Figuren der stärkeren Seite unmittelbar teil, wobei jede nach besten Möglichkeiten die andere ergänzt. So kontrolliert der Läufer die Felder der einen Farbe, der Springer schützt die der anderen. Der König hilft Läufer und Springer und sichert gleichzeitig die Barrieren, die den gegnerischen König an einem Ausbruch hindern.
Obwohl diese Mattführung in der Praxis sehr selten vorkommt, ist ihre Untersuchung für den Lernenden eine Art Test. Eine erfolgreiche Aneignung dieses Verfahrens kann als Gradmesser zukünftiger Vervollkommnung betrachtet werden.
Ein Matt mit Läufer und Springer zu erzielen ist verhältnismäßig schwierig. Benötigt man für die Mattführung mit dem Läuferpaar etwa 18 bis 20 Züge, so sind für ein Matt mit Läufer und Springer bei ungünstigster Figurenkonstellation der stärkeren Seite annähernd 35 Züge erforderlich.

■ Eine Schachregel besagt:
Eine Partie gilt als remis, wenn innerhalb von 50 Zügen weder ein Bauer gezogen noch ein Stein geschlagen wurde.
Da das Mattsetzen mit Läufer und Springer dazu gehört, sollte die Technik der Mattführung beherrscht werden.

Der König kann entweder auf einem Eckfeld von der Farbe des Läufers matt gesetzt werden oder auf einem Feld der Reihe oder Linie, das an ein solches Eckfeld angrenzt. Danach kann das Matt bei dem weißfeldrigen Läufer auf den Feldern a8, a7, b8 oder h1, h2, g1 erreicht werden. Bei dem schwarzfeldrigen Läufer geschieht es entsprechend auf den Feldern a1, a2, b1 oder h8, h7, g8. Typische Mattstellungen sind auf den Diagrammen 68 und 69 dargestellt.

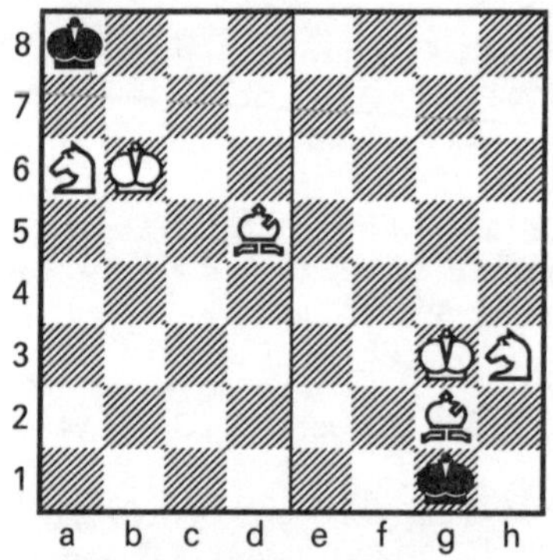

68

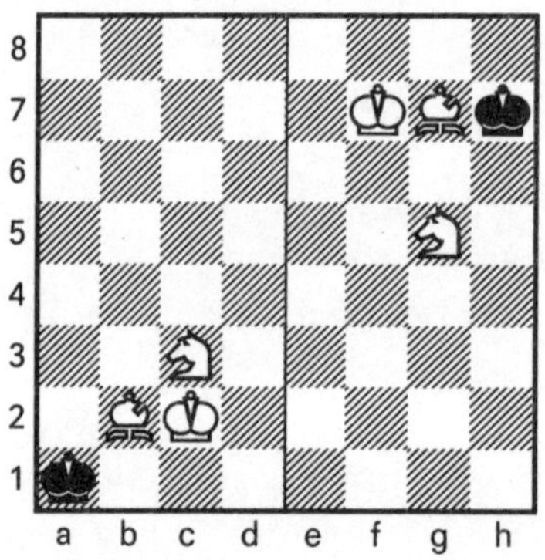

69

Die Etappen der Mattführung

Der Verlauf der Mattführung läßt sich in drei Etappen unterteilen:
1. Abdrängen des Königs auf eine Randlinie oder -reihe;
2. den König auf das erforderliche Feld am Rand treiben;
3. Mattsetzen.

Ein praktisches Beispiel für das Mattsetzen

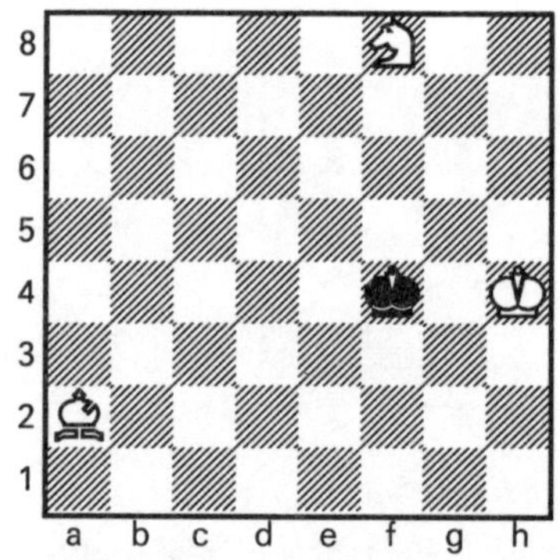

70

Das Spiel in der auf dem Diagramm 70 abgebildeten Stellung könnte folgendermaßen vor sich gehen:
1.♗b1 ♔f3 2.♘g6 ♔f2 3.♔g4 ♔e3 4.♔f5 ♔d2 5.♗e4 ♔c3
Der schwarze König ist zum Rückzug gezwungen. Da aber ein Mattsetzen

nur bei den Eckfeldern a8 und h1 geschehen kann, strebt er natürlich in den Bereich des Feldes a1, das nicht von dem weißen Läufer anzugreifen ist.

6.♔e5 ♔c4 7.♘f4 ♔c3 8.♔d5 ♔b3 (falls 8. ... ♔d2, dann 9.♔d4 ♔c1 10.♔c3, und der schwarze König wird nicht nur schneller am Brettrand eingeengt, sondern hat auch nicht mehr die Möglichkeit, in die gefahrlosere Ecke überzuwechseln) **9.♔d4 ♔b2 10.♔c4 ♔a2 11.♔c3 ♔a1** (11. ... ♔a3 12.♗b1, um den König vom Eckfeld a1 abzuschneiden).

Die erste Etappe des Planes ist erfüllt: Der König wurde an den Brettrand gedrängt. Jetzt muß er auf das Eckfeld a8 oder h1 getrieben werden.

12.♘d5 ♔a2 13.♘e3 ♔a1 14.♘c2+ ♔a2 15.♗d5+ ♔b1 16.♗c4

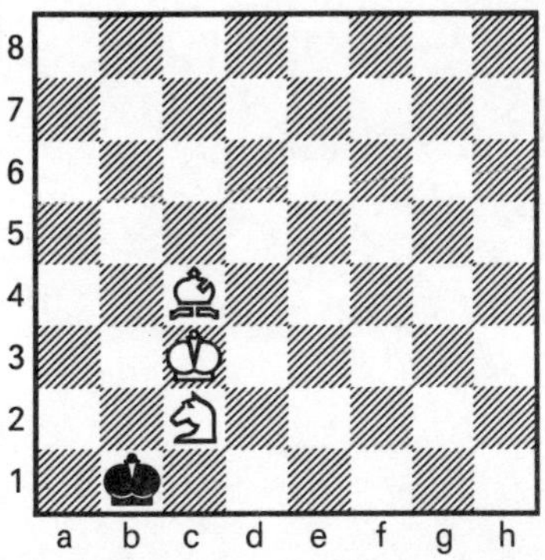

71

Das ist die günstigste Aufstellung der Streitkräfte für die Realisierung der zweiten Etappe des Planes – den König auf das Feld h1 zu treiben. Fassen wir zusammen: Der weiße König hat sich maximal seinem Gegenspieler genähert, wodurch dessen Beweglichkeit wesentlich eingeengt wird, der Springer hält das rettende Eckfeld unter Kontrolle, und der Läufer steht zur Überdeckung der weißen Felder bereit.

Zugleich mag sich der Leser überzeugen, daß das Eckfeld a1 für Schwarz gefahrlos ist, zum Beispiel 16.♗b3 (anstelle 16.♗c4) ♔c1 17.♘e3 ♔b1 18.♘c4 ♔a1 19.♘b2 ♔b1 20.♗c2+ ♔a1 usw. Der Hauptnachteil der stärkeren Seite besteht darin, daß man den schwarzen König nur mit dem Springer aus der Ecke locken kann, aber dann vermag der Läufer nur eines der zwei an das Eckfeld grenzenden Felder zu kontrollieren.

16. ... ♔c1 17.♗a2!

Die Verdrängung des Königs vom Feld a1 geht weiter.

17. ... ♔d1 18.♘d4!

Nur so! Im weiteren Verlauf bewegt sich der Springer auf der Marschroute c2–d4–e2–f4–g2, also w-förmig (von Weiß aus betrachtet, ähnelt sie einem „M"). Der weiße Läufer und der König setzen ebenfalls ihre Aktionen zur Einengung des schwarzen Königs fort.

18. ... ♔c1

Eine andere Variante, die mit dem Zug 18. ... ♔e1 beginnt, betrachten wir später.

19.♘e2+ ♔d1 20.♔d3 ♔e1 21.♔e3 ♔d1 22.♗b3+ ♔e1 23.♗c2 ♔f1 24.♘f4!

Das Spiel setzt sich nach der „W-Regel" fort.

24. ... ♔e1 25.♘g2+ ♔f1 26.♔f3 ♔g1 27.♔g3 ♔f1 28.♗d3+ ♔g1 29.♗e2 ♔h1 30.♘f4 ♔g1 31.♘h3+ ♔h1 32.♗f3 matt.

Im Falle von 18. ... ♔e1 gelingt es dem schwarzen König ebenfalls nicht, die Blockade zu durchbrechen: 19.♔d3 ♔f2 20.♘e2! (wieder die w-förmige Marschroute) 20. ... ♔f3 21.♗e6 (der Weg nach der sicheren Brettecke ist zuverlässig versperrt) 21. ... ♔f2 22.♗d5 ♔e1 (der König ist wieder gezwungen, sich zum Brettrand zu begeben) 23.♔e3 ♔d1 24.♗e4 ♔e1 25.♗c2 ♔f1 26.♘f4 ♔g1 (26. ... ♔e1 27.♘g2+ ♔f1 28.♔f3 führt zur obigen Variante) 27.♔f3 ♔h2 28.♔f2 (schärfer ist 28.♗d3 ♔g1 29.♔g3 ♔h1 30.♗e2 – aber nicht 30.♘h3 patt – 30. ... ♔g1 31.♘h3+ ♔h1 32.♗f3 matt, aber wir möchten den alternativen Weg zum Matt weiter aufzeigen) 28. ... ♔h1 29.♗d3 ♔h2 30.♗f1 ♔h1 31.♘d3 ♔h2 32.♘e5 ♔h1 33.♗g2+ ♔h2 34.♘f3 matt.

Wie wir feststellen konnten, muß sich der König der stärkeren Seite in allen Mattstellungen einen Springerzug weit vom Eckfeld befinden. Insgesamt vollzieht sich das gemeinsame Manöver der Figuren in der erforderlichen Ecke einfach und gut organisiert.

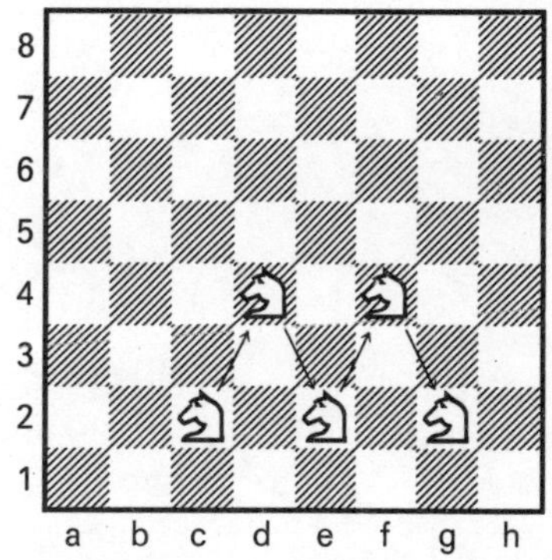

72

Als Gedächtnisstütze für die künftige Spielpraxis ist auf dem Diagramm 72 die w-förmige Marschroute des Springers dargestellt.

In der 12. Lektion haben wir behandelt:

- Mattsetzen mit Läufer und Springer
- Die Etappen der Mattführung, erläutert an einem praktischen Beispiel.

Übungsaufgaben zur 12. Lektion

Aufgabe 92:
Weiß: ♔a6
Schwarz: ♔c6, ♗d6, ♘b6
□ Schwarz zieht. In welche Ecke muß man den weißen König drängen?
Welche Marschroute des Springers halten Sie in dem von Ihnen gewählten Plan für die günstigste?
Analysieren Sie die Stellung bis zum Matt.

Aufgabe 93:
Weiß: ♔f3, ♗e3, ♘e4
Schwarz: ♔h2
□ Weiß zieht. In welche Brettecke muß man den schwarzen König treiben? Finden Sie den zweckmäßigsten Weg für den Springer in diesem Plan. Analysieren Sie die Stellung bis zum Matt.

Aufgabe 94:
Weiß: ♔e7, ♗b5, ♘f4
Schwarz: ♔a7
□ Weiß zieht. Finden Sie den schnellsten Weg zu Matt.

13. LEKTION

Verwertung eines großen Materialvorteils

Im Spielverlauf entstehen oft Stellungen, in denen eine Seite Materialvorteil erlangt. In den meisten Fällen gibt ein materieller Vorteil Grund zu der Annahme, die Partie erfolgreich zu beenden. Jedoch hatte in einer Reihe der von uns betrachteten Stellungen (zum Beispiel in der auf dem Diagramm 66 angeführten) sogar ein bedeutendes Materialübergewicht keinen entscheidenden Einfluß auf den Partieausgang. Wichtiger war die Aufstellung der Figuren, die Besonderheiten ihres Zusammenwirkens. Das Studium von Stellungen mit großem Materialübergewicht ist für die richtige Bewertung oft eintretender Situationen unerläßlich. Der Spieler eignet sich dadurch die Fähigkeit an, bewußter und zielstrebiger seine Aktionen zu gestalten. Solche Musterstellungen sind eine Art Kompaß für eine bessere Orientierung in der Spielplanung.

Leichtfigur und Bauer gegen den alleinigen König

Wir wissen, daß ein Springer oder ein Läufer gegen den alleinigen König nicht gewinnt, jedoch spielen diese Figuren eine entscheidende Rolle, wenn ihre Hilfe beim Vorgehen eines Bauern benötigt wird.

In den beiden folgenden Diagrammstellungen gewährleisten die weißen Leichtfiguren gemeinsam mit dem König, daß die Bauern auf einfache Weise bis zur letzten Reihe vorstoßen.

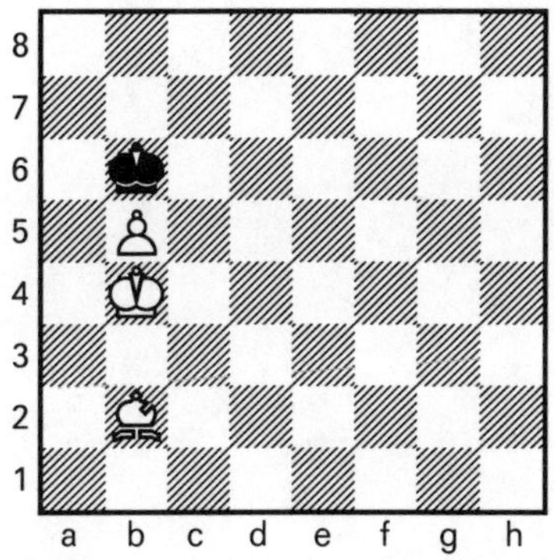

73

Nach **1.♗d4+ ♔b7 2.b6 ♔c6 3.♔a5 ♔b7 4.♔b5 ♔c8 5.♔c6 ♔b8 6.♗e5+** (aber nicht 6.b7?? patt) **6. ... ♔a8 7.b7+** nebst **8.b8♕+** ist alles klar.

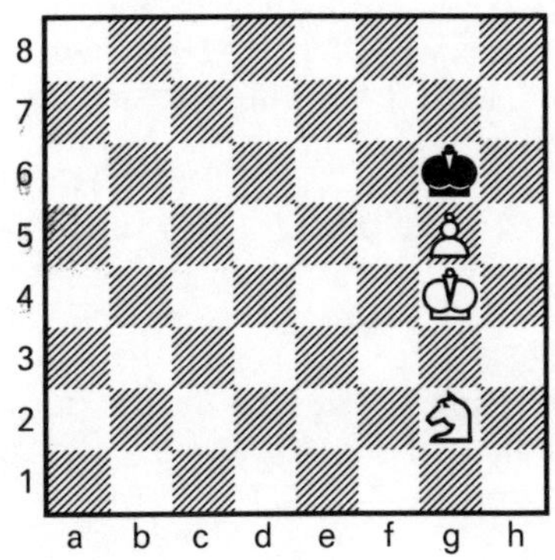

74

Hier entscheidet **1.♘f4+ ♔g7 2.♔f5 ♔f7 3.g6+ ♔g7 4.♘h5+ ♔g8 5.g7 ♔f7 6.♔g5 ♔g8 7.♔f6** (aber nicht 7.♔g6?? patt) **7. ... ♔h7 8.♔f7 ♔h6 9.g8♕.**

Jedoch für fast jede allgemeine Stellung gibt es eine Ausnahme. König, Läufer und Bauer siegen nicht immer gegen den alleinigen König. Bestimmte objektive Faktoren können einen Remisausgang bedingen.

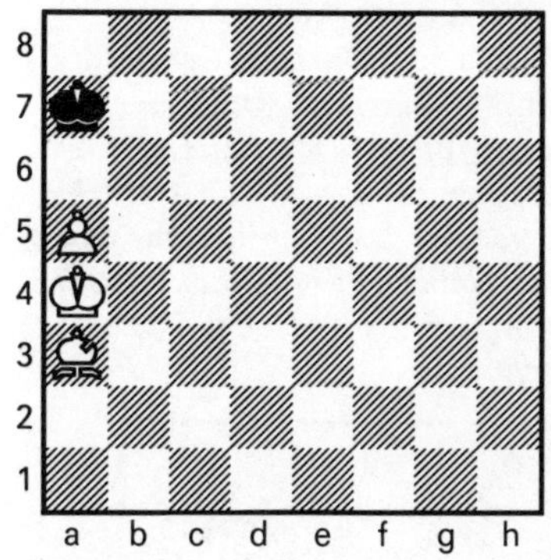

75

Setzen wir das Spiel in Diagrammstellung 75 fort.
1.♔b5 ♔b7 2.a6+ ♔a7 3.♗c5+ ♔a8 4.♔c6 ♔b8 5.a7+ ♔a8 6.♔b5. Der König muß wegziehen – andernfalls ist Schwarz patt. **6. ... ♔b7 7.♔a5 ♔a8** mit offensichtlichem Remis. Es ist unmöglich, den schwarzen König vom Eckfeld a8 zu verdrängen, weil jede Annäherung des weißen Königs zum Patt führt.
Wenn wir das obige Diagramm dahingehend verändern, daß Weiß

einen weißfeldrigen Läufer besitzt und diesen beispielsweise auf b3 postieren, ist der Gewinn leicht zu erzielen.

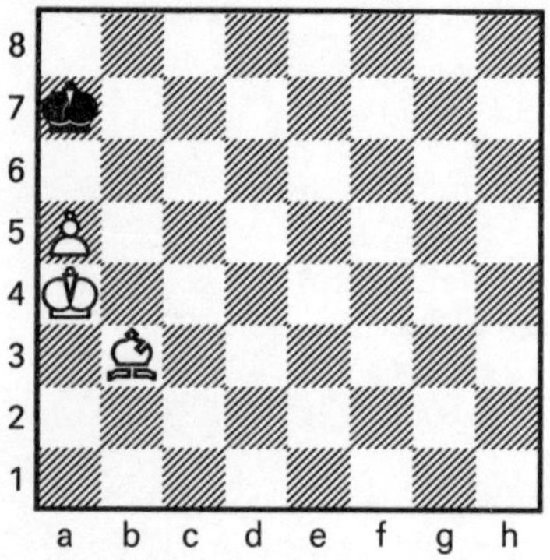

76

1.♔b5 ♔b7 2.a6+ ♔a7 3.♔a5 ♔b8 4.♔b6 ♔a8 5.♗d5+
Darin liegt der Unterschied – der Läufer kontrolliert das Eckfeld.
5. … **♔b8 6.a7+** usw.
Daraus läßt sich für derartige Endspiele mit Läufer und Randbauern (also einen Bauern auf der Linie a oder h) folgende Regel ableiten:
■ *Die stärkere Seite gewinnt nur dann, wenn das Umwandlungsfeld des Randbauern mit der Feldfarbe des Läufers übereinstimmt.*

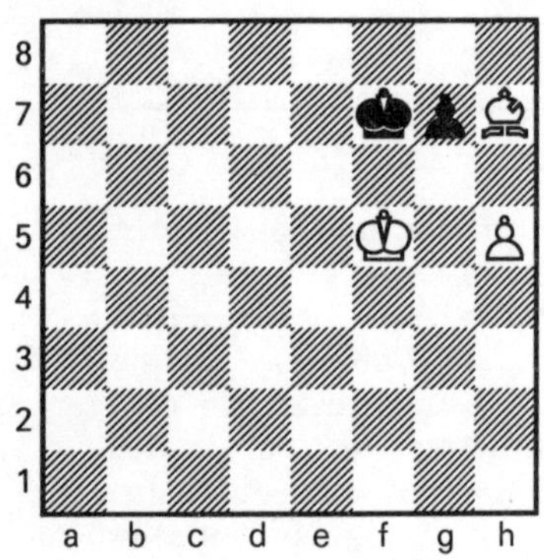

77

In Diagramm 77 ist Schwarz am Zuge. Er erreicht Remis durch den auf den ersten Blick paradox anmutenden Zug **1. … g6+!**
Im Falle von 2.♗:g6+ entsteht die uns bereits bekannte Remisstellung. Nach 2.hg+ ♔g7 3.♔g5 ♔h8! gelingt es Weiß wegen der ungünstigen Postierung des Läufers auf h7 nicht, den König aus der Ecke zu vertreiben, und es bleibt ihm nur die Wahl, sich sofort mit Patt – 4.♔h6 oder 4.♔f6 – abzufinden oder erst einige Züge später: 4.♗g8 ♔:g8 5.♔f6 (oder 5.♔h6) 5. … ♔f8 6.g7+ ♔g8 7.♔g6 patt.
Natürlich erreicht die schwächere Seite kein Remis, wenn ihr König nicht auf das Eckfeld gelangt.

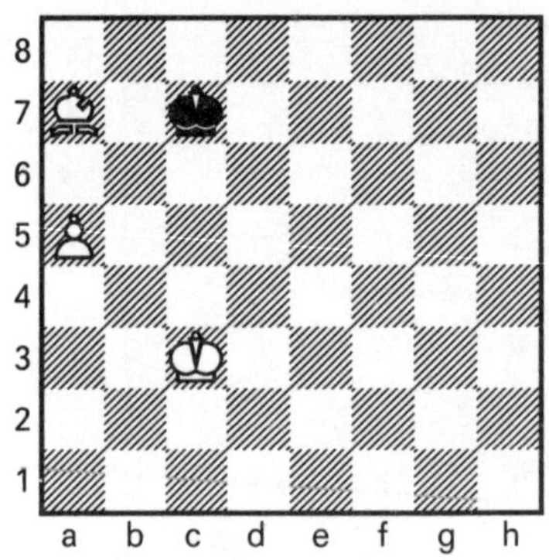

78

In Diagramm 78 erreicht Weiß, wenn er am Zuge ist, mittels **1.a6** den Gewinn.
Läufer und Bauer errichten für den schwarzen König auf seinem Weg zum Eckfeld a8 eine Sperre. Schwarz bleibt nur die Hoffnung auf einen Angriff gegen den Bauern a6 von hinten, aber auch dieser Plan scheitert. Möglich ist folgende Fortsetzung des Spiels:
1. … ♔c6 2.♔c4 ♔c7 3.♔c5 ♔c8 4.♔c6 ♔d8 5.♗b8 ♔c8 6.a7, und Weiß gewinnt.
Kehren wir in diesem Zusammenhang auf das vorhergehende Diagrammbeispiel 77 zurück. Jetzt wird verständlich, daß dort nur 1. … g6+! zum Remis führt, während das verlockende 1. … g5 wegen 2.h6! verliert, zum Beispiel 2. … g4 3.♔:g4 ♔f6 4.♔f4 ♔f7 5.♔f5 ♔f8 6.♔f6.

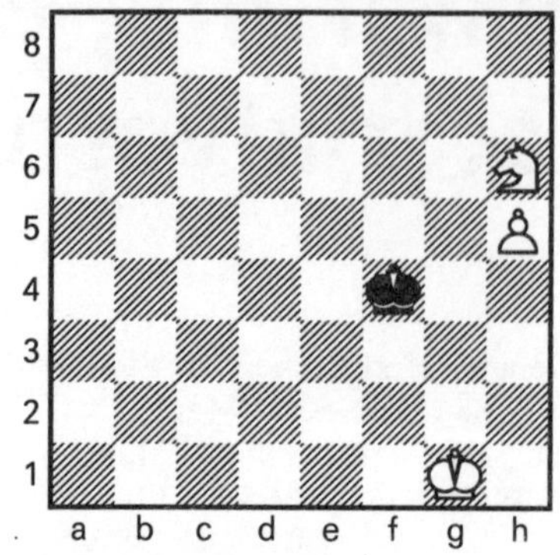

79

Auf dem Diagramm 79 wird das für die Spielpraxis bedeutsame Sicherungsverfahren des Freibauern durch den Springer veranschaulicht.
Schwarz droht, mit dem Zug 1. … ♔g5 gleichzeitig Springer und Bauer anzugreifen. Wie soll Weiß spielen?
Falls 1.♘g8, so 1. … ♔g5 2.h6 ♔g6 3.♔g2 ♔h7, und ein Stein fällt. Im Falle von 1.♘f7 folgt 1. …♔f5 2.♔g2 (2.h6 ♔g6!) 2. … ♔f6 3.♔g3 (3.♘d6 ♔g5 mit Remis wegen Bauernverlust) 3. … ♔:f7 4.♔g4, und der auf dem Brett verbleibende Randbauer sichert nicht den Gewinn. Denn es ist unmöglich, den schwarzen König von dem Eckfeld h8 zu vertreiben, zum Beispiel 4. … ♔g7 5.♔g5 ♔h7 6.h6 ♔g8 7.♔g6 ♔h8. Jetzt sind die Manöver des weißen Königs zwecklos, weil der schwarze König auf dem Feld h8 bleibt und zwischen einem der ihm verbliebenen Felder hin und her pendelt (entsprechend den Umständen g8 oder h7), und 8.h7 führt zum Patt.
Kehren wir zur Diagrammstellung zurück. Der Zug **1.♘g4!** sichert Weiß den Gewinn. Im Falle von 1. … ♔:g4 2.h6 ist der Bauer nicht mehr zu erjagen.
Nach **1. … ♔g5 2.h6** schafft die Verbindung zwischen dem etwas nach

hinten postierten Springer und dem vorgedrungenen Freibauern eine uneinnehmbare Festung. Die Annäherung des weißen Königs entscheidet die Partie. Folgende Variante wäre möglich:
2. … ♔g6 3.♔g2 ♔h7 4.♔g3 ♔g6 5.♔f4 ♔h7 6.♔f5 ♔g8 7.♔g6 ♔h8 8.♘e5! (8.h7? führt zum Patt) **8. … ♔g8 9.h7+ ♔h8 10.♘f7** matt.
Jedoch nicht immer erreichen Springer und Bauer den Erfolg. Remisstellungen entstehen hier bei frühzeitigem Vorstoß des Bauern auf die vorletzte Reihe. Die folgenden beiden Diagramme halten zwei Remispositionen fest.

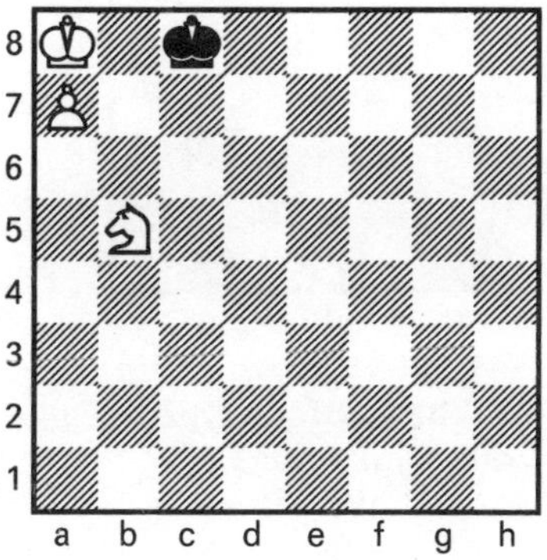

80

In Diagramm 80 kann der weiße König nicht ohne die Hilfe des Springers frei kommen.
Falls Schwarz am Zuge ist, muß er dem weißen König Bewegungsraum geben, zum Beispiel 1. … ♔d7 2.♔b7 mit Gewinn.
Aber wenn Weiß zieht, ist kein Gewinn möglich, weil der Springer es nicht vermag, den schwarzen König von den Feldern c8 und c7 zu vertreiben, zum Beispiel 1.♘d6+ ♔c7 2.♘f5 ♔c8 3.♘e7+ ♔c7 usw.
Fazit:
□ *Wenn sich bei Anzug der stärkeren Seite der eigene Springer und der gegnerische König auf Feldern gleicher Farbe befinden, ist ein Gewinn unmöglich.*

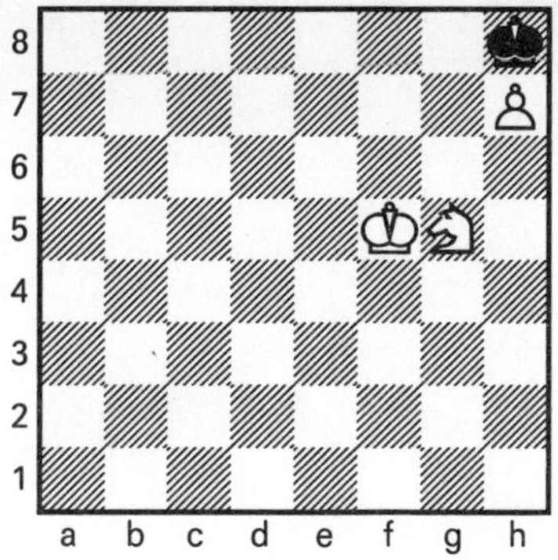

81

Auf Diagramm 81 reicht es für Weiß auch nur zum Remis, weil der schwarze König nicht vom Eckfeld verjagt werden kann. Nähert sich der weiße König, führt dies zum Patt.

Zwei Springer gegen König und Bauer

Wie wir bereits wissen, können zwei Springer bei richtiger Verteidigung nicht matt setzen. In solchen Situationen steht die stärkere Seite, nachdem sie den König verfolgt und an den Brettrand gedrängt hat, unvermeidlich vor dem Dilemma: entweder eine Pattstellung zuzulassen oder dem König den Weg freizugeben.
Die Möglichkeit, mit zwei Springern den Gewinn zu erreichen, bietet sich nur mit „Hilfe" des Gegners. Wenn sich zum Beispiel auf dem Brett noch ein feindlicher Bauer befindet, kann sich die schwächere Seite nicht in ein Patt retten, denn der Bauer muß ziehen. Solange der Bauer eine Zugmöglichkeit besitzt, gilt es, die Zeit für die Mattführung des Königs zu nutzen.

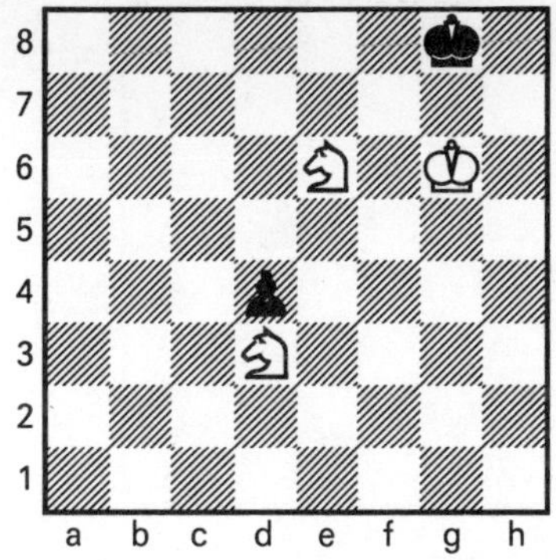

82

Die Stellung auf dem Diagramm 82 veranschaulicht das Gesagte. Weiß gewinnt, unabhängig davon, wer am Zuge ist. Zieht Schwarz, so folgt **1. … ♔h8 2.♘e5 d3** (2. … ♔g8 3.♘f7) **3.♘f7+ ♔g8 4.♘h6+ ♔h8 5.♘g5 d2 6.♘gf7** matt.
Ähnlich entwickeln sich die Ereignisse beim Anzug von Weiß: **1.♘e5 d3 2.♘f7 d2 3.♘h6+ ♔h8 4.♘g5 d1♕ 5.♘gf7** matt.

Dame gegen König und Springer

Die Dame kämpft fast immer erfolgreich gegen andere Figuren. Davon konnten wir uns schon überzeugen, als wir die Beispiele des Spiels mit der Dame gegen Turm oder Läufer betrachteten. Der Kampf der Dame gegen den Springer bereitet ebenfalls keine besonderen Schwierigkeiten. Wir schlagen dem Leser vor, dies selbst einmal zu erproben und beispielsweise mit folgender Stellung zu beginnen:

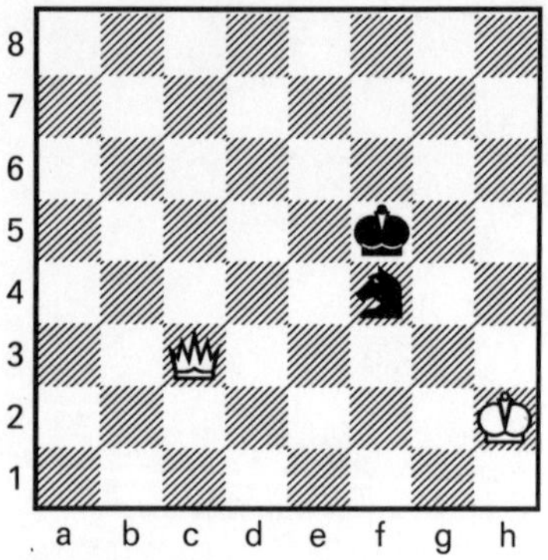

83

Die gemeinsamen Aktionen von König und Dame müssen zu einem raschen Sieg führen. Allerdings ist es in solchen Situationen wichtig, keine Springergabel zu übersehen. Daher wäre in unserem Falle der Zug 1.♔g3?? wegen 1. ... ♘e2+ ein unkorrigierbarer Fehler. Finden Sie andere Verfahren zur Aktivierung der weißen Figuren.

Dame gegen König und Bauer

Ohne besondere Mühe wird die Dame mit einem Bauern fertig. Eine Ausnahme bilden nur die Stellungen, wo der Bauer die vorletzte Reihe (die 2. oder 7.) erreicht und von seinem König unterstützt wird. Zwei Beispiele zu diesem Thema sind auf den beiden nächsten Diagrammen dargestellt.

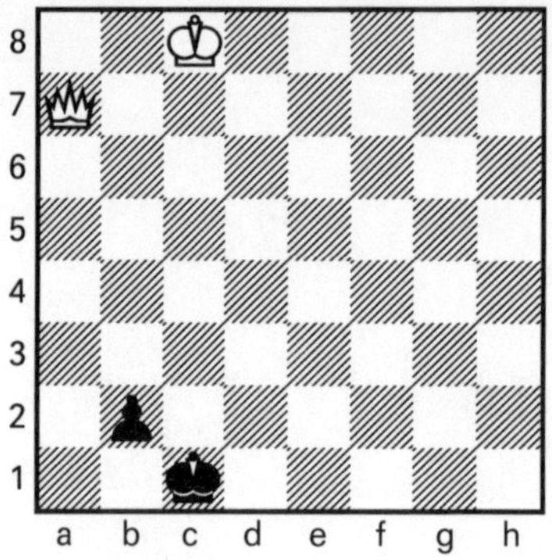

84

Wie ist in Diagramm 84 der Gewinn zu erreichen? Es ist klar, daß die Dame allein den Bauern nicht erobern kann, sie braucht die Hilfe ihres Königs. Weiß muß zwei Bedingungen erfüllen: die Umwandlung des schwarzen Bauern in eine Dame verhindern und Zeit für die Heranführung des eigenen Königs gewinnen. Beide Bedingungen lassen sich nur dann erfüllen, wenn der schwarze König auf das Feld vor dem Bauern (d. h. das Umwandlungsfeld) gedrängt wird.

Nach diesem Plan entwickelt sich das Spiel: **1.♕c5+** (möglich ist ebenfalls 1.♕a3, 1.♕e3+, 1.♕g1+) **1. ... ♔d2.**

Natürlich wird Schwarz nicht freiwillig das Feld b1 besetzen.

2.♕b4+ ♔c2 3.♕c4+ ♔d2 4.♕b3 ♔c1 5.♕c3+ ♔b1.

Jetzt ist dieser Zug erzwungen. Der erste Teil des Planes ist ausgeführt: der schwarze König ist in eine unvorteilhafte Position gedrängt worden, und sein weißer Widerpart erhält Zeit, sich dem Hauptkampffeld zu nähern.

6.♔b7 ♔a2 7.♕c2! ♔a1 (natürlich nicht 7. ... ♔a3 wegen 8.♕b1) **8.♕a4+ ♔b1 9.♔b6 ♔c1 10.♕c4+ ♔d2 11.♕b3 ♔c1 12.♕c3+ ♔b1 13.♔b5 ♔a2 14.♕c2 ♔a1 15.♕a4+ ♔b1 16.♔b4 ♔c1 17.♕a3** (auch eine andere Lösung bietet sich an: 17.♔c3 b1♕ 18.♕f4+ ♔d1 19.♕d2 matt) **17. ... ♔c2 18.♕c3+ ♔b1 19.♔b3 ♔a1 20.♕:b2** matt.

Diese Methode ist wirkungsvoll im Kampf der Dame gegen die Bauern b, d, e und g. Dagegen erweist sie sich oft als unzureichend gegen die Turm- und Läuferbauern, d. h. die Bauern auf den Linien a, c, f und h. Woran liegt das? Zur Beantwortung dieser Frage wollen wir die Stellung auf dem Diagramm 85 betrachten.

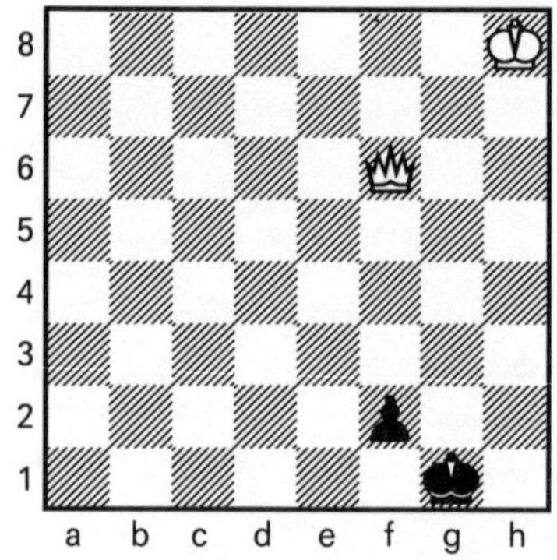

85

1.♕g5+ ♔h2 2.♕f4+ ♔g2 3.♕g4+ ♔h2 4.♕f3 ♔g1 5.♕g3+

Bisher verläuft alles nach bekannten Mustern, doch nun folgt **5. ... ♔h1!** Dies ist die Pointe der Verteidigung von Schwarz, denn **6.♕:f2** führt zum Patt. Weiß gelingt es nicht, den schwarzen König auf das unvorteilhafte Feld vor dem Bauern zu treiben und Zeit für die Heranführung seines Königs zu gewinnen. Deshalb remis! Auf ähnliche Weise rettet sich die schwächere Seite auch beim Vorhandensein eines Turmbauern.

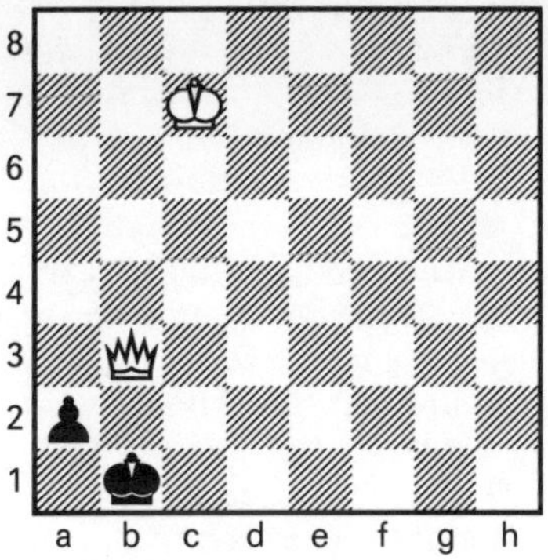

86

Schwarz spielt **1. … ♔a1!**, und wegen Patts muß Weiß seine Dame wegziehen. Zeit für die Annäherung des Königs kann hier nicht gewonnen werden.
Die angeführten Beispiele zeigen, daß sich der König der stärkeren Seite möglichst rasch dem Bauern nähern muß.

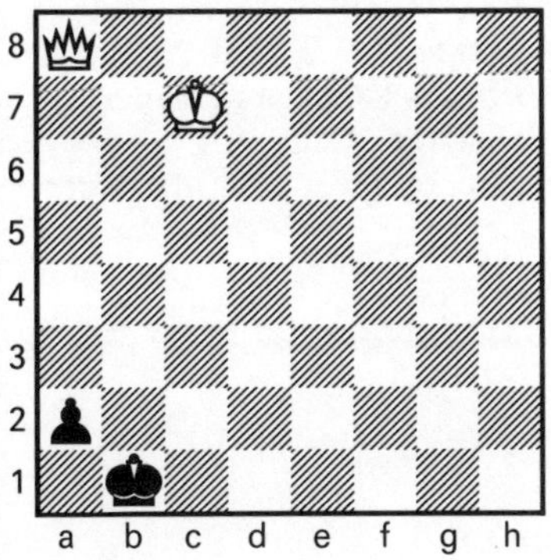

87

Eine lehrreiche Stellung entsteht in Diagramm 87 nach **1.♕b7+**.
Die richtige Antwort lautet hier **1. … ♔c2** oder **1. … ♔c1**.
Das Feld vor dem Bauern soll man nur dann einnehmen, wenn dies erzwungen ist. 1. … ♔a1? ermöglicht es Weiß, sich mit seinem König zu nähern: 2.♔b6 ♔b1 3.♔a5+ ♔c1 4.♕h1+ ♔b2 5.♕g2+ ♔b1 (5. … ♔b3 6.♕g7!) 6.♔a4! a1♕+ 7.♔b3, und Weiß gewinnt, weil Schwarz keine ausreichende Verteidigung gegen die Mattdrohung besitzt.
Dieses Beispiel veranschaulicht nicht nur eine originelle Annäherung des Königs der stärkeren Seite, sondern führt uns auch eine sehr wichtige Regel vor Augen:
■ **Man mache dem Gegner freiwillig, selbst in gefahrlos anmutenden Situationen, keine Zugeständnisse.**
Im Falle von 1. … ♔c2 oder 1. … ♔c1 würde es Weiß nicht gelingen, sich mit seinem König zu nähern, und die Partie endet mit Remis. Wir haben die kritische Stellung dieser Variante bereits früher betrachtet.

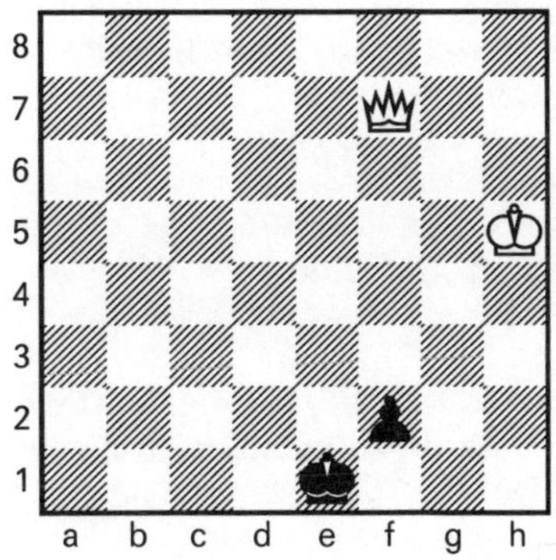

88

In der Stellung des Diagramms 88 erreicht Weiß den Gewinn dank der verhältnismäßig nahen Postierung des Königs zum Bauern:
1.♕e6+ ♔d2 2.♕f5 ♔e1 3.♕e4+ ♔d2 4.♕f3 ♔e1 5.♕e3+ ♔f1 6.♔g4! ♔g2 7.♕e2 ♔g1 8.♔g3 f1♕ 9.♕h2 matt.

Zwei Bauern gegen den alleinigen König

Unter den übrigen Situationen mit großem Materialvorteil einer Seite sind für die Praxis die Beispiele äußerst wichtig, wo zwei Bauern gegen den alleinigen König kämpfen.

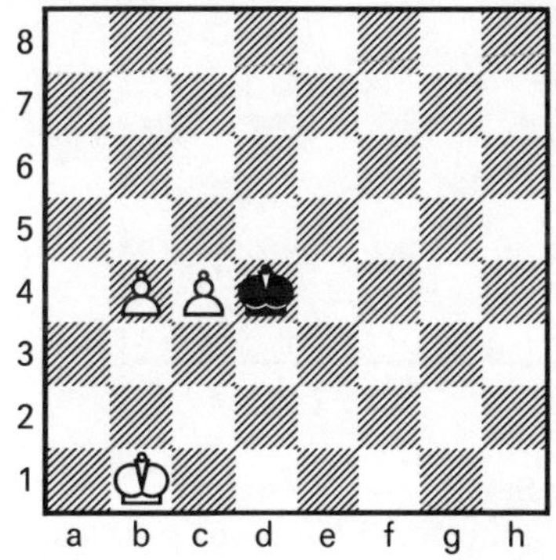

89

Auf dem Diagramm 89 und 90 besitzt Weiß sogenannte **verbundene Bauern**, das sind Bauern, die sich auf benachbarten Linien befinden.
Zwei verbundene Bauern gewährleisten in der Regel den Partiegewinn. Ausnahmen bilden nur die Stellungen, wo einer der Bauern verlorengeht, und der andere nicht mit Hilfe seines Königs auf das Umwandlungsfeld gelangen kann.
Eine ausgezeichnete Eigenschaft verbundener Bauern besteht darin, daß sie sich einander verteidigen können und dadurch für den feindlichen König unangreifbar werden.
In der Stellung auf dem Diagramm 89 erreicht Weiß, indem er mit 1.c5 oder 1.b5 fortsetzt, eine originelle Festung und zwingt den schwarzen König, passiv die Annäherung des weißen Königs abzuwarten.
Möglich ist folgende Variante:
1.b5 ♔c5 2.♔b2 ♔b6 (schlecht wäre 2. … ♔:c4 wegen 3.b6, und der schwarze König erreicht den Bauern nicht mehr) **3.♔b3 ♔c5 4.♔a4 ♔b6 5.♔b4 ♔b7 6.c5 ♔c7 7.b6+ ♔c6 8.♔a5 ♔b7 9.♔b5 ♔c8 10.c6 ♔b8 11.♔c5 ♔c8 12.♔d6 ♔b8 13.♔d7**, und der c-Bauer zieht zur Dame ein.

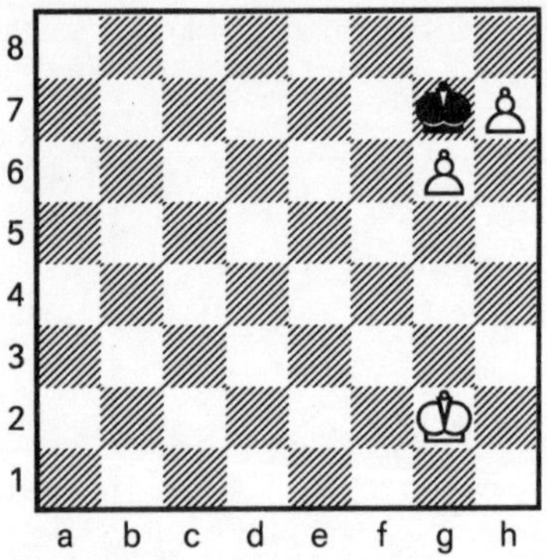

90

In der Stellung auf Diagramm 90 ist der Gewinn für Weiß nicht ganz einfach. Die Gefahr, den König auf h8 patt zu setzen, erschwert die Mattführung:
1.♔g3 ♔h8 2.♔g4 ♔g7 3.♔g5 ♔h8 4.♔f5! (nach 4.♔h6? oder 4.♔f6 ist ein Patt auf dem Brett) **4. … ♔g7**.
Nur durch ein Bauernopfer kann Weiß die Pattmöglichkeit aus der Welt schaffen. Es gewinnt: **5.h8♕+! ♔:h8 6.♔f6 ♔g8 7.g7 ♔h7 8.♔f7**.
Zwei einzelne Bauern sichern gewöhnlich ebenfalls den Gewinn, aber hier bieten sich der schwächeren Partei mehr Möglichkeiten, einen der isolierten Bauern zu vernichten.

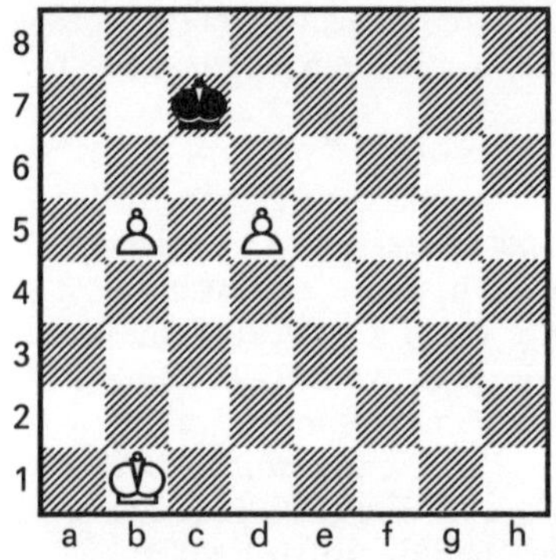

91

Hier gelingt den Bauern ihre gegenseitige Verteidigung, zum Beispiel 1. … ♔b6 2.d6! oder 1. … ♔d6 2.b6!, und das Schlagen des Bauern b5 oder d5 verbietet sich, weil der andere zur Dame einzieht.
Nach **1. … ♔b6 2.d6** entscheidet die Herbeiführung des weißen Königs:
2. … ♔b7 3.♔b2 ♔b6
Falls 3. … ♔c8, um nach 4. … ♔d7 den Bauern d6 zu nehmen, geschieht 4.b6! ♔d7 5.b7 oder 4. … ♔b7 5.d7!, und wiederum bewährt sich die Methode der gegenseitigen Verteidigung.
4.♔b3 ♔b7 5.♔c4 ♔b6 6.♔d5 ♔b7 7.♔e6 ♔c8 8.♔e7 mit Gewinn.
Wenn in der Diagrammstellung 91 der Bauer d5 auf dem Feld d4 stände, gelänge die gegenseitige Verteidigung der Bauern, wenn Schwarz zieht, nicht: 1. … ♔b6, und 2.d5 ist jetzt zwecklos angesichts 2. … ♔:b5 3.d6 ♔c6, und der letzte Bauer wird beseitigt. Anstelle 2.d5 könnte Weiß 2.♔c2 ♔:b5 3.♔d3 ♔c6 4.♔e4 ♔d6 spielen, was aber ebenfalls zum Remis führen würde.

In der 13. Lektion haben wir behandelt:

- Verwertung eines großen Materialvorteils
- Leichtfigur (Läufer oder Springer) und Bauer gegen den alleinigen König
- Zwei Springer gegen König und Bauer
- Dame gegen König und Springer
- Dame gegen König und Bauer auf der vorletzten Reihe
- Zwei Bauern gegen den alleinigen König.

Übungsaufgaben zur 13. Lektion

Aufgabe 95:
Weiß: ♔g5, ♗f1; h6
Schwarz: ♔f8
☐ Weiß zieht. Wie würden Sie spielen?

Aufgabe 96:
Weiß: ♔g3, ♘f1, ♘f4
Schwarz: ♔h1; g4
☐ Weiß zieht und gewinnt durch ein Springopfer.

Aufgabe 97:
Weiß: ♔f1, ♘d8; g6
Schwarz: ♔g8
☐ Weiß zieht. Zeigen Sie die zwei Gewinnwege für Weiß.

Aufgabe 98:
Weiß: ♔c2, ♘c4, ♘e2
Schwarz: ♔a2; e3
☐ Weiß zieht und gewinnt.

Aufgabe 99:
Weiß: ♔c4, ♕e2
Schwarz: ♔b1; c2
☐ Weiß zieht und gewinnt.

Aufgabe 100:
Weiß: ♔g8, ♕d5
Schwarz: ♔b2; a3
☐ Weiß zieht und gewinnt.

Aufgabe 101:
Weiß: ♔a1; f5, h6
Schwarz: ♔g8
☐ Wie endet die Partie, wenn Weiß und wenn Schwarz am Zuge ist?

II. Die drei Partiestadien – Das Endspiel

Lektionen 14 bis 22

14. LEKTION

Die drei Partiestadien

Die richtige Aneignung der Schachtheorie

Wir haben uns mit der Gangart der Figuren und Bauern vertraut gemacht, die ersten eigenen Partien gespielt, die Bitternis der ersten Niederlagen und die Freude der ersten Siege erlebt. Bei dem Bestreben, das Hauptziel einer Schachpartie zu erreichen – das Mattsetzen des gegnerischen Königs –, haben wir verstehen gelernt, daß sich dies nicht von selbst einstellt. Vielmehr muß der Sieg durch sinnvolle Aktionen des Spielers bei der Führung seiner Schacharmee vorbereitet werden.
Wir haben erfahren, daß die Wirksamkeit der Spielführung vom Erfassen und Befolgen einer Reihe allgemeiner Richtlinien abhängt wie:

■ *Gewährleistung des bestmöglichen Zusammenwirkens der eigenen Streitkräfte*

■ *Störung der Koordination der gegnerischen Figuren*

■ *Erreichen eines Materialvorteils.*

Für eine weitere Vervollkommnung im Schach genügt die Aneignung von Kenntnissen nicht. Capablanca schrieb:
„Schach spielen zu lernen ist leicht, gut spielen zu lernen schwierig.“
Die sich beim Fortschreiten auftürmenden Schwierigkeiten sind vor allem durch die Vielfalt und Kompliziertheit der Stellungen bedingt, die sich im Spielverlauf ergeben. Mathematiker haben errechnet, daß die Anzahl der auf dem Schachbrett möglichen Stellungen sich der Größe 10^{43} nähert. Das ist eine astronomische Zahl, und das Erlernen des Schachspiels mittels Zusammenstellung von Varianten bildet deshalb ein unreales Unterfangen. Anders liegen die Dinge, wenn man das angehäufte Wissen über das Spiel ausnutzt, das aus der praktischen Erfahrung gewonnen wurde.
Dies ist ein aussichtsreicher Weg für die Aneignung der Schachtheorie.
Die Kenntnis der Prinzipien der Spielführung und der typischen Aufstellung der Figuren ermöglicht es dem Spieler, den Gang des Geschehens in den verschiedenartigen konkreten Stellungen richtig einzuschätzen. Bei einem solchen Herangehen darf man jedoch nicht ins andere Extrem verfallen und sich nur von allgemeinen Ideen leiten lassen.

■ *Es gilt zwischen theoretischen Erwägungen und der Behandlung einer bestimmten konkreten Stellung einen Zusammenhang herzustellen.*

Wenn man nur allgemein über die Notwendigkeit des Zusammenwirkens der Figuren spricht, besteht die Gefahr, daß der Spieler diese richtige Idee in eine leere Losung verwandelt. Es kommt vor allem darauf an, die konkreten Mechanismen des Zusammenwirkens aufzuzeigen, die in einer bestimmten Stellung und ihr ähnlichen Situationen anwendbar sind, zum Beispiel in Stellungen mit verbundenen Freibauern.
Deshalb genügt es nicht, sich auf nur sehr allgemeine Überlegungen zum Spiel zu beschränken. Notwendig ist auch die Untersuchung seiner Hauptelemente.

Eröffnung, Mittelspiel und Endspiel

Es ist üblich, eine Schachpartie in drei Stadien einzuteilen: Eröffnung (Partieanfang), Mittelspiel und Endspiel.
Der Charakter der Partie in jedem dieser Stadien ist unterschiedlich. Das Zusammenwirken der Figuren, ihr relativer Wert, die Verfahren des Angriffs und der Verteidigung sowie andere Besonderheiten des Spiels äußern sich in der Eröffnung, im Mittelspiel und im Endspiel verschieden.

■ **In der Eröffnung** sind beide Seiten bestrebt, so schnell wie möglich ihre Figuren zu entwickeln (gewöhnlich in Richtung Zentrum), damit sie im weiteren Partieverlauf harmonisch zur Wirkung kommen.

■ **Das Mittelspiel** ist gekennzeichnet durch eine große Anzahl gegeneinander gerichteter Aktionen der beiderseitigen Streitkräfte. Häufig entscheidet sich im Mittelspiel der

Ausgang des Kampfes, wenn ein wirkungsvoller Angriff gegen den feindlichen König durchgeführt oder ein für den Gewinn ausreichender Materialvorteil erlangt wird. Im Mittelspiel ist der König eine passive Figur, die ständigen Schutzes bedarf.

■ **Das Endspiel** stellt das Schlußstadium der Partie dar. Typisch ist für diesen Partieteil die verhältnismäßig geringe Anzahl von Figuren auf dem Brett, wobei dem König besondere Bedeutung zukommt. Jetzt spielt er, im Unterschied zur Eröffnung und zum Mittelspiel, keine passive Rolle mehr und verwandelt sich in eine aktive Streitkraft. Im Endspiel erlangen auch die Freibauern sehr große Bedeutung.

Zur Eröffnung rechnet man gewöhnlich die ersten 10 bis 15 Züge, aber eine genaue Grenze zwischen Eröffnung und Mittelspiel läßt sich nicht ziehen. Als Zeitpunkt gilt die Beendigung der Entwicklung der meisten Figuren. Neben den wesentlichen Unterschieden bestehen zwischen allen Partiestadien Wechselwirkungen. Die in Eröffnung und Mittelspiel getroffenen Entscheidungen berücksichtigen oft schon die Besonderheiten des bevorstehenden Endspiels. Sehr eng sind Eröffnung und Mittelspiel miteinander verknüpft. Von der Aufstellung der Streitkräfte in der Eröffnung, auf welche Felder sie entwikkelt wurden, hängt oft die Wahl und Durchführung der Pläne im Mittelspiel ab.

Sehen wir uns nun ein Beispiel an, das den Zusammenhang zwischen den Partiestadien verdeutlicht.

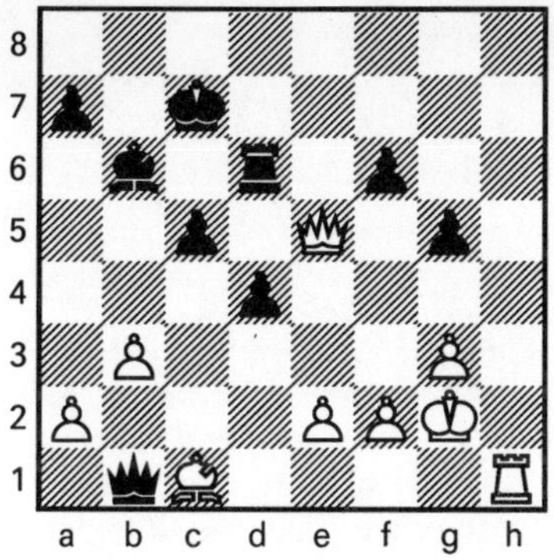

92

Auf dem Diagramm 92 haben wir eine scharfe Mittelspielstellung vor uns. Weiß ist am Zuge.
Verlockend sieht die Fortsetzung 1.♕e7+ aus, zum Beispiel 1. ... ♔c6 2.♕e8+. Jedoch Weiß verfährt nach dem Motto „was man hat, das hat man" und forciert den Übergang in ein Endspiel mit einer Mehrqualität. Es folgte:

1.♕:d6+ ♔:d6 2.♗f4+ gf 3.♖:b1 gf 4.fg.

In diesem Endspiel hat Weiß gute Gewinnchancen, weil Schwarz nicht nur Material eingebüßt hat (Läufer für Turm), sondern seine Bauern ungünstig auf den Feldern der Farbe des Läufers stehen, was Weiß den Einbruch ins gegnerische Lager erleichtert. Ein aussichtsreiches Mittelspiel wurde hier in ein für Weiß gewonnenes Endspiel umgewandelt.
Natürlich durchläuft nicht jede Partie alle drei angeführten Stadien. Man kann einen Fehler machen und wird bereits zu Spielbeginn matt gesetzt, wenn beide Seiten erst die Mobilisierung der Streitkräfte eingeleitet haben. Groß ist die Wahrscheinlichkeit, daß eine Partie im Mittelspiel endet, da in diesem Partiestadium häufig scharfe Zusammenstöße der Streitkräfte vorkommen. Daraus darf man jedoch nicht den Schluß ziehen, daß man dem Endspiel weniger Aufmerksamkeit widmen soll.

Für alle Partiestadien gilt:

■ *Die Aktionen der Figuren selbst und schon ihre Vorbereitung müssen harmonisch aufeinander abgestimmt werden.*

Kurzpartien

Wir wollen sechs Kurzpartien betrachten, in denen bereits zu Spielbeginn entscheidende Fehler begangen wurden. Die Kenntnis dieser Partien hilft dem Lernenden, der den Weg zum Schachpraktiker beschreitet, nicht in typische Eröffnungsfallen zu geraten.

1. Kurzpartie

1.e4 e5 2.♗c4 ♘c6 3.♕f3 ♗c5??

Es ist verständlich, daß Schwarz die Entwicklung seiner Figuren anstrebt. In jeder Stellung ist es jedoch notwendig, sich nicht nur mit den eigenen Plänen zu beschäftigen. Vielmehr gilt es, auch die Drohungen des Gegners zu berücksichtigen und seine Absichten zu erkennen suchen. Im vorliegenden Fall greifen zwei weiße Figuren den Bauern f7 an, dessen Verlust zum Matt führt. Schwarz mußte den Bauern verteidigen (am besten mittels 3. ... ♘f6). Jetzt setzt Weiß sofort Matt.

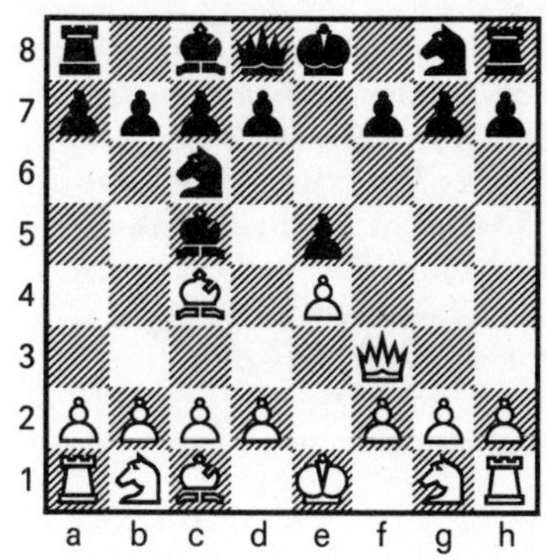

93

4.♕:f7 matt.
Diese Mattführung wird Schäfermatt genannt.

2. Kurzpartie

1.e4 e5 2.♘f3 f6?
Dieser Bauernzug leistet nichts für die Entwicklung und verstellt ein wichtiges Feld für den Springer g8. Obendrein öffnet er den weißen Figuren die Diagonale a2–g8, was Schwarz die kurze Rochade erschweren kann.
3.♘:e5
Gut ist auch 3.♗c4.
3. ... fe?

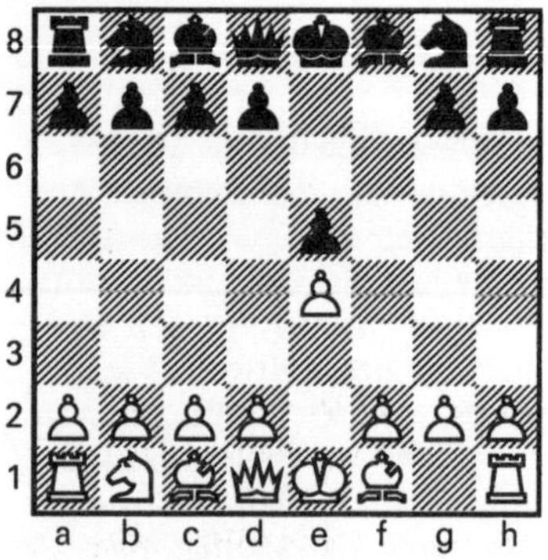

94

Das verliert schnell. Verhältnismäßig besser ist 3. ... ♕e7, obwohl auch dann Weiß erhebliches Übergewicht in der Entwicklung erhält.
4.♕h5+ ♔e7
Falls 4. ... g6, so 5.♕:e5+ mit Gewinn des Turmes h8.
5.♕:e5+ ♔f7 6.♗c4+ ♔g6
Vergeblicher Widerstand. Doch auch 6. ... d5 rettet nicht. Nach 7.♗:d5+ ♔g6 8.h4 droht 9.h5+ nebst 10.d4+.
7.♕f5+ ♔h6 8.d4+ g5 9.h4! ♗e7 10.hg++ ♔g7 11.♕f7 matt.

3. Kurzpartie

1.e4 e5 2.♘f3 d6 3.♗c4 h6?
Dieser Bauernzug ist unnötig. Zweckmäßiger ist 3. ... ♗e7 oder 3. ... ♘c6.
4.♘c3 ♗g4? 5.♘:e5! ♗:d1
Das kleinere Übel wäre 5. ... de, wonach nur ein Bauer verlorengeht. Die Annahme des Damenopfers führt zu einem prächtigen Matt, das in die Schachgeschichte unter der Bezeichnung „Legal-Matt“ einging (nach dem Namen eines bekannten französischen Schachspielers des 18. Jahrhunderts).
6.♗:f7+ ♔e7 7.♘d5 matt.

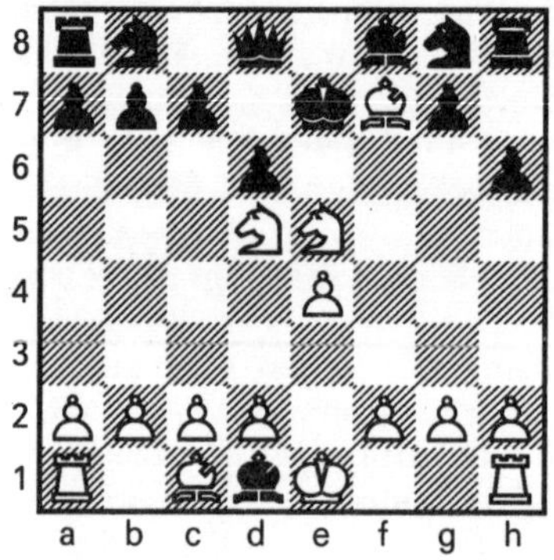

95

Die Schlußstellung ist ein überzeugendes Beispiel für eine wirkungsvolle Zusammenarbeit der weißen Leichtfiguren.

4. Kurzpartie

1.e4 e5 2.♘f3 ♘c6 3.d4 ed 4.♘:d4 ♕h4
Solche Züge sind zu kritisieren. Frühzeitige Damenausfälle bergen nicht nur die Gefahr in sich, die Entwicklung der anderen Figuren zu vernachlässigen, sondern auch die Dame zu verlieren.
5.♘c3 ♘f6 6.♘f5 ♕h5 7.♗e2 ♕g6 8.♘h4

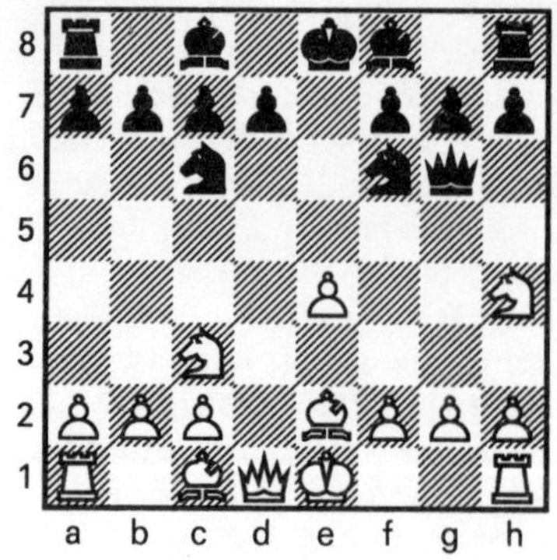

96

Die Dame sitzt in der Falle!

5. Kurzpartie

1.e4 e5 2.♘f3 ♘c6 3.♗c4 ♘d4?
Ein erfolgloses Manöver. Schwarz mußte auf Entwicklung spielen: 3. ... ♘f6 oder 3. ... ♗c5, doch nicht eine Figur zweimal ziehen. Jetzt war für Weiß 4.c3 ♘:f3+ 5.♕:f3 gut. Der lockende Bauerngewinn läßt ihn jedoch in eine Falle tappen.
4.♘:e5? ♕g5!

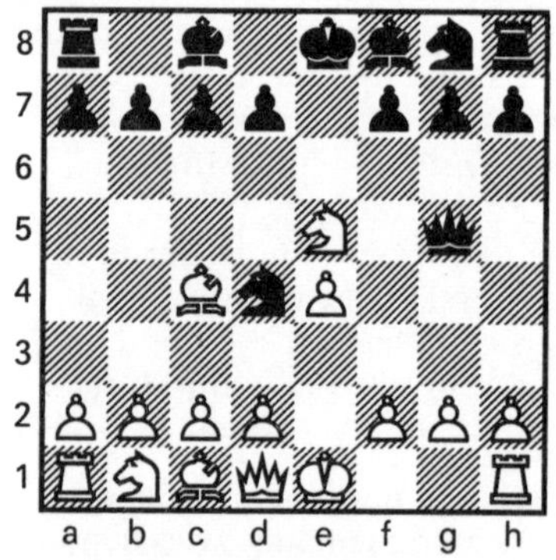

97

Weiß gerät jetzt in Nachteil, z. B. 5.♘g4 d5! oder 5.♗:f7+ ♔d8 6.0–0 ♕:e5. Nach dem folgenden Zug von Weiß ist die Partie ganz schnell zu Ende.
5.♘:f7 ♕:g2 6.♖f1 ♕:e4+ 7.♗e2 ♘f3 matt.

6. Kurzpartie

1.e4 e5 2.♘f3 ♘f6 3.♘:e5 ♘:e4?
Zuerst sollte der weiße Springer vertrieben werden. Nach 3. ... d6 4.♘f3 ♘:e4 5.♕e2 ♕e7 ist die Fesselung für Schwarz ungefährlich. Jetzt wirkt sie für ihn vernichtend.
4.♕e2! ♘f6?
Etwas besser war 4. ... ♕e7 5.♕:e4 d6 6.d4 de 7.de, und es geht nur ein Bauer verloren.
5.♘c6+

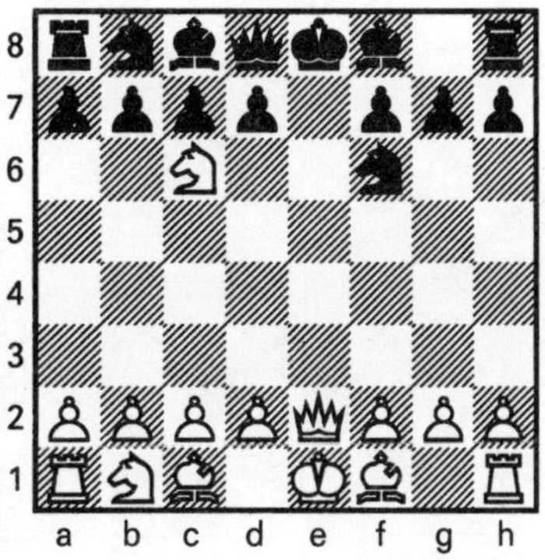

98

Schwarz verliert die Dame.

Mit welchem Partiestadium soll man sich zuerst beschäftigen?

Wer sich mit den drei Stadien einer Schachpartie näher befassen will, für den stellt sich die Frage, mit welchem er beginnen soll.
Hierüber herrscht keine einhellige Meinung. Viele Lehrbücher richten sich bei der Stoffdarbietung nach dem Ablauf der Partie, beginnen also mit der Untersuchung der Eröffnung. Wir vertreten ein logischeres und von Exweltmeister Capablanca pädagogisch begründetes Vorgehen. Er empfahl, sich an das Prinzip vom Leichteren zum Schwierigeren zu halten, mit dem Endspiel zu beginnen und dann zum Mittelspiel und zur Eröffnung überzugehen. Ein solches Vorgehen ermöglicht Folgerichtigkeit hinsichtlich der Anzahl der zu betrachtenden Figuren (von Stellungen mit geringer Figurenanzahl zu vielfigurigen), und es können auch gut die Spielmethoden in den verschiedenen Partiestadien dargelegt werden.

In der 14. Lektion haben wir behandelt:

- Die richtige Aneignung der Schachtheorie
- Eröffnung, Mittelspiel und Endspiel – die drei Stadien der Schachpartie
- 6 Kurzpartien mit typischen Eröffnungsfallen
- Welches Partiestadium soll man zuerst studieren?

Bauernendspiele

Besonderheiten und Einteilung der Endspiele

Diese Lektion über das Endspiel möchten wir mit einem Ausspruch des Exweltmeisters Smyslow einleiten, in dem er die Bedeutung des Endspiels unterstreicht:

■ *„Nirgends tritt die Logik des Denkens so deutlich hervor wie im Schlußteil einer Partie. Nicht ohne Grund widmeten die großen Schachspieler der Vergangenheit in ihrem Schaffen den Endspielen außergewöhnliche Aufmerksamkeit. Als ich in die Geheimnisse ihrer Meisterschaft eindrang, begriff ich, daß der Weg zum Gipfel der Schachkunst über die Kenntnis der Gesetze des Endspiels führt."*

Das Endspiel unterscheidet sich von der Eröffnung und dem Mittelspiel nicht nur durch die geringere Anzahl der auf dem Brett verbliebenen Figuren, sondern auch durch die neue Rolle des Königs. Im Endspiel wird der König zu einer aktiven Figur, und seine unmittelbare Teilnahme am Kampfgeschehen ist in der Regel notwendig. Das Prinzip des Mittelspiels **Schutz dem König** verliert im Endspiel seinen Sinn. Häufig entsteht das Endspiel nach dem Damentausch. Es kommen aber auch Mittelspiele ohne Damen und Endspiele mit Damen vor.

Während im Mittelspiel den Ausgang der Partie oft nicht alle, sondern nur einige Figuren entscheiden, treten im Endspiel Figuren auf den Plan, die lange Zeit den Kampfverlauf nicht unmittelbar beeinflußten.

Da sich nicht mehr viele Streitkräfte auf dem Brett befinden, hat das Endspiel forcierteren Charakter als das Mittelspiel. Deshalb nimmt das Gewicht jeden Zuges zu. Das gilt zum Beispiel für die Berechnung des Vorrückens der Freibauern, die oftmals den Ausgang der Partie bestimmen.

Es gibt verschiedene Möglichkeiten für die Einteilung der Endspiele. Wir nehmen als Kriterium die auf dem Brett befindlichen Kampfeinheiten. Danach unterscheiden wir **Bauern-, Leichtfiguren-, Turm-** und **Damenendspiele** sowie **vermischte Endspiele** (wenn verschiedenartige Figuren vorhanden sind, zum Beispiel Turm gegen Läufer oder Springer) und komplizierte Endspiele (an denen außer Bauern von jeder Seite mindestens zwei andere Figuren teilnehmen).

Fünf Grundregeln für Bauernendspiele

Erste Grundregel

Wenn ein Bauer nicht von seinem König geschützt werden kann, hängt das Spielergebnis davon ab, ob der feindliche König ihn auf dem Wege zum Umwandlungsfeld aufzuhalten vermag.

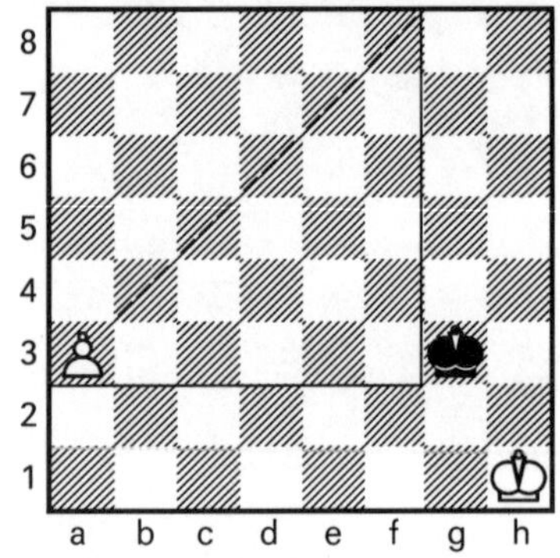

99

Zieht in der Diagrammstellung 99 Weiß, so gewinnt er:

1.a4 ♔f4 2.a5 ♔e5 3.a6 ♔d6 4.a7 ♔c7 5.a8♕.

Bei Anzug des schwarzen Königs holt dieser den Bauern ein:

1. … ♔f3 (oder 1. … ♔f4) **2.a4 ♔e4 3.a5 ♔d5 4.a6 ♔c6 5.a7 ♔b7.**

Um sogleich – ohne die Zügezählmethode „ich hierher, er dorthin" anwenden zu müssen – festzustellen, ob der König den Bauern halten kann, hilft uns **die Regel vom Quadrat des Bauern:**

■ *Man bildet vom Standort des Bauern eine in Richtung der gegnerischen Grundreihe führende Diagonale und entwickelt von diesem Feld aus ein Quadrat.*

In Diagramm 99 wird das auf diese

Weise gebildete Quadrat durch die Seiten a3–f3–f8–a8–a3 begrenzt.
Die erste Grundregel für Bauernendspiele, die Regel vom Quadrat des Bauern lautet:
■ *Wenn der König mit seinem Zug das Quadrat des Bauern betritt oder sich bereits in ihm befindet, kann er den gegnerischen Bauern aufhalten. Ist das nicht der Fall, kann sich der Bauer umwandeln.*
Bei der Anwendung der Quadratregel darf man nicht vergessen, daß ein auf seinem Ausgangsfeld stehender Bauer *zwei* Schritte vorziehen kann. In solchen Fällen stelle man sich gedanklich ein Quadrat vor, das sich ein Feld vor dem Bauern befindet.
Versetzen wir zum Beispiel im Diagramm 99 den weißen Bauern vom Feld a3 auf das Feld a2, so würde sein Quadrat nicht das Viereck a2–g2–g8–a8–a2, sondern das vom Feld a3 ausgehende Quadrat sein, also das unmittelbar vor dem Bauern gelegene Feld. Den Bauern a2 könnte der König nur halten, wenn er sich im Quadrat a3–f3–f8–a8–a3 befindet oder es bei seinem Anzug betritt.
Die Regel vom Quadrat des Bauern muß man sich fest einprägen, weil sie auch die Untersuchung anderer Bauernendspiele erleichtert. Es sei an die in der 13. Lektion angeführten Beispiele der gegenseitigen Verteidigung von zwei verbundenen und isolierten Bauern sowie des Zusammenwirkens von Springer und Bauer erinnert, die ebenfalls auf der Regel vom Quadrat beruhen.

In der Spielpraxis ergeben sich mitunter Fälle, wo der König, obwohl er sich im Quadrat des Bauern befindet, diesen nicht erjagen kann (z. B. weil ihn andere Schachsteine behindern). Umgekehrt gelingt es dem nicht im Quadrat befindlichen König mitunter, den Bauern einzuholen (z. B. wenn er durch Drohungen gegen den feindlichen König Zeit gewinnt). Betrachten wir dazu ein Beispiel.

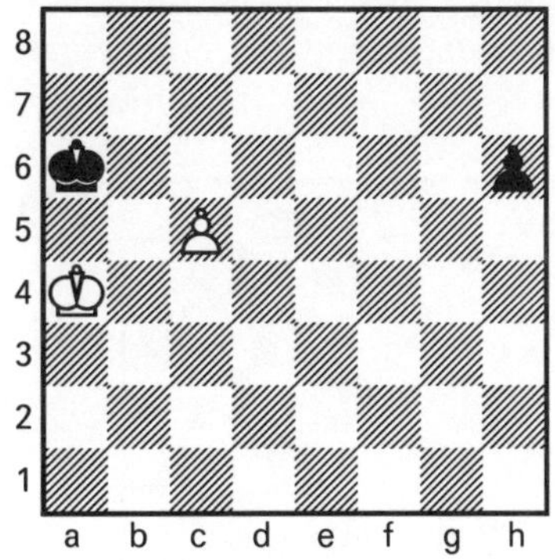

100

Der schwarze König erreicht leicht den weißen Bauern. Doch sein weißer Gegenspieler steht offensichtlich zu weit von dem schwarzen Bauern entfernt. Es wirkt unglaublich, daß es Weiß dennoch gelingt, sich zu retten. Dazu variiert er zwei Drohungen – seinen Bauern zur Dame zu führen und in das Quadrat des gegnerischen Bauern einzufallen:
1.c6 h5 2.♔b4 ♔b6
Falls 2. ... h4, so 3.♔c5 h3 4.♔d6 h2 5.c7, und der weiße Bauer verwandelt sich ebenfalls in eine Dame.
3.♔c4 h4 (3. ... ♔:c6 4.♔d4, und der weiße König ist im Quadrat)
4.♔d5 h3 5.♔d6 h2 6.c7 mit Remis.
Natürlich schmälern solche Fälle nicht die Bedeutung der Regel vom Quadrat des Bauern. Hier wirkten noch weitere Faktoren mit.

Zweite Grundregel

Wir kommen jetzt zu Spielsituationen, in denen sich der König der schwächeren Seite auf dem Weg zum gegnerischen Bauern befindet. In solchen Fällen ist der stärkeren Partei ein Gewinn nur möglich, wenn es ihr gelingt, den gegnerischen König von der Zugstraße des Bauern abzudrängen.
Handelt es sich dabei um einen Randbauern (also einen Bauern auf den Linien a und h), so glückt es nicht, den gegnerischen König zu verdrängen, wenn er sich vor dem Bauern befindet, und die Partie endet remis.

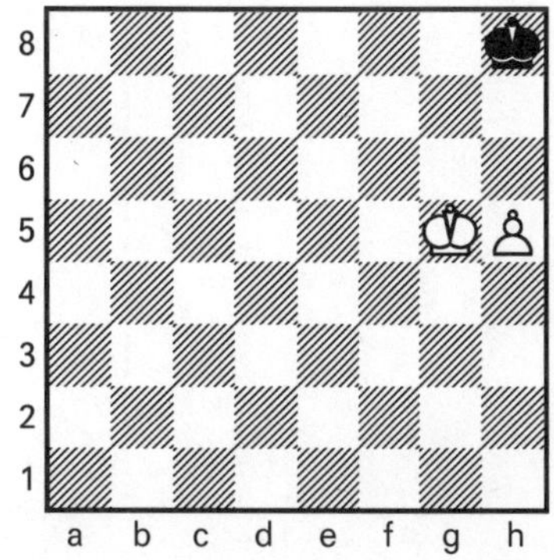

101

Im Diagramm 101 kann Weiß den schwarzen König nicht zum Verlassen des Eckfeldes zwingen, und ein Vorgehen des Bauern bis zum Feld h7 führt zum Patt.
Machen wir uns mit noch zwei wichtigen Stellungen vertraut.

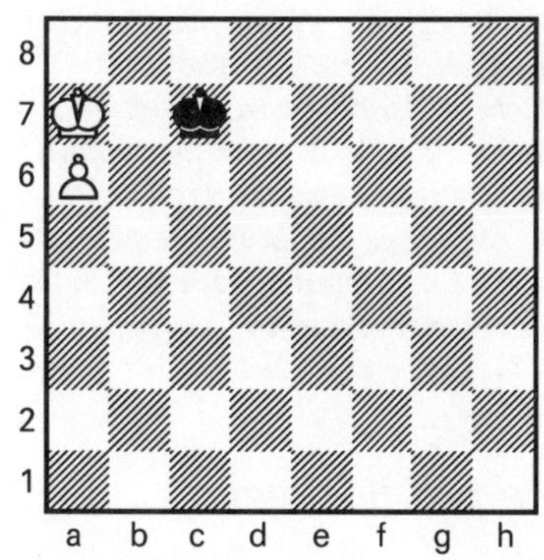

102

Auf dem Diagramm 102 kann Weiß nicht gewinnen, obwohl der schwarze König vom Eckfeld verdrängt ist, zum Beispiel 1.♔a8 ♔c8 2.a7 patt

oder 1. … ♔c8 2.♔b6 ♔b8, und der schwarze König gelangt auf das Eckfeld.
Auch wenn wir diese Stellung um eine Reihe nach oben (Weiß: ♔a8; a7, Schwarz: ♔c8) oder unten (Weiß: ♔a6; a5, Schwarz: ♔c6) verschieben, endet die Partie, unabhängig vom Anzug, mit Remis.

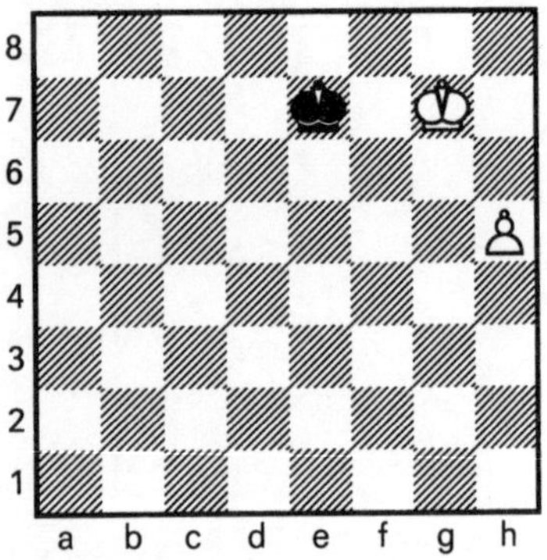

103

Auf dem Diagramm 103 ist eine für derartige Endspiele typische Gewinnstellung gezeigt: Der König der schwächeren Seite ist aus der Ecke verdrängt, und der weiße König hindert seinen Bauern nicht am Vorgehen: Er unterstützt ihn vielmehr dabei. Anhand der untersuchten Beispiele läßt sich als zweite Grundregel für Bauernendspiele formulieren:

■ *Bei einem Turmbauern ist ein Gewinn nicht erreichbar, wenn der feindliche König in der Lage ist, das Eckfeld auf der Zugstraße des Bauern einzunehmen oder den König der stärkeren Seite in der Ecke zu blockieren.*

Dritte Grundregel

Schwierigere Probleme entstehen, wenn sich die Bauern nicht auf den Randlinien befinden. In diesen Fällen kann ein Gewinn erreicht werden, wenn der König, der den Bauern unterstützt, auf die siebente (für Schwarz auf die zweite) Reihe gelangen und dort ein Feld auf den benachbarten Linien einnehmen kann. Solche Felder nennt man *Schlüsselfelder.*

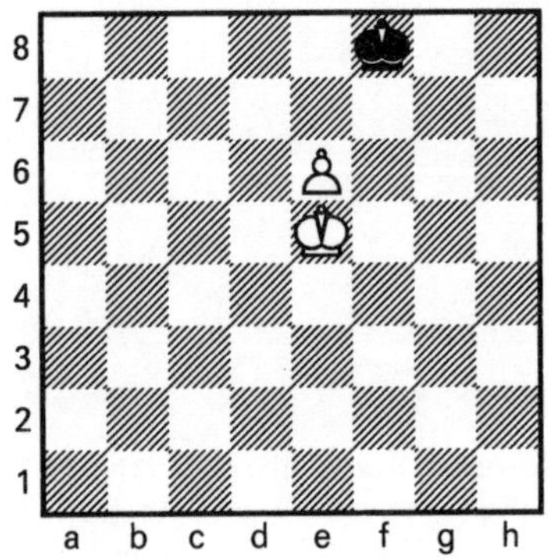

104

Auf der Diagrammstellung 104 sind die Schlüsselfelder d7 und f7. Untersuchen wir die Möglichkeit, eines dieser Felder zu besetzen.
Wenn Weiß zieht, gelingt dies:
1.♔f6
Möglich ist auch 1.♔d6.
1. … ♔e8 2.e7 ♔d7 3.♔f7
Der weiße König hat das Schlüsselfeld f7 eingenommen, was die Umwandlung des Bauern sichert. Beachten wir hierbei, daß der Bauer ohne Schach auf die siebente Reihe gelangte.
Wenn Schwarz zieht, gestaltet sich der Ablauf anders: **1. … ♔e7** (möglich ist auch 1. … ♔e8) **2.♔f5 ♔e8! 3.♔f6 ♔f8 4.e7+ ♔e8 5.♔e6** patt.
Beachten wir, daß das Vorgehen des Bauern auf die siebente Reihe mit Schach zum Remis führte. Angemerkt sei ebenfalls, daß 2. … ♔e8 der einzige Weg zur Rettung ist. Falls 2. … ♔d8 oder 2. … ♔f8, dann folgt 3.♔f6 ♔e8 4.e7 mit Gewinn.
Daraus läßt sich die dritte Grundregel für Bauernendspiele ableiten:

■ *Der Bauer erreicht das Umwandlungsfeld, wenn er ohne Schach zur vorletzten Reihe vordringt; bietet er beim Vorgehen Schach, bleibt ihm das Umwandlungsfeld versperrt.*

Vierte Grundregel

Wie kommt es, daß in den Fällen, wo der Bauer ohne Schach auf die siebente Reihe gelangt, er zur Dame einziehen kann, während sonst die schwächere Seite Remis erreicht? Um diese Frage zu beantworten ist es notwendig, die Marschroute des Bauern näher zu beleuchten.

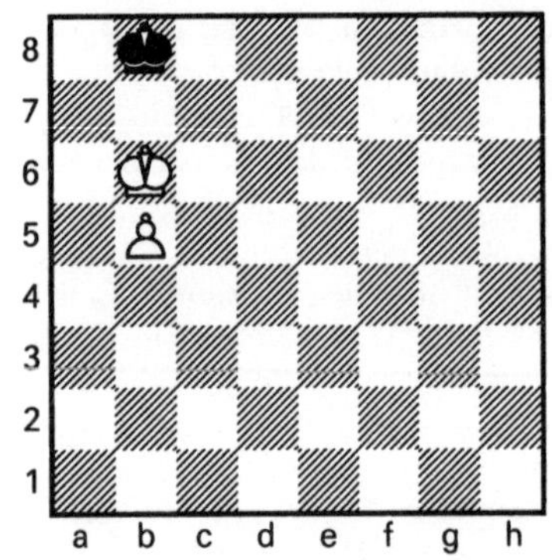

105

In Diagramm 105 gewinnt Weiß unabhängig vom Anzug, zum Beispiel: **1.♔c6 ♔c8 2.b6 ♔b8 3.b7 ♔a7 4.♔c7** oder **1. … ♔c8 2.♔a7** (besetzt das Schlüsselfeld!) **2. … ♔c7 3.b6+** mit Gewinn.
Sehen wir uns die Aufstellung der weißen Figuren aufmerksam an: Der König befindet sich auf der sechsten Reihe, der Bauer dahinter. Dieses Beispiel verdeutlicht die vierte Grundregel für Bauernendspiele:

■ *Wenn sich der König der stärkeren Seite auf der sechsten Reihe (dritten bei Schwarz) vor dem Bauern befindet, ist das Vorgehen des Bauern zum Umwandlungsfeld gesichert, unabhängig davon, wer am Zuge ist.*

Fünfte Grundregel – Opposition

Die Situation verändert sich wesentlich, wenn der vor dem Bauern befindliche König nur die fünfte Reihe (vierte für Schwarz) erreicht hat.

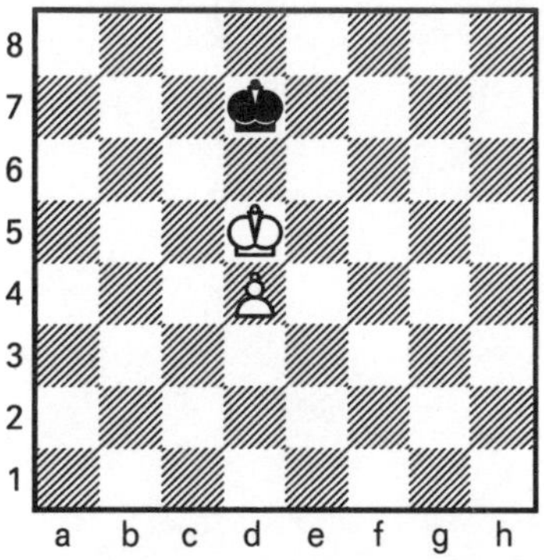

106

Sehen wir uns die Stellung im Diagramm 106 an. Zieht Weiß, erreicht er nur Remis, zum Beispiel:
1.♔e5 ♔e7 2.d5 ♔d7 3.d6 ♔d8!
Der König soll auf der Linie zurückgehen, auf der sich der Bauer befindet.
4.♔e6 ♔e8 5.d7+ ♔d8 6.♔d6 patt.
Wenn Schwarz zieht, erreicht Weiß einen leichten Gewinn:
1. ... ♔e7 2.♔c6 ♔d8 3.♔d6 und weiter nach bereits bekannten Mustern.
Bei einer Analyse dieser Stellung kann man sich davon überzeugen, daß die originelle Gegenüberstellung der Könige (auf d6 und d7) den Ausgang des Kampfes entschied. Die Seite, die zuerst diese Gegenüberstellung verletzte, befand sich in einer unvorteilhaften Lage: Schwarz gab mit seinem Zug 1. ... ♔e7 Felder für das Eindringen des weißen Königs frei; indem Weiß 1.♔e5 spielte, ermöglichte er es Schwarz, alle Wege für das Vordringen des feindlichen Königs unter Kontrolle zu halten.

Die Gegenüberstellung der Könige auf einer Linie, Reihe oder Diagonale mit einem Feld Abstand nennt man *Opposition.* In unserem Falle haben wir es mit der senkrechten oder vertikalen Opposition zu tun.
Bei der Opposition kommt dem Anzug, wie wir schon feststellten, große Bedeutung zu. Wer bei der Gegenüberstellung der Könige seinen König zuerst zieht, der verliert die Opposition. In der Diagrammstellung 106 hat Weiß die Opposition durch seinen Zug 1.♔e5 verloren, die nach 1. ... ♔e7 an Schwarz übergegangen ist.
Auf den Spielausgang in diesem Beispiel bezogen, läßt sich schlußfolgern, daß für den Gewinn nicht nur der Standort des Königs vor dem Bauern, sondern auch der Besitz der Opposition eine Voraussetzung war.

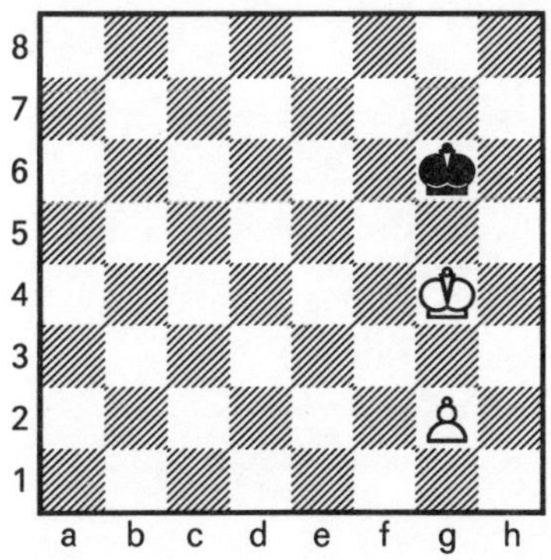

107

Ein analoges Bild läßt sich im Diagramm 107 beobachten. Weiß am Zuge gewinnt dank der Möglichkeit, mittels **1.g3** mit dem Bauern vorzugehen. Dieser Reservezug bringt Weiß in den Besitz der Opposition, denn Schwarz muß die Gegenüberstellung der Könige aufheben. Das Spiel kann danach wie folgt fortgesetzt werden:
1. ... ♔f6 2.♔h5 ♔g7 3.♔g5!
Nur so! Nach 3.g4 ♔h7 geht entweder der Besitz der Opposition verloren (4.♔g5 ♔g7), oder es gelingt Weiß nicht, seinen König vor den Bauern zu postieren (4.g5 ♔g7 5.g6 ♔g8! 6.♔h6 ♔h8 7.g7+ ♔g8 8.♔g6 patt). Die Verletzung einer dieser Bedingungen vergibt den Sieg.
3. ... ♔f7 (oder 3. ... ♔h7 4.♔f6)
4.♔h6 ♔g8 5.g4 ♔h8 6.g5
Der weiße König steht auf der sechsten Reihe, was den Gewinn sichert.
6. ... ♔g8 7.♔g6! ♔h8 8.♔f7 ♔h7 9.g6+ usw.

Als Ergebnis unserer analytischen Betrachtung können wir die fünfte Grundregel für Bauernendspiele formulieren:
■ *Befindet sich der König der stärkeren Seite auf der fünften, vierten oder dritten Reihe (für Schwarz entsprechend auf der vierten, fünften und sechsten), wird der Gewinn erreicht, wenn ihr König vor dem Bauern steht und sie die Opposition besitzt.*

Merke:
■ *In Endspielen mit König und Bauer gegen den alleinigen König muß der König den Bauern hinter sich her führen. Nur der König, der sich vorn befindet, sichert dem Bauern einen siegreichen Vormarsch.*
In den letzten Beispielen haben wir uns mit der senkrechten Opposition vertraut gemacht. Etwas früher (siehe die Diagramme 102 und 103) konnte man auch Stellungen mit einer horizontalen Opposition der Könige sehen. Auch hier wurde der Besitz der Opposition zum entscheidenden Kampfesfaktor.

In der 15. Lektion haben wir behandelt:
- Besonderheiten und Einteilung der Endspiele
- Fünf Grundregeln für Bauernendspiele
- Die Opposition und ihre praktische Bedeutung.

Übungsaufgaben zur 15. Lektion

Aufgabe 102:
Weiß: ♔f6; d2
Schwarz: ♔h7; a6, c4
□ Schwarz zieht und gewinnt.

Aufgabe 103:
Weiß: ♔d4; h3
Schwarz: ♔c6
□ Weiß zieht und gewinnt.

Aufgabe 104:
Weiß: ♔a5; h4, h5
Schwarz: ♔b3; g7
□ Weiß zieht und gewinnt.

Aufgabe 105:
Weiß: ♔d1; d2
Schwarz: ♔d8
□ Weiß zieht und gewinnt.

Aufgabe 106:
Weiß: ♔c7; e4
Schwarz: ♔g7; e6
□ Bestimmen Sie das Spielergebnis bei wechselseitigem Anzug.

Aufgabe 107:
Weiß: ♔e5; f6, g5
Schwarz: ♔f7; g6
□ Scheinbar besitzt Schwarz eine uneinnehmbare Festung. Aber Weiß zieht und gewinnt dennoch.

Aufgabe 108:
Weiß: ♔b7
Schwarz: ♔a4; h7
□ Weiß zieht. Finden Sie heraus, ohne auf das Brett zu sehen, ob Weiß ein Remis erreicht.

Aufgabe 109:
Weiß: ♔g3; f3
Schwarz: ♔f6
□ Bestimmen Sie ohne Ansicht des Brettes das Ergebnis des Kampfes bei wechselseitigem Anzug.

Bauernendspiele

Auch in Endspielen, wo jede Seite *mehrere* Bauern besitzt, leiten uns die fünf Grundregeln, mit denen wir uns in der vorangegangenen Lektion vertraut gemacht haben. Allerdings bringt die größere Anzahl der am Kampf beteiligten Steine für derartige Endspiele Besonderheiten mit sich, die sich in einer Reihe von typischen Spielmethoden äußern.

Freibauern

In Endspielen mit mehreren Bauern sind die Spieler bemüht, einen entfernten Freibauern zu bilden. Dabei kann man meistens nicht ernsthaft hoffen, daß der Bauer selbständig zur Dame einzieht. Man rechnet hauptsächlich damit, daß sein Vorgehen den gegnerischen König vom Hauptkampfplatz ablenkt und man dort Vorteil erlangt.

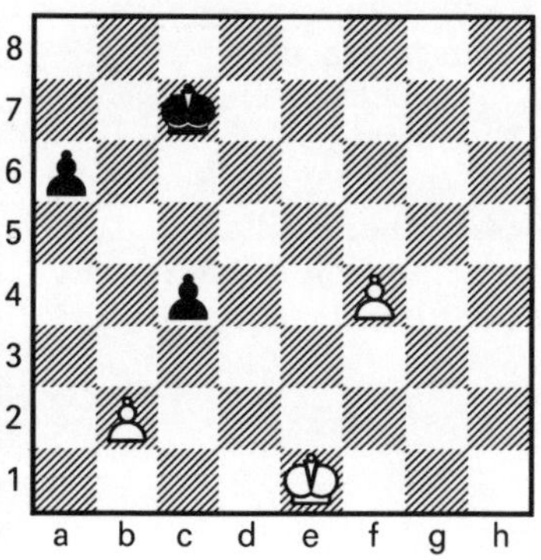

108

In der Stellung auf dem Diagramm 108 ist Weiß am Zuge. Er besitzt den entfernten Freibauern f4, der sich außerhalb des Standortes der übrigen beiderseitigen Kampfeinheiten befindet. Weiß beabsichtigt nicht, diesen Bauern zur Dame zur führen, weil ihn der schwarze König leicht aufhält. Er hat einen anderen Plan: Er möchte mit dem Vormarsch des f-Bauern den gegnerischen König von dem Damenflügel ablenken, wonach sich die Gelegenheit bietet, die beiden schwarzen Bauern zu vernichten. Verfolgen wir die Entwicklung des Geschehens:

1.♔d2!

Für Weiß hat es keinen Sinn, sich um den Bauern f4 zu sorgen, indem er zum Beispiel 1.♔e2 spielt. Der f-Bauer ist als Opfer auserkoren, und es ist wichtig, dafür recht schnell am Damenflügel Kompensation zu erhalten.

1. ... ♔d6 2.♔c3 ♔d5 3.f5! ♔e5 4.♔:c4 ♔:f5 5.♔d4!

Die Pointe des Plans von Weiß! Der Gewinn des Bauern a6 hat Zeit. Vorerst ist es wichtig, die Bewegung des schwarzen Königs einzuengen.

5. ... ♔e6

Falls 5. ... ♔f4, dann gewinnt 6.b4, zum Beispiel 6. ... ♔f3 7.♔c5 ♔e3 8.♔b6 ♔d4 9.♔:a6 usw.

6.♔c5 ♔e5 7.b4! (ein notwendiger Zeitgewinn) **7. ... ♔e6 8.♔b6 ♔d7 9.♔:a6** mit Gewinnstellung.

Nicht zum Erfolg führt das verlokkende 3.♔b4 wegen 3. ... ♔e4 4.♔:c4 ♔:f4 5.♔b4 (5.♔d4 ♔f3!) 5. ... ♔e4 6.♔a5 ♔d4 7.♔:a6 ♔c4 mit Remis.

Seine ablenkende Rolle übt ein Freibauer in der Regel um so besser aus, je weiter er vom Zentrum entfernt ist. Dies verdeutlicht sehr gut das Endspiel der Partie **Lombardy–Fischer, New York 1960.**

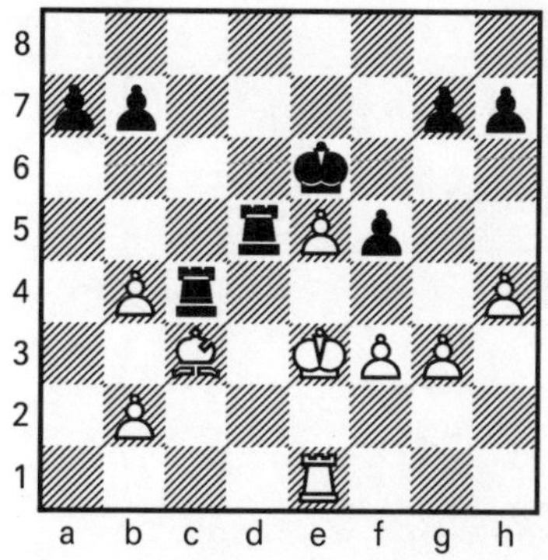

109

Der mit Schwarz spielende amerikanische Großmeister und spätere Weltmeister Fischer (1972–75) entschließt sich zu einem Qualitätsopfer, mit dem er ein vorteilhaftes Bauernendspiel mit einem entfernten Freibauern anstrebt.

Es folgte:

1. ... ♖:c3+ 2.bc ♖:e5+ 3.♔d2 ♖:e1 4.♔:e1 ♔d5 5.♔d2 ♔c4 6.h5 b6 7.♔c2 g5! 8.h6 f4.

Schwarz zieht diesen Bauern ziemlich weit vor, damit nach den am Damenflügel bevorstehenden Abtauschaktionen und dem beabsichtigten

Marsch seines Königs nach f3 der Bauer dem Umwandlungsfeld nahe ist. Eine wichtige technische Feinheit!
In der Partie geschah noch:
9.g4 a5 10.ba ba 11.♔b2 a4 12.♔a3 ♔:c3 13.♔:a4 ♔d4, und Weiß gab auf. Weiterer Widerstand wäre sinnlos, weil Schwarz zwei Züge später den Bauern f3 schlägt, und sein f-Bauer ungehindert zur Dame einzieht.

Merke:

■ *Die Bildung eines entfernten Freibauern stellt ein wichtiges und wirkungsvolles Kampfverfahren im Endspiel dar. Dennoch darf man im Schach die Rolle einzelner Spielmethoden nicht verabsolutieren.*

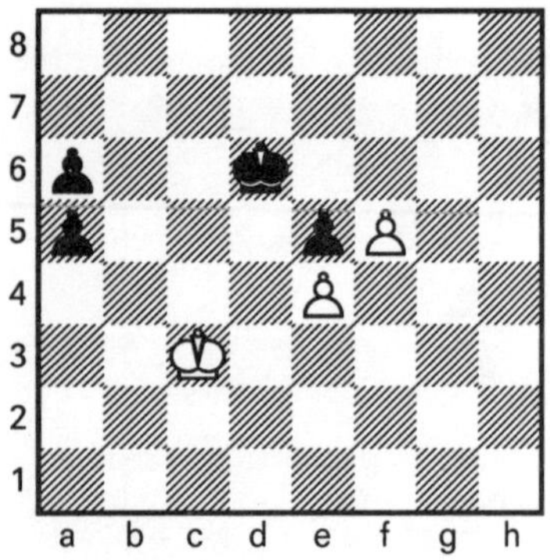

110

Schwarz besitzt zwei entfernte Freibauern, aber dennoch ist seine Stellung aussichtslos. Die weißen Bauern sind nicht aufzuhalten: Wenn der Bauer e4 geschlagen wird, zieht der Bauer f6 zur Dame ein. Weiß nimmt die Bauern auf der a-Linie, und dann begibt sich der König zum Feld e5. Oftmals erweist sich ein gedeckter Freibauer stärker als ein entfernter.

Bauerndurchbruch

Eine der wirksamsten Kampfmethoden im Endspiel stellt der Bauerndurchbruch dar. Zwei Beispiele zu diesem Thema haben wir bereits kennengelernt (siehe Diagramme 48 und 49). Der Durchbruch kann das Opfer eines oder mehrerer Bauern einschließen. Auf diese Weise werden Verteidiger beseitigt oder abgelenkt, die das Vorgehen des Freibauern zum Umwandlungsfeld verhindern.

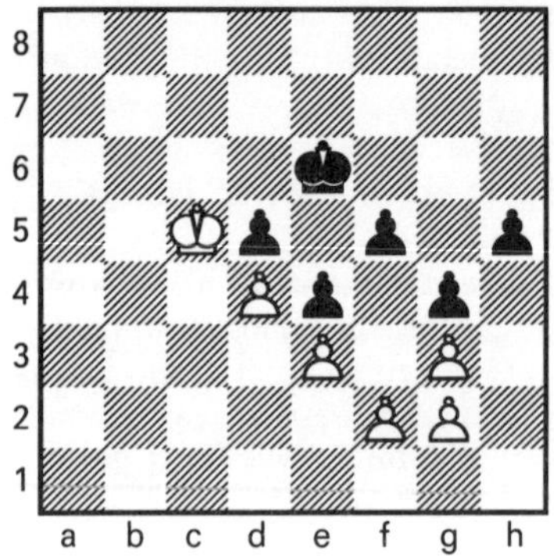

111

Die Diagrammstellung 111 zeigt das Endspiel der Partie **Svačina–Müller, Wien 1931.** Schwarz ist am Zuge.
Er ist scheinbar in einer schwierigen Lage, denn jeder Zug mit dem König führt zu Bauernverlust. Aber unerwartet folgte:
1. ... f4! 2.ef
Falls 2.gf, dann 2. ... h4 nebst 3. ... h3, und der Bauer zieht ungehindert zur Dame ein.
2. ... h4! 3.gh g3 4.fg e3. Eine Kaskade von Opfern schuf die Voraussetzung dafür, daß bald eine schwarze Dame auf dem Brett erscheinen wird. Schön ist auch die hinter den Kulissen gebliebene alternative Variante: 2.♔b4 (anstelle 2.ef) 2. ... h4! 3.gh g3 4.fg f3, und der schwarze Bauer läßt sich nicht aufhalten.

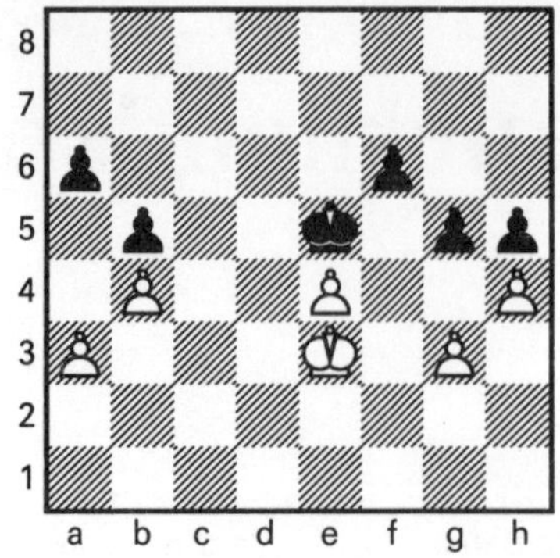

112

Auch in der Diagrammstellung 112 entscheidet Weiß den Kampf mittels eines effektvollen Durchbruchs:
1.g4! hg
Falls 1. ... gh, dann 2.gh h3 3.♔f3 f5 4.h6! ♔f6 5.ef oder 4. ... fe+ 5.♔g3 ♔f6 (5. ... e3 6.h7 e2 7.h8♕+) 6.♔:h3 ♔g6 7.♔g4 ♔:h6 8.♔f4 ♔g6 9.♔:e4 ♔f6 10.♔d4 ♔e6 11.♔c5 ♔d7 12.♔b6 ♔d6 13.♔:a6 ♔c6 14.♔a5 (möglich ist auch 14.a4 ba 15.b5+) 14. ... ♔c7 15.♔:b5 mit Gewinn.
2.h5 ♔e6
Auf 2. ... f5 entscheidet 3.h6 f4+ 4.♔f2 ♔f6 5.e5+.
3.♔f2 ♔f7 4.♔g3 ♔g7 5.♔:g4 ♔h6 6.♔f5 ♔:h5 (oder 6. ... ♔g7 7.e5! fe 8.♔:g5, und Weiß gewinnt dank dem entfernten Freibauern) **7.♔:f6 g4 8.e5 g3 9.e6 g2 10.e7 g1♕ 11.e8♕+ ♔h4 12.♕h8+ ♔g3 13.♕g8+ ♔f2 14.♕:g1+ ♔:g1 15.♔e6**, und Weiß gewinnt, indem er sich den Damenflügelbauern zuwendet.
Wie aus dem Beispiel ersichtlich, diente der Durchbruch dem Ziel, einen entfernten Freibauern zu bilden. Dieser Bauer erfüllte die Aufgabe, den schwarzen König von der Verteidigung der Bauern a6 und b5 abzulenken.

Einengung der Beweglichkeit des Königs

■ *Große Bedeutung im Endspiel und besonders in Bauernendspielen kommt der Stellung des Königs zu.*
Seine Postierung (aktiv, also günstig, oder passiv, folglich ungünstig) entscheidet oft über das Partieergebnis. Deshalb muß man im Verlauf des Endspiels ständig um eine bessere Aktivierung des eigenen Königs kämpfen und versuchen, die Beweglichkeit des gegnerischen Königs einzuengen und ihn vom Hauptkampfort zu verdrängen.

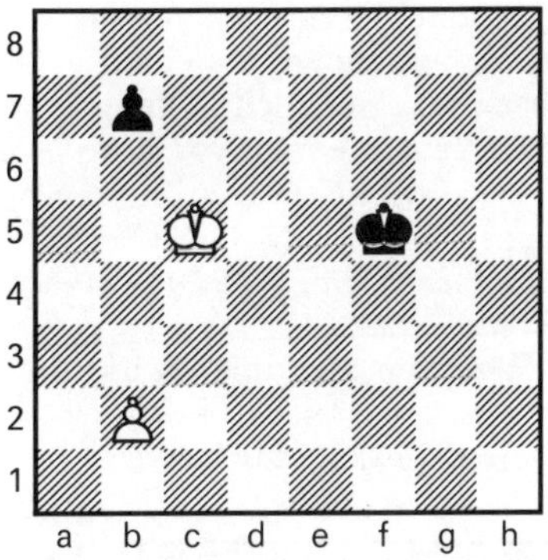

113

Das Diagramm 113 zeigt eine Stellung aus der Partie **Krogius–Schamkowitsch, Leningrad 1955.** Weiß zieht.
Der Ausgang des Kampfes hängt davon ab, ob Weiß den gegnerischen Bauern vernichten und den eigenen erhalten kann. Das geradlinige 1.♔b6 führt wegen 1. ... ♔e4 2.♔:b7 ♔d4 nicht zum Ziel, weil der schwarze König ebenfalls an den weißen Bauern herankommt. Deshalb liegt der Gedanke nahe, zuerst den b-Bauern zu ziehen, aber nach 1.b4 ♔e6! 2.b5 ♔d7 oder 2.♔b6 ♔d5 hat Weiß nichts erreicht, da sich der schwarze König am Ort des Geschehens befindet.
Unsere Darlegungen verhelfen uns zu der richtigen Entscheidung: Es ist notwendig, die Beweglichkeit des schwarzen Königs einzuengen und ihn von der b-Linie zu verdrängen. Jetzt wird leicht das Gewinnmanöver gefunden:
1.♔d5!
Nach diesem Zug befindet sich Schwarz in einer Zugzwangstellung. Auf 1. ... b5 oder 1. ... b6 genügt 2.b4 nebst 3.♔c6. In der Partie folgte:
1. ... ♔f6 2.♔d6! ♔f5 3.b4 ♔e4 4.b5 ♔d4 5.b6.
Schwarz gab auf.

Zugzwang

Zunächst muß der neue Begriff Zugzwang erklärt werden.

Merke:
■ *Zugzwang liegt vor, wenn die Seite, die am Zuge ist, über keinen sinnvollen Zug verfügt und jeder mögliche Zug die eigene Stellung verschlechtert.*

In diesem Buch sind dem Schachfreund schon des öfteren Zugzwangstellungen begegnet. Bei der Gegenüberstellung der Könige brachte zum Beispiel die die Opposition besitzende Seite die andere in Zugzwang. Natürlich ist jeder Spieler bemüht, den Gegner in Zugzwang zu bringen und diesen möglichst bei sich selbst zu vermeiden.
Das Vorhandensein der Opposition bewirkt oftmals einen **beiderseitigen Zugzwang.**

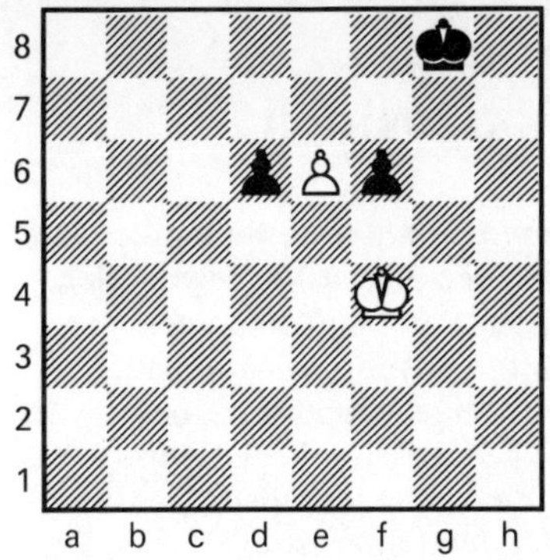

114

In dieser Stellung erreicht Weiß mit dem überraschenden Manöver **1.♔f5 ♔g7 2.e7 ♔f7 3.e8♕+ ♔:e8 4.♔e6!** Zugzwang!
Nach 4. ... ♔d8 5.♔:d6 oder 4. ... ♔f8 5.♔:f6 folgt Remis. Zum Remis führen ebenfalls die Züge 4. ... f5 oder 4. ... d5, zum Beispiel 4. ... f5 5.♔:f5 ♔d7 6.♔e4 ♔c6 7.♔d4, und es ist eine bekannte Remisstellung entstanden.
In der Stellung nach 4.♔e6 hängt alles von der Zugpflicht ab. Das Spiel endete remis, weil Schwarz am Zuge ist.
Müßte Weiß ziehen, dann befände er sich selbst in Zugzwang und würde verlieren, zum Beispiel 4.♔:f6 ♔d7 5.♔f5 ♔c6 6.♔e4 ♔c5 7.♔d3 ♔d5!

Eine Stellung, in der der Anzug für beide Seiten unvorteilhaft ist, nennt man **wechselseitige Zugzwangstellung.** Die Kenntnis von solchen Fällen ist wichtig, da sie vom Spieler eine sorgfältige Berechnung erfordert. Es ist nötig, jeden beabsichtigten Zug aufmerksam zu prüfen.

Nah- und Fernopposition

Die Einengung der Beweglichkeit des gegnerischen Königs ist gewöhnlich mit einem Spiel auf Zugzwang verknüpft, das wiederum zumeist auf dem Besitz der Opposition beruht. In der vorigen Lektion haben wir schon einige Beispiele der Opposition untersucht. Jetzt aber ist es notwendig, unser Wissen darüber zu erweitern. Die Gegenüberstellung der Könige erschöpft sich nicht mit dem Abstand von einem Feld. Vielfach ergibt sich im Spielverlauf die Gegenüberstellung der Könige bei weiterem Abstand. Beträgt der Abstand zwischen den Königen bei der Opposition ein Feld, sprechen wir von einer Nahopposition, bei zwei oder mehr Feldern Abstand von einer Fernopposition.

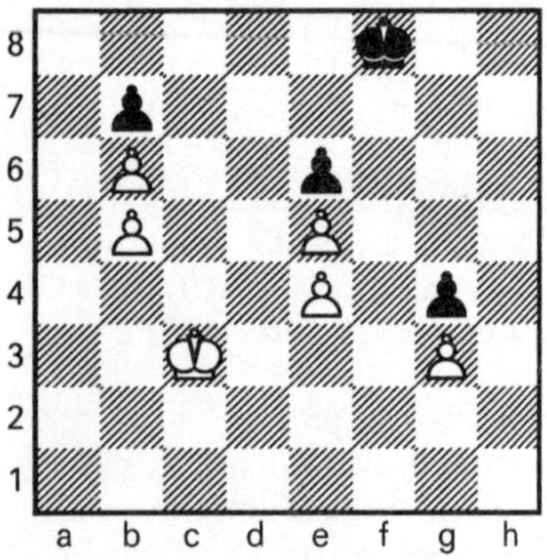

115

In der Diagrammstellung 115 ist Weiß am Zuge.
Um den Gewinn zu erreichen, muß der weiße König über die Felder d6 oder f4 in das gegnerische Lager eindringen. Wie ist das zu verwirklichen? Bei einer Postierung des weißen Königs auf c5 muß der gegnerische König auf e7 stehen (nicht auf d7, weil 1.♔d4 ♔e7 2.♔e3 ♔f7 3.♔f4 folgt, wonach Schwarz seinen Bauern g4 nicht mehr zu verteidigen vermag. Zieht Weiß seinen König nach e3, führt Schwarz den König nach g6, um ♔f4 mit ♔h5 und ♔d4 mit ♔f7 beantworten zu können. (Der schwarze König darf nicht nach g5 wegen 1.♔d4 ♔g6 2.♔c5 ♔f7 3.♔d6, und Weiß ist durchgebrochen.) Bei der Berechnung der Marschrouten der Könige gilt es zu berücksichtigen, daß das Feld c5 dem Feld e7 und das Feld e3 dem Feld g6 entspricht.
Setzen wir unsere Überlegungen fort: Befindet sich der weiße König auf d4, darf sich der schwarze erst auf f7 aufhalten (um auf ♔c5 dann ♔e7 zu spielen, auf ♔e3 aber ♔g6). Steht der weiße König auf d3, ist sein schwarzer Widerpart zum Standort g7 verpflichtet (um ♔d4 mit ♔f7 zu beantworten, auf ♔e3 aber ♔g6 zu erwidern). Wenn sich schließlich der weiße König nach c4 begibt, so bewahrt der gegnerische König nur auf f8 die Fernopposition. In diesem Falle darf er sich nicht auf f7 befinden wegen ♔d4, nicht auf g7 wegen ♔d3, nicht auf e7 wegen ♔c5 usw. Folglich sind trotz des ziemlich leeren Brettes alles Bewegungen der beiden Könige eng miteinander verknüpft. Ein Zug auf ein nicht entsprechendes oder unwirksames Feld – und der Gegner gelangt in den Besitz der Opposition!
Auf diese Weise wird verständlich, daß Weiß **1.♔c4!** spielen muß, weil das Feld c4 dem Feld f8 entspricht. Der schwarze König befindet sich aber bereits auf f8. Er muß einen Zug ausführen und die Opposition aufgeben. Nach **1. ... ♔f7** geschieht **2.♔d4!**
Jetzt wäre Schwarz froh, wenn er einen Zug auslassen könnte, aber dies erlauben die Regeln nicht.
2. ... ♔e7 (oder 2. ... ♔g7 3.♔c5) **3.♔e3 ♔f7 4.♔f4,** und Weiß gewinnt.
Das Spiel von Weiß beruhte auf dem Prinzip, die wirksamen Felder zu besetzen und jedesmal den Gegner in Zugzwang zu bringen, der infolge der Zugpflicht seine Stellung immer mehr verschlechtern mußte.

Dreiecksbewegung des Königs

Wie die vorstehenden Beispiele zeigten, kann die Entsprechung der Felder, ihre Wirksamkeit, vorteilhaft oder unvorteilhaft sein. Um eine für sich günstige Entsprechung zu erreichen, läßt sich in manchen Fällen die sogenannte Dreiecksbewegung des Königs anwenden, die einen Tempogewinn ermöglicht. Dieses Verfahren geht wie folgt vor sich:
■ *Um den Kontrahenten in Zugzwang zu bringen, nutzt der König benachbarte Felder für eine Zugroute in Form eines Dreiecks aus.*
In der folgenden Stellung bewirkt die Anwendung der Dreiecksbewegung sofortigen Zugzwang des Gegners.

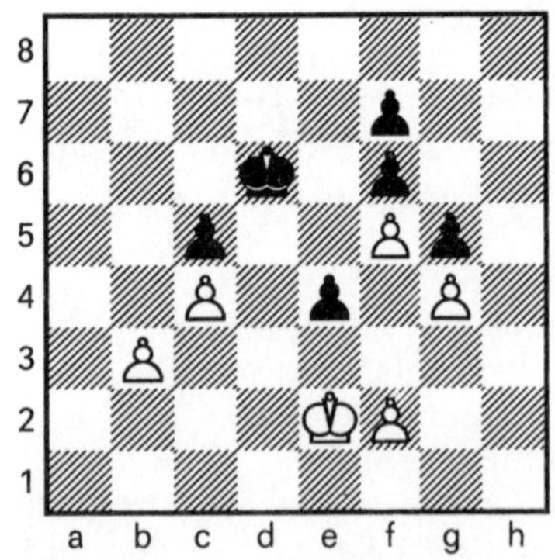

116

Der Kampf wird um den Bauern e4 geführt. Ihn sofort zu gewinnen gelingt nicht. Wenn 1.♔e3, so 1 ... ♔e5. Leicht läßt sich feststellen, daß

die Stellung des weißen Königs auf e3 der des schwarzen Königs auf e5 entspricht; ferner das Feld e2 dem Feld d6, aber für das Feld d2 besitzt Schwarz kein Gegenfeld. Damit haben wir die Lösung:
1.♔d2 ♔e5 2.♔e3, und der Bauer e4 geht verloren.

Zusammenwirken der Spielmethoden

Die Spielmethoden in Bauernendspielen werden gewöhnlich nicht voneinander isoliert angewendet. Sie wirken meist zusammen, und zwischen ihnen bestehen Wechselbeziehungen. Dafür ein Beispiel.

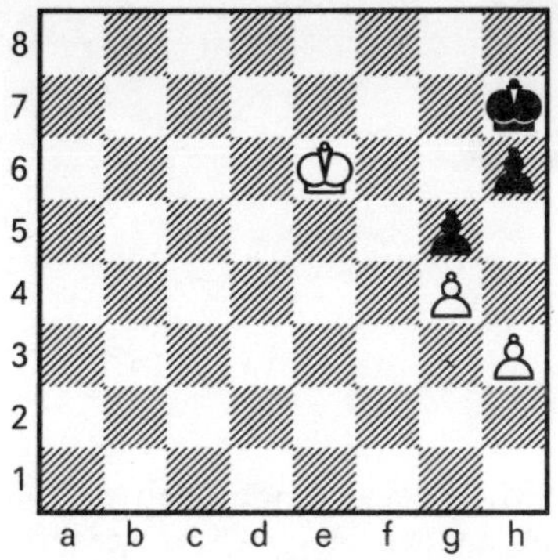

117

Weiß gewinnt auf elegante Weise durch die Einengung der Beweglichkeit des gegnerischen Königs *und* einen Bauerndurchbruch:
1.♔f7 h5 (sonst gehen beide Bauern verloren) **2.h4!**
Fehlerhaft ist 2.♔f6? wegen 2. … hg 3.hg ♔h6 4.♔f5 ♔h7! 5.♔:g5 ♔g7 mit Remis.
2. … ♔h6 3.♔f6 gh 4.g5+ ♔h7 5.♔f7 h3 6.g6+ mit Gewinn.

In der 16. Lektion haben wir behandelt:

- Typische Spielmethoden für Bauernendspiele mit mehreren Bauern
- Freibauern
- Bauerndurchbruch
- Einengung der Beweglichkeit des Königs
- Zugzwang
- Nah- und Fernopposition
- Dreiecksbewegung des Königs
- Zusammenwirken der Spielmethoden.

Übungsaufgaben zur 16. Lektion

Aufgabe 110:
Weiß: ♔c2; a2, c3
Schwarz: ♔c4; h6, h7
☐ Weiß zieht. Mit welchem Ergebnis muß die Partie enden?

Aufgabe 111:
Weiß: ♔e2; a4, c3
Schwarz: ♔e4; a5, f6
☐ Schwarz zieht und gewinnt.

Aufgabe 112:
Weiß: ♔e4; g2, h4
Schwarz: ♔f7; a5, f6
☐ Schwarz zieht und gewinnt.

Aufgabe 113:
Weiß: ♔c2; f5, g5, h5
Schwarz: ♔e5; g7, h7
☐ Weiß zieht. Wie würden Sie spielen?

Aufgabe 114:
Weiß: ♔f3; a4, b4, d5, e4, f2, h2
Schwarz: ♔g5; b6, b7, c7, e5, g6, h4
☐ Weiß zieht und gewinnt.

Aufgabe 115:
Weiß: ♔e1; a2, b2, f2, g2, h2
Schwarz: ♔e8; a7, f7, g7, h7
☐ Weiß zieht. Stellen Sie einen Plan zur Realisierung des materiellen Vorteils auf.

Aufgabe 116:
Weiß: ♔d3; a3, b2, e4, e5
Schwarz: ♔d7; a4, b5, f4
☐ Weiß zieht und gewinnt.

Springerendspiele

Besonderheiten und Kampfmethoden in Springerendspielen

Der Springer steht hinsichtlich seiner Schnelligkeit der Bewegung hinter Dame, Turm und Läufer bedeutend zurück. Deshalb ist es für den Springer schwierig, an einem Kampf teilzunehmen, der auf voneinander entfernten Brettabschnitten geführt wird. Er braucht einige Züge, um zur anderen Flanke zu gelangen.
Diese Eigenschaft des Springers wirkt sich in Springerendspielen aus, für die folgende grundlegende Besonderheiten gelten:

■ 1. Die Springer können am wirkungsvollsten im Kampf auf *einem* Flügel sowie in Stellungen mit blokkierten Bauern und Bauernketten ausgenutzt werden.

■ 2. Springer sind ziemlich unwirksam im Kampf gegen Freibauern, besonders wenn es sich um entfernte handelt. Beim Aufhalten eines Freibauern ist der Springer an ihn gekettet; er kann sich nur an andere Brettabschnitte begeben, nachdem ihn der König abgelöst hat.

Die 2. Besonderheit unterstreicht die große Bedeutung eines entfernten Freibauern im Springerendspiel. Dieser Bauer braucht nicht verteidigt zu werden, weil ein Springer nicht in der Lage ist, ihn zu gewinnen.

Hinsichtlich der anzuwendenden Kampfmethoden ähneln Springerendspiele in vielem den Bauernendspielen. Außergewöhnlich wichtig ist die Rolle des entfernten Freibauern und der Opposition. Auch die Verfahren, um einen Materialvorteil zu realisieren, ähneln sich. Der Gewinnplan beinhaltet zumeist die Bildung eines Freibauern. Wenn der feindliche König zu diesem Brettabschnitt eilt, so wird seine Ablenkung für einen Angriff auf die schutzlos gebliebenen Bauern ausgenutzt.
Wenden wir uns nun Beispielen aus der Schachpraxis zu.

Nur eine Seite besitzt einen Springer

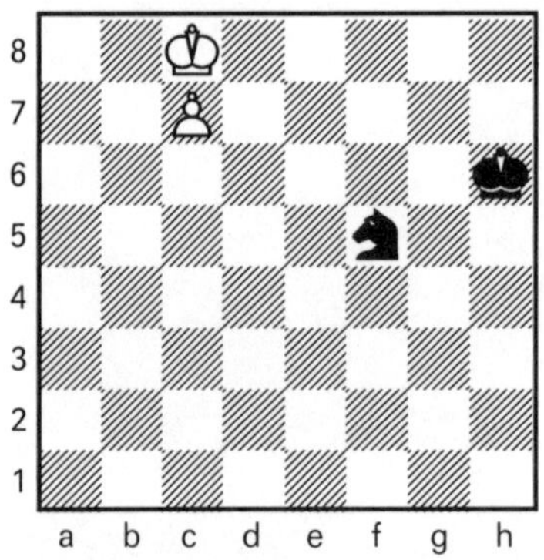

118

In der Diagrammstellung 118 ist Schwarz am Zuge.

Es gelingt dem Springer, den weißen Bauern zu halten. Richtig ist jedoch nur **1. ... ♘e7+.**
Es verliert 1. ... ♘d6+ wegen 2.♔d7 ♘c4 3.♔c6 ♘e5+ 4.♔b5!
Nach **2.♔d8** (2.♔d7 ♘d5 3.c8♕ ♘b6+ oder 3.♔c6 ♘e7+) **2. ... ♘c6+ 3.♔d7 ♘a7** ist das Spiel Remis.

In der folgenden Stellung, bei der es sich um eine Studie des tschechoslowakischen Problemisten Prokop handelt, steht Schwarz vor einer schwierigen Aufgabe.

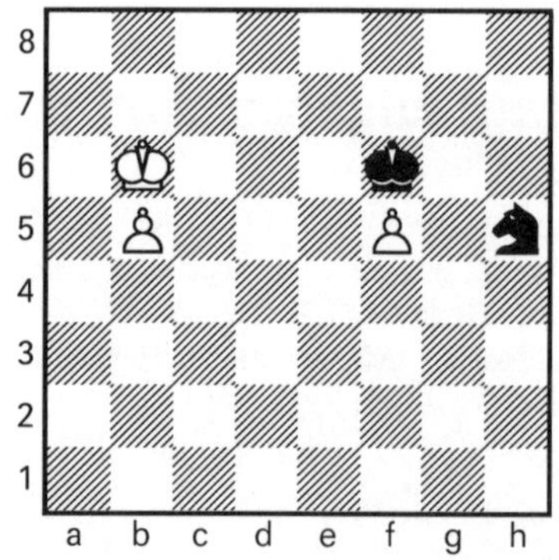

119

Hier besitzt Weiß sogar zwei Bauern. Aber die Hauptaufgabe von Schwarz ist es, den b-Bauern zu halten. Deshalb strebt der Springer nach dem Feld d7:
1.♔c6 ♔e7 Das Feld d7 muß Schwarz unter Kontrolle nehmen. Deshalb beeilt er sich nicht, den f-Bauern zu schlagen.
2.b6 ♘f6 3.b7 ♘d7

Scheinbar ist bei Schwarz alles in Ordnung. Auf 4.♔c7 folgt 4. ... ♘c5; gleichzeitig beabsichtigt Schwarz, ♘b8+ zu spielen mit offensichtlichem Remis. Es folgte aber:

4.f6+! ♔e6 5.f7 ♔e7

Es hilft nicht 5. ... ♘b8+ 6.♔c7 ♘a6+ 7.♔b6, denn gegen die zwei Drohungen (8.♔:a6 und 8.f8♕) hat Schwarz keine Verteidigung.

6.f8♕+, und Weiß gewinnt.

Angemerkt sei, daß das scheinbar gleichwertige 1.♔c7 nichts einbringt wegen 1. ... ♘f4! 2.♔d6 ♘d3 3.b6 ♘b4 4.b7 ♘a6 mit Remis.

Beide Seiten besitzen einen Springer

Die Schwierigkeiten des Kampfes gegen Freibauern verdeutlicht gut das Endspiel der Partie **Wolf–Balogh, Ungarn 1930.**

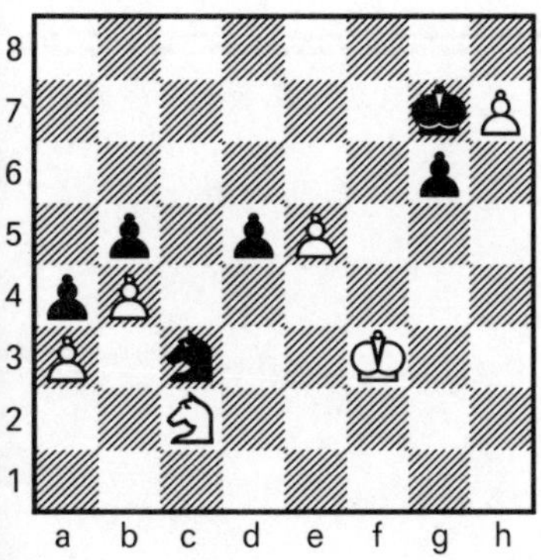

120

Schwarz gewinnt den h-Bauern, aber dank der weitentfernten Stellung des Königs gelingt es Weiß, einen noch weit gefährlicheren Freibauern am Damenflügel zu bilden. In der Diagrammstellung 120 folgte:

1.e6 ♘e4 2.e7 ♘d6 3.♘d4 ♔:h7 4.♘:b5! ♘e8 5.♘c7!

Noch ein Opfer, das Schwarz annehmen muß, weil er über keine anderen überzeugenden Fortsetzungen verfügt. Fehlerhaft wäre für Weiß 5.♘d6? wegen 5. ... ♘:d6 6.b5 ♔g7 7.b6 ♔f7, und nun gewinnt bereits Schwarz.

5. ... ♘:c7 6.b5 ♔g7 7.b6 ♘e8 8.b7, und der Bauer erreicht das Umwandlungsfeld.

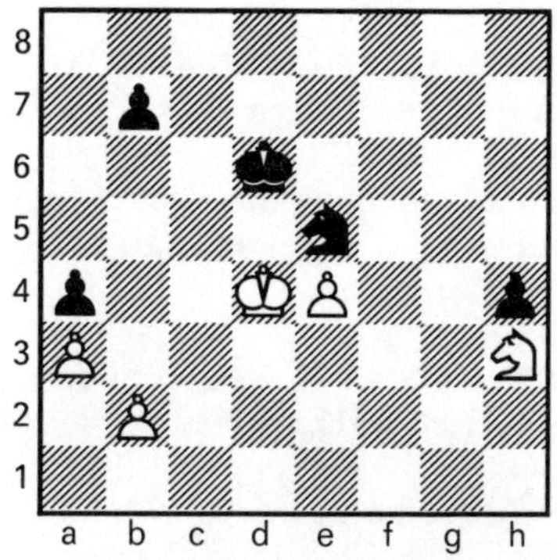

121

Die Diagrammstellung 121 kam in der Partie **Lasker–Nimzowitsch, Zürich 1934,** vor. Schwarz ist am Zuge. Die Stellung von Schwarz verdient den Vorzug, denn er besitzt einen entfernten Freibauern. Jedoch ist ein konkreter Plan zur Realisierung des Vorteils notwendig. Naheliegend erscheint, den schwarzen König zu aktivieren, ihn näher an die weißen Bauern heranzuführen. Aber dabei darf der weiße König nicht zu den eigenen Bauern am Damenflügel durchgelassen werden, da in diesem Falle Weiß seinen Springer für den schwarzen h-Bauern gibt, wonach Schwarz nicht mehr gewinnen kann. Deshalb nahm Nimzowitsch sowohl von 1. ... ♘c6+ 2.♔c4 ♔e5 wegen 3.♔b5 als auch von 1. ... b5 wegen 2.♘f4 ♘c6+ 3.♔c3 ♔c5 (3. ... ♔e5 4.♘g6+) 4.♘e6+ Abstand, denn ihm gelingt kein Durchbruch.

Offenbar erschien Schwarz die letzte Variante dennoch am aussichtsreichsten, und er entschied sich für sie, allerdings mit einem stärkeren Einleitungszug. Es folgte:

1. ... b6!

Manchmal geht es schneller, wenn man sich langsamer bewegt! Der Grund besteht hier darin, daß sich sinnvolle Züge von Weiß mit dem Springer erschöpfen. Schwarz muß deshalb abwarten, wie der Gegner in der passiven Stellung reagiert.

2.♘f4 b5 3.♘h3 ♘c6+ 4.♔e3

Falls 4.♔c3, so 4. ... ♔e5. Weiß wählt das kleinere Übel.

4. ... ♔c5 5.♔d3 b4 6.ab+ ♔:b4 7.♔c2

Andernfalls folgt 7. ... ♔b3 mit Gewinn des b-Bauern.

7. ... ♘d4+ 8.♔b1 (8.♔d3 ♘e6 9.♔c2 ♔c4, und der Bauer e4 geht verloren) **8. ... ♘e6 9.♔a2 ♔c4!**

Eine Korrektur des Planes. Die Entfernung des weißen Königs ausnutzend, strebt Schwarz zum Königsflügel, um den h-Bauern zur Dame zu führen. Weiß bietet sich nun nicht die Möglichkeit, den Springer für den h-Bauern zu opfern.

10.♔a3 ♔d4 11.♔:a4 ♔:e4 12.b4 ♔f3 13.b5 ♔g2

Weiß gab auf. Wie leicht ersichtlich, verliert Weiß nach 14.b6 ♔:h3 15.b7 (15.♔b4 ♘d8) 15. ... ♘c5+ oder 14.♘g5 ♘:g5 15.b6 ♘e6.

Wir empfehlen, dieses Endspiel aufmerksam zu analysieren und zu versuchen, sich in alle möglichen Fortsetzungen zu vertiefen. Finden Sie zum Beispiel heraus, ob Weiß 3.♔c3 anstelle von 3.♘h3 spielen konnte. Es ist nützlich, die Varianten der Analyse aufzuschreiben.

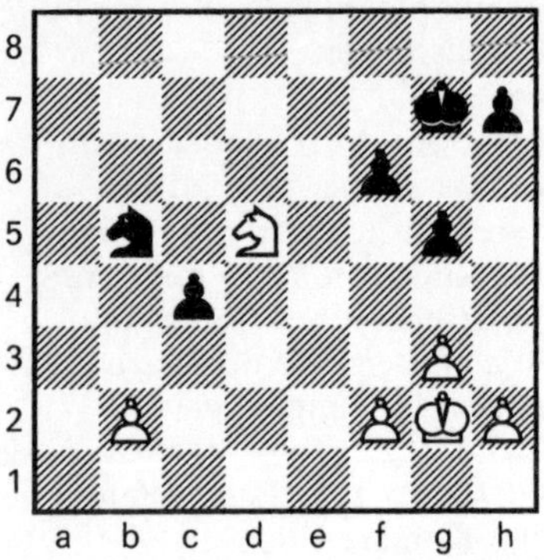

122

Vor uns haben wir eine Stellung aus der Partie **Nimzowitsch–Sämisch, Kopenhagen 1923.** Weiß ist am Zuge.
Keine Seite besitzt Freibauern, aber die Stellung von Weiß verdient den Vorzug, denn sein König gelangt schneller zum Zentrum und kann den schwarzen Bauern c4 angreifen.
In der Partie folgte:
1.♔f3 ♔f7 2.♘c3 ♘d4+
Im Falle von 2. ... ♘:c3 3.bc ♔e6 4.♔e4 g4 5.♔d4 ♔f5 6.♔d5! (vermeidet unnötige Verschärfungen nach 6.♔:c4 ♔e4 7.♔b3 ♔f3) 6. ... h6 7.♔d4 h5 8.♔d5 ♔g6 9.♔:c4 gewinnt Weiß.
3.♔e4 ♘b3 4.♔d5 ♘d2 5.h3!
Verhindert das Manöver g5–g4 mit einem eventuellen Springerangriff auf den Bauern h2.
5. ... f5 6.♘d1 ♔f6 (oder 6. ... f4 7.gf gf 8.♔e5 f3 9.♔f4 ♔f6 10.♔e3 mit Gewinn des Bauern f3) **7.♘e3 ♘e4 8.♘:c4 ♘:f2**
Die aktivere Stellung des Königs trug Früchte – Weiß hat einen starken Freibauern erhalten.
9.b4 ♔e7
Im Falle von 9. ... ♘:h3 entschied 10.b5 f4 11.b6 fg 12.♘e3 ♘f4+ 13.♔d6.
10.b5 ♔d7 (oder 10. ... ♘:h3 11.b6 ♔d7 12.♘e5+ ♔c8 13.♔c6 mit nachfolgendem 14.b7+ nebst 15.♘d7+) **11.b6 ♘e4 12.♘e5+ ♔c8 13.♔c6 ♘f6** (um sich nach 14.b7+ gegen die Drohung ♘d7+ zu schützen) **14.♘d3** (mit der Absicht 15.♘c5, 16.b7+ und 17.♘a6+)
14. ... ♘d7 15.b7+ ♔d8 16.♔d6 ♘b8 17.♘b4 ♘d7 18.♘c6+ ♔e8 19.♔c7.
Schwarz gab auf, denn falls 19. ... f4, dann 20.gf gf 21.♘e5.

In der 17. Lektion haben wir behandelt:

- Besonderheiten und Kampfmethoden der Springerendspiele
- Nur eine Seite besitzt einen Springer
- Beide Seiten besitzen einen Springer.

Übungsaufgaben zur 17. Lektion

Aufgabe 117:
Weiß: ♔e7; a4
Schwarz: ♔g1, ♘g5
□ Weiß zieht und gewinnt.

Aufgabe 118:
Weiß: ♔b1, ♘c6; a6
Schwarz: ♔b6
□ Weiß zieht. Wie würden Sie spielen?

Aufgabe 119:
Weiß: ♔a2, ♘e5; e4, g6
Schwarz: ♔b6, ♘f6; a4, e6
□ Weiß zieht und gewinnt.

Aufgabe 120:
Weiß: ♔e2, ♖a6; a5, b4, f3, g2, h2
Schwarz: ♔e7, ♗b6, ♘c7; a7, e5, f7, g7, h7
□ Weiß zieht. Er gewinnt, indem er den Bauern zur Dame führt.

18. LEKTION

Läuferendspiele

Wir müssen zwischen Endspielen unterscheiden, in denen beide Seiten einen Läufer der gleichen Farbe haben, und Endspielen, in denen die Läufer beider Spieler auf ungleichen Felderfarben agieren.
In allen Arten der Läuferendspiele stellen Faktoren wie Stellung der Könige, Vorhandensein von Freibauern (besonders entfernte) und die Weitwirkung der Läufer wichtige Kampfmittel dar. Darüber hinaus kommt in Endspielen mit gleichfarbigen Läufern der Bauernkonstellation große Bedeutung zu.
Wenn Bauern einer Seite auf Feldern der gleichen Farbe stehen, wie ihr Läufer zieht, so ist das in den meisten Fällen ein Nachteil. Ein Läufer büßt in solchen Situationen seine Beweglichkeit beträchtlich ein – die eigenen Bauern stören ihn. Dadurch erhält der gegnerische König die Möglichkeit, auf den Feldern der anderen Farbe einzudringen, da sie nur vom König geschützt werden können. Einen Läufer, der durch eigene Bauern in seinen Aktionen eingeengt wird, nennt man einen *schlechten* Läufer.
■ Mancher Schacheinsteiger mag glauben, daß die Bauern auf Feldern von der Farbe des eigenen Läufers sicherer zu verteidigen sind. Vor solchen Auffassungen sei gewarnt. Meistens wird durch diese Konstellation das Zusammenwirken der Streitkräfte gestört. Durch eine solche Überschneidung entzieht sich fast die Hälfte der Felder der Einwirkung der eigenen Figuren.

Läufer gegen Bauern

Zuerst untersuchen wir die Stellungen, in denen der Läufer gegen Bauern kämpft und sich auf dem Brett eine verhältnismäßig geringe Anzahl von Figuren befindet.

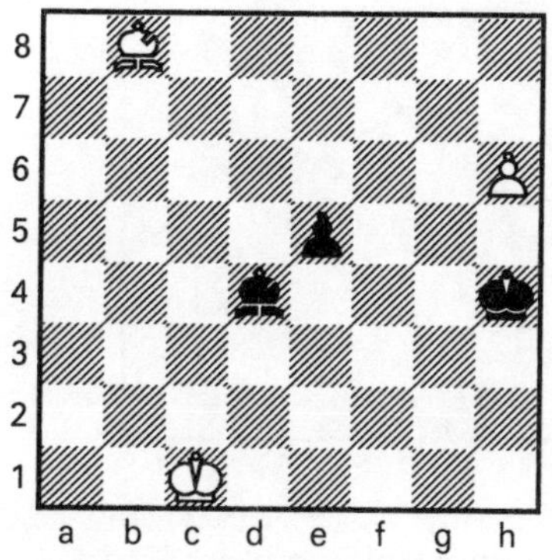

123

Das Diagramm 123 zeigt **eine Studie von Heuäcker.** Weiß zieht und gewinnt.
Bevor wir uns mit der Analyse dieser Stellung beschäftigen, wollen wir uns mit dem neuen Begriff **Studie** bekannt machen.
Die Schachkomposition stellt ein sehr interessantes und reizvolles Gebiet des Schachschaffens dar. Schachaufgaben und Schachstudien sind die zwei verbreitetsten Gebiete der Schachkomposition. Aufgaben sind kunstvoll erdachte Schachstellungen, in denen der König in einer bestimmten Zügezahl (gewöhnlich 2 bis 4) matt gesetzt werden muß.
In Studien (auch das sind kunstvoll erdachte Stellungen) ist die Zügezahl für die Erfüllung der Aufgabe (Gewinn oder Remis) nicht festgelegt.
Das Lösen von Aufgaben und Studien entwickelt beim Schachspieler ein ausgeprägtes Stellungsgefühl, schult die Phantasie, lehrt überraschende Züge zu finden und nicht schematisch zu denken.
■ *Für den Schachpraktiker ist es besonders nützlich, sich mit Studien zu beschäftigen, die spielpraktischen Charakter tragen und die Behandlung des Endspiels veranschaulichen.*
Oft verdeutlichen Studien in klarer, schöner und origineller Form wichtige Kampfmethoden des Endspiels.
In Diagramm 123 kann Weiß auf einen Gewinn offensichtlich nur hoffen, wenn der h-Bauer zur Dame einzieht. Auf den ersten Blick erscheint diese Aufgabe nicht lösbar, denn auf 1.h7 folgt 1. … e4, und der Bauer wird gehalten. Doch wir haben gesagt, daß Bauern, die sich auf Feldern der Farbe des eigenen Läufers befinden, dessen Beweglichkeit ein-

schränken. Auf der Ausnutzung dieses Umstandes beruht die Idee von Weiß.
Die Lösung der Studie ist folgendermaßen:
1.♗a7 ♗a1
Schwarz darf das Opfer nicht annehmen, weil nach 1. … ♗:a7 2.h7 der Bauer ungehindert zur Dame avanciert.
2.♔b1 ♗c3 3.♔c2 ♗a1
Scheinbar sind die Anstrengungen von Weiß vergeblich, aber –
4.♗d4!!
Ein elegantes Opfer, das es Weiß ermöglicht, Schwarz im Zentrum zu blockieren und dadurch dem eigenen „Fußgänger" den siegreichen Vormarsch sichert.
4. … ♗:d4
Falls 4. … ed, dann 5.♔d3, und der Läufer sitzt in der Falle.
5.♔d3 ♗b2
Der Läufer muß wieder einem Schlag ausweichen.
6.♔e4!
Die Partie ist beendet. Der „schlechte" Läufer ist ins Abseits geraten, und der weiße Bauer hat freie Bahn.

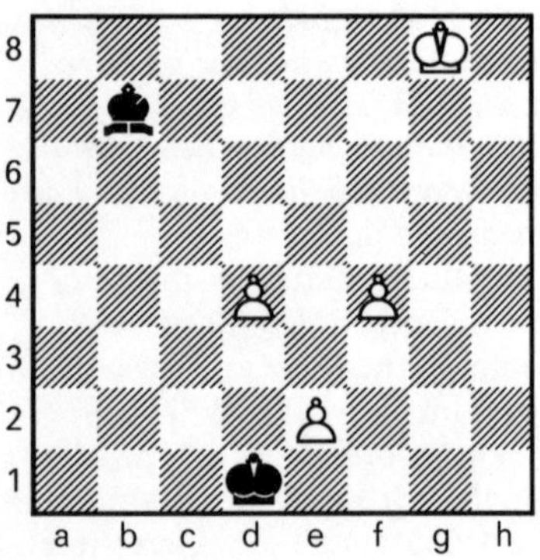

124

In dieser **Studie von dem italienischen Meister Paoli** ist der Läufer von Schwarz nicht in seinen Zugmöglichkeiten eingeengt, aber sein König steht weit entfernt. Der gegnerische König ist in der Lage, seinen Bauern beim Vorgehen zu helfen:
1.e4!
Unzureichend wäre 1.f5 wegen 1. … ♔:e2 2.f6 ♔e3 3.f7 ♗d5 4.♔g7 ♗:f7 mit Remis.
1. … ♗:e4 2.♔f7 ♔e2 3.♔e6 ♔e3 4.♔e5!
Schwarz befindet sich nun in Zugzwang. Auf 4. … ♔d3 oder einem Läuferabzug auf der Diagonale b1–h7 entscheidet 5.d5, und im Falle von 4. … ♔f3 (oder eines Läuferabzuges auf der Diagonale a8–h1) gewinnt 5.f5.

Läufer und Bauer gegen Läufer

Wichtige praktische Bedeutung besitzt das folgende Beispiel.

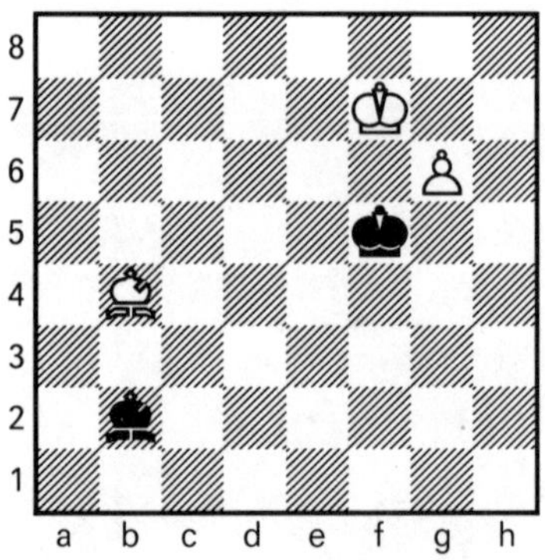

125

Der Gewinnplan ist mit der Vertreibung des schwarzen Läufers von der Kontrolle über das Feld g7 verknüpft. Folgende Spielfortsetzung bietet sich an:
1.♗f8 ♗d4 2.♗g7 ♗e3 3.♗c3 ♗h6 4.♗d2!
Ablenkung des Läufers vom Feld g7.
4. … ♗f8 5.♗c1!
Ein wichtiger Zwischenzug. Schwarz befindet sich in Zugzwang und muß entweder mit dem König ziehen, was zum Läuferverlust führt oder den Läufer retten, wonach der Bauer nach g7 geht.
Versetzen wir jedoch Könige und Bauer um eine Linie in Richtung Zentrum.

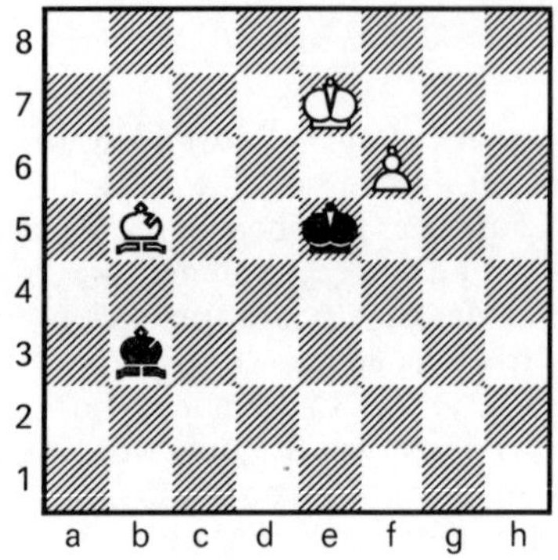

126

Jetzt ist kein Gewinn zu erreichen, zum Beispiel:
1.♗e8 ♗c4 2.♗f7 ♗e2 3.♗b3 ♗h5.
Weiß kann den schwarzen Läufer nur von den Diagonalen a2–g8 und e8–h5 verdrängen, wenn das Feld f7 auf der Marschroute seines Bauern besetzt ist. (Wenn der schwarze Läufer auf h5 steht und Weiß ♗e8 spielt, so nimmt Schwarz nach dem Läufertausch den Bauern f6. Dies verdeutlicht, daß sich in solchen Stellungen der König der schwächeren Partei entsprechend nahe am Bauern befinden muß.) Sobald aber der Läufer das Feld f7 verläßt, besetzt der schwarze Läufer eine dieser Diagonalen.
Ein Vergleich der letzten beiden Beispiele lehrt, daß im ersten Fall dem Läufer der schwächeren Partei kein Feld auf der kurzen Diagonale (die Felder g7 und f8 sind vom König angegriffen, h6 vom Läufer) zur Verfügung steht, was Zugzwang bedingt.
In der zweiten Stellung ist dem Läufer auf der kurzen Diagonale (e8–h5)

ein Feld verblieben, das nicht vom Gegner angegriffen wird. So erwidert Schwarz auf 4.♗d1 nun 4. … ♗g6. Dieser Umstand bewirkt den Remisausgang.

Für solche Stellungen gilt als Regel:

■ *Die schwächere Partei erreicht nur Remis, wenn auf der Diagonale, von der aus ihr Läufer den Bauern kontrolliert, mindestens drei Felder vorhanden sind, das Standfeld des Läufers nicht mitgerechnet.*

Läufer und zwei Bauern gegen Läufer

Bei gleichfarbigen Läufern mit zwei Mehrbauern wird der Gewinn gewöhnlich auf einfache Weise erzielt. Dagegen erweist sich, wenn ungleichfarbige Läufer auf dem Brett stehen, die Verwertung eines Vorteils von zwei Bauern häufig als unmöglich.

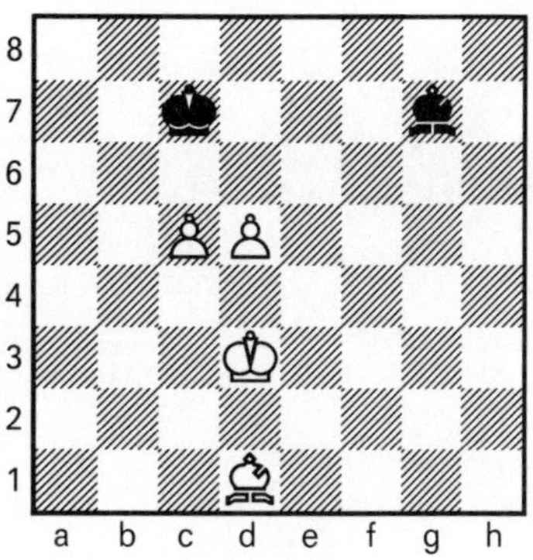

127

In der Diagrammstellung 127 bilden die weißen Bauern eine Phalanx, eine der gefährlichsten Situationen für den Verteidiger. Befände sich der c-Bauer auf c6, würde Schwarz ohne Schwierigkeiten Remis erreichen, indem er seinen Läufer auf der Diagonale a3–f8 bewegt. Doch jetzt sichert nur ein einziges Verfahren das Remis:

1. … ♗f8!

Der Läufer greift einen der feindlichen Bauern von vorn an, wodurch der gegnerische König gebunden wird.

Nach **2.♔c4 ♗e7 3.♔b5 ♗f8** ist das Remis offensichtlich, weil auf **4.d6+** nun **4. … ♗:d6** folgt.

Die andere Verteidigungsmethode, wo der Läufer den Zug d5–d6 verhindert und sich seitlich postiert (oder auch dahinter), verliert: 1. … ♗e5. In diesem Fall ist der weiße König von der Sorge um den Bauern c5 befreit. Er kann deshalb das Feld e6 anstreben, um den d-Bauern beim Vorgehen zu unterstützen, zum Beispiel 2.♗a4! ♗h2 3.♔e4 ♗g3 (3. … ♗g1 4.d6+ ♔d8 5.c6 oder 5.♔d5) 4.♔f5 ♗h2 5.♔e6 ♗f4 6.d6+ ♔d8 7.c6 ♔c8 8.c7 mit der Folge 9.♗d7+ und 10.c8♕+.

Läuferendspiele mit vielen Bauern

Machen wir uns nunmehr mit Läuferendspielen vertraut, in denen beide Seiten mehrere Bauern besitzen. Sind auf dem Brett Freibauern vorhanden, ist, wie auch in Bauernendspielen, ein **entfernter** Freibauer stärker.

Eine besondere Rolle spielt ein entfernter Freibauer in Endspielen mit gleichfarbigen Läufern. In der Diagrammstellung 128 aus der Partie **Roisman–Sliwa, Krakow 1958,** sind die Chancen von Schwarz besser, weil der weiße d-Bauer vom König gestoppt wird. Der Plan von Schwarz erinnert an die Kampfmethode in Bauernendspielen mit einem entfernten Freibauern – sein Vorgehen

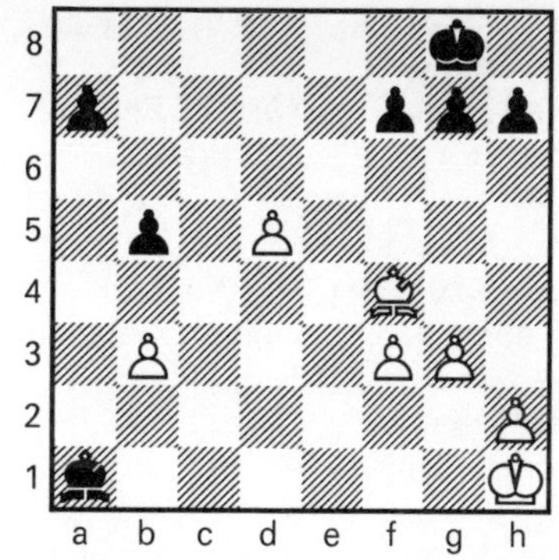

128

dient der Ablenkung der gegnerischen Streitkräfte, und der Durchbruch des eigenen Königs entscheidet den Partieausgang.

1.♗e3 a5 2.♗c5 f5!

Sichert dem König einen Ausgang. Der Zug 3.d6 ist ungefährlich wegen 3. … ♗f6 4.♗b6 a4 5.ba ba 6.d7 a3 7.d8♕+ ♗:d8 8.♗:d8 a2, und der Bauer zieht zur Dame ein.

3.♔g2 a4 4.ba ba 5.♗a3

Falls 5.♔f2, dann 5. … ♗b2! 6.d6 ♗f6. Nachdem der Bauer nach d6 „gelockt“ ist, nähert sich der König, um ihn zu schlagen.

5. … ♔f7 6.♔f2 ♗f6 7.♔e3 ♗e7

Erzwingt 8.d6, da auf 8.♗c1 nunmehr 8. … a3 8.♔d3 a2 10.♗b2 ♗f6 folgt.

8.d6 ♗f6 9.♔f4 ♔e6 10.d7 ♗e7 11.h4 ♔:d7. Weiß gab bald auf.

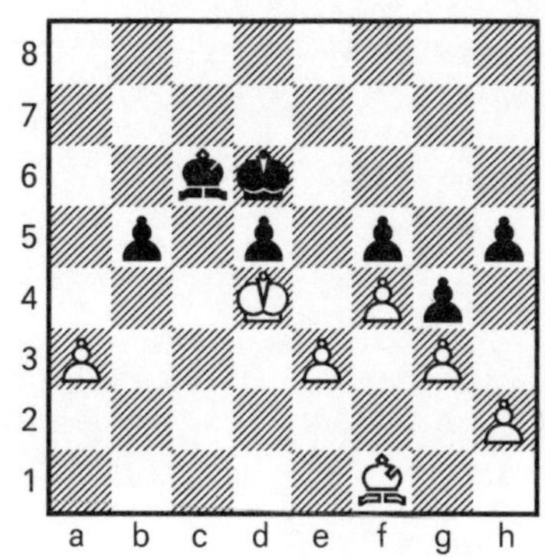

129

Das Diagramm zeigt eine **von Baxter verfaßte Studie**.

Alle Merkmale des *schlechten* Läufers sind hier vorhanden. Der schwarze Läufer ist von seinen Bauern eingeengt und kann nur Verteidigungsfunktionen ausüben. Der Ausgang des Kampfes hängt davon ab, ob es dem weißen König gelingt, über die Felder c5 oder e5 in das gegnerische Lager einzudringen. Einstweilen kontrolliert der schwarze König diese Schlüsselfelder, aber er darf sich von seinem Standort nicht entfernen. Da Schwarz nur über Züge des Läufers verfügt, besteht die Aufgabe von Weiß darin, dessen Beweglichkeit völlig einzuengen. Das läßt sich erreichen, indem er den Zug ♗d7 provoziert und darauf ♗d3 erwidert. Es bietet sich auch ein anderer Plan an, nämlich das Spiel auf Zugzwang: den a-Bauern gegen den b-Bauern tauschen und mit dem Läufer ins gegnerische Hinterland eindringen.

Der Weg zum Sieg ist äußerst instruktiv:

1.h4!

Möglich wäre auch 1.h3, was nach 1. ... ♗d7 2.h4 ♗c6 aufs gleiche hinausläuft. Schwarz darf nicht 1. ... gh spielen wegen 2.♗:h3 ♗d7 3.♗g2 ♗e6 (schlecht ist 3. ... ♗c6 angesichts 4.♗f3!) 4.♗f1 ♗d7 5.♗d3, und es entsteht die Zugzwangstellung, von der wir einleitend gesprochen haben.

1. ... ♗e8 2.♗e2 ♗c6

Schwarz hat keine anderen Züge, denn das Feld d7 ist für ihn tabu.

3.♗d1! ♗d7

Erzwungen. Schlecht ist 3. ... ♗e8 wegen 4.♗c2 ♗d7 5.♗d3 oder 4. ... ♗g6 5.♗d3.

4.♗b3 ♗e6 5.♗c2 ♗c8 6.a4! ba

Falls 6. ... b4, dann 7.a5 ♗e6 8.♗a4 ♗c8 9.♗e8.

7.♗:a4

Der Zugzwang ist erreicht. Die Stellung von Schwarz hoffnungslos.

7. ... ♗e6 8.♗e8 ♗g8 9.♗:h5, und Weiß gewinnt.

In der 18. Lektion haben wir behandelt:

- Besonderheiten der Läuferendspiele
- Läufer im Kampf gegen Bauern
- Läufer und Bauer gegen Läufer
- Läufer und zwei Bauern gegen Läufer
- Läuferendspiele mit vielen Bauern.

Übungsaufgaben zur 18. Lektion

Aufgabe 121:
Weiß: ♔d5; b6, g2
Schwarz: ♔f4, ♗e5
□ Weiß zieht und gewinnt.

Aufgabe 122:
Weiß: ♔d5, ♗e5; f4, g3, h2
Schwarz: ♔g6, ♗e7; f5, g4, h3
□ Schwarz zieht und gewinnt.

Aufgabe 123:
Weiß: ♔c5, ♗g2; a5, b4
Schwarz: ♔c7, ♗b7; c6, f4
□ Weiß zieht und gewinnt.

Aufgabe 124:
Weiß: ♔f5, ♗g7; d5, e4
Schwarz: ♔d6, ♗g3; e5
□ Weiß zieht und gewinnt.

Aufgabe 125:
Weiß: ♔g6, ♗c7; f4
Schwarz: ♔h8, ♗f8; e7
□ Weiß zieht und gewinnt.

Endspiele mit ungleichen Läufern

Mehrbauern

In Endspielen mit ungleichfarbigen Läufern ist die Remistendenz sehr stark ausgeprägt. Ein Übergewicht von einem und sogar zwei Bauern reicht oft nicht für einen Gewinn aus. Das erklärt sich dadurch, daß die Schlagkraft jeder Seite sozusagen in parallelen Richtungen wirkt, das heißt für jede Seite auf den Feldern von der Farbe ihres Läufers.

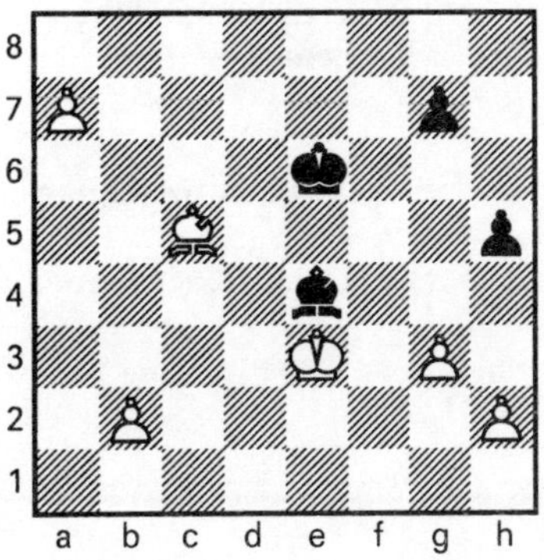

130

Die Stellung auf dem Diagramm 130 kam in der Partie **Euwe–Janowski, Groningen 1946**, vor. Schwarz ist am Zuge.
Der holländische Schachspieler Max Euwe war von 1935 bis 1937 Weltmeister. Neben seinen großen schachsportlichen Erfolgen leistete er einen wichtigen Beitrag zur Theorie und Methodik des Schachspiels. Er schrieb hervorragende Lehrbücher, die bis heute nichts von ihrer Aktualität verloren haben.
In der vorliegenden Stellung besitzt Weiß zwei Mehrbauern, aber theoretisch ist kein Gewinn möglich.
Würde Schwarz jetzt mit 1. ... ♔f5 fortsetzen, erreichte er Remis, zum Beispiel 2.♗f8 g6 3.♔d4 ♗a8 4.♔c5 ♔e6 5.♔b6 ♔d7, und Weiß kann nirgends durchbrechen.
Janowski beging jedoch einen Fehler und verlor auf äußerst lehrreiche Weise:
1. ... ♗g2? 2.♔f4 g6 3.g4! hg 4.♔:g4 ♗h1 5.♔g5 ♔f7 6.♗d4 ♗g2 7.h4 ♗h1 8.b4 ♗g2 9.b5 ♗h1 9.♗f6!
Ein wichtiger Bestandteil im Plan von Weiß. Vom Feld f6 aus schneidet der Läufer den schwarzen König nicht nur vom Damenflügel ab, sondern kontrolliert auch die Bewegung des h-Bauern. Zudem wird das Eindringen des weißen Königs vorbereitet.
9. ... ♗g2
Falls 9. ... ♗e4 oder 9. ... ♗f3, dann 10.♔f4 nebst 11.♔e5, und nach ♗f6–g5 bricht Weiß mit dem König zum Damenflügel durch.
10.h5! gh 11.♔f5! Schwarz gab auf. Er kann nicht verhindern, daß der weiße König zu den Bauern a und b gelangt. Auf 11. ... ♔e8 folgt 12.♔e6, und falls 11. ... ♗f3, gewinnt leicht 12.♗h4 ♗h1 13.♔e5 ♗g2 14.♔d6 nebst 15.♔c7, 16.b6 und 17.b7.

In den Endspielen mit ungleichfarbigen Läufern wird häufig versucht, mit Hilfe von König und Läufer originelle Festungen zu errichten. Allerdings lassen sich solche Festungen manchmal unter Einsatz taktischer Mittel (am häufigsten einen Durchbruch mittels Opfer) zerstören. Die Hauptursache für den Zusammenbruch der Verteidigung liegt meist daran, daß die Figuren zu gedrängt stehen und sich gegenseitig stören. Diese Situation veranschaulicht die folgende **Studie von Herbstman.**

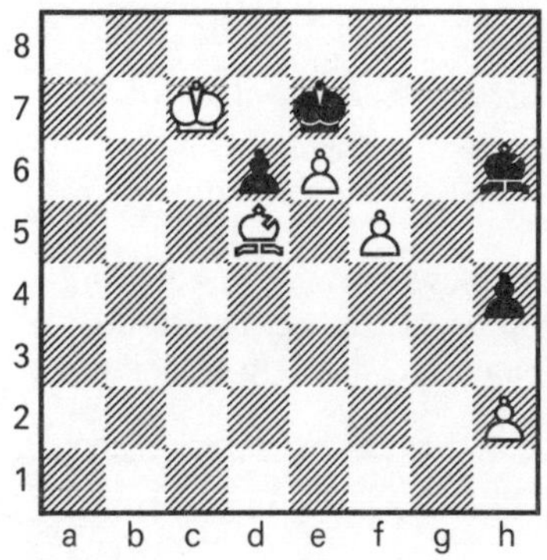

131

Wäre Schwarz am Zuge, könnte er sich mittels 1. ... ♗g7 oder 1. ... ♗g5 erfolgreich verteidigen.
Weiß zieht jedoch und durchbricht die Front:
1.f6+ ♔:f6 2.♔d7 ♗f8 3.♔e8!
Den in der Brettecke zusammengepferchten schwarzen Figuren fehlt die Koordination ihrer Aktionen.
Schwarz träumte davon, jetzt den

Läufer für den Bauern zu geben, um eine bekannte Stellung herbeizuführen, in der Läufer und Bauern gegen den alleinigen König nicht gewinnen.

3. … ♗e7

Falls 3. … ♔g7, dann keineswegs 4.e7? ♗:e7 mit Remis, sondern 4.h3! Jetzt muß Schwarz den Läufer gratis geben, weil 4. … ♔g8 an 5.e7+ scheitert.

4.h3!

Schwarz ist in Zugzwang. Weiß gewinnt.

Bildung eines Freibauern

■ *In Endspielen mit ungleichfarbigen Läufern besteht das verbreitetste Gewinnverfahren darin, einen entfernten Freibauern zu bilden, der die Figuren der verteidigenden Seite ablenkt.*

Die auf dem Diagramm 132 angeführte Stellung stammt aus der Partie **Fuchs–Cholmow, Dresden 1956.**
Schwarz ist am Zuge.
Schwarz hat sich einen Freibauern am Damenflügel gesichert, aber dieser kann nicht allein zum Umwandlungsfeld gelangen, weil Weiß ihn leicht blockiert. Schwarz bildet deshalb einen Freibauern am anderen Flügel, um die gegnerischen Figuren abzulenken.

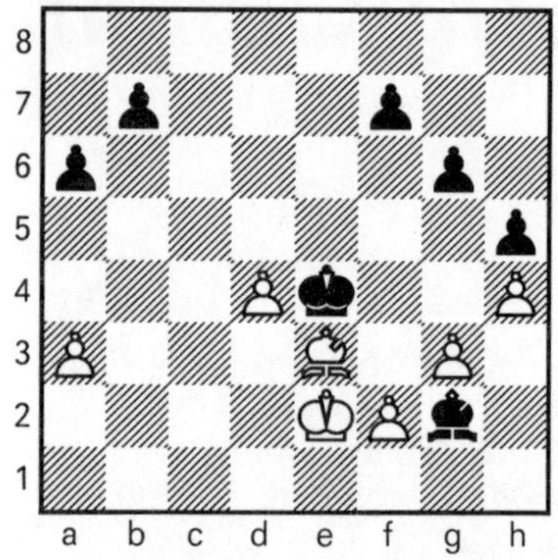

132

1. … f6 2.♔d2 ♔f5 3.♗f4 g5 4.♗c7 ♔g4 5.♗d8 gh 6.gh ♔:h4 7.♗:f6+
Weiß hat zwar auch zwei Freibauern, aber sie stehen nahe beieinander und sind deshalb ohne Mühe aufzuhalten. Die schwarzen Freibauern erweisen sich als weitaus gefährlicher, da sie auf verschiedenen Brettseiten postiert sind.

7. … ♔g4 8.♔e3 ♗d5 9.♗e7 b5.
Weiß gab auf.
Diese Entscheidung ist vielleicht etwas frühzeitig, denn Schwarz müßte den Weg zum Gewinn erst noch vorführen.
Versuchen wir, die Analyse dieser Stellung fortzusetzen. Bei seiner Verteidigung muß Weiß davon ausgehen, daß er die bekannte Remisstellung nur dann erreicht, wenn es ihm gelingt, seinen a-Bauern gegen den schwarzen b-Bauern abzutauschen, sodann den Läufer für den h-Bauern zu opfern und mit dem König das Eckfeld a1 zu besetzen.
Sehen wir uns die möglichen Varianten an:
10.♗d8 (falls 10.a4!?, natürlich nicht 10. … ba, was zum Remis führt, sondern 10. … h4) 10. … h4 11.♗e7 (11.f3+? ♔g3) 11. … h3 12.♗d6 a5 13.f3+ (andernfalls spielt Schwarz b5–b4–b3, um den weißen König zum Feld b2 zu lenken, selbst mit dem König nach g2 zu ziehen und Weiß zu zwingen, den Läufer für den h-Bauern zu geben) 13. … ♗:f3 14.♔f2 b4 15.ab ab 16.♔g1 (16.♗:b4 scheitert an 16. … h2) 16. … b3 17.♗a3 ♗d5 18.♗c1 ♗e6 19.♔h2 ♔f3 (der König nähert sich dem Bauern b3) 20.d5 ♗d7 21.♗a3 ♔e2 22.♔g3 ♔d1 23.♔h2 ♔c2 24.♔g3 b2 25.♗:b2 ♔:b2. Schwarz gewinnt jetzt leicht.

In der 19. Lektion haben wir behandelt:

- Mehrbauern bei ungleichen Läufern
- Bildung eines Freibauern bei ungleichen Läufern.

Übungsaufgaben zur 19. Lektion

Aufgabe 126:
Weiß: ♔d5, ♗f3; c6, f5
Schwarz: ♔d8, ♗e7
□ Weiß zieht und gewinnt.

Aufgabe 127:
Weiß: ♔c5, ♗f5; b2
Schwarz: ♔a4, ♗b8; c7
□ Weiß zieht und gewinnt.

Aufgabe 128:
Weiß: ♔f3, ♗b1; a4, c4, d5, e4
Schwarz: ♔e7, ♗e5; a6, b6, c5, g3
□ Schwarz zieht. Finden Sie für Schwarz einen Gewinnplan.

Aufgabe 129:
Weiß: ♔b5, ♗d5; a4, c4, e4, f5, g4, h5
Schwarz: ♔e7, ♗d4; b6, e5, g5, h6
□ Weiß zieht und gewinnt.

Aufgabe 130:
Weiß: ♔c6, ♗d5; a4, c4, e4, f5, g4, h5. *Schwarz:* ♔f6, ♗a5; b6, c5, e5, g5, h6
□ Weiß zieht. Welcher Plan führt zum Gewinn für Weiß?

20. Lektion

Turmendspiele

Besonderheiten der Turmendspiele

Wie der Läufer ist auch der Turm eine langschrittige Figur. Aber im Unterschied zum Läufer kann der Turm alle Felder, gleich welcher Farbe, besetzen. Deshalb sind seine Einsatzmöglichkeiten viel mannigfaltiger.

■ *Der Wert des Turmes zeigt sich besonders dann, wenn auf dem Brett offene, nicht mit Figuren „verstopfte" Linien und Reihen vorhanden sind.*

Während in der Eröffnung und im Mittelspiel die Türme in der Regel in ihren Bewegungen eingeengt sind, kommen sie im Endspiel, nach dem Abtausch vieler Figuren und dem Freiwerden vieler Felder, zu größerer Wirkung.

■ *Erweisen sich im Mittelspiel zwei Leichtfiguren gewöhnlich stärker als Turm und Bauer, ist im Endspiel ein Turm zumeist nicht schwächer.*

■ *Die Stärke des Turmes wird deutlich im Kampf gegen Freibauern.*

Zum Unterschied von Springer oder Läufer vermag der Turm den Freibauern nicht nur aufzuhalten, sondern kann ihn auch vernichten. Mit einem Turm wachsen folglich auch die Verteidigungsressourcen.

Darum ist in Turmendspielen ein Mehrbauer ein nicht so großer Vorteil wie in Leichtfiguren- und in Bauernendspielen. Dieser Umstand gab einem Schachmeister Anlaß zu sagen: „Turmendspiele sind immer remis." Natürlich darf man das nur als einen Scherz auffassen, aber ein Körnchen Wahrheit ist dennoch daran. Die Realisierung eines materiellen Vorteils in Turmendspielen bereitet gewöhnlich beträchtliche Schwierigkeiten.

Turm und Bauer gegen Turm – Fünf Stellungstypen

Die richtige Spielführung in Turmendspielen mit einer Vielzahl von Bauern setzt die Kenntnis des Spiels in einfacheren Turmendspielen voraus. Wichtig sind besonders jene Endspiele, in denen Turm und Bauer gegen den Turm kämpfen. Diese Endspielart stellen wir deshalb an den Anfang. Dabei wollen wir im folgenden fünf Stellungstypen dieser Endspielart unterscheiden.

Erster Stellungstyp

Hierzu rechnen wir Stellungen, in denen sich der König der schwächeren Seite auf der Zugstraße des Bauern befindet.

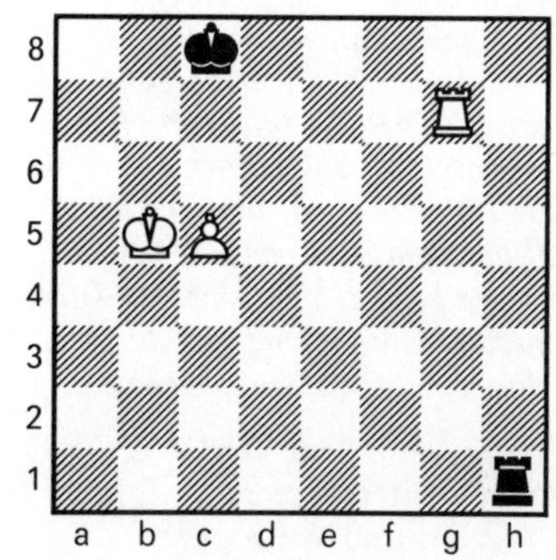

133

In der Diagrammstellung 133 zieht Schwarz.

Welchen Verteidigungsplan soll er wählen? Untersuchen wir die möglichen Varianten. Nach 1. ... ♖b1+ 2.♔c6 stellt es sich heraus, daß der schwarze König wegen des Matts auf der achten Reihe (Grundlinienmatt) unverzüglich seinen Standort auf der Zugstraße des feindlichen Bauern verlassen muß: 2. ... ♔b8 (oder 2. ... ♔d8) 3.♖g8+ ♔a7 4.♔c7, und es wird schwierig für Schwarz, das Vorgehen des c-Bauern zu bekämpfen. Im Falle von 1. ... ♖h5 folgt 2.♔b6 ♖h6+ 3.c6, und der Turm muß eilig wegziehen: 3. ... ♖h8. Dies gibt Anlaß zu fragen, ob es vielleicht am vernünftigsten ist, sich mit dem Turm sofort auf die achte Reihe zu begeben. Sehen wir uns auch diese Variante an: 1. ... ♖h8 2.♔b6 ♖f8 3.c6 ♔b8. Schwarz muß sich passiv verhalten. 4.♖b7+ (nichts bringt 4.c7+ wegen 4. ... ♔c8 5.♖g1 ♖f6+)

4. ... ♔c8 (oder 4. ... ♔a8 5.♖a7+ ♔b8 6.c7+ ♔c8 7.♖a8+ mit Gewinn) 5.♖a7! ♔b8 6.c7+ ♔c8 7.♖a8+, und Weiß gewinnt.
Die angeführten Varianten beweisen, daß Schwarz bei der Verteidigung ernsthafte Schwierigkeiten hat. Eine zuverlässige Verteidigung schlug jedoch bereits im 18. Jahrhundert der französische Schachspieler Philidor vor. Das Wesen seiner Methode beruht in folgendem:

■ *Der Turm der schwächeren Seite muß die sechste Reihe (die dritte für Schwarz) besetzen. Sobald der Bauer auf diese Reihe vorzieht und der König dadurch auf dem Feld vor sich keinen Schutz mehr besitzt, zieht sich der Turm ins Hinterland zurück und verfolgt den feindlichen König mit Schachgeboten.*

Also: **1. ... ♖h6! 2.c6 ♖h1**
Ein grober Fehler wäre 2. ... ♖h5+ wegen 3.♔b6, und Weiß gewinnt.
3.♔b6 ♖b1+ 4.♔c5 ♖c1+ 5.♔d5 ♖d1+.
Eine Rettung vor dem Schach gibt es nicht. Entfernt sich der König zu weit von seinem Bauern, gewinnt Schwarz diesen, indem ihn der Turm angreift. Remis!
Die von Philidor vorgeschlagene Verteidigungsmethode empfehlen wir sorgfältig zu studieren und sich anzueignen. Sie ist eine der grundlegenden Leitregeln in Turmendspielen.
Es gilt zu beachten, daß der Lehrsatz Philidors im Kampf gegen die Bauern auf den Linien c, d, e und f anzuwenden ist.
Gegen die Randbauern und die Bauern auf den Linien b und g kann man auch mit einer passiven Taktik vorgehen. Betrachten wir dazu die folgende Stellung.

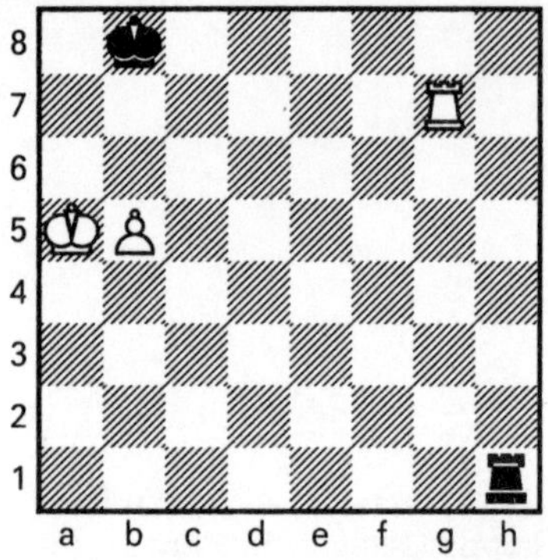

134

Hier ist auch **1. ... ♖h8** möglich. Nach **2.♔a6 ♖f8 3.b6 ♖h8 4.♖b7+ ♔a8 5.♖a7+ ♔b8** verfügt Weiß nicht über genügend Raum, um eine Drohung mit dem Turm von links aufzustellen, und er kann auch nicht den schwarzen König von den Feldern a8 und b8 vertreiben.

Zweiter Stellungstyp

Wenn sich der König der schwächeren Seite nicht auf der Zugbahn des Bauern befindet, muß sich der Turm stärker engagieren. Das erschwert die Verteidigung bedeutend.

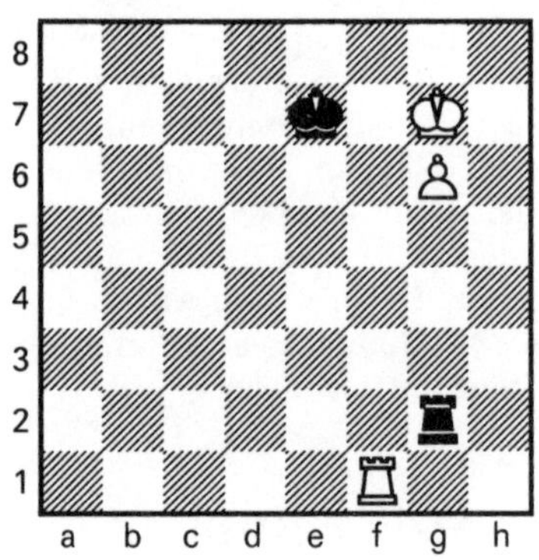

135

Der Bauer ist bis zur sechsten Reihe vorgedrungen, und der schwarze König durch den Turm f1 von ihm abgeschnitten. Weiß gewinnt auf lehrreiche Weise. Zuerst geht der Bauer so weit wie möglich vor:
1.♔h7 ♖h2+ 2.♔g8 ♖g2 3.g7 ♖h2
Danach wird der schwarze König noch mehr eingeengt.
4.♖e1+ ♔d7 (4. ... ♔f6 5.♔f8)
Jetzt braucht der König nur noch die Zugstraße des Bauern zu räumen, allerdings bringt ein geradliniger Weg keinen Erfolg: 5.♔f7 ♖f2+ 6.♔g6 ♖g2+ 7.♔f6 ♖f2+ 8.♔e5 ♖g2, und der weiße König muß zurückkehren.

■ *Hier gewinnt ein Manöver, das Brükkenbau genannt wird.*

Es geht folgendermaßen vor sich:
5.♖e4! ♖h1 6.♔f7 ♖f1+ 7.♔g6 ♖g1+ 8.♔h6
Es droht 9.♖e5 nebst 10.♖g5 mit Überdeckung oder 9.♖h4 und 10.♔h7. Deshalb darf Schwarz nicht warten.
8. ... ♖h1+ 9.♔g5 ♖g1+ 10.♖g4 mit Gewinn.
Dem Leser sei empfohlen, sich aufmerksam die Aktionen des weißen Turmes, mit denen die Einengung des schwarzen Königs und der Schutz des eigenen Königs vor Schachgeboten erreicht wird, anzusehen.

Dritter Stellungstyp

Was hat die schwächere Seite, wenn ihr König von dem Bauern abgeschnitten ist, dem **Brückenbau** entgegenzusetzen? Unter bestimmten Bedingungen verfügt die schwächere Seite über zwei Verteidigungsverfahren.
Eines dieser Verfahren wird mit **Verteidigung auf der langen Seite** bezeichnet.

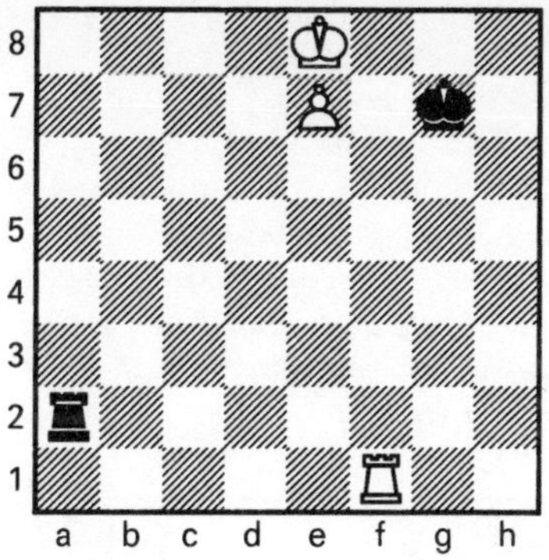

136

Zuerst etwas zu dem Begriff *lange* und *kurze* Seite. Es handelt sich hierbei um die Entfernung auf der Reihe zwischen Bauer und Brettrand. In der Diagrammstellung 136 bilden die lange Seite die Linien, die sich links vom e-Bauern befinden, also die Linien d, c, b und a. Die rechts gelegenen Felder f, g und h bilden die kurze Seite.
In dem vorliegenden Beispiel erreicht Schwarz, der am Zuge ist, Remis, indem er den weißen König mit Flankenschachs verfolgt:
1. … ♖a8+ 2.♔d7 ♖a7+ 3.♔e6 ♖a6+ 4.♔e5 (auf 4.♔f5 wäre 4. … ♔f7 möglich) **4. … ♖a5+** (oder 4. … ♖a8) **5.♔d6**
Wenn sich der schwarze König auf g8 befände, könnte Weiß den Sieg erreichen durch 5.♔f6 ♖a6+ 6.♔g5 ♖a5+ (6. … ♖e6 7.♖f8+) 7.♔g6 ♖a6+ 8.♖f6 ♖a8 9.♖d6 mit der unwiderlegbaren Drohung 10.♖d8.
5. … ♖a6+ 6.♔d5 ♖a5+ 7.♔c6 ♖a6+. Remis.
Auf 8.♔b7 folgt 8. … ♖e6 mit Bauerngewinn.
Richten wir die Aufmerksamkeit auf ein wichtiges Moment: Befände sich der schwarze Turm in der Ausgangsstellung auf b2, so zeitigte die Verteidigung auf der langen Seite keinen Erfolg, zum Beispiel 1. … ♖b8+ 2.♔d7 ♖b7+ 3.♔d8 ♖b8+ 4.♔c7 ♖a8 (4. … ♖e8 5.♔d7) 5.♖a1! Jetzt würde bei einem Wegzug des Turmes auf der achten Reihe 6.♔d7 ♔f7 7.♖f1+ folgen, und im Falle von 5. … ♖:a1 6.e8♕+ erreicht Weiß ebenfalls eine uns bereits bekannte Gewinnstellung (Dame gegen Turm).

Die Untersuchung dieses Spielverfahrens verdeutlicht:
■ *Für eine erfolgreiche Verteidigung auf der langen Seite müssen sich zwischen Turm und Bauern mindestens drei Linien befinden. Der König der schwächeren Seite muß auf der kurzen Seite stehen – in der Regel auf einer Reihe mit dem Bauern.*
Wenn der König vom Bauern um zwei Linien (auf dem Diagramm 136 ist es eine) abgeschnitten ist, so unterliegt gewöhnlich die Verteidigung, da der gegnerische König Schutz gegen die Schachgebote findet.

Vierter Stellungstyp

Das zweite Verteidigungsverfahren für die schwächere Partei, wenn ihr König vom Bauern abgeschnitten ist, beinhaltet einen Frontalangriff ihres Turmes.

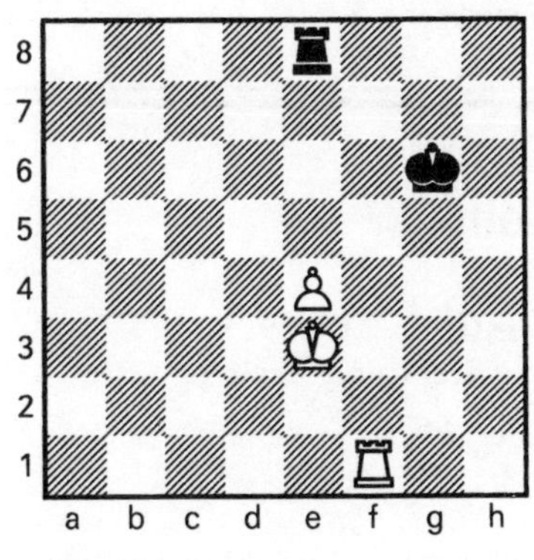

137

In der Diagrammstellung 137 gelingt es Schwarz dank der günstigen Postierung seines Turmes, das Vorgehen des gegnerischen Bauern zu bremsen. Nach 1.♔d4 ♖d8+ 2.♔c5 ♖e8 3.♔d5 ♖d8+ 4.♔c6 ♖e8 muß Weiß entweder mit dem König zurückkehren (5.♔d5), was zur Wiederholung der Schachgebote führt, oder 5.♖e1 spielen. Darauf folgt 5. … ♔f6, und der letzte Versuch von Weiß, mittels 6.♔d7 auf Gewinn zu spielen, wird leicht widerlegt: 6. … ♖e7+ 7.♔d6 ♖e6+ 8.♔d5 ♖e5+ 9.♔d4 ♔e6. Der schwarze König hat das Feld vor dem Bauern eingenommen. Im weiteren spielt Schwarz 10. … ♖h5 (oder einen Turmzug auf ein anderes Feld der fünften Reihe). Damit entsteht auf dem Brett eine klare Remisstellung.
Das Bestreben von Weiß, das Spiel durch 1.♖f4 zu verstärken (um zuerst den Bauern zu verteidigen und erst dann mit dem König vorzugehen), führt wegen 1. … ♔g5! 2.♖f5+ ♔g6 3.♔d4 ♖d8+ 4.♖d5 ♖e8 5.e5 ♔f7! oder 3.♔f4 ♖e7 4.e5 ♖f7! 5.♖:f7 ♔:f7 oder 1.♖f5 ♖d8 2.♔f4 ♖a8 3.♔e5 ♖a5+ 4.♔e6 ♖a6+ usw. ebenfalls nicht zum Gewinn.
Merke:
■ *Für eine erfolgreiche Verteidigung ist ein Abstand von drei Feldern auf der Reihe zwischen Turm und Bauer erforderlich.*
Wenn sich der schwarze Turm in der Ausgangsstellung auf dem Feld e7 befände, so würde Weiß nach 1.♔d4 ♖d7+ 2.♔c5 ♖e7 3.♔d5 ♖d7+ 4.♔e6 den schwarzen König noch mehr einengen (5.♖g1+) und mit dem Vorgehen des Bauern beginnen.

Schwarz könnte sich nicht retten, wenn der weiße Bauer bereits auf der fünften Reihe stände, zum Beispiel in der folgenden Stellung.

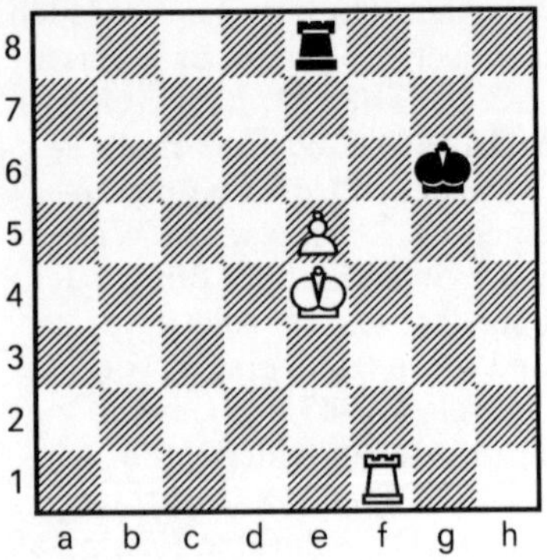

138

Der notwendige Abstand von drei Feldern zwischen Turm und Bauern ist hier nicht vorhanden. Darum gewinnt Weiß.

1.♔d5 ♖d8+ 2.♔c6 ♖e8 3.♔d6 ♖d8+ 4.♔e7 usw.

Das Verteidigungsverfahren eines Frontalangriffs des Turmes ist möglich gegen weiße Bauern, die sich auf der 2., 3. und 4. Reihe befinden und gegen schwarze Bauern auf der 7., 6. und 5. Reihe.

Auf noch einen verwundbaren Punkt der Verteidigung sei hingewiesen – den Standort des Königs der schwächeren Partei. Seine Entfernung vom Bauern sowohl auf der Linie wie auch auf der Reihe wird oft zur Ursache der Niederlage.

Fünfter Stellungstyp

Die Diagramme 133, 135, 136 und 137 zeigten charakteristische Stellungstypen im Endspiel Turm und Bauer gegen Turm.

Betrachten wir jetzt den fünften Stellungstyp.

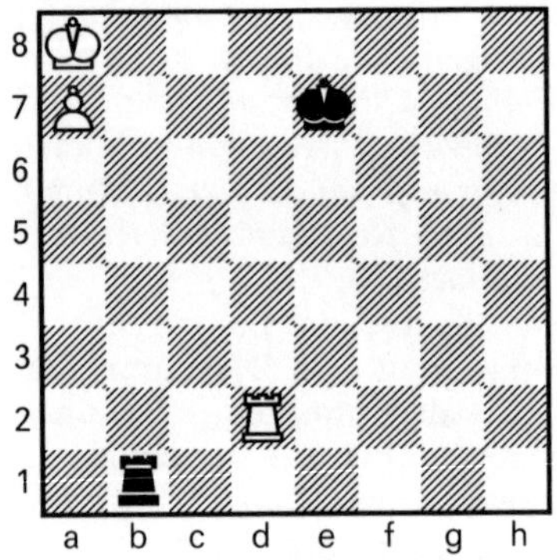

139

Die Siegeschancen sind hier geringer, weil bei einem Randbauern die Beweglichkeit des ihn unterstützenden Königs wesentlich eingeengt ist. In diesem Beispiel hängt ein möglicher Gewinn für Weiß davon ab, ob sein König vom Eckfeld auf die b-Linie gelangt. Dies läßt sich erreichen, wenn es gelingt, den Turm nach b8 oder b7 zu überführen. Doch obwohl der gegnerische König drei Linien vom Bauern abgedrängt ist, vermag Weiß das Gewinnmanöver nicht zu verwirklichen. Nach **1.♖h2 ♔d7 2.♖h8 ♔c7 3.♖b8 ♖g1** kann der weiße König das Eckfeld nicht verlassen.

■ *Bei einem Randbauern wird erst, wenn der König der schwächeren Partei vier Linien weit vom Bauern entfernt ist, der Gewinn erreicht.*

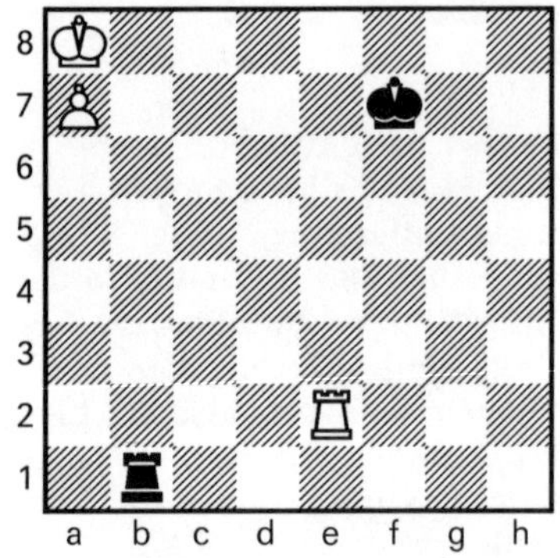

140

Jetzt gewinnt Weiß durch **1.♖h2 ♔e7 2.♖h8 ♔d7 3.♖b8 ♖a1 4.♔b7 ♖b1+ 5.♔a6 ♖a1+ 6.♔b6 ♖b1+ 7.♔c5.**

In der 20. Lektion haben wir behandelt:

- Besonderheiten der Turmendspiele
- Turm und Bauer gegen Turm – charakteristische Stellungstypen.

Übungsaufgaben zur 20. Lektion

Aufgabe 131:
Weiß: ♔e3, ♖g1; e4
Schwarz: ♔h4, ♖e8
□ Weiß zieht und gewinnt.

Aufgabe 132:
Weiß: ♔d5, ♖a8; a7
Schwarz: ♔f6, ♖f7; e5
□ Weiß zieht und gewinnt.

Aufgabe 133:
Weiß: ♔c5, ♖a8; a7
Schwarz: ♔c3, ♖a1
□ Weiß zieht. Wie würden Sie spielen?

Aufgabe 134:
Weiß: ♔h4, ♖b6; h2
Schwarz: ♔d7, ♖b1; b2, g4
□ Schwarz zieht.

Aufgabe 135:
Weiß: ♔h6, ♖a7; b5, h5
Schwarz: ♔g8, ♖b3; b6
□ Weiß zieht und gewinnt.

21. LEKTION

Turmendspiele – Turm gegen Leichtfigur

Bauernübergewicht in Turmendspielen mit mehreren Bauern

Machen wir uns mit dem Charakter des Kampfes in Turmendspielen, in denen auf beiden Seiten mehrere Bauern vorhanden sind, vertraut. Besitzt man selbst einen Freibauern, ist es am vorteilhaftesten, den Turm hinter den Bauern zu postieren. In diesem Falle wird der gegnerische Turm, der den Freibauern aufhält, zu einer wenig beweglichen, zur Passivität verurteilten Figur. Die Voraussetzungen für einen Zugzwang sind bei der verteidigenden Seite gegeben.

Sehen wir uns dazu den Schlußteil der 34. Partie des Weltmeisterschaftskampfes zwischen **Aljechin** (Weiß) und **Capablanca (Buenos Aires 1927)** an.

Mit seinem Sieg in dieser Partie errang der hervorragende russische Schachspieler Alexander Aljechin den Weltmeistertitel, den er (mit einer Unterbrechung von 1935 bis 1937) bis zu seinem Tode im Jahre 1946 behielt.

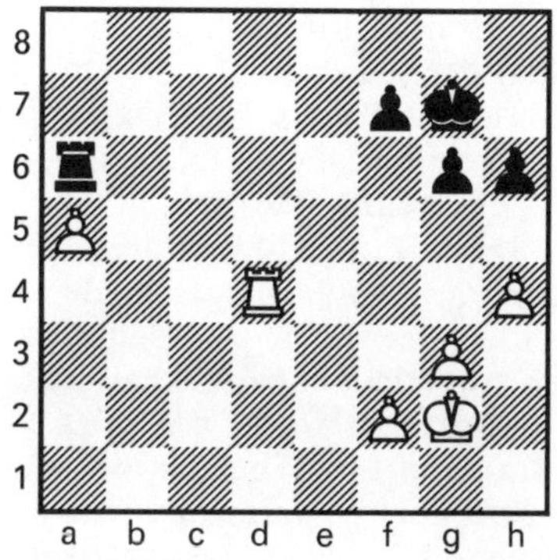

141

In dieser Stellung kann Weiß den Bauern a5 auf zweierlei Weise verteidigen, und zwar von hinten und von der Seite. Stärker ist der erstere Weg, da bei jeder Bewegung des schwarzen Turmes der weiße Bauer vorwärtsgeht.

Es folgte: **1.♖a4 ♔f6 2.♔f3 ♔e5 3.♔e3 ♔d5**

Der weiße Freibauer wirkt als ablenkender Faktor. Der schwarze König muß sich zum Damenflügel begeben, um den Turm von den passiven Pflichten eines Wächters zu befreien. Die weißen Figuren nähern sich jedoch derweilen den Königsflügelbauern, also dem entscheidenden Brettabschnitt.

4.♔d3 ♔c5 5.♔c3 ♔b5 6.♖a2 h5 (falls 6. … ♖f6, dann 7.a6! ♖:a6 8.♖:a6 ♔:a6 9.♔d4 f6 10.♔d5 ♔b6 11.♔e6, und Weiß gewinnt)

7.♔d4!

Das Hauptziel des weißen Königs ist, zu den schwarzen Bauern am Königsflügel vorzustoßen.

7. … ♖d6+ 8.♔e5 ♖e6+ 9.♔f4 ♔a6 10.♔g5! ♖e5+

Es drohte 11.f4 und 12.f5, um die schwarze Bauernkette zu zerstören.

11.♔h6 ♖f5

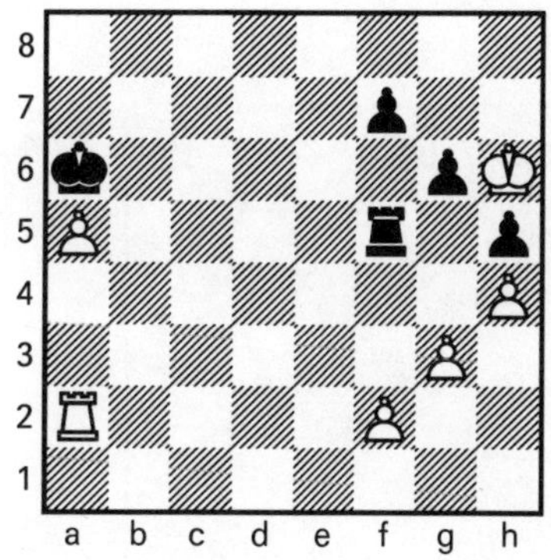

142

■ *In Fällen, wo der gegnerische Turm den Freibauern aufhält, gilt als Regel: Der Turm der stärkeren Seite gehört hinter den Bauern.*

■ *Wenn jedoch der gegnerische König den Bauern bewacht, erweist sich oft die Postierung des Turmes seitlich vom Bauern als besser.*

In der vorliegenden Stellung konnte Weiß einen schönen und schnellen Gewinn erzielen, wenn er die Stellung des Turmes entsprechend verändert hätte. Wir führen die praktisch forcierte Variante an: 12.♔g7 ♖f3 13.♖d2! Es droht nun 14.♖d6+ nebst 15.♖f6. Auf 13. … ♔:a5 entscheidet 14.♖d5+. Nach 14. … ♔b6 folgt 15.♖d6+ und 16.♖f6, während 14. … ♔b4 mit 15.♖d4+ und

16.♖f4 beantwortet wird. In allen Fällen ergibt der Turmtausch ein für Weiß gewonnenes Bauernendspiel.
In der Partie geschah:
12.f4 ♖c5 13.♖a3 ♖c7 14.♔g7 ♖d7
Auch das führte schließlich zum Sieg:
15.f5! gf 16.♔h6 f4 17.gf ♖d5 18.♔g7 ♖f5 19.♖a4 ♔b5 20.♖e4 ♔a6 (20. … ♔:a5 21.♖e5+)
21.♔h6 ♖:a5 22.♖e5 ♖a1 23.♔:h5 ♖g1 24.♖g5 ♖h1 25.♖f5 ♔b6 26.♖:f7 ♔c6 27.♖e7! Schwarz gab auf.
Betrachten wir jetzt eine Stellung, in der die Türme andere Standorte einnehmen.

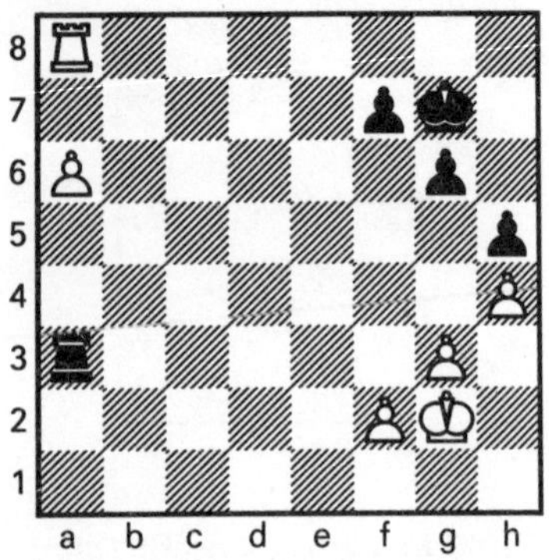

143

Das Diagramm 143 zeigt eine Stellung aus der Partie **Iliwizki–Krogius, Kislowodsk 1956.**
Weiß besitzt einen Mehrbauern, und zudem handelt es sich noch um einen entfernten Freibauern. Aber welch ein Unterschied im Vergleich zur vorigen Partie Aljechin–Capablanca!
Die Türme haben hier ihre Standorte getauscht, was sich für die stärkere Seite als ungünstig erweist. Der schwarze Turm fungiert nicht nur als Bewacher des Freibauern, sondern hält auch den weißen König unter Kontrolle. Der weiße Turm dagegen ist lediglich mit der undankbaren Aufgabe betraut, seinen entfernten Freibauern zu schützen.
Worauf kann Weiß seine Hoffnungen auf Gewinn stützen? Offensichtlich vermag der a-Bauer ohne die Hilfe seines Königs nicht zur Dame einziehen. Auf den ersten Blick bietet sich der folgende vielversprechende Plan an: den Bauern so weit wie möglich vorziehen, also den Zug a6–a7 ausführen, und danach den König an den Bauern heranführen. In diesem Falle darf der schwarze Turm sich nicht an den weißen Königsflügelbauern vergreifen, da auf ♖:f2 der Wegzug des weißen Turmes auf der achten Reihe mit nachfolgendem a8♕ den Partieausgang entschiede.
Es stellt sich jedoch heraus, daß dieser Plan sich nicht verwirklichen läßt. Nach 1.a7 manövriert der schwarze Turm auf der a-Linie, bis der weiße König zum Feld b6 vordringt. In diesem Augenblick folgen dann vertikale Schachgebote: ♖b1+ oder ♖b2+, und sobald sich der weiße König dem Bauern a7 nähert, kehrt der Turm auf die a-Linie zurück.
Deshalb kann Weiß nur mit einem Gewinn rechnen, wenn der Bauer auf a6 steht, denn in diesem Falle findet sein König auf a7 Schutz vor Schachgeboten. Allerdings muß sich Weiß auf Materialverluste einrichten, weil der gegnerische Turm seine Bauern am anderen Flügel während des Königsmarsches zum Feld b6 vernichtet.
Sehen wir uns mögliche Varianten an (in der Partie einigten sich die Kontrahenten, ohne das Spiel fortzusetzen, auf Remis):
1.♔f1 ♖a2! 2.♔e1 ♔f6 3.f3
Hasardmäßig mutet 3.♔d1 an. Nach 3. … ♖:f2 4.♔c1 ♖a2 5.♔b1 ♖a5 6.♔b2 ♔f5 7.♔b3 ♔g4 8.♔b4 ♖a1 9.♔b5 ♔:g3 sind die schwarzen Bauern sehr gefährlich.
3. … ♖a3!
Ein charakteristisches Verteidigungsverfahren – der Turm erfüllt zwei Aufgaben: einen Angriff auf die Königsflügelbauern und die Bewachung des Freibauern a6.
4.♔e2 ♔g7 5.♔d2 (5.g4 hg 6.fg f5!, und der f-Bauer räumt Schwarz gute Chancen ein) **5. … ♖:f3 6.♔c2 ♖:g3 7.♔b2 ♖g2+ 8.♔b3 ♖g1 9.♔b4 ♖a1 10.♔b5 g5! 11.hg h4 12.♖c8 h3 13.♖c2 ♔g6!**
Wiederum sind die Chancen von Schwarz vorzuziehen, zum Beispiel 14.♖h2 ♖a3!
Daraus kann man schlußfolgern, daß es Weiß wegen der ungünstigen Postierung seines Turmes (vor dem Bauern) nicht gelingt, seinen Materialvorteil zu realisieren.

Merke:
■ *Auch der Standort des Königs hat in Turmendspielen, ebenso wie in anderen Endspielen, große Bedeutung. Von seiner Aktivität hängt nicht selten der Ausgang des Kampfes ab.*

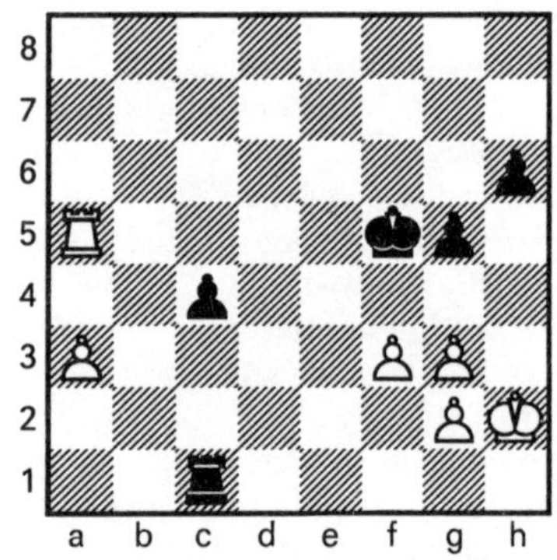

144

Die Stellung auf dem Diagramm 144 stammt aus der Partie **Eliskases–Löwenfisch, Moskau 1936.**
Vorerst fällt auf, daß keiner der Könige am Kampf teilnimmt. Aber Schwarz hat den König viel näher an seinem Freibauern postiert als Weiß. Obwohl sich sein Turm vor dem Freibauern befindet, hofft Schwarz, das Vorgehen des Bauern mit Hilfe des Königs durchsetzen zu können.

Es folgte:
1. ... ♔e6!
Ohne sich um den Verlust eines weiteren Bauern zu kümmern, strebt der schwarze König der c-Linie zu.
2.♖a6+ ♔d5 3.♖:h6 c3 4.♖h8 ♖a1
Natürlich nicht 4. ... c2, wonach dem schwarzen König ein Schutzort gegen die Schachgebote fehlt.
5.♖c8 ♖:a3 6.♔h3 ♔d4 7.♔g4 (7.f4 gf 8.gf c2+ 9.♔h4 ♖c3!) **7. ... ♖a5 8.f4 ♖c5 9.♖d8+ ♔e3 10.♖d1 c2 11.♖c1 gf 12.gf ♔d2 13.♖a1 c1♕ 14.♖:c1 ♖:c1**
Dem Leser sei empfohlen, diese Stellung selbständig zu untersuchen und sich davon zu überzeugen, daß 14. ... ♔:c1 schwächer wäre. Es kommt darauf an, den schwarzen König schneller für einen Kampf um den Freibauern zu aktivieren.
15.♔g5 ♔e3 16.f5 ♔e4 17.g4 ♔e5 18.♔g6 ♖c6+ 19.♔g7 ♖a6! 20.♔f7 ♔f4
Der Sinn des Zuges 19. ... ♖a6 zeigt sich. Der weiße König war gezwungen, das Feld vor dem Bauern zu besetzen, und jetzt gewinnt im Falle von 21.f6 der Zug 21. ... ♔g5.
21.♔g7 ♔g5. Weiß gab auf.

In dem folgenden Endspiel erweist sich die aktive Stellung des schwarzen Königs als gewichtiger als der weiße Mehrbauer.

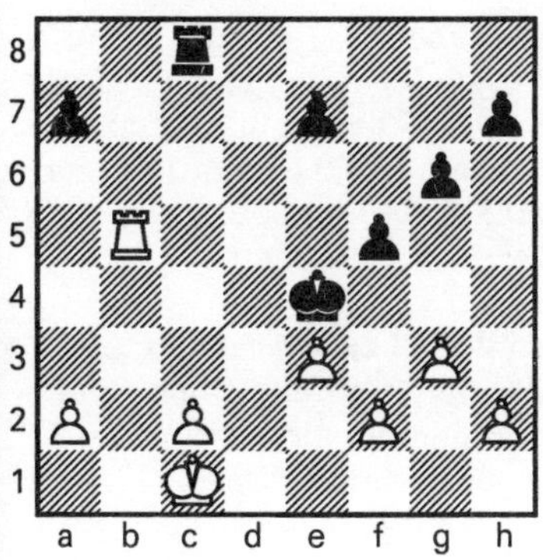

145

Diese Position entstand in der Partie **Botwinnik–Kopylow, Moskau 1951.** Auf **1.♖b7** erwiderte Schwarz **1. ... ♖e8!**
Schwarz opfert den Bauern a7, um dafür zusammenhängende oder sogenannte *verbundene Freibauern* im Zentrum zu bilden.
2.♖:a7?
Das Vorhaben von Schwarz mußte gestört werden. Nach 2.♔d2 ♔f3 3.♔e1 ♖c8 4.♖:e7 ♖:c2 5.♖:a7 ♖:f2 6.♖:h7 ♖:a2 7.h4 ♔:e3 8.♖e7+ ♔f3 9.♖e6 hätte Weiß Remis erreicht.
2. ... ♔f3 3.a4 ♔:f2 4.a5 g5 5.a6 ♔:e3 6.♖b7 e5 7.a7 ♖a8 8.♖:h7
Nichts half 8.♖b5 wegen 8. ... e4 9.♖:f5 ♖:a7 10.♖:g5 ♔e2, und der e-Bauer kostet den weißen Turm.
8. ... f4 9.gf gf 10.♔d1 f3 11.c4
Falls 11.♔e1, dann 11. ... ♖g8 12.♔f1 ♖d8 mit Gewinn.
11. ... ♖d8+ 12.♔c2 f2 13.♖f7 ♖a8.
Gegen die Drohung ♖:a7 bietet sich keine Verteidigung. Weiß gab auf.

Merke:
■ *Es ist sehr wichtig, daß sich die verteidigende Seite eine stabile und möglichst aktive Stellung des Königs sichert.*
Im folgenden Beispiel, das aus der Partie **Chaunin–Fridman, Leningrad 1962,** stammt, ist die stärkere Seite dem Nachziehenden dabei behilflich.

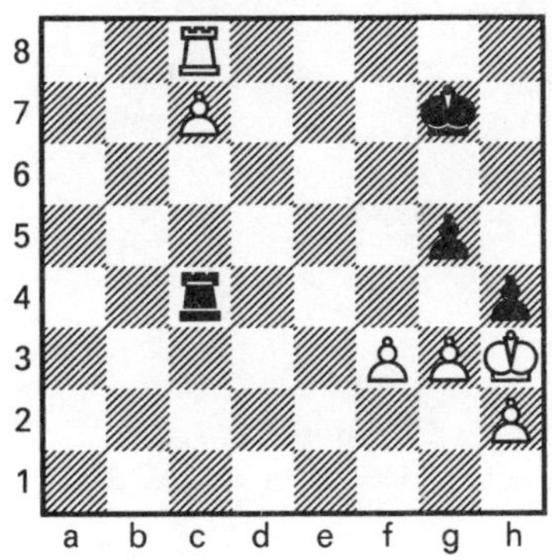

146

Ein äußerst lehrreiches Endspiel. Der Marsch des weißen Königs zum Bauern c7 verspricht wenig, weil er mit vertikalen Turmschachs verfolgt wird. Darum hängt alles von der Sicherheit des schwarzen Königs ab. Denn solange der schwarze König auf g7 oder h7 steht, kann Weiß den Turm c8 wegen Verlustes des Bauern c7 nicht wegziehen. Verläßt der König aber eines dieser Felder, gewinnt der Wegzug des weißen Turmes sofort (falls 1. ... ♔f7, so 2.♖h8 ♖:c7 3.♖h7+, oder 1. ... ♔f6 2.♖f8+ nebst 3.c8♕).
In der Partie geschah:
1. ... hg 2.hg?
Ein Fehler, der den Gewinn vergibt
2. ... g4+! 3.fg ♔h7 4.g5 ♔g7. Remis.
Der weiße König kann sich wegen der Schachgebote nicht dem c-Bauern nähern. Den g-Bauern blockiert sicher der schwarze König.

Einen anderen Ausgang würde die Partie nehmen, wenn Weiß 2.♔:g3 spielt. In diesem Falle könnte er einen Freibauern auf der f-Linie bilden, der ihm den Sieg verheißt. Wir führen eine Variante an: 2.♔:g3 ♔h7 3.h4! gh+ 4.♔h3 ♔g7 5.f4 ♖c1 6.f5 ♖c2 7.f6+, und Schwarz ist in Zugzwang. Auf 7. ... ♔:f6 folgt 8.♖f8+, und nach 7. ... ♔f7 gewinnt 8.♖h8. Falls 7. ... ♔h7, so 8.f7.

Turm gegen Leichtfigur

Betrachten wir jetzt einige Stellungen, in denen der Turm gegen Leichtfiguren kämpft. Die Kenntnis dieser Endspiele besitzt große praktische Bedeutung.

Hier gilt:
■ *Sind auf dem Brett noch Bauern vorhanden, reicht die Mehrqualität fast im-*

mer zum Gewinn. Fehlen dagegen die Bauern, endet die Partie meistens remis; ein Gewinn stellt die Ausnahme dar.

Turm gegen Springer

Die folgenden Diagramme zeigen Stellungen, in denen der König der schwächeren Seite an den Rand gedrängt ist. Die ersten beiden Diagramme veranschaulichen Remisstellungen.

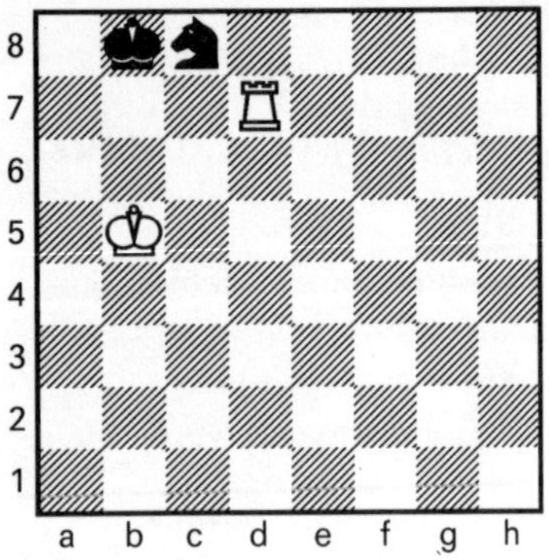

147

Hier kann folgen:
1.♔c6 ♘a7+ 2.♔b6 ♘c8+ 3.♔a6 ♔a8 4.♖c7 ♔b8 5.♖b7+ ♔a8 6.♖b1 ♘e7!
Ein notwendiger Zug, denn 6. ... ♘a7 verliert wegen 7.♔b6 ♔b8 8.♖b2 ♘c8+ 9.♔c6+ ♔a8 10.♔c7 ♘a7 11.♖b8 matt und 6. ... ♘d6 wegen 7.♔b6 ♘c8+ (7. ... ♔b8 8.♔c6+) 8.♔c7 ♘a7 9.♖b8 matt.
7.♔b6 ♔b8 8.♖e1 ♘c8+ 9.♔c6 ♘a7+ 10.♔b6 ♘c8+ mit Remis.

Der Leser möge sich bitte selbst davon überzeugen, daß Schwarz, wenn er in Diagramm 148 am Zuge ist, durch **1. ... ♘b2+** mühelos Remis erreicht.
In den nächsten beiden Diagrammen verliert Schwarz.

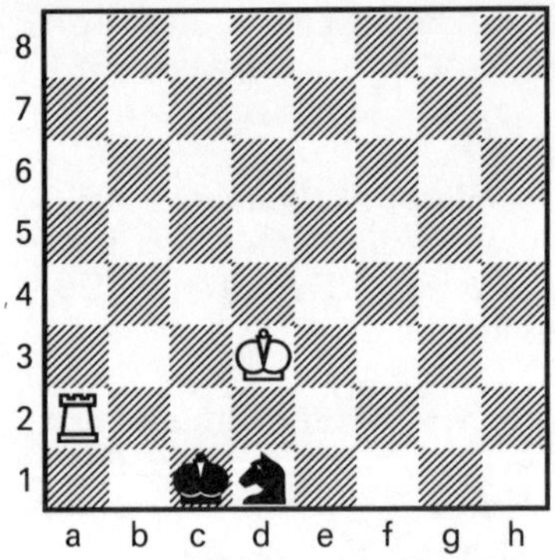

148

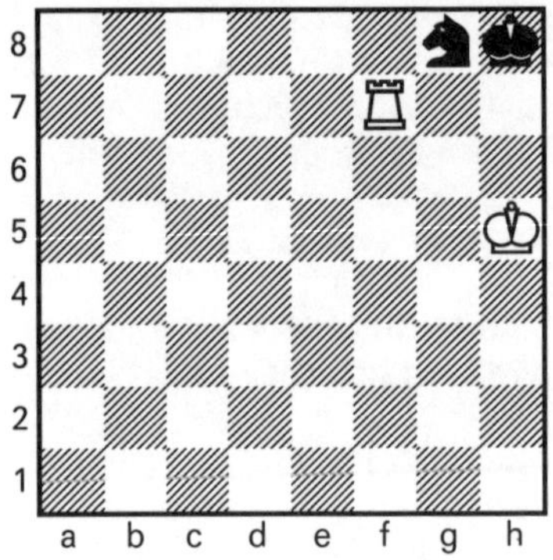

149

In Diagramm 149 entscheidet **1.♔g5** oder **1.♔g6**.

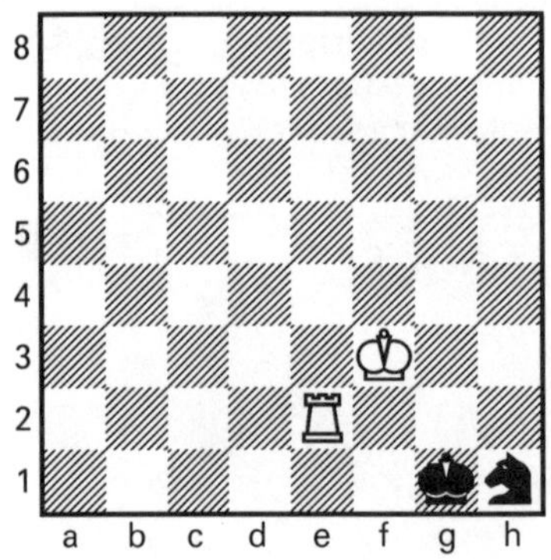

150

Hier gewinnt Weiß durch **1.♖a2** (oder auch 1.♖b2, 1.♖c2, 1.♖d2).

Turm gegen Läufer

■ *In den Endspielen Turm gegen Läufer verliert die schwächere Partei nur, wenn ihr König auf ein Eckfeld getrieben wird, dessen Farbe der des Läufers gleicht.*
Interessant ist die von **Salvio**, einem bekannten italienischen Schachspieler des 17. Jahrhunderts, **verfaßte Studie** zu diesem Thema. Sie hat noch heute große praktische Bedeutung.

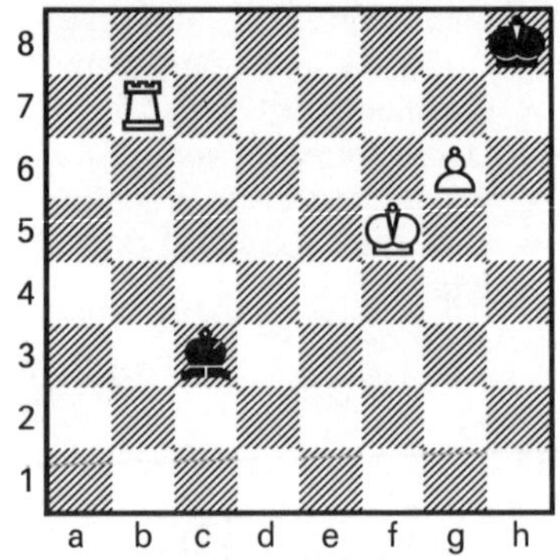

151

Weiß gewinnt auf durchaus nicht schablonenhafte Weise:
1.g7+ ♔h7!
Nur so! Nach 1. ... ♔g8 2.♔g6 oder 1. ... ♗:g7 2.♔g6 ♗f8 (2. ... ♗e5 3.♖e7) 3.♖b8 ♔g8 4.♖a8 siegt Weiß.
2.♖f7!
Damit der König nicht aus der Ecke gelangt.
2. ... ♗d4 (oder 2. ... ♗:g7 3.♔g5 ♔g8 4.♔g6) **3.g8♕+! ♔:g8 4.♔g6**
Jetzt darf der Läufer auf kein anderes Feld ziehen außer g1 (zum Beispiel 4. ... ♗c5 5.♖c7 ♗d6 6.♖c8+ ♗f8 7.♖e8 ♔h8 8.♖:f8 matt).
4. ... ♗g1
Es scheint, daß es Weiß nicht gelingt, den Turm auf die achte Reihe zu überführen bei gleichzeitigem Angriff auf den Läufer. Aber ...
5.♖f1! ♗h2 6.♖f2 ♗g3 (6. ... ♗g1 7.♖g2 ♗c5 8.♖c2) **7.♖g2!**

Jetzt scheitert 7. ... ♗f4 oder 7. ... ♗h4 an 8.♔f5+ bzw. 8.♔h5+.
7. ... ♗d6 8.♖d2 ♗e7 9.♖a2 ♗b4
Es geht nicht 9. ... ♔f8 wegen 10.♖a8+.
10.♖a8+ ♗f8 11.♖c8 ♔h8 12.♖:f8 matt. Eine prächtige Studie.

In der 21. Lektion haben wir behandelt:

- Bauernübergewicht in Turmendspielen mit mehreren Bauern
- Turm gegen Leichtfigur: gegen Springer, gegen Läufer.

Übungsaufgaben zur 21. Lektion

Aufgabe 136:
Weiß: ♔f5; g6
Schwarz: ♔d1, ♖h6
□ Weiß zieht und gewinnt.

Aufgabe 137:
Weiß: ♔f4 ♖h6; a5
Schwarz: ♔e7, ♖e1; e4, f5
□ Weiß zieht und gewinnt.

Aufgabe 138:
Weiß: ♔e5 ♖b2; a6
Schwarz: ♔g8, ♖c7; a7, c5
□ Weiß zieht und gewinnt.

Aufgabe 139:
Weiß: ♔d3, ♖f1; b2, f4, g4
Schwarz: ♔c5, ♖f8; b5, d5, g6
□ Weiß zieht. Welcher Plan ist für Weiß am aussichtsreichsten?

Aufgabe 140:
Weiß: ♔b7, ♖a6; c6
Schwarz: ♔d6, ♗e4
□ Weiß zieht. Kann er gewinnen?

22. Lektion

Vermischte Endspiele und Damenendspiele

In den vermischten Endspielen stehen sich verschiedenartige Figuren einander gegenüber. Wir haben dieses Thema bei den Endspielen Dame gegen Bauern sowie Turm gegen Springer und Läufer bereits kurz berührt.

Läufer und Bauern gegen Springer und Bauern

Wenden wir uns nun den verbreiteten und für die Praxis sehr wichtigen Endspielen zu, in denen der Läufer mit Bauern gegen Springer mit Bauern kämpft.

In solchen Endspielen gelten natürlich ebenfalls die für alle Endspiele zutreffenden allgemeinen Faktoren: **Stellung der Könige, Spiel auf Zugzwang.**

Aber gleichzeitig erlangen auch besondere, für den jeweiligen Endspieltyp spezifischen Umstände wesentliche Bedeutung.

■ *Der Läufer erweist sich unter folgenden Bedingungen als stärker als der Springer:*

□ 1. Beim Spiel auf beiden Flügeln. Da der Läufer langschrittiger ist, kann er schneller seinen Standort wechseln.

□ 2. In Stellungen offenen Charakters bei der Bildung oder beim Vorhandensein von Freibauern. In den meisten Fällen hält der Läufer besser als der Springer die Freibauern des Gegners auf und unterstützt die eigenen.

□ 3. In Stellungen, wo die eigenen Bauern nicht auf Feldern von der Farbe des Läufers stehen. Dann unterstützen die Bauern die Schlagkraft des Läufers.

■ *Der Springer ist gegenüber dem Läufer im Vorteil in Stellungen geschlossenen Charakters beim Vorhandensein blockierter Bauern.*

Wenn die gegnerischen Bauern auf Feldern von der Farbe des Läufers fixiert sind, so engt das nicht nur die Manövrierfähigkeit des Läufers ein, sondern erleichtert auch der Springerpartei das Eindringen auf Feldern der anderen Farbe. Unter diesen Voraussetzungen ist der Springer gegenüber dem Läufer am häufigsten im Vorteil, wenn der Kampf auf einem Flügel geführt wird. In solchen Fällen kann der Springer Felder beider Farben angreifen, während sich der Läufer nur auf die Felder einer Farbe beschränken muß. Die Beweglichkeit hat hier nicht die entscheidende Bedeutung.

Auf dem Diagramm 152 finden wir eine Stellung aus der Partie **Golombek–Keres, Margate 1939.**

Hier erweist sich der Läufer als stärker als der Springer: Das Spiel wird auf zwei Flügeln geführt, der weiße Freibauer im Zentrum kann sicher

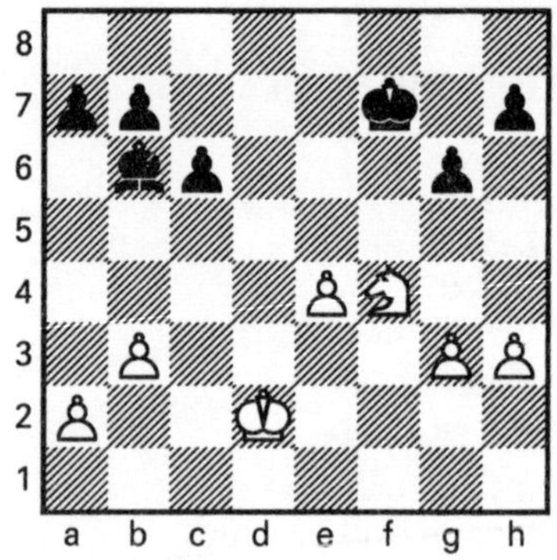

152

gehalten werden und stellt eher eine Schwäche als eine Stärke dar.

Schwarz seinerseits besitzt gute Aussichten, einen entfernten Freibauern am Damenflügel zu bilden.

Beachten wir die harmonische Aufstellung der schwarzen Figuren: Die Bauern stehen hauptsächlich auf *weißen* Feldern (bei Vorhandensein eines *schwarzfeldrigen* Läufers), der König ist zum Marsch ins Zentrum bereit und der Läufer nicht in seinen Aktionen eingeengt.

In der Stellung von Weiß finden sich deutliche Defizite. Ein Hauptmangel ist chronisch, nämlich die Bewegungsbeeinträchtigung des Springers. Dieser Umstand bestimmt auch den Ausgang des Kampfes.

Es folgte:

1. ... ♗f2!

Erzwingt den Zug g4, was dem schwarzen König einen zusätzlichen Durchbruchspfad verschafft (auf den Feldern f6, g5 und h4).

2.g4 ♔f6 3.♔e2 ♗d4 4.♔f3

Der Anziehende verteidigt sich gegen das Eindringen des schwarzen Königs am Königsflügel, aber dieser ändert seine Marschroute.

4. … a5! 5.g5+ ♔e5

Natürlich verbietet sich 5. … ♔g5 wegen der ‚Gabel' 6.♘e6+.

6.♘d3+ ♔d6 7.h4 b5 8.♘e1

Nach dem Vorgehen c6–c5–c4 kann der Springer sowieso nicht auf d3 verbleiben, zum Beispiel 8.♔e2 c5 9.♔d2 c4. Deshalb entschloß sich Weiß, den Springer auf einen anderen Standort zu bringen.

8. … ♗c5 9.♘d3 ♗b6 10.♘f4 ♗d4 11.♘d3 c5

Das etwas langsame Vorgehen von Schwarz (8. … ♗c5 anstelle 8. … c5) erklärt sich wahrscheinlich dadurch, daß die Läuferzüge nicht die Stellung verdarben, und der Plan für den entscheidenden Angriff so sorgfältig wie möglich bedacht werden sollte.

12.♘f4 c4! 13.bc bc 14.♘d5

Weiß hat den Springer auf ein Zentrumsfeld überführt, aber das hilft nicht im Kampf gegen den Freibauern und den Angriff des feindlichen Königs.

14. … ♔e5 15.♘f6 h5 16.♘d5 c3 17.♘f4 c2 18.♘d3+ ♔d6 19.♔e2 ♗b2! Weiß gab auf.

Der schwarze Freibauer hat seine ablenkende Rolle ausgezeichnet gespielt. Wie die folgende forcierte Variante beweist, ist Weiß verloren: 20.♔d2 c1♕+ 21.♘:c1 ♗:c1+ 22.♔:c1 ♔e5 23.♔b2 ♔:e4 24.♔a3 ♔f4 25.♔a4 ♔g4 26.♔:a5 ♔:h4 27.♔b5 ♔:g5 28.a4 h4 29.a5 h3 30.a6 h2 31.a7 h1♕.

In dieser Endphase der Partie wurde der Kampf auf dem ganzen Brett geführt. In der offenen Stellung mit Freibauern war der Läufer stärker als der Springer.

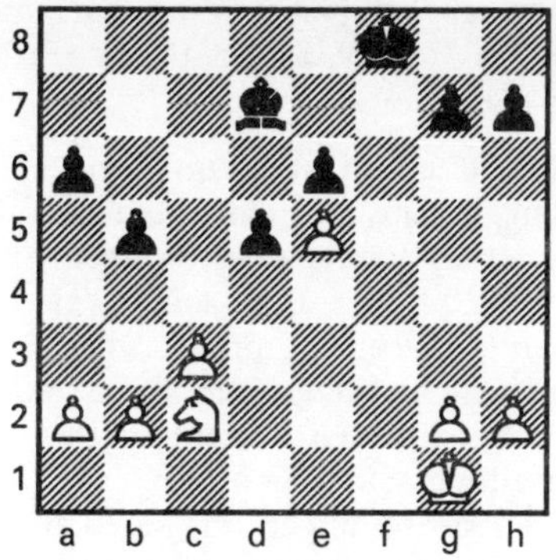

153

Die Diagrammstellung 153 stammt aus der Partie **Subarew–Alexandrow, Moskau 1915.**

Die Situation unterscheidet sich deutlich von der des vorangegangenen Beispiels. Der Läufer ist hier in seinen Aktionen von den Bauern eingeengt. Besonders ungünstig stehen die Bauern b5, d5 und e6, die neben den übrigen Nachteilen ein „Loch" auf c5 lassen (ein unkontrolliertes Feld im eigenen Lager), wohin der weiße König strebt. Nach der Besetzung des Feldes c5 plant Weiß, mit dem Springer die Königsflügelbauern anzugreifen. Diese Operation muß Schwarz in Zugzwang bringen, da sein Springer in seinen Bewegungen äußerst eingeengt ist.

In der Partie folgte:

1.♔f2 ♔e7

Falls 1. … ♔f7 mit der Absicht, den König zum Königsflügel zu führen und einen Angriff auf den Bauern e5 zu organisieren, geschieht 2.♔e2 ♔g6 3.♘e3! ♔g5 4.g3 h5 5.♔d3 h4 6.♔d4. Während nun auf dem Wege des schwarzen Königs ein nicht zu überwindender Wall errichtet ist, gelangt sein weißer Widerpart ungehindert zu den Damenflügelbauern. Deshalb entschließt sich Schwarz, an der passiven Verteidigung festzuhalten.

2.♔e3 ♔d8 3.♔d4 ♔c7 4.♔c5 ♗c8 5.♘b4 ♗b7

Nach 5. … a5 6.♘c6 a4 7.♘d4 gewinnt Weiß.

6.g3 ♗c8 7.♘d3

Der Springer bricht zu den Bauern des Königsflügels auf. Da der König von Schwarz das Feld c7 wegen des Durchbruchs des weißen Königs nicht verlassen darf, obliegt die ganze Verteidigung dem Läufer.

7. … ♗d7 8.♘f4 g6

Schwarz befindet sich fast in Zugzwang. Falls 8. … ♗c8, dann 9.♘h5 g6 10.♘f6 h6 (10. … h5 11.h4!) 11.♘g8 h5 12.♘e7 g5 13.♘:c8 ♔:c8 14.♔d6 mit Gewinn.

9.♘h3 h6 10.♘f4 g5 11.♘h5 ♗e8 12.♘f6 ♗f7 13.♘g4 h5 14.♘e3 ♗g6

Schlecht ist auch 14. … g4 wegen 15.♘g2 ♗g6 16.♘f4 ♗f7 17.b4!

15.h4 gh 16.gh ♗e4. Mit dem Ziel, den Übergang des weißen Springers nach f4 zu verhindern.

17.♘f1 ♗f3 18.♘d2 ♗e2 19.♘b3 ♗g4 20.♘d4 ♗h3 21.♘e2 ♗f5 22.♘f4 ♗g4 23.b4. Schwarz ist in Zugzwang. Jeder Zug führt zu Materialverlust (23. … ♔b7 24.♔d6). Schwarz gab deshalb auf.

Läuferpaar mit Bauern gegen Läufer und Springer mit Bauern

Interessant sind Endspiele, in denen das Läuferpaar mit Bauern gegen Läufer und Springer mit Bauern sowie gegen das Springerpaar mit Bauern zu kämpfen hat. Die gemeinsamen Aktionen des weitreichenden Läuferpaares führen oft zu Situationen, die an das Endspiel des erfolgreichen Kampfes des starken Läufers gegen den schwachen Springer in der Partie Golembek–Keres (vergleiche Diagramm 152) erinnern.

■ *Die Kraft des Läuferpaares tritt zutage in offenen Stellungen, beim Spiel auf beiden Flügeln und beim Vorhandensein von Freibauern.*
Ein charakteristisches Beispiel ist die Schlußphase der Partie **Boleslawski–Randvir, Pärnu 1947.**

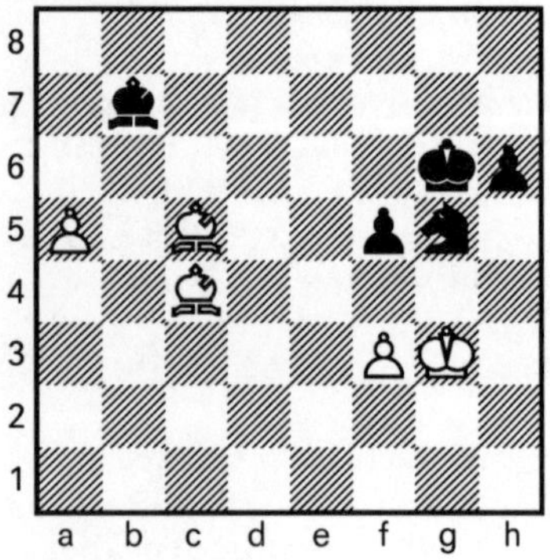

154

Das Ziel von Weiß ist es, den Einzug seines Freibauern zur Dame zu sichern. Es folgte:
1.♗e2 f4+ 2.♔f2 (2.♔:f4? ♘e6+ nebst 3. ... ♘:c5) **2. ... h5**
Dieser Freibauer ist weitaus weniger gefährlich als der a-Bauer, den das Läuferpaar unterstützt.
3.a6 ♗c6 4.♗e7 ♘e6
Schlecht wäre 4. ... h4 wegen 5.♗d3 ♔h6 6.♗:g5+ ♔:g5 7.♗e4! Hier wird ein wichtiges Moment deutlich: Die das Läuferpaar besitzende Seite kann häufig einen Läufer abtauschen, um in ein einfacheres, aber vorteilhaftes Endspiel überzuleiten.
5.a7 ♔f7 6.♗d6 ♗a8 7.♗d3 ♘g5 8.♗:f4 ♘:f3 9.♔e3 ♘e1 10.♗e4!
Jetzt gelingt es dem schwarzen Springer nicht, den Freibauern aufzuhalten.
10. ... ♘g2+ 11.♔d4 ♘:f4 12.♗:a8 ♘e6+ 13.♔d5 ♔e7
Es rettete auch nicht 13. ... ♘c7+ 14.♔c6 ♘:a8 15.♔b7 h4 16.♔:a8 h3 17.♔b8 h2 18.a8♕.
14.♔c6 ♔d8 15.♗b7 ♘c7 16.♔b6 h4 17.♗g2.
Schwarz gab auf. Nach 17. ... ♔d7 18.♗h3+ ♔d8 19.♔b7 befindet er sich in Zugzwang.

In Schachbüchern ist mitunter zu lesen, daß im Endspiel das Läuferpaar stärker ist als Läufer und Springer oder zwei Springer. Eine solche vergleichende Bewertung dieser Figuren darf man nicht kategorisch auffassen. Alles hängt von den Besonderheiten der jeweiligen Stellung ab. In geschlossenen Stellungen mit blockierten Bauernketten kommt oft die Stärke des Läuferpaares nicht zur Geltung.

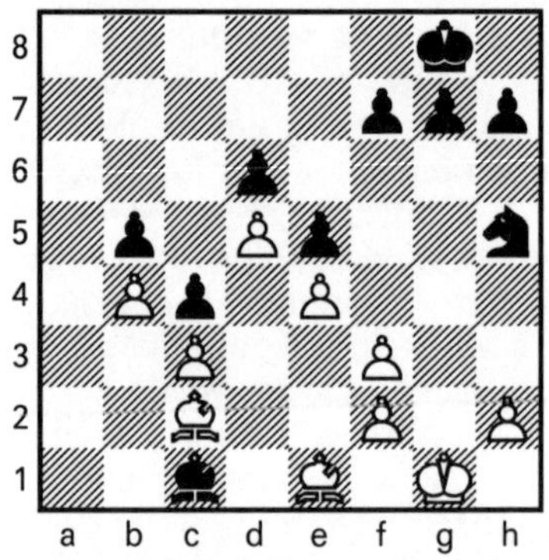

155

Die Stellung auf dem Diagramm 155 entstammt der Partie **Kljawin–Ragosin, Riga 1952.**
Die passive Aufstellung der weißen Läufer wird durch den Doppelbauern auf der f-Linie noch unterstrichen. Weiß befindet sich praktisch in Zugzwang – er muß abwarten, was der Gegner unternimmt. Der Angriff der schwarzen Figuren am Königsflügel entscheidet.
1.♗d1 ♘f4 2.♗c2 f6 3.♔f1 ♔f7 4.♗d1 ♔g6 5.♗c2 ♔g5 6.♗b1 ♔h4 7.♗c2 ♔h3 8.♔g1 h6 9.♗b1 h5 10.♗c2 ♘d3 11.♔f1 ♔:h2 12.♔e2 ♔g2, und Weiß gab auf.

Damenendspiele

Die Beschäftigung mit der Endspieltheorie beschließen wir mit den Damenendspielen. Häufig mußten wir beobachten, wie Schachanfänger vor einem Übergang in sogar vorteilhafte Damenendspiele zurückschreckten. Ein solches Verhalten läßt sich wahrscheinlich dadurch erklären, daß viele offenbar befürchten, der Verteidiger könne sich im Damenendspiel leicht durch ein ewiges Schach vor der Niederlage retten.

■ *Natürlich existiert die Gefahr einer ständigen Verfolgung des Königs durch die feindliche Dame, aber in vielen Fällen kann man sie abwehren. Dazu ist erforderlich:*
□ 1. Dem König wird im eigenen Lager ein sicherer Schutz geschaffen.
□ 2. Wenn der König in den Kampf eingreift, muß er seinen Freibauern oder die gegnerischen Bauern als Deckung nutzen.
In Damenendspielen sind Freibauern von sehr großer Bedeutung. Dabei kommt es nicht so sehr auf die Anzahl der Freibauern, sondern auf ihre Nähe zum Umwandlungsfeld an. Ein weitvorgedrungener Freibauer erweist sich als ein viel wichtigerer Faktor als einige gegnerische Bauern, die von der letzten Reihe weiter entfernt stehen. Dies erklärt sich dadurch, daß eine Dame allein in der Lage ist, ohne Hilfe des Königs einen Bauern zur Dame zu führen, auch wenn ihr eine Figur der anderen Seite im Wege steht.

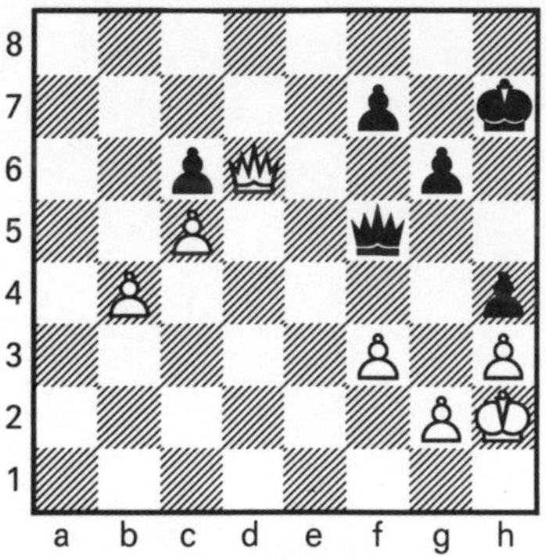

156

Die Diagrammstellung 156 zeigt eine Spielsituation aus der Partie **Maróczy–Bogoljubow, Dresden 1936.** Es geschah:

1.b5

Schwach wäre 1.♕:c6 wegen 1. ... ♕f4+ 2.♔g1 ♕c1+ 3.♔f2 ♕d2+ 4.♔f1 ♕d1+ mit ewigem Schach.

Deshalb muß Weiß für das Vorgehen seines c-Bauern einen Bauern opfern. Man beachte, daß 1.♕:c6 eine gute Entscheidung wäre, wenn sich in der Ausgangsstellung die weißen Bauern auf den Feldern f2, g3, h2 und der König auf g2 befänden. Der weiße König hätte dann einen sicheren Schutz gegen Schachgebote, und der Freibauer am Damenflügel könnte ungehindert vorgehen.

1. ... cb 2.c6 ♕c2 3.♕d5

Das ist logischer als sogleich 3.c7.

3. ... ♔h6 4.♕d6

Mit Recht verzichtet Weiß darauf, den schwarzen Bauern zu schlagen. Der gegnerische Bauer b5 gewährt dem weißen König später Schutz.

4. ... ♕c4 5.c7! ♔h7 6.♕d7

Da es nicht gelingt, gleichzeitig den Schutz des Königs auf der rechten Brettseite zu sichern und das Vorgehen des c-Bauern zu forcieren, entscheidet sich Weiß für eine lange Königswanderung.

6. ... ♕f4+ 7.♔g1 ♕c1+ 8.♔f2 ♕c5+ 9.♔e2 ♕c2+ 10.♔e3 ♕c5+ 11.♔e4 ♕c4+ 12.♔e5 ♕c3+ 13.♔d5 ♕c4+ 14.♔d6 ♕b4+ 15.♔c6 ♕c3+ 16.♔b7.

Schwarz gab auf, denn gegen 17.c8♕ gibt es keine Verteidigung.

In der 22. Lektion haben wir behandelt:

- Läufer und Bauern gegen Springer und Bauern
- Läuferpaar mit Bauern gegen Läufer und Springer mit Bauern
- Damenendspiele.

Übungsaufgaben zur 22. Lektion

Aufgabe 141:
Weiß: ♔h4, ♗d6; h3
Schwarz: ♔f3, ♘d1
□ Weiß zieht und gewinnt.

Aufgabe 142:
Weiß: ♔g1, ♘c7; b6, c5
Schwarz: ♔f3, ♗b1; b7, f7
□ Weiß zieht und gewinnt.

Aufgabe 143:
Weiß: ♔h2, ♗c5; d5, f2, g2, h3
Schwarz: ♔h7, ♘a4; e6, f7, f6, h6
□ Weiß zieht. Wie würden Sie spielen?

Aufgabe 144:
Weiß: ♔a8, ♕b2; b7
Schwarz: ♔b6, ♕h1
□ Schwarz zieht. Wie erreicht Weiß den Gewinn, wenn Schwarz 1. ... ♔a6 und 1. ... ♔c7 spielt?

Aufgabe 145:
Weiß: ♔h2, ♕c8; b5, g2, h3
Schwarz: ♔h7, ♕e4; f7, h4
□ Weiß zieht und gewinnt.

III. Strategie und Taktik – Das Mittelspiel

Lektionen 23 bis 30

Strategie und Taktik

Im Schach ist man, wie bei jeder Tätigkeit, wo die Freiheit der Entscheidung besteht, ständig mit den Fragen konfrontiert: *Was ist zu tun?* und: *Wie soll man es tun?* Das Hauptziel im Schach ist zwar bekannt – das Mattsetzen des gegnerischen Königs. Das verbreitetste und sicherste Verfahren zur Erreichung dieses Ziels besteht jedoch darin, zuerst einen zum Gewinn ausreichenden Materialvorteil zu erlangen. Das Mattsetzen des Königs als Hauptziel des Schachspiels wird nämlich äußerst selten auf direktem Wege erreicht. Bis zum Endziel bedarf es zahlreicher Teilunternehmungen, von denen jede die Verwirklichung eines selbständigen Zieles darstellt. Es handelt sich um notwendige Zwischenglieder einer zum Hauptziel führenden Kette. Der hervorragende holländische Schachspieler Max Euwe (Weltmeister von 1935 bis 37) sagte:

„Bei der Suche nach einem schwierigen mathematischen Beweis streben wir niemals danach, sogleich zum Endziel zu gelangen; wir zerlegen vielmehr die Aufgabe in einzelne Teile, die es uns ermöglichen, die Schwierigkeiten getrennt zu untersuchen und so die vor uns stehende Aufgabe zu vereinfachen. Ähnlich verhält es sich im Schach. Wer sich im Schach kein anderes Ziel stellt als das Mattsetzen des Gegners, der wird niemals ein guter Schachspieler. Es ist notwendig, die Aufgabe, den König matt zu setzen, in eine Reihe einfachere Teilschritte zu zerlegen – kleine positionelle Vorteile zu erlangen ... Wer ein zu weites Ziel anstrebt, begeht ebenso einen schweren Fehler wie der, der ohne jedes Ziel spielt.“

Das heißt, ein Schachspieler muß sich in der Partie neben dem Endergebnis auch von Teilzielen leiten lassen.

Der Plan

Um die einzelnen Teilziele zu erreichen, muß ein Plan für die Aktionen auf dem Schachbrett aufgestellt und durchgesetzt werden. Anhand der bereits angeführten Beispiele konnten wir uns von der planmäßigen Entwicklung des Spiels überzeugen.

So war zum Beispiel im Kampf Dame gegen Turm das Erreichen des Sieges an die Erfüllung folgender Etappen geknüpft:

a) Turmgewinn;

b) Treiben des gegnerischen Königs zum Brettrand;

c) Mattsetzen des eingeengten Königs.

Der von uns ausgearbeitete Plan gibt Antwort auf die Frage: Was muß der Spieler in der jeweiligen Stellung tun, und welche Veränderungen hat er in der Figurenstellung anzustreben.

Bei der Aufstellung des Planes darf der Spieler nicht willkürlich vorgehen, sondern muß sich von der konkreten Stellungsbeurteilung leiten lassen. Das heißt, es sind typische Merkmale in der Aufstellung der Figuren zu berücksichtigen.

Strategische und taktische Merkmale

Die Schachtheorie unterteilt die typischen Stellungsmerkmale in strategische (verhältnismäßig stabile) und taktische (mehr dynamische).

■ Zu den strategischen Merkmalen gehören u. a.:
Beweglichkeit der Figuren
Beherrschung des Zentrums
Königsstellung
Besitz von offenen Linien
Bauernkonstellation
Materialübergewicht.

■ Die strategischen Merkmale in ihrer Gesamtheit bilden die Schachstrategie. Diese stellt den bestimmenden Faktor in der Stellungsbewertung und bei der Ausarbeitung des Planes dar.

Die taktischen Merkmale bilden die Schachtaktik, die die konkrete Umsetzung des beabsichtigten Planes gewährleistet.

Die Taktik äußert sich in den verschiedenartigen konkreten Verfahren, in einzelnen Zügen und Varianten und der Lösung der im Plan gestellten Aufgaben. So wurde zum Beispiel

in der erwähnten Stellung Dame gegen Turm eine der wichtigsten Etappen – Turmgewinn – dank dem Doppelangriff der Dame auf der Diagonale gegen König und Turm gleichzeitig erreicht. Der Doppelangriff stellt eines der verbreitetsten taktischen Verfahren dar.
Die Grundelemente der Schachstrategie und -taktik werden wir in der Regel an Beispielen aus dem Mittelspiel verdeutlichen.

Wir erinnern uns:
■ *Mittelspiel nennt man die mittlere oder zweite Phase der Schachpartie, in dem eine verhältnismäßig große Anzahl von beiderseitigen Streitkräften Aktivität entfalten.*

Im Unterschied zur Eröffnung, wo sich die Figuren erst noch auf die bevorstehenden Kämpfe vorbereiten, oder zum Endspiel, in dem die auf dem Brett verbliebenen Streitkräfte meist relativ gering sind, häufen sich im Mittelspiel gewöhnlich scharfe und äußerst kampfbetonte Stellungen. Besonders im Mittelspiel sind die Könige größten Gefahren ausgesetzt.

Typische taktische Verfahren

Taktische Verfahren sind einzelne Züge oder Varianten, die darauf hinzielen, sofort ein konkretes Ergebnis zu erreichen (Angriff, Verteidigung, Materialgewinn, Schachgebot, Matt u. a.). Die taktischen Verfahren können sowohl forcierten als auch nichtforcierten Charakter tragen. Zu den taktischen Verfahren zur Forcierung der Entwicklung der Ereignisse auf dem Brett gehört die Kombination.

■ *Die Kombination ist eine forcierte Variante, die meist unter Opfer zu einem bestimmten Vorteil führt.*

Die Taktik ist im Schachkampf, besonders in der Praxis der Schachanfänger, von größter Bedeutung. Taktische Fehler wirken sich gewöhnlich folgenschwerer aus als strategische. Euwe wies darauf hin, daß, wenn ein unmotivierter Plan gewählt wird und der Kontrahent ihn mit einer Konterattacke widerlegt, man **allmählich** in eine schwierige Lage geraten kann; eine übersehene Mattdrohung hat hingegen eine **sofortige** Niederlage zur Folge.
In dieser und den folgenden fünf Lektionen wollen wir typische taktische Verfahren untersuchen. Mit manchen von ihnen hat der Leser bereits kurz Bekanntschaft gemacht (Doppelangriff, Fesselung u. a.). Doch nun werden wir ausführlicher auf die taktischen Spielverfahren eingehen.

Der Doppelangriff

■ *Der Doppelangriff ist ein gleichzeitiger Angriff auf zwei (oder mehr) Objekte.*

Ein Doppelangriff kann mit jeder Figur, den König einbegriffen, unternommen werden. Aber am häufigsten werden dafür Dame und Springer verwendet. Die Dame ist dank ihrer weitreichenden Schlagkraft gut für Doppelangriffe geeignet. Auch der Springer erweist sich auf Grund seiner besonderen Gangart für Doppelangriffe als geradezu ideal.

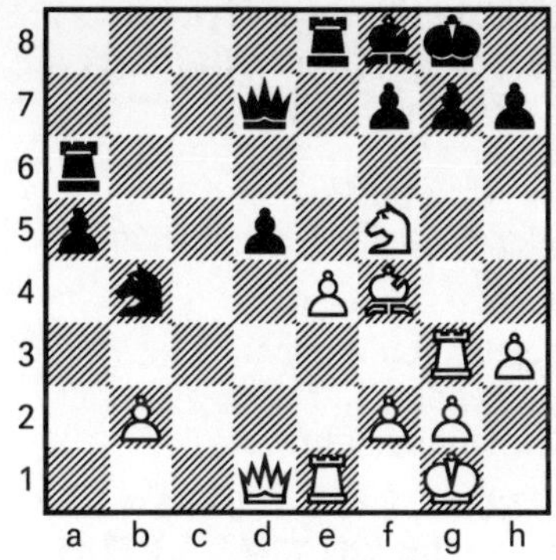

157

Die Diagrammstellung 157 stammt aus der Partie **Keres–Gligorić, Belgrad 1959.**
Weiß gewinnt durch die folgende Kombination:
1.♖:g7+! ♗:g7 2.♕g4
Jetzt droht nicht nur 3.♕:g7 matt, sondern auch 3.♘h6+ mit Damengewinn. Schwarz zog 2. ... **♕:f5**, aber das rettete ihn nicht vor der Niederlage.
Ein Doppelangriff kann nicht nur von einer einzelnen Figur unternommen werden, sondern auch durch gleichzeitige gemeinsame Aktionen von zwei Figuren. Dies zeigt der folgende Ausschnitt aus der Partie **Krogius–Martjuschow, Tula 1948.**
Weiß ist am Zuge.

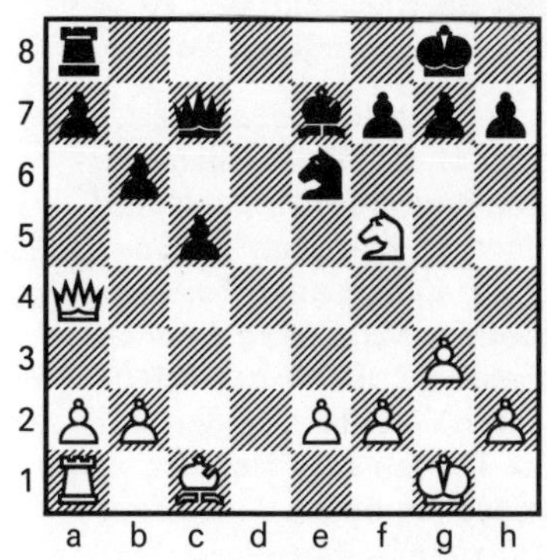

158

Nach dem Zug **1.♕c6!** wurde klar, daß die gemeinsamen Bemühungen von Dame und Springer Schwarz einen Doppelangriff aussetzen, gegen den es keine befriedigende Verteidigung gibt. Auf 1. ... ♕:c6 folgt 2.♘:e7+ ♔f8 3.♘:c6, und 1. ... ♕d8 oder 1. ... ♖c8 ist schlecht wegen 2.♘:e7+.

Ein interessanter Doppelschlag wurde in der folgenden Kurzpartie mit der Rochade durchgeführt:

1.e4 e5 2.♘f3 ♘c6 3.♗b5 a6 4.♗a4 d6 5.♗:c6+ bc 6.d4 f6 7.♘c3 ♖b8 8.♗e3 ♖:b2!? 9.de fe 10.♘:e5 de?

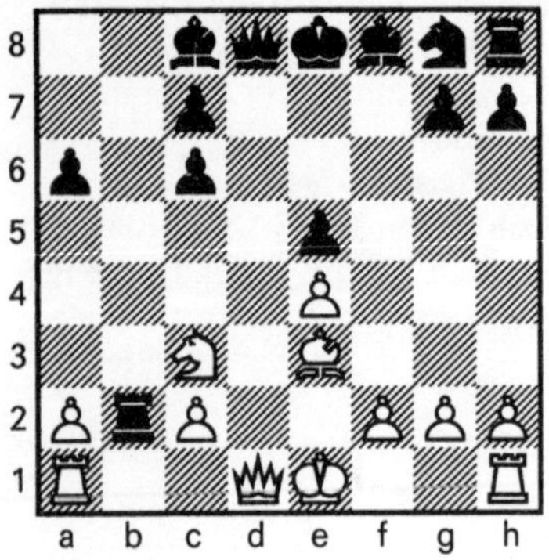

159

Notwendig war 10. ... ♕f6! 11.♗d4 de 12.♕h5+ ♕g6 13.♕:e5+ ♘e7 mit scharfer und schwer zu bewertender Stellung.
11.♕:d8+ ♔:d8 12.0–0–0+.
Jetzt fällt überraschend der Turm b2, wonach Schwarz verloren ist.

Mit einem unmittelbaren Angriff auf zwei Figuren erschöpfen sich die Möglichkeiten eines Doppelangriffs noch nicht. In manchen Fällen beinhaltet ein Doppelangriff nicht nur eine sofortige Bedrohung, sondern eine in naher Zukunft bevorstehende vorteilhafte Veränderung der Stellung (z. B. die Drohung, in wenigen Zügen matt zu setzen, einen Bauern zur Dame einzuziehen usw.).

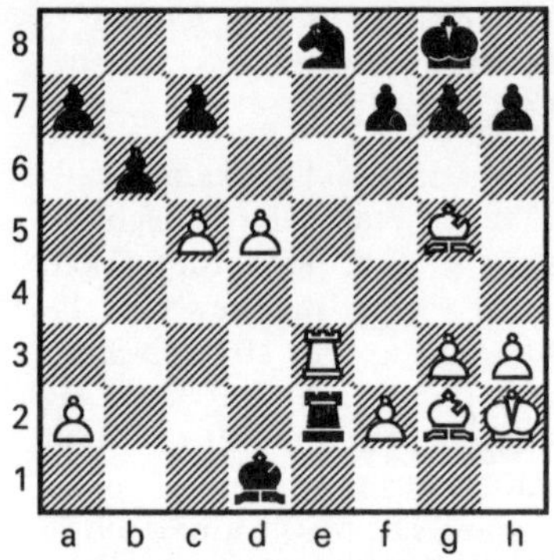

160

Das Diagramm 160 zeigt eine Stellung, die in der Partie **Boleslawski–Taimanow, Moskau 1952,** entstand. Weiß hat sich zu einem Vorgehen seines Freibauern entschlossen:
1.d6 cd 2.cd
Was soll Schwarz tun? Nimmt er den Bauern sofort (2. ... ♘:d6), entscheidet der Doppelangriff 3.♖d3 den Partieausgang. Scheinbar kann Schwarz den drohenden Figurenverlust durch einen Zwischentausch mit dem Turm vermeiden. Aber auf 2. ... ♖:e3 folgt überraschend 3.d7!, und Schwarz gerät in eine aussichtslose Lage. Der Zug 3.d7 ist ebenfalls ein Doppelangriff. Er droht den Springer e8 zu schlagen oder mit dem Bauern zur Dame einzuziehen (4.d7–d8♕). Die gegenseitige Verteidigung der eigenen Figuren, ihr Zusammenwirken, stellt die beste Abwehr gegen Doppelangriffe dar. Eine Isolierung von Streitkräften schafft für einen Doppelangriff günstige Voraussetzungen.

Der Abzugsangriff

Gewöhnlich lassen sich ein Angriff auf irgendeine Figur, eine unmittelbare Mattdrohung oder die Drohung einer Bauernumwandlung usw. leicht erkennen.

Ein weitaus tückischeres Verfahren stellt der **Abzugsangriff** dar:
■ *Eine Figur wird weggezogen und macht einer anderen Figur die Bahn für eine gefährliche Drohung frei.*

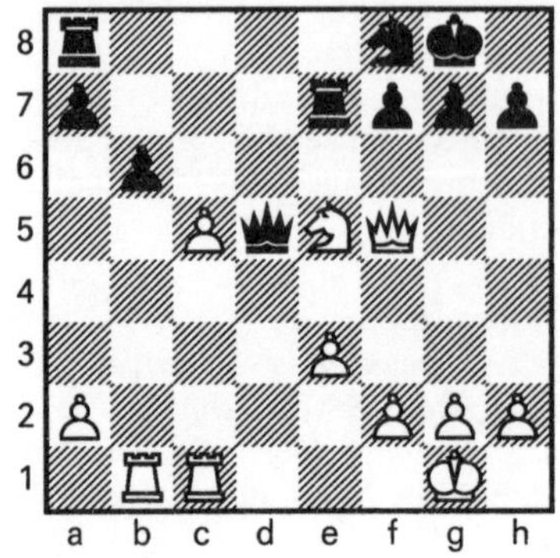

161

Die Stellung auf dem Diagramm 161 ist der Partie **Krogius–Sergijewski, Woronesh 1959,** entnommen. Weiß ist am Zuge.
Mit **1.♘g6!** eröffnete Weiß den Angriff auf die schwarze Dame und bedrohte zugleich den Turm e7. Dank dem Abzugsangriff wurde die Partie unverzüglich zugunsten von Weiß entschieden.
Schwarz streckte die Waffen, da sowohl 1. ... ♕:f5 2.♘:e7+ als auch 1. ... ♕d7 2.♘:e7+ ♕:e7 3.cb ab 4.♖:b6 ♖:a2 5.♖b8 ungenügend ist.

Abzugsschach und Doppelschach

Zu den häufigen Fällen des Abzugsangriffs gehören das Abzugs- und das Doppelschach. Über diese Spielverfahren haben wir schon kurz gesprochen.

Wir erinnern uns:

■ *Beim Abzugsschach zieht eine Figur, doch eine andere, die „aufgedeckte", bietet Schach.*

Ein Abzugsschach oder aufgedecktes Schach ist gewöhnlich äußerst gefährlich, besonders wenn die abziehende Figur selbst einen Schlag oder Angriff unternimmt. Denn dabei ist die abziehende Figur unantastbar, weil der Gegner das Schachgebot abwehren muß.

■ *Das Doppelschach stellt ein noch wirkungsvolleres Angriffsverfahren dar. Hier greift nicht nur die aufgedeckte, sondern auch die abgezogene Figur den König an.*

Betrachten wir ein Beispiel.

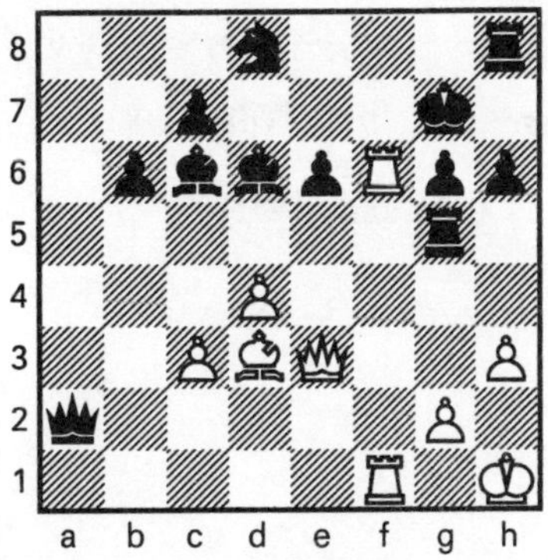

162

Diese Stellung entstand in der Partie **Krejcik–Laitheb, Wien 1951.**

Auf den ersten Blick scheint es schlecht um Weiß zu stehen, aber ein Damenopfer ermöglicht es ihm, einen starken Angriff auf den schwarzen König zu organisieren.

Es folgte:

1.♕:g5! hg 2.♖:g6+ ♔h7 3.♖:e6+ Abzugsschach.

3. ... ♔g8 4.♖g6+ ♔h7 5.♖:d6+ ♔g8 6.♖g6+ ♔h7 7.♖:c6+ ♔g8 8.♖g6+ ♔h7 9.♖:b6+ ♔g8 10.♖g6+ ♔h7 11.♖a6+ ♔g8 12.♖:a2, und Weiß gewann.

Dieses Verfahren der wirkungsvollen Ausnutzung des Abzugsschach ist unter dem Namen **Zwickmühle** bekannt. Die „Hauptpersonen" beim Betrieb der Mühle sind gewöhnlich Läufer und Turm. Dabei kommt es darauf an, daß der Läufer keinem Schlag ausgesetzt ist.

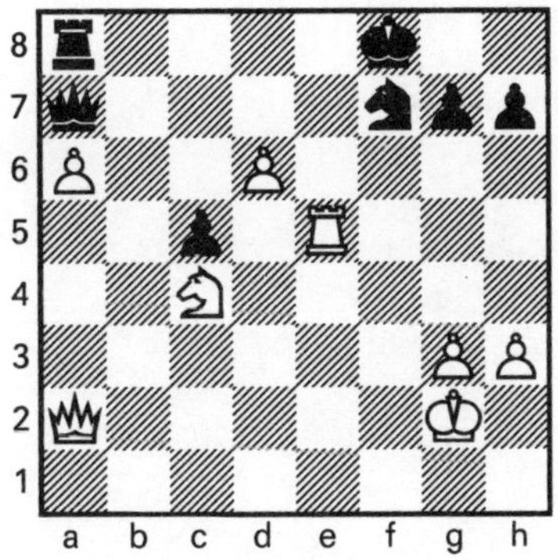

163

Die Diagrammstellung 163 stammt aus der Partie **Johannesen–Stahlberg, Stockholm 1961.**

Weiß realisiert seinen Vorteil auf schnellste Weise, indem er die Stärke des Doppelschachs ausnutzt. In der Partie geschah:

1.♖e7! ♕:a6 2.♖:f7+ ♔:f7 3.♘e5++ ♔f6

Andere Königszüge würden zu einzügigem Matt führen.

4.♘g4+

Schwarz gab auf wegen 4. ... ♔f5 5.♕d5+ ♔g6 6.♕e6+ ♔h5 7.♕f5+ g5 8.♕:h7 matt.

Wie wir sahen, ist eine Verteidigung gegen einen Abzugsangriff (besonders gegen ein Doppel- oder Abzugsschach) schwierig. Man muß aufmerksam die gegnerischen Figuren auf Diagonalen, Linien und Reihen im Auge behalten, auf denen ohne ausreichende Deckung die wichtigsten eigenen Streitkräfte postiert sind (vor allem der König).

In der 23. Lektion haben wir behandelt:

- Strategie und Taktik
- Der Plan in der Schachpartie
- Strategische und taktische Merkmale
- Typische taktische Verfahren: Doppelangriff, Abzugsangriff, Abzugsschach und Doppelschach.

Übungsaufgaben zur 23. Lektion

Aufgabe 146:
Weiß: ♔g2, ♖b1, ♗e3; b5, f2, g3, h4
Schwarz: ♔d6, ♖a5, ♗d8; b6, f7, g6, h7
□ Weiß zieht und gewinnt.

Aufgabe 147:
Weiß: ♔g1, ♕g3, ♖a1, ♖c1, ♗d2, ♗d5; a4, b2, d3, e4, f2, g2, h3
Schwarz: ♔h8, ♕e7, ♖c8, ♖f8, ♘a5, ♘c7; a6, b4, d4, e5, f7, g6, h7
□ Weiß zieht. Wie würden Sie spielen?

Aufgabe 148:
Weiß: ♔g1, ♕c3, ♖d1, ♖e1; a2, b3, c2, f2, g2, h3
Schwarz: ♔g8, ♕f6, ♖e5, ♖e4; a7, b6, c5, d5, g7, h5
□ Schwarz zieht. Wie würden Sie spielen?

Aufgabe 149:
Weiß: ♔g1, ♕e5, ♖c1, ♖f1, ♗b1, ♘c3, ♘f4; a3, b2, d4, f2, g2, h2
Schwarz: ♔h7, ♕d8, ♖c8, ♖f8, ♗e6, ♘c6, ♘g7; a7, b7, d5, f7, g6, h6
□ Weiß zieht. Wie würden Sie spielen?

Aufgabe 150:
Weiß: ♔e1, ♖a1, ♖h1, ♗c1, ♗e2, ♘f3; b2, b3, c3, c6, e3, f2, g2, h2
Schwarz: ♔e8, ♖a8, ♖h8, ♗e4, ♗f8, ♘b8, ♘c5; a7, b7, e7, f7, g6, h7
□ Weiß zieht. Wie würden Sie spielen?

Aufgabe 151:
Weiß: ♔f1, ♕d5, ♖c1, ♘g1; a2, b5, c4, f2, g3
Schwarz: ♔h5, ♕b7, ♖h1, ♗f3; a7, b6, e4, f7, g5, h7
□ Schwarz zieht und gewinnt.

Aufgabe 152:
Weiß: ♔g1, ♕b3, ♖a1, ♖e1, ♗c1, ♘c3, ♘f3; a4, b2, d4, f2, g2, h2
Schwarz: ♔e8, ♕f5, ♖a8, ♖h8, ♗d7, ♗g7, ♘f6; a6, b7, d5, e7, f7, g6, h7
□ Weiß zieht. Wie würden Sie spielen?

Aufgabe 153:
Weiß: ♔h1, ♕d1, ♖f1, ♗d2, ♘c2, ♘a3; a2, b3, f3, g3, h2
Schwarz: ♔g8, ♕a6, ♖e8, ♗g7, ♘d3, ♘d7; a7, d5, f7, g6, h7
□ Schwarz zieht und gewinnt.

Aufgabe 154:
Weiß: ♔g1, ♕f3, ♖e1, ♖h1; a3, b2, f2, g4, h2
Schwarz: ♔g8, ♕c6, ♖d5, ♗h3; a7, f6, f7, h7
□ Schwarz zieht und gewinnt.

Aufgabe 155:
Weiß: ♔h1, ♕d3, ♖a1, ♖e4, ♘g5; a2, b2, g2, h2
Schwarz: ♔h8, ♕f2, ♖d8, ♖f8, ♘c2; a7, b7, g7, h7
□ Weiß zieht und gewinnt.

24. Lektion

Fesselung und Unterbrechung der Figurenbahn

Die Fesselung

■ *Die Fesselung gehört zu den verbreitetsten taktischen Verfahren und ist ein Angriff einer langschrittigen Figur (Dame, Turm, Läufer) auf eine gegnerische, die selbst eine andere, wertvollere Figur oder ein wichtiges Feld schützt.*
Die zu schützende Figur oder das zu schützende Feld muß einen größeren Wert besitzen als der gefesselte Stein, da sonst die Fesselung ihre Bedeutung verliert. Die Fesselung engt gewöhnlich die Beweglichkeit der gegnerischen Figuren wesentlich ein. In manchen Fällen ruft sie sogar eine Lähmung ihrer Aktionen hervor.

Ausnutzen der Fesselung

■ *Besonders gefährlich ist die Fesselung einer Figur, wenn hinter ihr der König steht, so daß ihr Wegzug unmöglich ist.*

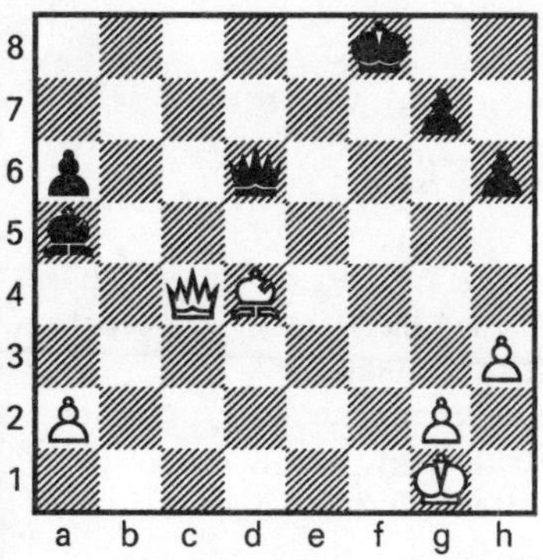

164

Diese Stellung stammt aus der Partie **Brüntrup–Budrich, Berlin 1954.**
Weiß fesselt nun die gegnerische Dame:
1.♗c5
Die schwarze Dame schützt den König, und deshalb darf sie nicht von der Diagonale a3–f8 wegziehen. Jedoch findet Schwarz scheinbar eine Verteidigung. Er versucht, die fesselnde weiße Figur mittels einer Gegenfesselung zum Abtausch zu zwingen und dadurch die eigene Dame zu retten:
1. ... ♗b6
Jetzt würde 2.♗:b6 ♕:b6+ zu einem gleichstehenden Damenendspiel führen. Weiß widerlegt aber die Berechnungen des Gegners:
2.♕f4+!
Das ist die Pointe. Die gefesselte schwarze Dame darf nicht auf f4 schlagen. Schwarz gab auf.
In diesem Beispiel hatten wir es mit **Kreuzfesselungen** zu tun.

Wir erinnern uns:
In einer früheren Lektion haben wir gesagt, daß Fesselungen auf Linien, Reihen und Diagonalen möglich sind und daß die Fesselung gewöhnlich durch die fesselnde Figur selbst (Dame, Turm oder Läufer) ausgenutzt wird.
Wie die folgende Kurzpartie zeigt, krönt manchmal aber auch ein Springerzug den Erfolg dieses Verfahrens.

Rubinstein–Vidmar
Berlin 1918
1.d4 ♘f6 2.c4 e5 3.de ♘g4 4.♘f3 ♘c6 5.♗f4 ♗b4+ 6.♘bd2 ♕e7 7.a3 ♘g:e5 8.ab??

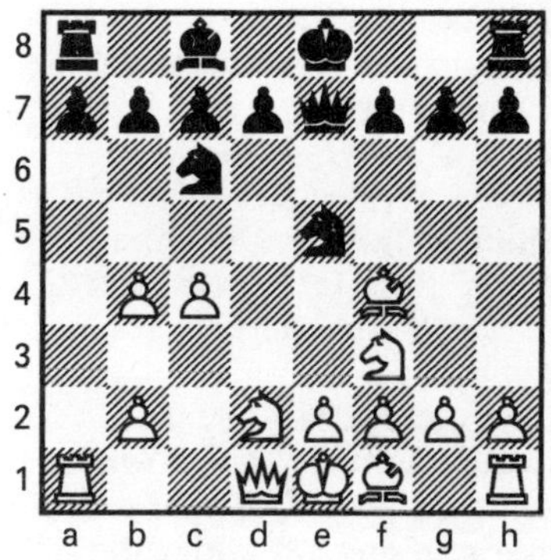

165

Richtig war 8.♘:e5 ♘:e5 9.e3 oder 9.♗:e5. **8. ... ♘d3** matt.
Es ist bemerkenswert, daß diese Partie zwischen zwei namhaften Großmeistern gespielt wurde.

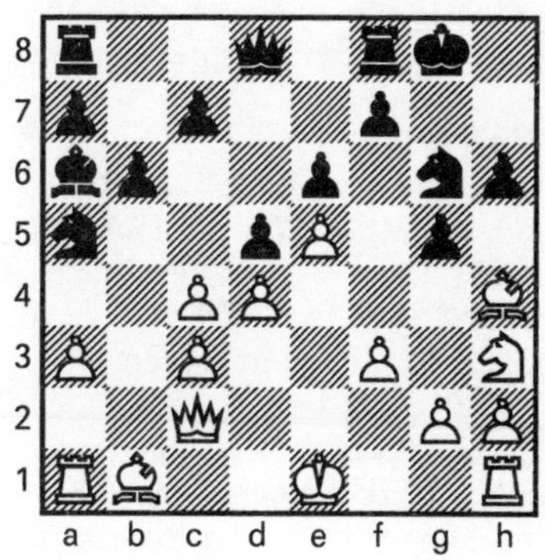

166

Die Stellung auf dem Diagramm 166 kam in der Partie **Kotow–Keres, Budapest 1950,** vor. Weiß zieht.
Es geschah:
1.♘f4!!
Die Möglichkeit für diesen prächtigen und sehr starken Zug boten zwei Fesselungen, und zwar die eine auf der Diagonale h4–d8 (1. ... gf wäre schlecht wegen 2.♗:d8) sowie die andere auf der Diagonale b1–h7 (1. ... ♘:f4 verbietet sich angesichts 2.♕h7 matt). Im letzteren Fall deckt der gefesselte Springer g6 nicht eine andere Figur, sondern ein wichtiges *Feld,* auf dem die weiße Dame den schwarzen König matt setzen kann.
Lernende beachten oft derartige Fesselungen nicht. Deshalb aufgepaßt!
In der Partie folgte weiter:
1. ... gh 2.♘:g6
Der schwarze König ist in eine gefährliche Lage geraten. Es droht der Abzugsangriff 3.♘e7+ nebst 4.♕h7 matt. Deshalb muß Schwarz **2. ... ♖e8** antworten.
Jetzt folgt auf 3.♘e7+ nicht 3. ... ♖:e7 wegen 4.♕h7+ ♔f8 5.♕h8 matt, sondern 3. ... ♔f8, und der König rettet sich durch die Flucht.
3.♘h8!
Beachten wir, daß taktische Verfahren in der Partie oft nicht isoliert durchgeführt werden, sondern sich einander ergänzen. So war in unserem Beispiel die Anwendung des Abzugsangriffs geplant, und verwirklicht wurde die Hinlenkung (von der wir später noch ausführlich sprechen werden).
3. ... ♖e7
Falls 3. ... ♕e7, so 4.♕h7+ ♔f8 5.♕:h6+ ♔g8 6.♗h7+ (Ablenkung) 6. ... ♔:h8 7.♗g6+ (Abzugsschach) 7. ... ♔g8 8.♕h7+ ♔f8 9.♕h8 matt.
Auch 3. ... ♕d7 verliert wegen 4.♕h7+ ♔f8 5.♘g6+.
4.♕h7+ ♔f8 5.f4!
Der Bauer schaltet sich in den Angriff ein. Das ist auch von Bedeutung in der Variante 5. ... ♔e8 6.♘:f7 ♖:f7 7.♗g6 ♕e7 8.0–0 ♕f8 9.f5.
5. ... ♘:c4 6.f5! ef (andernfalls folgt 7.f6) **7.0–0 ♗c8 8.♗:f5 ♗:f5 9.♖:f5 ♔e8 10.♖:f7 ♔d7 11.♕f5+ ♔c6 12.♕f6+ ♔d7 13.e6+ ♔c6**
Schlecht wäre 13. ... ♔d6 wegen 14.♖:e7 ♕:e7 15.♘f7+ mit Damengewinn.
14.♖:e7 ♕:h8.
Weiß besitzt nicht nur Materialvorteil, sondern auch einen starken Angriff. Er gewann bald.
■ *Die einer Fesselung ausgesetzten Seite muß gewöhnlich für die Verteidigung mehr Kräfte aufwenden, als der Angreifer benötigt.*
Selbst in den einfachsten Fesselungen bindet eine fesselnde Figur zwei, nämlich die gefesselte und die gedeckte. Deshalb bietet sich dem Spieler, der die Fesselung aufstellt, oft die Möglichkeit, auf anderen Brettabschnitten mehr Streitkräfte einzusetzen und dort praktisch eine Materialüberlegenheit zu erhalten.

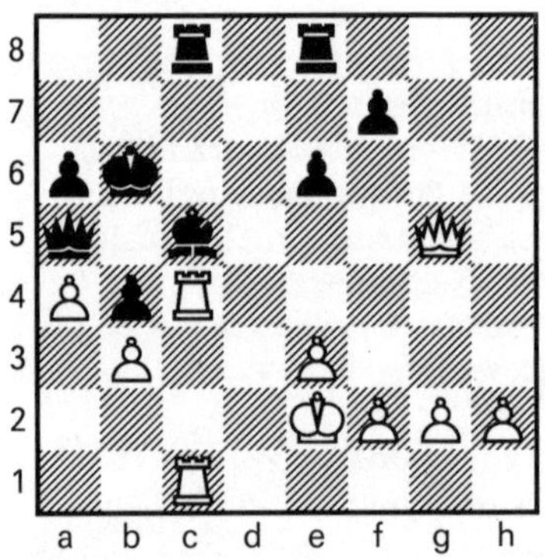

167

Das Diagramm 167 zeigt eine Stellung aus der Partie **Capablanca–Schroeder, New York 1916.** Weiß zieht.
Formal gesehen, besitzt Schwarz Materialübergewicht (Läufer für zwei Bauern), aber er ist auf der c-Linie und der fünften Reihe gefesselt, und seine Figuren sind in der Beweglichkeit stark eingeengt. Weiß nutzt diesen Umstand aus und geht auf der gegenüberliegenden Brettseite vor. Es folgte:
1.h4!
Hier entschloß sich Schwarz, die Fesselungen rasch aufzulösen und wählte den zu scharfen Zug **1. ... f5,** der den Bauern e6 schwächt.
Nach **2.♕g7 ♖e7 3.♕e5 ♖c6?** (3. ... ♖ec7 4.♕:e6+ ♖c6 5.♕:f5) **4.♖:c5!** war er gezwungen aufzugeben, weil auf 4. ... ♖:c5 nun 5.♕d6+ gewinnt.
Sehen wir uns einmal an, was geschehen wäre, wenn Schwarz den natürlicheren Weg 1. ... ♖c7 gewählt hätte mit der Absicht, die Türme auf der c-Linie zu verdoppeln und danach den Läufer wegzuziehen.
Die Analyse beweist, daß Weiß auch in diesem Fall alle Chancen gehabt hätte, die Fesselung der schwarzen Figuren auszunutzen. Instruktiv ist die folgende, praktisch forcierte Variante:
2.h5! ♖ec8 3.h6 ♗d6 4.♕:a5+ ♔:a5 5.♖:c7 ♖:c7 (falls 5. ... ♗:c7, so 6.♖c6!; in dieser interessanten Stellung hält der alleinige weiße Turm nicht nur die Fesselung aufrecht, sondern blockiert gleichzeitig auch den schwarzen König!) 6.♖:c7 ♗:c7 7.f4 (um den Läufer nicht auf die große Diagonale zu lassen) 7. ... ♗d8 8.g4 ♗f6 9.g5 ♗h8 10.e4 ♔b6 11.f5 ef 12.ef ♔c6 13.g6 fg 14.fg ♔d6 15.g7 mit Gewinn.

Befreien aus einer Fesselung

Auf welche Weise kann man sich aus einer Fesselung befreien? Es gibt verschiedene Verfahren:
Am naheliegendsten ist es, die zu schützende Figur aus der „Schußlinie“ zu bringen.

Es bietet sich auch die Errichtung eines Schutzwalls an, das heißt zwischen die gefesselte und die angreifende Figur einen nicht so wertvollen Stein zu postieren. In der soeben betrachteten Partie Capablanca–Schroeder versuchte Schwarz mit dem Zug 1. … f5 auf der fünften Reihe einen Wall zu errichten. Bei diesem Verfahren greift man oft auf Bauern zurück.
Allerdings ist dies ein verhältnismäßig passives Verfahren, um sich aus einer Fesselung zu befreien.

Ein aktiverer Kampf gegen die Fesselung wird mit der Vernichtung oder Ablenkung der fesselnden Figur geführt.

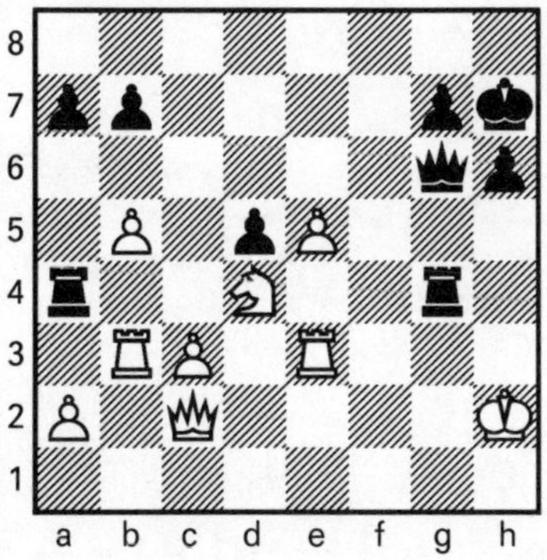
168

Die Stellung entstammt der Partie **Sanshin–Sergejew, Ulan-Ude 1947.** Schwarz zieht.
Auf den ersten Blick scheint die schwarze Stellung hoffnungslos – die Dame ist gefesselt, und nach ihrem Abtausch würde der Mehrspringer Weiß einen schnellen Sieg bringen. Aber ein Ablenkungsopfer rettet Schwarz:
1. … ♖:a2! 2.♕:a2 ♕h5+ 3.♖h3 ♕:e5+ 4.♔h1 ♕e1+ 5.♔h2 ♕g1 matt.

Es sei noch auf eine selten vorkommende Methode, eine Fesselung zu liquidieren, hingewiesen: Die eigentlich zu schützende Figur wird geopfert, indem man die gefesselte Figur einfach wegzieht. Diese Möglichkeit ergab sich in der folgenden Kurzpartie.

Rasuwajew–Kupreitschik
Dubna 1971
1.c4 e5 2.♘c3 ♘c6 3.♘f3 f5 4.d4 e4 5.♗g5 ♘f6 6.d5? ef 7.dc fg 8.cd+
Weiß war von der Wirksamkeit der Fesselung auf der Diagonale h4–d8 überzeugt und rechnete nur mit 8. … ♗:d7 oder 8. … ♕:d7. Jedoch folgte wie ein Blitz aus heiterem Himmel:
8. … ♘:d7!

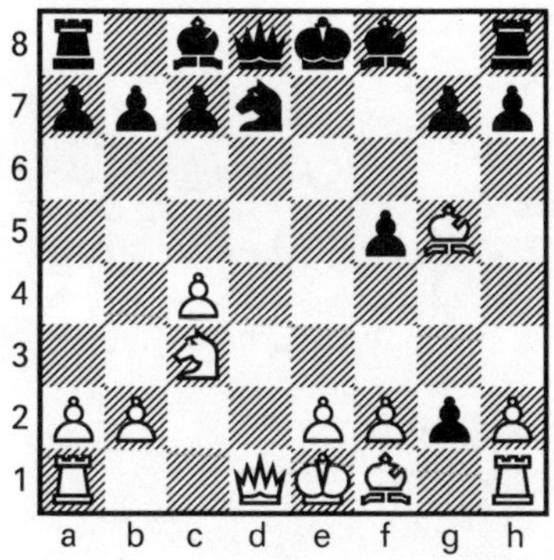
169

Auf 9.♗:d8 erhält Schwarz nun durch 9. … gh♕ eine neue Dame, und im Falle von 9.♗:g2 geschieht 9. … ♕:g5. In beiden Varianten erlangt Schwarz entscheidendes Übergewicht.

Unterbrechung der Figurenbahn

■ *Mit diesem taktischen Verfahren wird beabsichtigt, das Zusammenwirken der gegnerischen Figuren zu stören. Dabei wird die Verbindung zwischen den gegnerischen Streitkräften (häufig mittels Opfer) unterbrochen.*

Die Unterbrechung einer gegnerischen Figurenbahn kann auf Reihen, Linien und Diagonalen erfolgen, indem eine eigene Figur „in den Weg" gestellt wird.
Zwei praktische Beispiele sollen das Verfahren veranschaulichen.

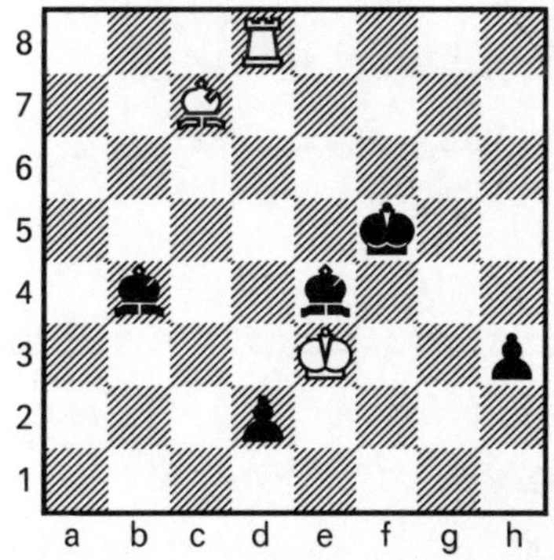
170

Die Stellung auf dem Diagramm 170 entstand in der Partie **Nenarokow–Grigorjew, Moskau 1923.** Schwarz ist am Zuge.
Er möchte einen seiner Bauern zur Dame einziehen, aber Weiß hat Gegenmaßnahmen ergriffen: Der Turm bewacht den d-Bauern und der Läufer den h-Bauern. Schwarz bietet sich aber die Möglichkeit, die Harmonie in den Aktionen der weißen Figuren zu stören:
1. … ♗d6!!
Großartig! Ein niederschmetternder Schlag gegen den Knotenpunkt d6.
2.♖:d6
Rasch verlieren würde 2.♔:d2 ♗:c7 3.♖h8 h2, und der Bauer läßt sich nicht mehr aufhalten.
2. … h2
Schwarz, der durch das Läuferopfer den weißen Turm auf das Feld d6 lenkte, hat damit dem weißen Läufer seine Wirkungslinie versperrt.
3.♖:d2 h1♕. Weiß gab auf.

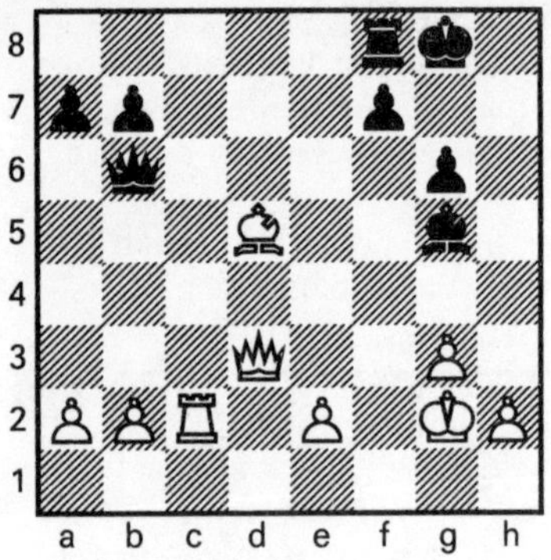

171 Diese Stellung ergab sich in der Partie **Klinger–Koperlich, Berlin 1984.** Weiß ist am Zuge.
Die Dame b6 verhindert durch ihre Kontrolle über die sechste Reihe einen weißen Angriffsschlag gegen den König (den Einschlag 1.♕:g6). Doch mit einem Turmopfer unterbricht Weiß die Wirkungsbahn der gegnerischen Dame. Es folgte:
1.♖c6! bc 2.♕:g6+ ♔h8 3.♕h5+ ♔g8 4.♕:g5+ ♔h7 5.♗e4+ f5
Dieser Bauernzug ist erzwungen.
Falls 5. ... ♔h8, so 6.♕h6+ nebst 7.♕h7 matt.
6.♗:f5+ ♖:f5 7.♕:f5+.
Weiß besitzt entscheidenden Materialvorteil. Schwarz gab deshalb auf.

In der 24. Lektion haben wir behandelt:

- Die Fesselung, wie man sie ausnutzt und sich aus ihr befreit
- Unterbrechung der Figurenbahn.

Übungsaufgaben zur 24. Lektion

Aufgabe 156:
Weiß: ♔b1, ♕f4, ♖c1, ♖h3; a2, b2, d5, f6, h4
Schwarz: ♔c8, ♕b4, ♖d8, ♖f8; a7, c4, c5, g6, h7
☐ Weiß zieht. Wie würden Sie spielen?

Aufgabe 157:
Weiß: ♔g1, ♕f2, ♖f1, ♗d1, ♘h1; b2, d3, d5, e4, g2, h2
Schwarz: ♔g8, ♕b6, ♖c8, ♘d4, ♘f6; a7, b7, e5, f7, g7, h7
☐ Schwarz zieht und gewinnt.

Aufgabe 158:
Weiß: ♔g1, ♕a2, ♖b1, ♖b2, ♗f1; e3, f2, g3, h2
Schwarz: ♔g8, ♕d7, ♖b7, ♖b8, ♗b5; a5, d5, f7, g7, h6
☐ Weiß zieht und gewinnt.

Aufgabe 159:
Weiß: ♔g1, ♕f2, ♖f1, ♖g2; a2, b3, c4
Schwarz: ♔h8, ♕c5, ♖e8, ♖g5; a5, g7, h6
☐ Schwarz zieht und gewinnt.

Aufgabe 160:
Weiß: ♔g1, ♕g4, ♖d1, ♗g5; a2, b2, c3, e5, g2, h2
Schwarz: ♔e8, ♕c7, ♖h8, ♘e7; a7, b6, c5, e6, f7, g6, h7
☐ Weiß zieht und gewinnt.

Aufgabe 161:
Weiß: ♔g1, ♕d1, ♖f1, ♗g5, ♘e4; c2, d3, f2, g2, g3
Schwarz: ♔e8, ♕d8, ♖h8, ♗c5, ♘f6; d6, e5, f7, g7
☐ Schwarz zieht. Kann sich Schwarz aus der Fesselung befreien?

Aufgabe 162:
Weiß: ♔h1, ♕g6, ♖a1, ♖h3, ♗e5; a2, b2, c4, f4, g2, h2
Schwarz: ♔h8, ♕f2, ♖a8, ♖f8, ♘g4; a7, b6, c5, f5, g7, h7
☐ Schwarz zieht. Wie würden Sie spielen?

Aufgabe 163:
Weiß: ♔g1, ♕f3, ♖a1, ♖e6, ♗c1, ♘g5; a2, b2, c2, f2, g4, h2
Schwarz: ♔g8, ♕d7, ♖a8, ♖h8, ♗f8, ♘c6; a7, b7, c4, c7, d5, g7, h7
☐ Weiß zieht und gewinnt.

Aufgabe 164:
Weiß: ♔h1, ♕b2, ♖d1, ♗g2, ♗g7; a2, b4, f3, g3, h2
Schwarz: ♔g8, ♕e3, ♖d8, ♘b7, ♘d5; a6, b6, f7, g6, h7
☐ Schwarz zieht. Wie würden Sie spielen?

Aufgabe 165:
Weiß: ♔e2, ♖a1, ♗c1, ♘e4; a2, b2, c3, f2, f3
Schwarz: ♔c8, ♖d8, ♗g7, ♘e5; a7, b7, f4, h3, h5
☐ Schwarz zieht und gewinnt.

Aufgabe 166:
Weiß: ♔h2, ♕f3, ♖e5, ♗d4; c3, h3, h6
Schwarz: ♔h8, ♕d6, ♖g5, ♗e8; b5, d5, f5, h7
☐ Weiß zieht und gewinnt.

25. LEKTION

Ablenkung und Hinlenkung

Gegenstand dieser Lektion sind die Ablenkung und die Hinlenkung. Wir setzen damit die Untersuchung wichtiger taktischer Verfahren fort.

Die Ablenkung

Die Ablenkung ist ein häufig angewandtes taktisches Verfahren. Sie kann als „Abberufung des Verteidigers“ angesehen werden:

■ *Eine gegnerische Figur wird vom Schutz eines wichtigen Feldes oder einer anderen Figur abgelenkt. Anschließend wird gegen die Objekte, von denen die schützende Figur abgelenkt wurde, der Hauptschlag geführt.*

Die Ablenkung kann auch dem Ziel dienen, die Aktionen des Gegners zu desorganisieren. Erinnern wir uns zum Beispiel an die Rolle des Freibauern als ablenkender Faktor in einer Reihe von Endspielstellungen. Kurzum, die Ablenkung erweist sich als universelles Kampfverfahren – gleich wichtig für den Angriff wie auch für die Verteidigung.

Die Ablenkung wird entweder durch einen unmittelbaren Angriff auf bestimmte Steine verwirklicht oder durch Züge, die eine beträchtliche potentielle Gefahr für den Gegner herbeiführen. Als Mittel der Ablenkung eignen sich alle Steine (der König vorwiegend im Endspiel). Die Anwendung dieses taktischen Verfahrens ist oft mit Materialopfern verbunden.

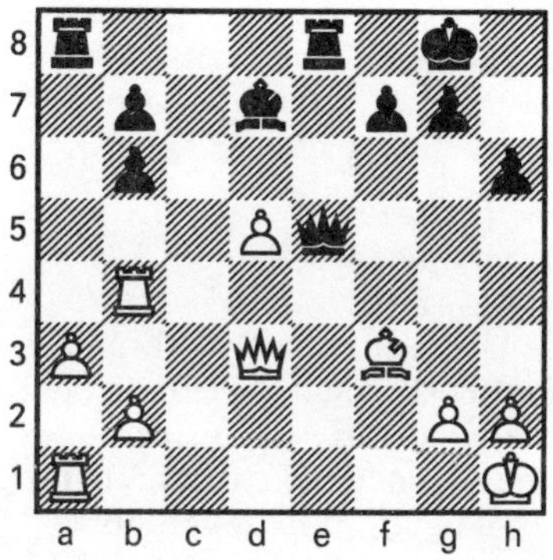

172

Die Stellung in Diagramm 172 ist der Partie **Mikenas–Bronstein, Tallinn 1965,** entnommen. Schwarz zieht.

Das Kräfteverhältnis ist ausgeglichen. Die Stellung birgt für Weiß die Gefahr, daß Schwarz auf die erste Reihe einbricht, doch das geradlinige 1. ... ♕e1+ scheitert an 2.♕f1. Schwarz findet indessen eine originelle Kombination, deren Ziel darin besteht, eine Verteidigungsfigur von der ersten Reihe abzulenken.

Es folgte:

1. ... ♖:a3!!

Der Turm schlägt den dreimal gedeckten Bauern. Sehen wir uns die möglichen Varianten an. Unbefriedigend ist 2.ba wegen 2. ... ♕:a1+ 3.♖b1 ♖e1+ 4.♕f1 ♕:b1. Es verliert auch 2.♖:a3 oder 2.♕:a3 wegen 2. ... ♕e1+ mit Matt im nächsten Zug. Ein Wegzug der Dame rettet ebenfalls nicht: 2.♕d1 ♖:a1 3.♕:a1 ♕e1+ 4.♕:e1 ♖:e1 matt.

Diese Varianten in Betracht ziehend, gab Weiß auf.

Taktische Verfahren treten oft nicht isoliert, sondern in unterschiedlichen Verbindungen auf. Davon können wir uns auch in diesem Beispiel überzeugen. Der Zug 1. ... ♖:a3 ist nicht nur eine Ablenkung, sondern zugleich auch ein Doppelangriff auf Dame und Turm von Weiß. Besonders Ablenkung und Doppelangriff werden häufig gemeinsam angewendet.

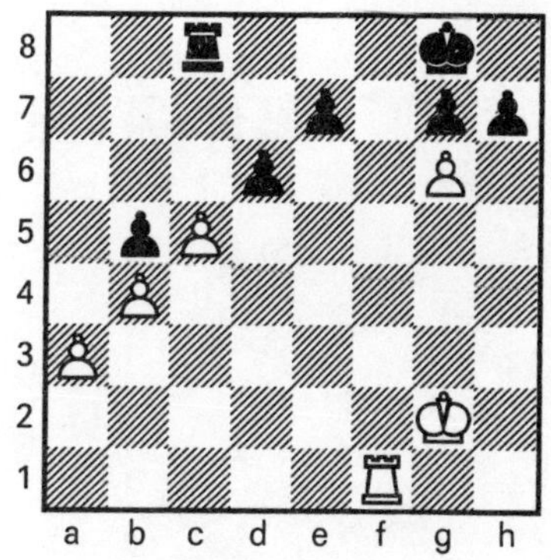

173

In der Stellung auf dem Diagramm 173 entsteht die Ablenkung durch einen auf den ersten Blick scheinbar unbedeutenden Vorstoß des weißen Bauern. Indes schafft dieser Bauer für Schwarz eine äußerst gefährliche Lage.

1.c6! ♖:c6

Das Schlagen ist erzwungen. Falls zum Beispiel 1. … hg oder 1. … e5, spielt Weiß 2.♖c1, danach a3–a4, und nach 3. … ba entscheiden die zwei verbundenen Freibauern b und c schnell den Ausgang des Kampfes.

2.♖f8+! ♔:f8 3.gh

Scheinbar war die Ablenkung erfolgreich, und der Bauer kann zur Dame einziehen, doch Schwarz findet Verteidigungsmöglichkeiten.

3. … ♖c2+ 4.♔g3 ♖c3+ 5.♔g4 ♖c4+ 6.♔g5 ♖h4!

Wieder tritt eine Ablenkung in Funktion.

7.♔:h4 g5+

In diesem Manöver liegt der Sinn der Verteidigung von Schwarz.

8.♔:g5 ♔g7

Wie weiter? Nach dem ersten Eindruck scheint bei Schwarz alles in Ordnung zu sein, doch:

9.h8♕+! ♔:h8 10.♔g6!

Jetzt verfügt Schwarz über keine nützlichen Züge mehr.

10. … e5 11.a4 ba 12.b5 a3 13.b6 a2 14.b7 a1♕ 15.b8♕ matt.

Ein interessantes und sehr gehaltvolles Endspiel.

174

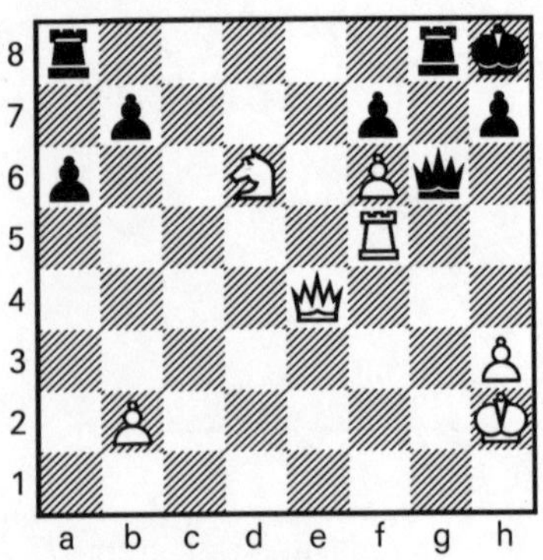

Die Diagrammstellung 174 stammt aus der Partie **Schuba–Stiaua, Bukarest 1953.** Weiß zieht.

Schwarz hat nicht nur Materialübergewicht, sondern auch sehr gefährliche Drohungen. Insbesondere droht Matt durch ♕g1. Jedoch Weiß am Zuge gelingt es, mittels eines ablenkenden Turmopfers Gegendrohungen aufzustellen.

1.♖g5! ♕:f6

Natürlich verbietet sich 1. … ♕:e4 oder 1. … ♕:g5 wegen 2.♘:f7 matt.

2.♕d4! ♖g6

Die einzige Antwort. Schlecht wäre 2. … ♕:d4 wegen 3.♘:f7 matt.

3.♖:g6. Schwarz gab auf.

In dieser Stellung befand sich die schwarze Dame in einer schwierigen Lage, mußte sie doch gleichzeitig zwei Probleme lösen – die Verteidigung des Bauern f7 und der Diagonale a1–h8. Eine derartige doppelte Aufgabe ging über ihre Kräfte.

■ *Wenn Figuren mehr Aufgaben zu erfüllen haben, als sie bewältigen können, spricht man von Überlastung.*

□ Eine Überlastung zieht oft materielle und positionelle Nachteile oder sogar die Niederlage nach sich.

□ Figuren, denen gleichzeitig mehrere Verteidigungsfunktionen obliegen, brauchen Entlastung.

Die Hinlenkung

Auch die Hinlenkung ist ein beliebtes taktisches Verfahren. Im Unterschied zur Ablenkung verfolgt die Hinlenkung nicht das Ziel, die gegnerischen Streitkräfte von irgendeinem Objekt (Figur oder Feld) abzulenken.

■ *Durch die Hinlenkung wird der Gegner gezwungen, mit einer Figur einen ungünstigen, für seine Stellung unvorteilhaften Platz einzunehmen.*

Äußerst wirkungsvoll ist die Hinlenkung des Königs auf ein Feld, wo er in einen starken Angriff gegnerischer Figuren gerät. Sehen wir uns ein charakteristisches Beispiel an.

175

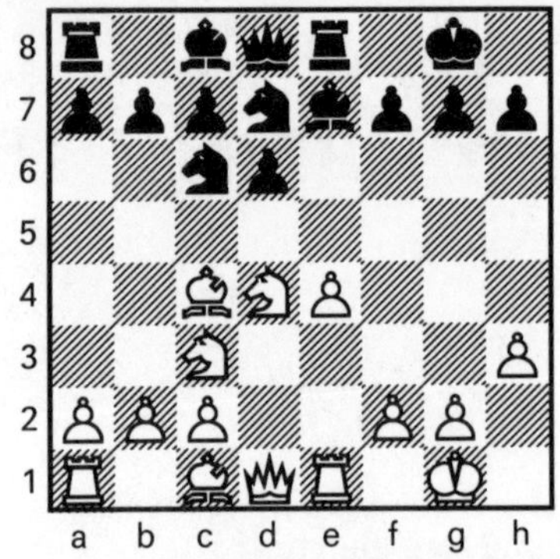

Das Diagramm 175 zeigt eine Position aus der Partie **Holzhausen–Tarrasch, Berlin 1912.**

Weiß am Zuge zwingt mittels zweier Figurenopfer den schwarzen König aus seiner Deckung und erhält einen unwiderstehlichen Angriff:

1.♗:f7+ ♔:f7 2.♘e6!

Jetzt steht Schwarz vor der freudlosen Wahl, entweder sich mit einem Damenverlust abzufinden oder den König auf eine Reise zu schicken, wo ihn das Matt erwartet.

2. … ♔:e6 3.♕d5+ ♔f6 4.♕f5 matt.

176

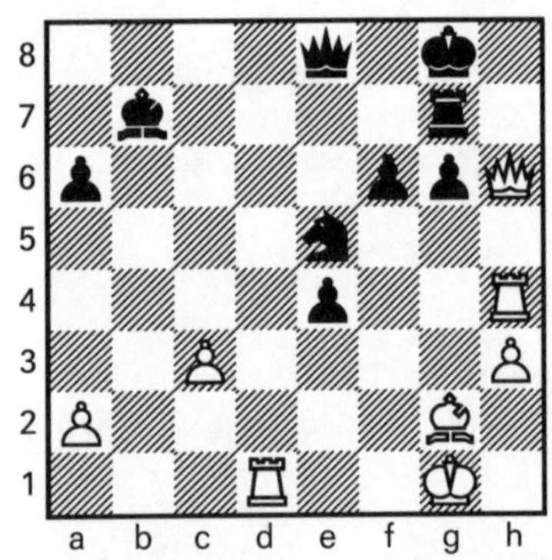

Die Diagrammstellung entstand in der Partie **Szabó–Bronstein, Zürich 1950.** Weiß ist am Zuge.

Wenn es Schwarz gelingen würde, den weißen Angriff zu neutralisieren, so wäre seine Stellung trotz Quali-

tätsverlust (Springer und Bauer für einen Turm) völlig sicher, denn seine Figuren nehmen starke Positionen im Zentrum ein. Aber Weiß am Zuge kann die schwarze Dame auf ein Feld hinlenken, wo sie verlorengeht: **1.♖d8!** Nach **1. ... ♕:d8 2.♕h8+ ♔f7 3.♕:d8 g5 4.♖h6** gab Schwarz auf.
In der folgenden Kurzpartie ließ sich Schwarz zu einem fragwürdigen Materialgewinn verlocken und tappte dadurch in eine Falle.

Boot–Fusecush
London 1940
1.e4 e6 2.d4 d5 3.♘c3 ♗b4 4.e5 c5 5.a3 ♗:c3+ 6.bc ♕c7 7.♘f3 ♘c6 8.♗d3 cd?

Diese Operation ist fehlerhaft. Notwendig war 8. ... c4 oder 8. ... ♘ge7.
9.cd ♘:d4?
Dies richtet Schwarz endgültig zugrunde. Besser war 9. ... ♘ge7.
10.♘:d4 ♕c3+ 11.♕d2 ♕:a1 12.c3!

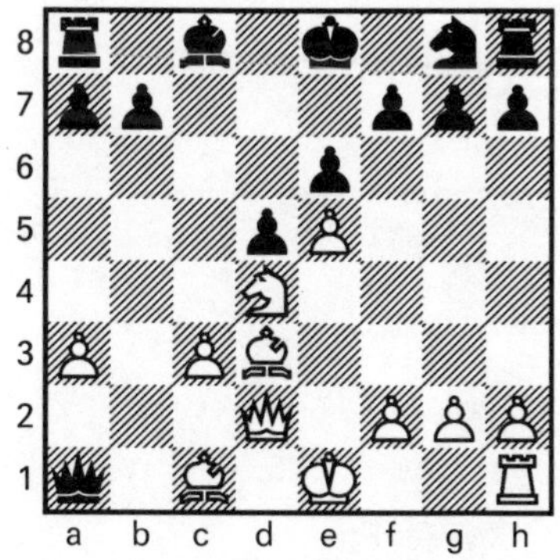

177

Schwarz gab auf, denn er hat keine Verteidigung gegen 13.♘b3 mit Damenfang.
■ *Zeigt der Gegner Freigebigkeit, seien Sie doppelt wachsam!*

In der 25. Lektion haben wir behandelt:
- Die Ablenkung
- Die Hinlenkung.

Übungsaufgaben zur 25. Lektion

Aufgabe 167:
Weiß: ♔h2, ♕h6, ♖e2, ♗c2, ♘h5; a2, f2, g4, h3
Schwarz: ♔g8, ♕a1, ♖f3, ♗d5; a7, e7, f7, g6, h7
□ Schwarz zieht und gewinnt.

Aufgabe 168:
Weiß: ♔e1, ♕f3, ♖a1, ♖h1, ♗e3, ♘c3, ♘g5; a2, b2, e5, f4, g4
Schwarz: ♔g8, ♕c2, ♖a8, ♖f8, ♗g7, ♘b6, ♘c7; a7, b7, c6, e7, f7, g6
□ Weiß zieht und gewinnt.

Aufgabe 169:
Weiß: ♔g1, ♕g5, ♖c1, ♖e1, ♗g2, ♘d5; a3, b2, c2, f2, g3, h2
Schwarz: ♔g8, ♕d6, ♖c5, ♖d8, ♗f5, ♘e5; a7, b7, d3, f7, g7, h7
□ Schwarz zieht. Wie würden Sie spielen?

Aufgabe 170:
Weiß: ♔c1, ♕d4, ♖d1, ♖h1, ♘d5; a2, b2, f4, g2, h2
Schwarz: ♔e8, ♕a5, ♖d8, ♖h8, ♗g7; a7, b7, f6, f7, h7
□ Weiß zieht und gewinnt.

Aufgabe 171:
Weiß: ♔h2, ♕f2, ♖b1, ♖f1, ♗d1, ♗e3, ♘d5; a4, c4, d3, e4, g6, h3
Schwarz: ♔g8, ♕d8, ♖a7, ♖f8, ♗c6, ♘d4, ♘e6; a5, c7, d6, f5, h4
□ Weiß zieht und gewinnt.

Aufgabe 172:
Weiß: ♔g1, ♕f7, ♖f1, ♗c1, ♗c4; a2, d4, e5, f2, g2, h2
Schwarz: ♔h8, ♕d8, ♖a8, ♗a1, ♗c8, ♘c6; a7, b7, c7, d7, g7, h6
□ Weiß zieht. Wie würden Sie spielen?

Aufgabe 173:
Weiß: ♔h1, ♕f3, ♖d2, ♖f2, ♘h5; a2, b2, c2, d5, f5, g2, h2
Schwarz: ♔g8, ♕g5, ♖c5, ♖c8, ♗e7; a4, b4, d6, e5, f7, g7, h4
□ Schwarz zieht. Wie würden Sie spielen?

Aufgabe 174:
Weiß: ♔h2, ♕f7, ♖a4, ♘d6; a3, f4, g2, h3
Schwarz: ♔h6, ♕e1, ♖f1, ♘f6; g6, h7
□ Weiß zieht und gewinnt.

Aufgabe 175:
Weiß: ♔e1, ♕a4, ♖a1, ♖h1, ♗c1, ♗f1, ♘d2, ♘g1; a2, b2, c3, d5, e4, f2, g3, h2
Schwarz: ♔f8, ♕d8, ♖a8, ♖h8, ♗h6, ♗g4, ♘d4, ♘g8; a7, b7, d6, e7, f7, g6, h7
□ Schwarz zieht und gewinnt.

26. Lektion

Vernichtung der Verteidiger

Wie wir uns überzeugen konnten, hängt in vielen Fällen die Zuverlässigkeit der Verteidigung von einer oder zwei Figuren ab, die in der Abwehr eine **Schlüsselfunktion** ausüben. Solche Figuren sind auf möglichen Einbruchswegen der feindlichen Figuren postiert oder kontrollieren diese Wege.

■ *Die angreifende Seite ist bestrebt, die zuverlässigen Verteidigungsfiguren zu beseitigen.*

Für dieses Ziel werden verschiedene taktische Verfahren benutzt: Ablenkung, Hinlenkung u. a. Jedoch läßt sich mittels derartiger Verfahren dieses Ziel nicht immer erreichen. Oft wird daher zu dem radikalsten Mittel gegriffen – der Vernichtung der Verteidiger. Das ist nur durch Abtausch oder Opfer zu bewerkstelligen.

Vernichtung der Verteidiger durch Abtausch

Gewöhnlich gelingt es nur, eine starke Verteidigungsfigur gegen eine gleichwertige abzutauschen. Durch einen solchen Abtausch können die Verteidigungsmöglichkeiten des Gegners in bedeutendem Maße reduziert werden.

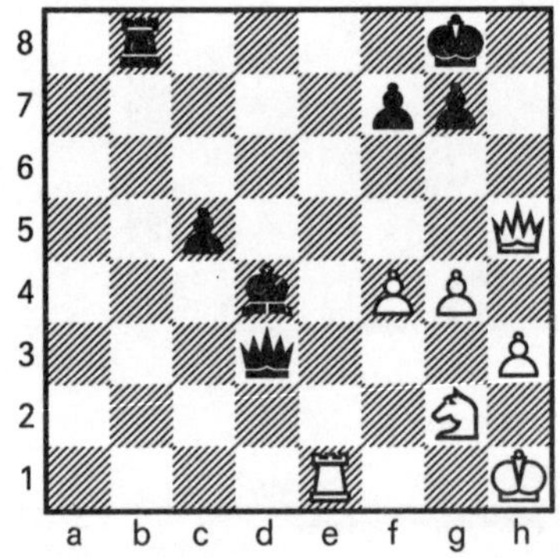

178

Die Diagrammstellung 178 ergab sich in der Partie **Lutikow–Cholmow, Leningrad 1955.** Schwarz ist am Zuge. Der Nachziehende greift die Residenz des weißen Königs an. Die Dame von Weiß ist wenig am Spiel beteiligt, sein Springer und die Bauern stehen ungünstig. Die Verteidigung hält faktisch eine einzige Figur aufrecht – der Turm e1. Deshalb trifft Schwarz die richtige Entscheidung, diesen Turm abzutauschen:

1. ... ♖b1! 2.♖:b1

Die weiße Dame käme mit ihrer Hilfe zu spät – 2.♕h4 ♖:e1+ 3.♕:e1? ♕:h3 matt.

2. ... ♕:b1+ 3.♔h2 ♗g1+

Weiß gab angesichts der folgenden forcierten Varianten auf: 4.♔g3 ♕d3+ 5.♔h4 ♗f2+ 6.♔g5 f6 matt oder 4.♔h1 ♗f2+ 5.♔h2 ♕g1 matt.

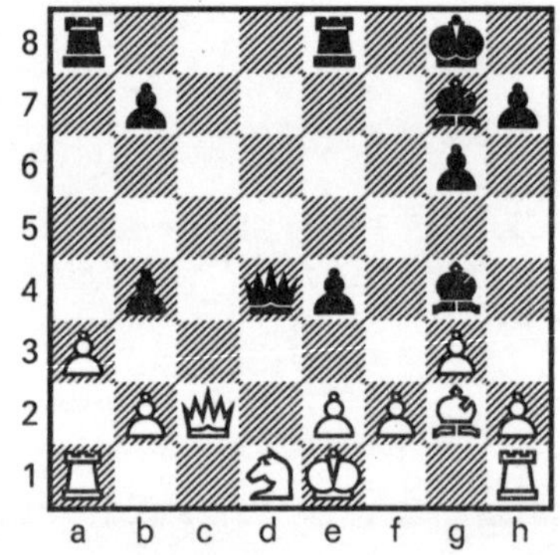

179

Die Stellung auf dem Diagramm 179 entstand in der Partie **Tatai–Karpow, Las Palmas 1977.**

Schwarz hat einen Bauern für eine größere Aktivität seiner Figuren geopfert, aber unmittelbare Drohungen sind nicht erkennbar. Im Aufbau der weißen Verteidigung kommt indessen der Dame auf c2 eine besondere Rolle zu. Deshalb entscheidet sich Schwarz für einen Abtausch dieser Hauptverteidigungsfigur. Es folgte:

1. ... ♕d3! 2.ed

Schlecht wäre 2.♘e3 wegen 2. ... ♕:c2 3.♘:c2 ♗:b2 oder 2.♕:d3 ed 3.e3 d2+! 4.♔:d2 ♖ed8+ 5.♔e1 ba, und 6.♖:a3 verbietet sich wegen 6. ... ♖:d1 matt. Das kleinere Übel war 2.♕d2 ♕:d2+ 3.♔:d2 ♖ad8+ 4.♔e1 ♖c8.

2. ... ed+ 3.♔d2 ♖e2+ 4.♔:d3 ♖d8+ 5.♔c4

Falls 5.♗d5, so 5. ... ♖:d5+ 6.♔c4 ♖:c2+ 7.♔:d5 ♗f3+, und Schwarz behält eine Mehrfigur.

5. … ♖:c2+ 6.♔:b4 ♖cd2!
Der weiße König sieht sich, allein gelassen, dem sehr starken Angriff der gegnerischen Türme und Läufer ausgesetzt. Seine Figuren können ihm keine Unterstützung geben.
7.f3 ♗f8+ 8.♔a5 ♗d7
Es droht 9. … ♗c5 nebst 10. … ♖a8 matt und zugleich das Schlagen des Läufers g2. Weiß gab deshalb auf.

Vernichtung der Verteidiger durch Opfer

In vielen Fällen erweist sich der Abtausch gleichwertiger Figuren als unmöglich oder als ein zu langsames Kampfverfahren. In derartigen Stellungen ist zu prüfen, ob die Verteidiger vielleicht durch ein Opfer wirksam zu beseitigen sind.

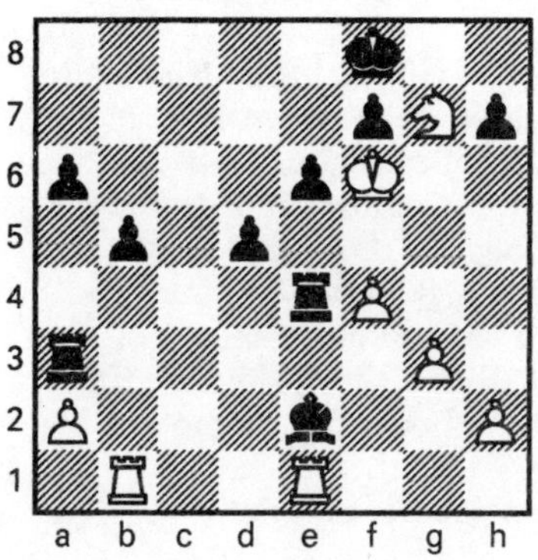

180

Diagramm 180 zeigt eine Position aus der Partie **Milew–Kassabow, Sofia 1954.** Weiß ist am Zuge.
Durch das Eindringen von König und Springer ins gegnerische Lager hat er gefährliche Drohungen aufgestellt. Könnte er mit seinen Türmen über die freie c-Linie auf die siebente oder achte Reihe gelangen, wäre der Ausgang des Kampfes sofort entschieden. Aber auf 1.♖bc1 folgt 1. … ♗c4 (möglich ist auch 1. … ♖c4), und nach 2.♖:e4 de 3.♖d1 ♖d3 bieten sich für den weißen Turm keine Aussichten auf einen Durchbruch. Folglich richtet Weiß seine ganze Aufmerksamkeit auf das Feld c4, das zwei schwarze Figuren – der Turm e4 und der Läufer e2 – bewachen.
Tatsächlich findet Weiß bei genauer Analyse eine Möglichkeit, mit *einem* Zug die beiden Verteidiger des Feldes c4 zu beseitigen.
Weiß muß **1.♖:e2!** spielen.
Im Falle von 1. … ♖:e2 gewinnt Weiß jetzt mit der Fortsetzung 2.♖c1, denn gegen die Mattdrohung ♖c8 gibt es keine Verteidigung. In der Partie folgte:
1. … ♖c4 2.♖b3 ♖aa4 3.f5 e5
Natürlich scheitert 3. … ef an 4.♖e8 matt.
4.♘h5 e4 5.♘f4, und Weiß siegte bald.

Im folgenden Beispiel beseitigt sogar ein Damenopfer die Schlüsselfigur der Verteidigung.

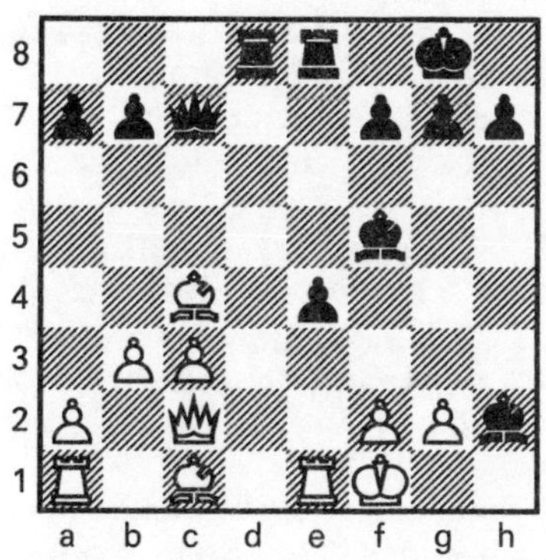

181

Diese Stellung entstand in der Partie **Fiordeli–Melchior, Buenos Aires 1984.**
Schwarz am Zuge verwirklicht eine originelle Kombination gegen den feindlichen König:
1. … e3! 2.♕:f5
Das angebotene Läuferopfer kann Weiß nicht ausschlagen. Schwarz hat nun die Dame von dem kritischen Feld e2 abgelenkt.
2. … ♕:c4+!
Eine radikale Methode, den letzten Verteidiger des Feldes e2 zu beseitigen.
3.bc e2+ 4.♖:e2 ♖d1+ 5.♖e1 ♖d:e1 matt.

Vernichtung verteidigender Bauern durch Opfer

In vielen Mittelspielstellungen kommt Bauern als Verteidiger (vor allem des Königs) eine wichtige Rolle zu.
Obwohl im Kampf gegen schützende Bauern die Verfahren Hinlenkung und Doppelangriff große Bedeutung besitzen, stellt doch das Spiel auf Vernichtung dieser Verteidiger die wirkungsvollste Methode dar.
In den meisten Fällen erfüllen die Bauern ihre Verteidigungsfunktion, indem sie den rochierten König schützen. In solchen Stellungen kann der Angreifer Bauerntauschaktionen in Betracht ziehen und als Radikalmittel das Opfer anwenden. Opfer, die die Bauerndeckung vernichten, heißen **Bahnungsopfer**.
Natürlich ist ein derartiges Opfer nur dann von Erfolg gekrönt, wenn die angreifende Seite genug Streitkräfte behält, um nach dem Opfer den Angriff erfolgreich abzuschließen.
■ *Ein Opfer darzubringen stellt in der Partie eine schwerwiegende Entscheidung dar.*
■ *Versuchen Sie deshalb, bevor Sie op-*

fern, die Folgen des Opfers genau zu berechnen.

Betrachten wir nun einige Beispiele, in denen verteidigende Bauern mittels Bahnungsopfer beseitigt werden.

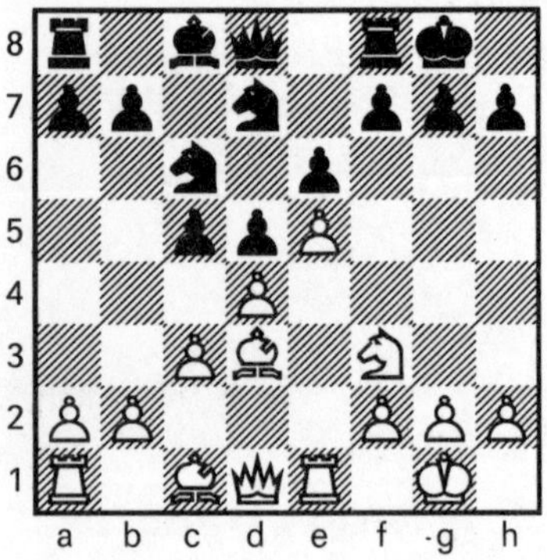

182

In der Diagrammstellung 182 führt Weiß eine typische Opferkombination gegen den rochierten König durch.
1.♗:h7+ ♔:h7 2.♘g5+ ♔g8
Falls 2. ... ♔g6, dann 3.♕d3+ ♔h5 4.♕h7+ ♔g4 5.h3 matt. Auf 3. ... f5 folgt 4.ef+ ♔:f6 5.♖:e6 matt.
Stände der Turm auf f1 anstelle auf e1, wäre diese Variante unmöglich, und Weiß müßte wahrscheinlich 3.♕g4 spielen. Mit diesem Hinweis möchten wir verdeutlichen, daß bei der Umsetzung einer kombinatorischen Idee in die Praxis alle Stellungsnuancen berücksichtigt werden müssen.
3.♕h5 ♖e8
Wenn sich der schwarze Turm schon vorher auf e8 und die Dame auf e7 befunden hätten, könnte sich Schwarz mittels ♘d7–f8 erfolgreich verteidigen.
4.♕:f7+ ♔h8 5.♕h5+ ♔g8 6.♕h7+ ♔f8 7.♕h8+ ♔e7 8.♕:g7 matt.

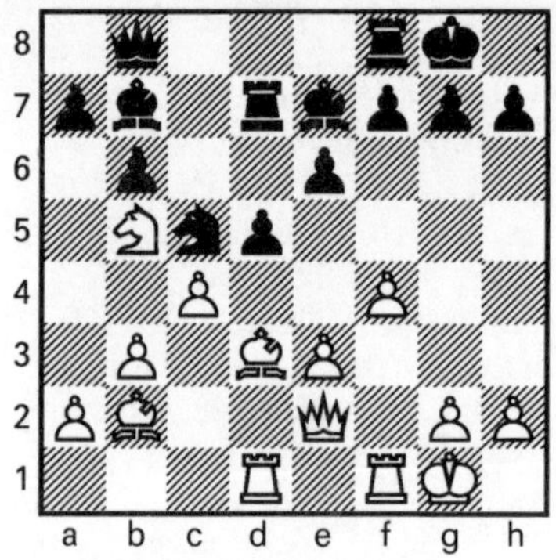

183

Die Diagrammstellung 183 kam in der Partie **Junge–Kottnauer, Prag 1942,** vor.
Hier steht der weiße Springer weit vom Königsflügel entfernt und kann am Angriff nicht teilnehmen, aber zwei(!) Läuferopfer und die Einbeziehung des Turmes f1 in den Kampf entscheiden.
Es folgte:
1.♗:h7+ ♔:h7 2.♕h5+ ♔g8 3.♗:g7
Auf 3. ... ♔:g7 gewinnt 4.♕g4+ ♔h8 5.♖f3 mit der unwiderlegbaren Drohung 6.♖h3. Deshalb nahm Schwarz den Läufer nicht und erwiderte 3. ... f5. Falls jetzt 4.♖f3 (4.♕g6 ♕e8!), so 4. ... ♗f6 5.♗:f8 ♕:f8 6.♖g3+ ♖g7 oder 5.♗:f6 ♖:f6 6.♕g5+ ♔f7 7.♖h3 ♕g8, und Schwarz wehrt den Angriff ab.
Weiß fand jedoch eine sehr starke Ressource:
4.♗e5! Nun droht 5.♕g6 matt. Auf 5. ... ♕e8 folgt 6.♕h8+ ♔f7 7.♕g7 matt.
Schwarz zog **4. ... ♗f6**, gab aber nach **5.♗:b8** auf.

Die Stellung auf dem Diagramm 184 ergab sich in der Partie **Stein–Portisch, Stockholm 1962.** Weiß ist am Zuge.

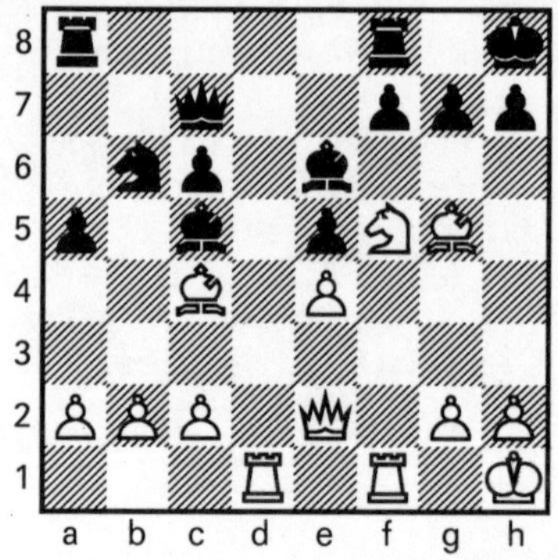

184

Der Anziehende steht vor keiner leichten Entscheidung. Man könnte glauben, er sei gezwungen, die Läufer zu tauschen (1.♗:e6 fe) oder 1.♗d3 zu spielen, was Schwarz nach 1. ... f6 ermöglichen würde, seinen König sicher zu verteidigen. Aber Weiß findet einen Weg, der eine Kombination von großer Schönheit in sich birgt:
1.♘:g7! ♗:c4
Der Springer ist tabu wegen 1. ... ♔:g7 2.♗f6+ ♔g8 3.♕d2 ♖fc8 4.♕h6 ♗f8 5.♕g5+ ♗g7 6.♕:g7 matt.
Was soll Weiß jetzt tun? Nicht zum Ziel führt 2.♕h5 wegen 2. ... f6.
2.♗f6! In diesem Zug liegt die Pointe der Kombination. Auf 2. ... ♗:e2 folgt 3.♘f5+ ♔g8 4.♘h6 matt. Im Falle von 2. ... ♗e7 gewinnt 3.♕f3, zum Beispiel 3. ... ♗:f1 4.♘h5+ ♗:f6 5.♕:f6+ ♔g8 6.♕g7 matt oder 3. ... ♗:f6 4.♕:f6 ♘d7 5.♖:d7! ♕:d7 6.♘f5+.
Schwarz gab deshalb auf.

In der 26. Lektion haben wir behandelt:

- Vernichtung der Verteidiger durch Abtausch
- Vernichtung der Verteidiger durch Opfer
- Vernichtung verteidigender Bauern durch Opfer.

Übungsaufgaben zur 26. Lektion

Aufgabe 176:
Weiß: ♔h1, ♕d1, ♖e1, ♖f1, ♗b1, ♗d4, ♘f3; a4, e5, f4, g2, h2
Schwarz: ♔e8, ♕d8, ♖f2, ♖h8, ♗b7, ♗h4, ♘d7; a6, d6, e6, f7, g7
□ Schwarz zieht. Wie würden Sie spielen?

Aufgabe 177:
Weiß: ♔g1, ♕d1, ♖b7, ♖f1, ♗a4; a3, c6, c2, e4, f2, g2, h3
Schwarz: ♔c8, ♕g7, ♖d8, ♖h6, ♗d4, ♘f6; a7, c7, d6, e5, e6, g4, h5
□ Weiß zieht und gewinnt.

Aufgabe 178:
Weiß: ♔h2, ♕d2, ♖a8, ♖h8; b2, e5, g4, h3
Schwarz: ♔g6, ♕e4, ♖b4, ♖b7; d5, f7, g7, h6
□ Weiß zieht und gewinnt.

Aufgabe 179:
Weiß: ♔g1, ♕b3, ♖c2, ♖d1, ♗b2, ♗d3; a2, c4, c5, d4, e3, f2, g3, h2
Schwarz: ♔g8, ♕h5, ♖a8, ♖f8, ♗f3, ♘e4; a7, b6, c7, d6, e6, f5, g4, h7
□ Schwarz zieht und gewinnt.

Aufgabe 180:
Weiß: ♔c1, ♕e2, ♖d1, ♖h1, ♘c2; a3, b2, c3, e4, g2, h2
Schwarz: ♔g8, ♕c5, ♖b8, ♖f8, ♗g7; a5, c6, e7, f7, g6, h6
□ Schwarz zieht. Wie würden Sie spielen?

Aufgabe 181:
Weiß: ♔c1, ♕e3, ♖d1, ♖h1, ♗d3, ♘c3, ♘f3; a2, b2, c2, e5, f4, g2, h2
Schwarz: ♔g8, ♕e7, ♖b8, ♖f8, ♗c8, ♘d7, ♘c6; a6, b5, d5, e6, f7, g7, h7
□ Weiß zieht. Wie würden Sie spielen?

Aufgabe 182:
Weiß: ♔h1, ♕b1, ♖d1, ♖f1, ♘c2; a2, b3, e3, f2, g2, h2
Schwarz: ♔g8, ♕e6, ♖d8, ♗b7, ♘d3; a7, b6, c4, f6, g6, h7
□ Schwarz zieht und gewinnt.

Aufgabe 183:
Weiß: ♔g1, ♕c3, ♖c7, ♖e1, ♗b2, ♗h1, ♘d2, ♘d4; a3, c5, d3, e2, f2, g3, h2
Schwarz: ♔g8, ♕f5, ♖a8, ♖f8, ♗h3, ♗h6, ♘d7, ♘e3; a7, b7, e5, f7, g6, h5
□ Schwarz zieht und gewinnt.

Blockade und Räumung

Die Blockade

Die Blockade engt die Beweglichkeit der gegnerischen Figuren ein und stellt ein wirkungsvolles taktisches Mittel dar. Die Seite, die mittels des Vorstoßes einer Figur oder eines Opfers die Blockade verwirklicht, zwingt die gegnerischen Figuren, Felder zu besetzen oder auf Feldern zu bleiben, auf denen ihr Zusammenwirken verlorengeht. In Gruppen zerfallen, sind sie bar der Möglichkeit, einander zu helfen.
Als Folge der Blockade kommt es im blockierten Raum oft zu einem Figurengedränge: Die Figuren stehen einander im Wege, behindern sich gegenseitig und wirken mitunter wie gelähmt.

Sehen wir uns zur Verdeutlichung die folgende Partie an.
Wasjukow–Tschikowani
Moskau 1963
1.e4 c5 2.♘f3 ♘c6 3.♗b5 ♕b6 4.♘c3 e6 5.0–0 ♘f6 6.♖e1 ♗e7 7.♗:c6 ♕:c6 8.d4 0–0?
Ein ernster Fehler, der es Weiß ermöglicht, die schwarzen Streitkräfte zu isolieren. Notwendig war 8. ... d5.
9.d5! ♕a6 10.d6! ♗d8
Der Läufer muß wegziehen, denn nach 10. ... ♕:d6 11.♕:d6 ♗:d6 12.e5 oder 10. ... ♗:d6 11.e5 würde Weiß den Läufer für zwei Bauern gewinnen. Jedoch sind die schwarzen Streitkräfte jetzt faktisch halbiert – ein Teil auf dem Königs-, der andere auf dem Damenflügel – und ohne Verbindung zueinander.
11.♗g5 h6 12.♗h4 g5?

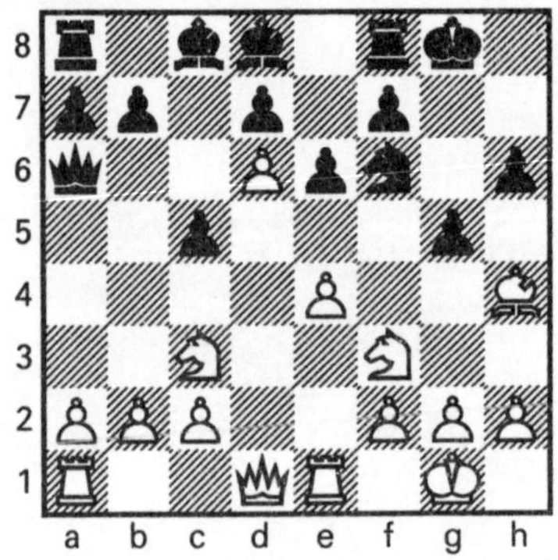

185

Noch ein Fehler, der rasch zur Niederlage führt. Erforderlich war 12. ... b6 nebst ♗c8–b7. Zwar erhält Weiß nach 12. ... b6 13.e5 ♘h7 (13. ... ♘e8? 14.♗:d8 oder 13. ... ♘d5 14.♘:d5 ed 15.♗:d8 ♖:d8 16.♕:d5) 14.♗:d8 ♖:d8 15.♖e4 ♗b7 16.♖g4 gute Angriffsaussichten, aber Schwarz könnte sich noch verteidigen.
13.♘:g5!
Opfern kann und muß man hier, weil die schwarzen Figuren nicht in der Lage sind, ihrem König zu helfen, der in das Kampfgetümmel geraten ist. Weiß besitzt auf dieser Bretthälfte ein überwältigendes Kräfteübergewicht.
13. ... hg 14.♗:g5 ♕a5 15.♖e3 ♘h7 16.♗h6 ♔h8 17.♖g3
Natürlich darf sich Weiß nicht auf einen Qualitätsgewinn einlassen (17.♗:f8) – der Angriff hat Vorrang.
17. ... ♗h4
Falls 17. ... ♖g8, so 18.♖:g8+ ♔:g8 19.♕g4+.
18.♗g7+ ♔g8 19.♗f6+. Schwarz gab auf, denn nach 19. ... ♗:g3 entscheidet 20.♕g4+.
Richten wir unser Augenmerk auf die hilflos dastehenden schwarzen Figuren am Damenflügel – nicht eine konnte zum Kampfschauplatz eilen. Ein Erfolg des bescheidenen Bauern d6, der die Stellung von Schwarz blockierte und seine Armee gespalten hat.

Blockade beim Königsangriff

Die Blockade wird oft bei einem Angriff auf den König angewendet. Das hauptsächliche Mittel stellt hierbei das Opfer dar, das die gegnerischen Figuren Felder zu besetzen zwingt, die sich auf den Rückzugswegen des Königs befinden. Machen wir uns mit einigen typischen Beispielen bekannt.

186

187

Das Diagramm 186 zeigt eine Stellung aus der Partie **Spielmann–Lissizyn, Moskau 1935.**
Weiß schließt effektvoll den Angriff auf den König ab:
1.♘f5+ ♔g8 (falls 1. ... gf, so 2.♕g5 matt) **2.♕h6 ♘h5 3.♕g7+ ♘:g7 4.♘h6** matt.
Auf dem Brett haben wir ein *ersticktes* Matt.
Kombinationen zum Thema ersticktes Matt in realen und potentiellen Plänen (als Drohung) trifft man bei der Verwirklichung der Blockade oft an.

Nachdem wir die Blockade in Verbindung mit dem Hinlenkungsmanöver der Dame 3.♕g7+ in der Partie Spielmann–Lissizyn kennen gelernt haben, liegt die Frage nahe, inwieweit sich dieses Verfahren von der Hinlenkung unterscheidet. Tatsächlich werden bei der Durchführung der Blockade gegnerische Figuren vielfach auf das eine oder andere Feld hingelenkt. Jedoch ist das Verfahren der Hinlenkung auf die Ausnutzung der ungünstigen Stellung der hingelenkten Figur gerichtet, während bei der Blockade die hingelenkte Figur zwar eine wichtige, aber doch nur eine Hilfsrolle spielt. Das Hauptziel ist hier die blockierende Figur.

Wir haben eine Stellung aus der Partie **Kopylow–Carlson, Riga 1961**, vor uns. Schwarz zieht.
Die Stellung von Schwarz ist deutlich besser, und er kann einen Bauern gewinnen (1. ... ♘:a3+ 2.♔b3 ♘b5), aber in diesem Falle steht ihm noch ein langer Kampf bevor. Er spielt anders und findet eine interessante Idee, dem weißen König die Rückzugswege abzuschneiden:
1. ... ♖d3!
Jetzt befindet sich der König in der Umklammerung der Blockade, und es gibt zwei Mattdrohungen: 2. ... ♘:a3 matt und 2. ... ♖c3 matt.
Nach 2.♘:d3 folgt Matt von der anderen Seite – 2. ... ♗e6 matt.
Weiß gab auf.

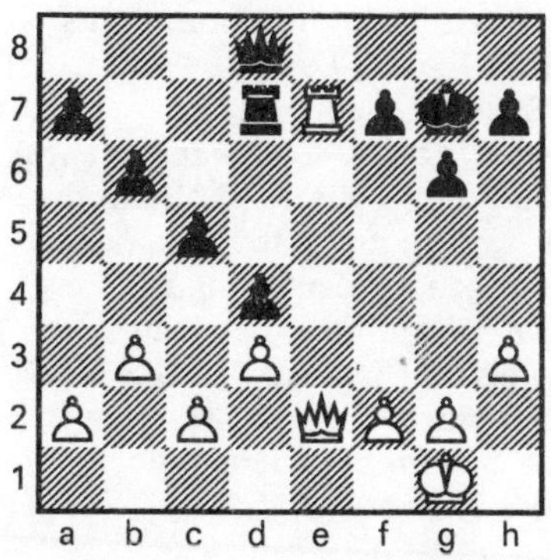

188

Die Stellung auf dem Diagramm 188 entstammt der Partie **Kwilezki gegen Roslinski, Krakow 1954.** Weiß ist am Zuge.
Es geschah:
1.♕e5+
Was soll Schwarz tun? 1. ... ♔g8 scheitert an 2.♖e8+ und 1. ... ♔h6 an 2.♕f4+ ♔h5 (2. ... ♔g7 3.♕:f7+) 3.g4+ ♔h4 4.g5+ ♔h5 5.♕g4 matt.
1. ... ♔f8
Scheinbar kann sich Schwarz nun verteidigen, weil der weiße Turm angegriffen ist und der Abtausch 2.♖:d7 ♕:d7 zu einem ausgeglichenen Damenendspiel führt. Weiß besitzt jedoch die reale Drohung ♕h8+, falls der Turm e7 geschlagen und eine gegnerische Schwerfigur auf dieses Feld hingelenkt wird.
2.♕f6!!
Schwarz gab auf. Es scheitert 2. ... ♖:e7 oder 2. ... ♕:e7 wegen 3.♕h8 matt. Angesichts der Drohung 3.♕:f7 matt sind auch andere Züge sinnlos.

Räumung

Bei den bisher untersuchten taktischen Verfahren (Blockade, Hinlenkung u. a.) ging es meistens darum, den Gegner zu zwingen, seine Figuren auf unvorteilhafte Felder zu postieren.
Häufig entstehen aber Situationen, in denen ein Teil der *eigenen* Streitkräfte ungünstig steht und die anderen Figuren bei der Entfaltung ihrer Aktivität dadurch gestört werden. In solchen Fällen erweist es sich als unbedingt erforderlich, die Felder, Diagonalen, Linien und Reihen von den „in Wege stehenden" Figuren zu räumen, um ihren Platz den Streitkräften zur Verfügung zu stellen, die dort besser zur Wirkung kommen.
Das taktische Verfahren, bei dem eigene störende Figuren ihren Stand-

ort verlassen, heißt Feld- oder Linienräumung. Es handelt sich gewissermaßen um eine Aufhebung der Eigenblockade.
Bei der Feldräumung verläßt eine Figur ein Feld, das eine andere nötiger braucht. Bei der Linienräumung werden Linien für die Aktionen der eigenen langschrittigen Figuren frei gemacht.

■ *In vielen Fällen muß die Standortveränderung der Streitkräfte zügig geschehen. Deshalb werden bei der Räumung oft schnellwirkende Mittel angewendet: Opfer, Schachgebote, direkte Angriffe.*

Der Räumung bedient man sich sowohl im Angriff als auch in der Verteidigung.

Feldräumung

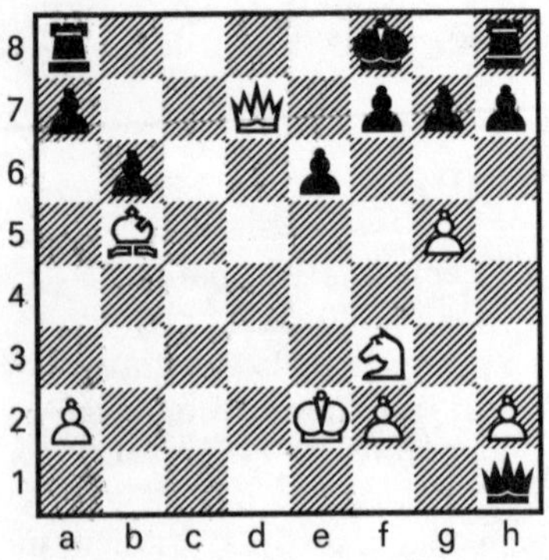

189

Das Diagramm 189 zeigt eine Stellung aus der Partie **Torre–Adams, New Orleans 1920.**
Weiß ist am Zuge.
Auf den ersten Blick sind keine Möglichkeiten für eine weiße Angriffsfortsetzung sichtbar. Es verbietet sich natürlich 1.♘e5 wegen 1. … ♕e4+.
Auf 1.♗c6 ist 1. … ♕a1 2.♗:a8 g6 gut. Nachdem der König gesichert ist, besitzt Schwarz gute Chancen im bevorstehenden Kampf.
Dennoch kann Weiß den Angriff verstärken. Der Bauer g5 räumt sein Feld für den weißen Springer, was der Attacke einen entscheidenden Impuls gibt:
1.g6! hg
Das Schlagen des Bauern ist erzwungen.
2.♘g5
Das Matt auf f7 läßt sich nicht dekken. Schwarz gab auf.

Linienräumung

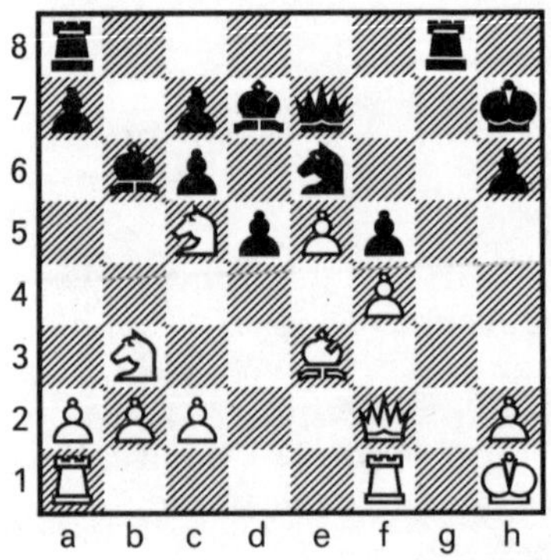

190

Die Diagrammstellung stammt aus der Partie **Egord–Lundin, Oslo 1972.** Schwarz zieht.
Die offene, von dem schwarzen Turm besetzte g-Linie, die Eckstellung des weißen Königs und das Fehlen des weißfeldrigen Läufers bringen Schwarz auf die Idee, den Läufer d7 auf die große Diagonale zu überführen, aber einstweilen ist diese von eigenen Bauern blockiert. Jedoch:
1. … d4! 2.♗:d4
Erzwungen, andernfalls geht der Springer verloren.
2. … ♘:d4
Räumung mittels Bauernopfer und Tauschoperationen im Zentrum.
3.♕:d4 ♗e6!
Deshalb geschahen die vorangegangenen Züge. Der Läufer steuert mit entscheidender Wirkung der Diagonale a8–h1 zu.
4.c4 ♖ad8 5.♕e3 (5.♕c3 ♗:c5)
5. … ♗:c4.
Weiß gab auf. Es droht nicht nur 6. … ♗d5 mit tödlichem Schach, sondern auch 6. … ♗:b3 7.ab ♗:c5 mit Springergewinn.

Im vorliegenden Beispiel wurde die Räumung der Diagonale durchgeführt.
Mit weiteren Besonderheiten bei der Anwendung dieser Methode kann sich der Leser anhand der anschließend zusammengestellten Übungsaufgaben vertraut machen.

In der 27. Lektion haben wir behandelt:

- Die Blockade und ihre Anwendung beim Königsangriff
- Die Räumung: Feldräumung und Linienräumung.

Übungsaufgaben zur 27. Lektion

Aufgabe 184:
Weiß: ♔h4, ♕d6, ♗d4; c5, e5, f4, g3, h3
Schwarz: ♔h7, ♕d1, ♗g7; c6, e6, f5, h6
□ Schwarz zieht und gewinnt.

Aufgabe 185:
Weiß: ♔g1, ♕h6, ♖a1, ♖f1, ♗c4, ♘b1, ♘e4; a2, b2, c2, f2, g2, h2
Schwarz: ♔g8, ♕d8, ♖a8, ♖f8, ♗c8, ♗e7, ♘c6; a7, b7, c7, d4, f7, h7
□ Weiß zieht. Wie würden Sie spielen?

Aufgabe 186:
Weiß: ♔h3, ♖c7, ♖f2; d5, f6, g3, h2
Schwarz: ♔h7, ♖a4, ♖g1; d6, e5, f7, g5, g7
□ Schwarz zieht und gewinnt.

Aufgabe 187:
Weiß: ♔g1, ♕g6, ♖a1, ♖f1, ♗c2, ♘e5, ♘h4; a2, c3, d4, f2, g2, h2
Schwarz: ♔h8, ♕d5, ♖f8, ♗c8, ♗e7, ♘d8, ♘f6; a6, b7, e6, g7, h6
□ Weiß zieht und gewinnt.

Aufgabe 188:
Weiß: ♔h1, ♕e6, ♖c1, ♖f1, ♘g5; a2, b3, g2, h2
Schwarz: ♔g7, ♕c7, ♖f8, ♗d4, ♘f5; a6, b5, c5, e7, g6
□ Weiß zieht und gewinnt.

Aufgabe 189:
Weiß: ♔g1, ♕c2, ♗c6; a2, b2, e5, g3, h2
Schwarz: ♔g8, ♕c7, ♘d5; a6, b4, e6, f7, g7, h6
□ Schwarz zieht. Wie würden Sie spielen?

Aufgabe 190:
Weiß: ♔h1, ♕d5, ♖d1, ♖d2, ♘f1; a3, b4, d6, e3, f2, h2
Schwarz: ♔g8, ♕h3, ♖f7, ♗d7, ♘f3; a7, b7, e4, g5, h6
□ Schwarz zieht und gewinnt.

Aufgabe 191:
Weiß: ♔f2, ♕d3, ♖a2, ♖f4; a4, b4, c4, d5, g2, h2
Schwarz: ♔g8, ♕e7, ♖e1, ♖e8; b7, c7, d6, f7, g7, h6
□ Schwarz zieht und gewinnt.

Aufgabe 192:
Weiß: ♔g2, ♖c6, ♖c7; e2, f3, g4, h4
Schwarz: ♔h6, ♕f4, ♗g6; b3, c2, h6
□ Weiß zieht und gewinnt.

Aufgabe 193:
Weiß: ♔g2, ♕d4, ♖e7; a2, b4, c5, g3, h4
Schwarz: ♔b8, ♕g8, ♖g7; a6, b7, c6, d5, f7, h7
□Weiß zieht. Wie würden Sie spielen?

Aufgabe 194:
Weiß: ♔h1, ♕g6, ♖f1, ♗h6; a2, b2, c5, g2, h2
Schwarz: ♔h8, ♕e5, ♖a8, ♗d4, ♗d7; a7, b7, c6, d5
□ Weiß zieht. Kann er sich mit dem Zug 1.♗e3 retten? Analysieren Sie die Stellung!

28. Lektion

Röntgenangriff – Zwischenzüge

Der Röntgenangriff

Bisher haben wir taktische Verfahren untersucht, bei denen in Angriff und Verteidigung direkte Aktionen stattfanden. Durch diese Aktionen wurde entweder eine Drohung aufgestellt oder abgewehrt. Es gibt jedoch viele Stellungen, in denen langschrittige Figuren (Dame, Turm und Läufer) einen wirksamen indirekten Einfluß auf die Partie durch die auf ihrem Weg befindlichen eigenen oder fremden Figuren *hindurch* ausüben.
Eine solche durchdringende Wirkung der Schachstreitkräfte, ähnlich den Röntgenstrahlen, wird Röntgenangriff genannt.

■ *Ein Röntgenangriff ist ein taktisches Verfahren, bei dem langschrittige Figuren im Spielverlauf durch eigene und fremde Figuren hindurch wirken.*

Dieses Verfahren tritt verhältnismäßig verborgen in Erscheinung. Deshalb empfehlen wir, doppelt aufmerksam die Brettabschnitte im Auge zu behalten, wo sich künftig Wirkungslinien langschrittiger Figuren überschneiden oder überschneiden könnten.

191

Auf dem Diagramm 191 sehen wir eine Stellung, die in der Partie **Furman–Smyslow, Moskau 1949,** entstand. Weiß ist am Zuge.
Versuchen wir kurz die Stellung zu charakterisieren: Gleiches materielles Kräfteverhältnis, aber Weiß steht aktiver. Zwar verbietet sich das sofortige Vorgehen des Bauern 1.d6 wegen 1. ... ♕e5, jedoch gibt es auch andere verlockende Pläne für Weiß – zum Beispiel 1.♕c1 mit der Absicht, den Turm vorzustoßen (2.♖c7). Besonderes Interesse gilt dem in die Ecke gedrängten schwarzen König. Wäre Schwarz auf 1.♘:g6+ verpflichtet, mit dem Bauern wiederzunehmen, so würde er nach 2.♖h3+ unverzüglich verlieren, doch geht 1. ... ♕:g6. Diese Idee weiter verfolgend, fand Weiß einen großartigen Zug:

1.♕b2!

Jetzt droht unabwendbar 2.♘:g6+. Man beachte dabei die im Hintergrund lauernde weiße Dame. Sie wirkt durch die eigenen und gegnerischen Figuren hindurch auf der ganzen großen Diagonale. Ein Röntgenangriff hat sich voll entfaltet!
Falls nun 1. ... g5, so 2.♘g6+ ♕:g6 3.♖c7+. Auf 1. ... ♕d4 entscheidet 2.♘:g6+ ♔g7 3.♖c7+, und auf 1. ... ♕f6 folgt 2.♘:g6+ hg (2. ... ♔g7 3.♘e5 ♕:e5? 4.♖c7+ ♔f6 5.♖f7+ ♔g5 6.♕:e5) 3.♖h3+ ♔g7 4.♖h7+ ♔:h7 5.♕:f6.
In der Partie wählte Schwarz eine verhältnismäßig bessere Fortsetzung, aber auch sie erwies sich als unzureichend.

1. ... ♘c4 2.♘:g6+ ♕:g6 3.♖:c4+ ♕g7 4.♕:g7+ ♔:g7 5.♖c7+.

Schwarz gab auf, denn das Endspiel nach 6.♖:a7 ist aussichtslos.

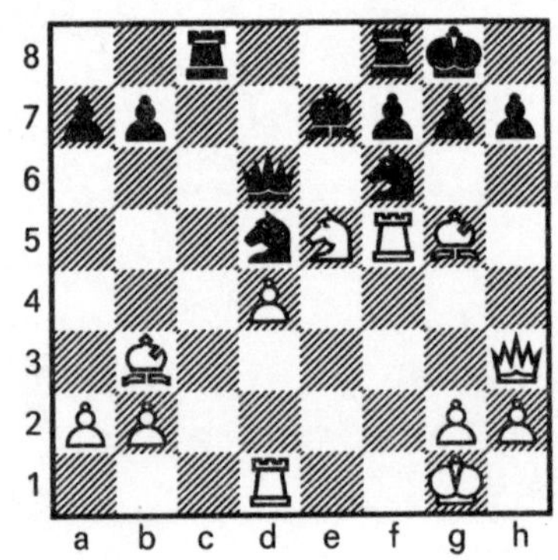

192

Die Diagrammstellung 192 stammt aus der Partie **Botwinnik–Vidmar, Nottingham 1936.** Weiß ist am Zuge. Die „Röntgenstrahlen“ durchdringen die Diagonalen a2–g8 und h3–c8. Im Mittelpunkt der Ereignisse stehen die Felder d5, f7 und c8. Es folgte:

1.♘:f7! ♖:f7

Falls 1. ... ♔:f7, dann 2.♗:d5+.

2.♗:f6

Der Röntgenangriff zielt auch auf den Turm c8. Schwarz kann deshalb nicht 2. ... ♘:f6 antworten wegen 3.♖:f6 ♗:f6 4.♕:c8+.

2. ... ♗:f6 3.♖:d5 ♕c6 4.♖d6!

Nur so. Übereilt wäre 4.♖c5? wegen 4. ... ♗:d4+ 5.♖:d4 ♕:c5.

4. ... ♕e8 5.♖d7.

Schwarz gab auf. Nach dem kombinatorischen Sturm bricht die Zeit für die schachliche Technik an. Nach dem bevorstehenden Schlagen auf f7 besitzt Weiß entscheidendes Materialübergewicht.

Die Praxis zeigt, daß Röntgenangriffe häufiger auf Diagonalen als auf Linien und Reihen in Erscheinung treten. In vielen Fällen geht der Röntgenangriff mit anderen taktischen Verfahren einher, oft mit Räumungsaktionen.

Wir haben darauf hingewiesen, welche große Gefahr ein Röntgenangriff infolge seiner schwierigen Erkennbarkeit in sich birgt. Das Überraschungsmoment kommt noch hinzu.

Das Schachspiel kennt kein Dogma!

Selbst bei größter Umsicht und tiefstem Eindringen in die Stellung lassen sich nicht alle Antworten des Gegners voraussehen, und wir müssen immer wieder mit unerwarteten und überraschenden Zügen rechnen. Darin liegt ja auch ein Reiz des Schachspiels. Und doch kann jeder dazu beitragen, die unliebsamen Überraschungen in seiner Spielpraxis erheblich zu reduzieren.

■ *Ein Schachspieler muß sich vor allem hüten, schablonenhaft zu denken und sich zu automatischem Handeln verleiten zu lassen.*

Oft kann man beim Schlagvorgang beobachten, wie der Verteidigende mit dem erstbesten Schachstein die gegnerische Figur nimmt.

Der Partieverlauf darf sich nicht nach den Prinzipien: „Er hat gezogen – ich nehme, er hat angegriffen – ich verteidige, ich greife an – er muß verteidigen“ abspielen. Ein blindes Befolgen solcher Prinzipien stellt eine der Ursachen für schablonenhaftes Spiel dar. Die Folge sind nicht selten unerwartete Antworten des Gegners.

Das Schach bietet eine überaus große Fülle von Möglichkeiten. Der Angriff auf irgendeine Figur braucht nicht unbedingt immer eine Verteidigungsreaktion hervorzurufen. Man kann auch einen Gegenangriff starten, denn im Schach besteht keine Schlagpflicht wie im Damespiel.

■ *Ein Schachspieler darf sich nicht mit dem zufriedengeben, was naheliegend und auf den ersten Blick am logischsten erscheint.*

Man muß auch nach verborgenen Möglichkeiten suchen, so wie es Furman tat, als er in der vorigen Partie gegen Smyslow den Zug 1.♕b2 fand.

Natürlich darf man auch nicht ins andere Extrem verfallen und beispielsweise die Angaben über den relativen Wert der Figuren, allgemeine Regeln und Empfehlungen ignorieren. Für die meisten Fälle treffen diese Regeln zu. Doch in vielen Situationen besitzen die Stellungen ihre eigene Spezifik, die nicht in ein vorbereitetes Schema paßt.

Zwischenzüge

Zu den taktischen Verfahren, denen besonders häufig ein Überraschungsmoment innewohnt, gehören neben dem Röntgenangriff die Zwischenzüge.

■ *Ein Zwischenzug ist ein beim Vorausberechnen nicht bedachter gegnerischer Zug, der scheinbar nicht unmittelbar zu dessen Angriffs- oder Verteidigungsplan gehört.*

■ *Ein Zwischenzug wird besonders dann leicht übersehen, wenn der Gegner mit ihm seine Aktionen plötzlich auf ein anderes Objekt umstellt.*

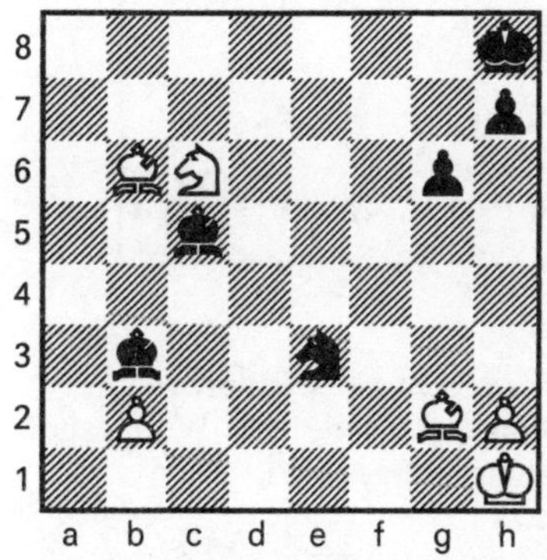

193

Die Diagrammstellung 193 stammt aus der Partie **Sopkow–Moissejew, Jaroslawl 1952.**

Schwarz erwartete nach **1.♗:c5 ♘:g2** nur das Wiederschlagen 2.♔:g2, was angesichts von 2. ... ♗d5+ nebst 3. ... ♗:c6 zu einem Remisendspiel führen würde.

Jedoch Weiß zog unerwartet **2.♘e7!**, um dem schwarzen König das Feld g8 zu nehmen. Nun droht einzügig Matt durch 3.♗d4. Schwarz kann diese Drohung mittels 2. ... h5 oder 2. ... ♔g7 abwehren, aber in diesem Falle verliert er den Springer, und das Endspiel ist verloren. Somit hat der Zwischenzug 2.♘e7 den Ausgang des Kampfes entschieden. Schwarz gab auf.

Interessant ist die Anfangsphase der Partie **Keres–Botwinnik, Moskau 1955:**

1.e4 e6 2.d4 d5 3.♘d2 ♘c6 4.c3 e5 5.ed ♕:d5 6.♘gf3 ♗g4 7.♗c4 ♗:f3

Als Schwarz diesen Zug machte, hielt er 8.♕:f3 für erzwungen, was nach dem Damentausch 8. ... ♕:f3 9.♘:f3 ed 10.cd ♗b4+ zu gleichem Spiel führt. Aber Weiß zog:

8.♕b3!

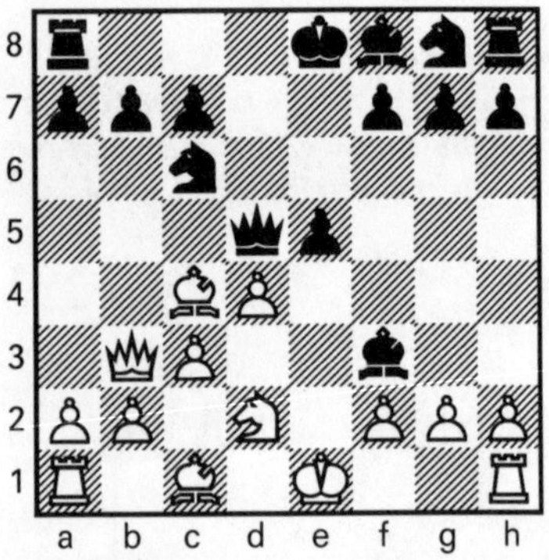

194

Dieser Zwischenzug ändert radikal den Gang der Ereignisse. Weiß erhält nun Angriffschancen.

8. ... ♘a5?

Besser war 8. ... ♕d7 9.♘:f3 ed (nicht 9. ... ♘a5? 10.♗:f7+ ♕:f7 11.♕b5+) 10.0–0.

9.♕a4+ ♕d7 10.♗:f7+ ♔d8 11.♕:d7+ ♔:d7 12.♘:f3 ed 13.♘:d4.

Bei aktiver Figurenaufstellung besitzt Weiß einen Mehrbauern. Schwarz verlor bald.

Etwas leichter ist der Zwischenzug vorauszusehen, wenn er mit einem Schachgebot oder mit einem Angriff auf eine wertvolle Figur einhergeht.

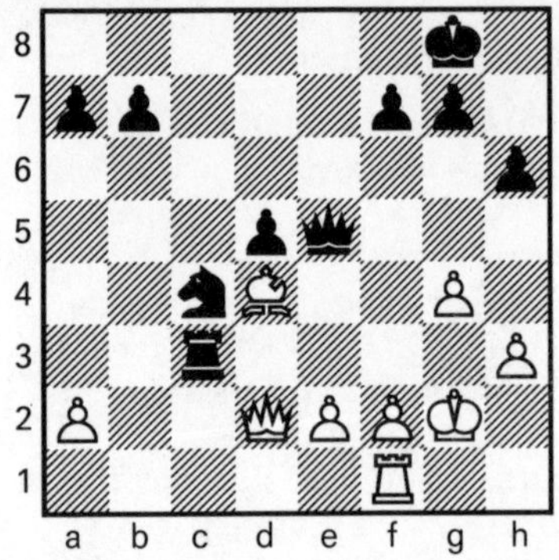

195

Die Diagrammstellung 195 entstand in der Partie **Letunow–Ubilawa, Tbilissi 1973.** Schwarz ist am Zuge. Weiß hat gerade mit dem Läufer einen Doppelangriff ausgeführt in der Annahme, daß der Gegner sich auf Damentausch einläßt (1. ... ♘:d2 2.♗:e5 ♖c2 3.a4 ♘c4 mit Chancen auf Verteidigung). Schwarz hatte jedoch eine Überraschung vorbereitet:

1. ... ♖g3+! 2.♔h2

Im Falle von 2.fg ♕e4+ 3.♔h2 ♘:d2 4.♗:c3 ♘:f1+ ist alles zu Ende.

2. ... ♘:d2 3.♗:e5 ♘:f1+.

Der Damentausch hat doch noch stattgefunden, aber mit einem anderen Ergebnis. Weiß gab auf.

Überaus schwierig ist es, eigene Zwischenzüge zu finden und die des Gegners vorauszusehen, wenn sie nicht mit Schachgeboten oder einem Angriff auf eine wertvolle Figur verbunden sind. Solche Züge nennt man *stille* Züge. Das Aufspüren solcher stillen Züge ist eine der schwierigsten Aufgaben im Schach.

Sehen wir uns ein Beispiel eines interessanten Kampfes mit *beiderseitigen* Zwischenzügen an.

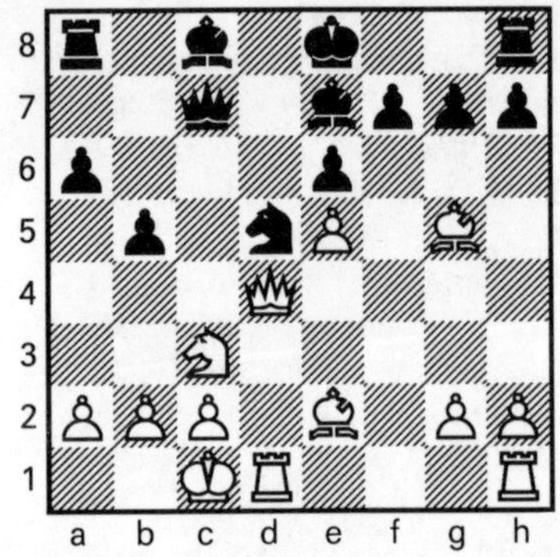

196

Diese Stellung ergab sich in der Partie **Tal–Larsen, Montreal 1979.** Weiß zieht.

Es geschah: **1.♗:e7**

Für Schwarz unbefriedigend wäre jetzt 1. ... ♕:e7 wegen 2.♘:d5 und 1. ... ♘:e7 wegen 2.♘:b5 ab 3.♗:b5+ mit Gewinn (z. B. 3. ... ♘c6 4.♗:c6+ ♕:c6 5.♕d8 matt oder 3. ... ♔f8 4.♕d8+ ♕:d8 5.♖:d8 matt).

Larsen hatte jedoch das Zwischenschlagen **1. ... ♘:c3** vorbereitet. Scheinbar ist Weiß in Anbetracht der Drohung 2. ... ♘:e2+ verpflichtet, den Springer zu nehmen, was zu einer ausgeglichenen Stellung führen würde. Aber ...

2.♗f3!

Ein stiller Zug! Danach ist schlecht für Schwarz 2. ... ♗b7 3.♗d6 ♗:f3 4.bc (noch ein Zwischenzug, der eine Figur gewinnt) oder 2. ... ♕:e7 3.♗c6+ ♔f8 4.♕d8+ ♕:d8 5.♖:d8+ ♔e7 6.♖:h8 mit zahlreichen Drohungen, von denen die wichtigste 7.♖e8 matt ist. Verhältnismäßig besser war, ein Zwischenschach zu geben: 2. ... ♘e2+ 3.♗:e2 ♕:e7. Aber auch in diesem Falle besitzt Weiß nach 4.♗f3! ♗b7 5.♗:b7 ♕:b7 6.♕d6 bedeutenden Vorteil, weil der schwarze König nicht rochieren kann.

2. ... ♘:d1 3.♗d6!

Ein weiterer Zwischenzug.

3. … ♕c4 4.♕b6!
Schließlich noch ein Zwischenzug, der den Gewinn forciert. Nicht so klar wäre 4.♕:c4 bc 5.♗a3 ♘e3, und Schwarz kann sich vorerst verteidigen.
4. … ♘f2 5.♗c6+ ♗d7 6.♗:d7+ ♔:d7 7.♕b7+ ♔d8 8.♕:a8+ ♕c8 9.♕a7.
Weiß droht Matt und nimmt zugleich den Springer f2 aufs Korn. Schwarz gab auf.
Damit beschließen wir die Untersuchung der hauptsächlichen taktischen Verfahren. Das erworbene Wissen über die Anfangsgründe der Schachtaktik stellt eine nützliche Ausgangsbasis für die weitere eigene Vervollkommnung auf diesem Gebiet dar.

Bedeutung der Variantenberechnung

Beim Studium der verschiedenartigen taktischen Verfahren konnten wir uns mehrmals überzeugen, daß die praktische Umsetzung dieser Verfahren erst durch eine genaue Variantenberechnung möglich wurde. Deshalb läßt sich sagen:
■ *Die Ausbildung der Fähigkeit, Varianten zu berechnen, ist eine der Grundvoraussetzungen für die Verbesserung des schachlichen Könnens.*
Neben den traditionellen Methoden kommen für eine Vervollkommnung auf dem Gebiet der konkreten Berechnung in Betracht: Lösen entsprechender Übungen mit Niederschrift der untersuchten Varianten, ausführliche Analyse von eigenen und fremder Partien, von Schachaufgaben und Studien.
Beim Training in der Variantenberechnung sollten die Figuren auf dem Brett nicht gezogen werden, wenn Sie analysieren. Anschließend, bei der Prüfung der Lösung, können die Figuren gesetzt werden.

Grundsätzlich gilt:
■ *Je mehr Sie Ihr selbständiges häusliches Training den Turnierbedingungen angleichen, desto schneller, genauer und tiefgründiger werden Sie die Variantenberechnung erlernen.*

In der 28. Lektion haben wir behandelt:
- Der Röntgenangriff
- Das Schachspiel kennt kein Dogma!
- Zwischenzüge
- Bedeutung der Variantenberechnung.

Übungsaufgaben zur 28. Lektion

Aufgabe 195:
Weiß: ♔g1, ♕e5, ♖d1, ♗e1; a2, b2, e3, f2, f3, h2
Schwarz: ♔g8, ♕h3, ♖d8, ♗d6; a7, b6, f7, g7, h7
□ Schwarz zieht und gewinnt.

Aufgabe 196:
Weiß: ♔b1, ♕g5, ♖f1, ♖g1, ♗d4, ♗h3; a2, b2, c2, e4, h4
Schwarz: ♔h8, ♕e7, ♖c6, ♖f8, ♗c8, ♗f6; a6, b7, d5, f5, f7, h7
□ Weiß zieht und gewinnt.

Aufgabe 197:
Weiß: ♔g1, ♕f3, ♖a1, ♗f5; e3, f2, g3, h2
Schwarz: ♔g8, ♕e7, ♖c3, ♗b7; b6, d4, f7, g7, h6
□ Weiß zieht und gewinnt.

Aufgabe 198:
Weiß: ♔h1, ♕e1, ♖e2, ♖f1, ♗b2, ♗d3, ♘d4; a3, e3, f2, g2, h3
Schwarz: ♔g8, ♕g5, ♖a8, ♖e6, ♗b7, ♗c7, ♘e4; a7, b6, f7, g7, h7
□ Schwarz zieht. Wie würden Sie spielen?

Aufgabe 199:
Weiß: ♔g2, ♕b3; c4 e4 f5, g6, h5
Schwarz: ♔h8, ♕f8; e5, f6, g7, h6
□ Schwarz zieht und erreicht Remis.

Aufgabe 200:
Weiß: ♔e1, ♕a4, ♖a1, ♖h1, ♗c1, ♗c4, ♘b1, ♘f3; a2, b2, c3, f2, g2, h2
Schwarz: ♔e8, ♕d8, ♖a8, ♖h8, ♗c6, ♗f8, ♘b8, ♘g8; a7, b6, c5, e7, f7, g6, h7
□ Weiß zieht.

Aufgabe 201:
Weiß: ♔g1, ♕d4, ♖d1, ♖f1, ♗b2, ♘c3, ♘f3; a2, b3, c4, e4, f2, g2, h3
Schwarz: ♔g8, ♕e7, ♖a8, ♖f8, ♗c8, ♗g7, ♘f7; a6, c6, c7, d6, f5, g6, h7
□ Weiß zieht und gewinnt.

Aufgabe 202:
Weiß: ♔g2, ♕f3, ♖d1, ♗d5; a2, b3, f2, g3, h4
Schwarz: ♔h8, ♕e5, ♖d8, ♘e6; a6, b5, f7, g7, h6
□ Weiß zieht und gewinnt.

Aufgabe 203:
Weiß: ♔h1, ♕f7, ♖g1, ♗g2; h2
Schwarz: ♔h7, ♕d3, ♖e4; a6, b5, c5, e6, g7, h6
□ Weiß zieht und gewinnt.

29. LEKTION

Strategie – Die Königsstellung

Die Grundelemente der Strategie

In einer früheren Lektion haben wir gesagt, die Taktik antwortet auf die Frage: Wie und auf welche Weise muß ich etwas tun?, und die Strategie gibt Auskunft auf die Frage: Was muß ich tun?

■ *Zum Bereich der Strategie gehört die Stellungsbewertung und die Ausarbeitung des gesamten Partieplans.*

Wenn der Spieler eine Stellung bewertet, also die beiderseitigen Streitkräfte und Möglichkeiten vergleicht und einen Plan für seine Aktionen ausarbeitet, stützt er sich in seinen Überlegungen auf die verhältnismäßig stabilen Spielfaktoren. Diese bezeichnet man als strategische Merkmale oder die Elemente der Strategie.

Wir wollen sieben Grundelemente der Schachstrategie unterscheiden:

1. Die Königsstellung und die Möglichkeiten für einen Angriff auf den König
2. Das materielle Kräfteverhältnis
3. Die Zentrumsstellung
4. Die Bauernstellung
5. Entwicklung (Mobilisierung der Figuren)
6. Die Beherrschung von offenen Linien und Diagonalen
7. Der relative Wert der Leichtfiguren.

Indem der Spieler diese Merkmale in einer bestimmten konkreten Stellung abwägt, bewertet er – mehr oder weniger gewissenhaft und objektiv – die Stellung im ganzen und stellt einen entsprechenden Plan auf.

Bei der Untersuchung der Rolle der strategischen Merkmale gilt es zu beachten, daß es in den meisten Fällen schwierig oder unmöglich ist, sich an eine einheitliche vergleichende Wertskala zu halten. Die konkreten Stellungsbesonderheiten sind wichtig und bestimmend.

Ferner besteht ein enger Zusammenhang zwischen den taktischen und strategischen Faktoren.

Merke:

■ *Taktische Operationen verlaufen nur dann erfolgreich, wenn die Stellung für sie ausreichende strategische Voraussetzungen bietet.*

Das taktische Verfahren *Vernichtung der Verteidiger* wird man zum Beispiel kaum erfolgreich anwenden können, wenn die eigenen Hauptstreitkräfte unzureichend entwickelt sind und man den Angriff nicht fortsetzen kann.

Kein Spieler ist in der Lage, bei der Stellungsbewertung alle Vor- und Nachteile in strategischer Hinsicht abzuwägen. Doch auch die taktische Eigenart der Situation muß in die Bewertung einbezogen werden. Euwe stellte mit Recht fest:

„Die Strategie erfordert Überlegungen, die Taktik tiefeindringende Sicht."

Weiter sagte er:

„Ein taktischer Fehler wiegt bedeutend schwerer als ein strategischer."

Wir wollen jetzt und in den folgenden Lektionen einige strategische Merkmale näher untersuchen.

Die Königsstellung

Bei der Stellungsbewertung unter diesem Gesichtspunkt sieht sich der Spieler in der Regel drei typischen Situationen gegenüber:

a) Der König eines Spielers (oder beide Könige) steht in der Mitte.

b) Die Könige haben nach unterschiedlichen Seiten (heterogen) rochiert.

c) Beide Könige haben nach der gleichen Seite rochiert.

Betrachten wir hierfür Beispiele.

a) Ein König steht in der Mitte

Die Stellung 197 stammt aus der Partie **Lasker–Pirc, Moskau 1935.** Weiß zieht.

Versuchen wir die Situation einzuschätzen: Das Materialverhältnis ist gleich. Zwar stehen die weißen Figuren etwas aktiver (sie nehmen vier Reihen ein, die schwarzen Figuren fast nur drei), aber die schwarze Bau-

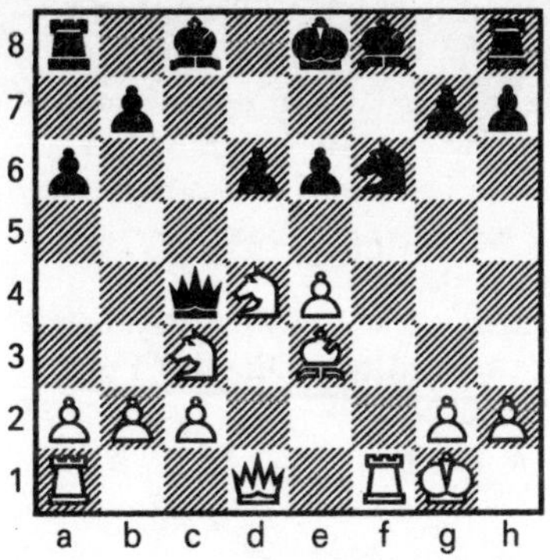

197

ernphalanx d6 und e6 kontrolliert die vier Felder c5, d5, e5 und f5. Insgesamt gesehen, sind die schwarzen Bauern etwas besser postiert, da Weiß auf e4 einen isolierten Bauern besitzt. Potentiell muß man auch die schwarzen Leichtfiguren etwas stärker einschätzen. Denn das Läuferpaar kann in offenen Stellungen einen Vorteil bedeuten. Wägt man diese Faktoren gegeneinander ab, ist der schwarzen Stellung ein geringer Vorzug einzuräumen.
Jedoch gemessen an den übrigen Kriterien, besitzt Weiß klaren Vorteil. Sein König hat rochiert, während der gegnerische noch in der Ausgangsstellung steht. Zudem fehlt dem schwarzen König die Bauerndeckung auf der f-Linie, was seinen Standort gefährdet. Auf dieser offenen (das heißt von Bauern freien) Linie befindet sich der weiße Turm. Das wichtigste ist aber, daß die weißen Figuren bedeutend besser entwickelt sind und zu Aktionen bereitstehen, während die schwarzen noch der Mobilisierung harren: Die Türme sind isoliert, und die Läufer stehen in ihrer Ausgangsstellung. Auch die Zentralisierung der Dame kann hier kaum ein Plus sein, weil sie leicht dem Angriff weniger wertvoller Figuren ausgesetzt ist. Lediglich der Springer ist gut postiert.

Fassen wir die Ergebnisse unserer Untersuchung zusammen:
Die Stellung muß als besser für Weiß eingeschätzt werden wegen seines Entwicklungsvorsprunges und der gefährdeten Lage des schwarzen Königs.
Welche beiderseitigen Pläne resultieren jedoch daraus? Für Schwarz ist notwendig, so schnell wie möglich, seine Figuren zu entwickeln (vor allem den Läufer f8) und den König in Sicherheit zu bringen.
Der Plan von Weiß läßt sich aus dem Ziel ableiten, einen Schlag gegen den König zu führen, der momentan verwundbarsten Stelle im gegnerischen Lager. Das Erreichen dieses Zieles wird dadurch begünstigt, daß die weißen Figuren bereits mobilisiert sind, während die meisten gegnerischen Streitkräfte noch in ihrer Ausgangsstellung verharren.
Für Weiß ist allerdings bei der Realisierung seines Planes Eile geboten, denn Schwarz würden zwei bis drei Züge genügen, um den Entwicklungsvorsprung des Gegners einzuholen.
■ Strategische Merkmale unterscheiden sich nämlich hinsichtlich Dauer und Stabilität. Am statischsten sind das materielle Kräfteverhältnis oder die Bauernkonstellation. Dagegen ist die Figurenentwicklung die sich am schnellsten verändernde Größe innerhalb der strategischen Merkmale einer Stellung.
Der Plan von Weiß ist somit festgelegt. Jetzt gilt es, die taktischen Mittel für seine Umsetzung zu finden. Wie soll Weiß zum gegnerischen König vordringen? Das Bauernopfer 1.e5 wird mittels 1. ... de 2.♘f3 ♘g4 widerlegt.
Wie bereits festgestellt, ist der Springer f6 die einzige Figur, die auf ihrem richtigen Platz steht. Deshalb prüfen wir einmal die Möglichkeit, den Springer zu beseitigen. Nach 1.♗g5 ♗e7 ist nichts Reales sichtbar. Wenn man aber den Turm für den Springer opfert? Näher betrachtet, stellt diese Fortsetzung (das taktische Verfahren **Beseitigen der Verteidiger**) die stärkste und auch einzige dar, einen ernsthaften Angriff auf die schwarze Königsstellung zu organisieren.
In der Partie folgte:
1.♖:f6 gf 2.♕h5+ ♔d8
Andere Königszüge retteten ebenfalls nicht, zum Beispiel 1. ... ♔d7 2.♕f7+ ♗e7 3.♘f5 ♖e8 (3. ... ef? 4.♕:c4 – die Fesselung auf der Diagonale a2–g8 rechtfertigt in vielen Varianten die Kombination von Weiß) 4.♖d1 d5 5.♘:d5 ed 6.♖:d5+ mit siegbringendem Angriff oder 1. ... ♔e7 2.♘f5+ ef 3.♘d5+ ♔d8 4.♗b6+ ♔d7 5.♕f7+ ♔c6 6.♕c7+ ♔b5 7.a4+ ♕:a4 8.♖:a4 ♔:a4 9.♕c4 matt.
3.♕f7 ♗d7
Falls 3. ... ♗e7, so 4. ♘f5 ♕c7 (4. ... ♖e8 5.♗b6+ ♔d7 6.♖d1) 5.♘a4 ♖f8 6.♕:h7 ♔e8 7.♗b6 ♕d7 8.♕h5+ ♖f7 9.♘g7+ ♔f8 10.♕h8 matt.
4.♕:f6+ ♔c7 5.♕:h8 ♗h6
Dieser Konterschlag ändert nichts.
6.♘:e6+!
Ein wichtiger Zwischenzug. Falls sogleich 6.♕:a8, so erhielte Schwarz nach 6. ... ♗:e3+ 7.♔h1 ♗:d4 8.♕f8 ♗:c3 9.bc ♕:e4 auf Grund der schwachen weißen Bauern und der Drohung 10. ... ♗c6 Konterchancen. Doch jetzt hat in den analogen Varianten der Springer c3 das Feld d5 zur Verfügung.
6. ... ♕:e6 (6. ... ♗:e6? 7.♕:h7+)
7.♕:a8 ♗:e3+ 8.♔h1.
Schwarz gab auf, denn nach 8. ... ♗c6 9.♕h8 ♗:e4 10.♘:e4 ♕:e4 11.♖e1 ist die Drohung 12.♕c3+ unwiderlegbar.
Der Kampf in der vorstehenden Partie ist dem „Spiel auf ein Tor“ vergleichbar, denn Schwarz erhielt keine Möglichkeit, eigene Pläne zu verwirk-

lichen – die Stellung seines Königs war zu gefährdet.

Fazit:

■ *Ein in der Mitte stehen gebliebener König erweist sich meistens als ein Nachteil. Es muß stets mit einem gegnerischen Angriff gerechnet werden.*

b) Die Könige haben nach unterschiedlichen Seiten rochiert

Bei Rochaden nach verschiedenen Seiten, auch heterogene Rochaden genannt, bietet sich oft ein Königsangriff als die geeignete Strategie an. Häufig halten sich beide Seiten an den gleichen Plan, und der Ausgang des Kampfes hängt davon ab, wer mit seinem Angriff dem anderen zuvorkommt.

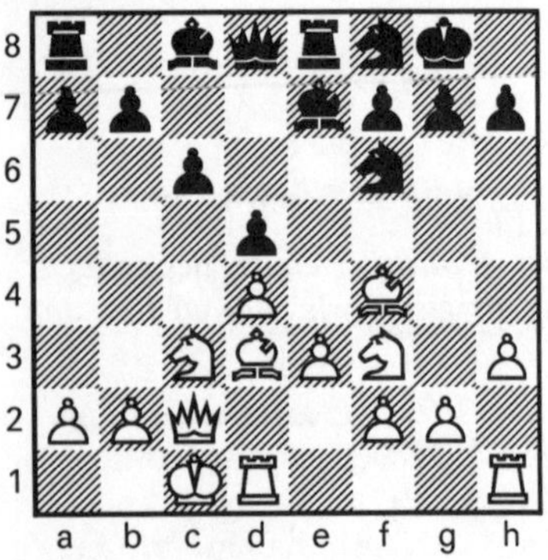

198

Die Stellung stammt aus der Partie **Tolusch–Krogius, Leningrad 1951.** Schwarz ist am Zuge.

Die Pläne beider Seiten liegen fest: Weiß hat sich entschlossen, am Königsflügel anzugreifen (in erster Linie mit den g- und h-Bauern) und mit dem Springer das Feld e5 zu besetzen. Schwarz ist zu einem Gegenangriff am Damenflügel verpflichtet. Schwarz steht vor der schwerwiegenden Wahl, welchen Bauern er vorziehen soll. Nach dem natürlichen 1. ... b5 kann Weiß ♔b1, ♖c1 und ♘a4 (auf b5–b4) spielen, wobei er seinen Plan ändert und Druck auf den schwachen Bauern c6 ausübt. Deshalb gründet Schwarz seinen Plan auf das Vorgehen des a-Bauern. Er ist bestrebt, mit diesem bis nach a3 vorzulaufen, um den Zug b2–b3 zu provozieren und danach die Linien des Damenflügels mittels b7–b6 nebst c6–c5 und sogar c5–c4 zu öffnen versuchen. Wenn der Bauer c6 vorschreitet, muß Schwarz allerdings der Verteidigung des Bauern d5 besondere Aufmerksamkeit widmen.

In der Partie folgte:

1. ... a5! 2.g4 a4 3.♘:a4?

Weiß kommt dem Gegner entgegen. Nach dem Textzug gewinnt Schwarz den geopferten Bauern zurück und kann zudem die a-Linie für den Angriff nutzen.

Schlecht wäre auch 3.a3, weil Schwarz Gelegenheit erhielte, mittels b7–b5–b4 Linien zu öffnen (in dieser Variante ist die Schwäche des Bauern c6 unwesentlich).

Wahrscheinlich sollte Weiß a4–a3 zulassen und dann b2–b3 antworten. In diesem Falle bliebe eine angespannte Stellung mit beiderseitigen Chancen erhalten.

3. ... ♕a5 4.♘c3

Falls 4.b3, so 4. ... ♘e6 5.♗e5 b5 6.♘c5 (6.♘c3 ♗b4) 6. ... ♘:c5 7.dc ♘e4! oder 5.g5 ♘:f4 6.ef ♘e4 mit Initiative für Schwarz.

4. ... b5 5.♘d2

Es gelingt nicht, den Bauern zu halten. Im Falle von 5.a3 b4 6.ab ♗:b4 entwickelt sich der schwarze Angriff ungehindert.

Jetzt wird klar, daß der Zug 3.♘:a4 ein ernster Fehler war. Anstelle eines Aufeinanderstoßes der beiderseitigen Pläne, wobei jede Seite etwa die gleichen Erfolgschancen hätte, entwickelt Schwarz nun ein Druckspiel.

5. ... b4 6.♘b3 ♕b6 7.♘e2 ♖:a2 8.♔b1?

Notwendig war 8.f3, um den König auf der Marschroute c1–d2–e1–f2 zu überführen. Der Textzug verhindert diese Verteidigungsmöglichkeit.

8. ... ♖a7 9.f3 ♗a6

Es ist nützlich, die weißfeldrigen Läufer zwecks Eroberung des Feldes c4 zu tauschen.

10.♗:a6 ♕:a6 11.♘ec1 ♘e6 12.♘d3 ♘d7 13.♔c1

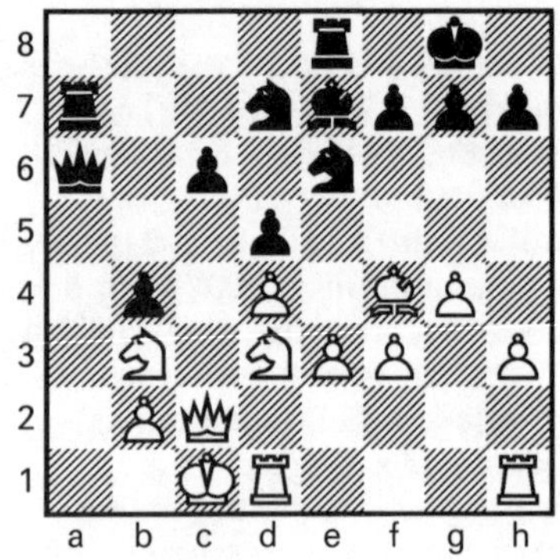

199

Angesichts des akut werdenden Durchbruchs c6–c5 versucht Weiß, seinen König in sichere Obhut zu bringen, aber es gelingt nicht. Schwarz wartet zugleich mit einem noch stärkeren Manöver auf – dem Übergang des Springers nach dem Feld c4.

13. ... ♘b6! 14.♘dc5

Schlecht wäre 14.♔d2 wegen 14. ... ♘c4+ 15.♔e2 ♘:f4+ 16.ef – 16.♘:f4 ♗g5 nebst 17. ... ♘:e3 – 16. ... ♗h4+.

14. ... ♗:c5 15.♘:c5 ♘:c5 16.dc ♘c4 17.♕b3 (es drohte 17. ... b3) **17. ... ♕b5 18.♖de1 ♕:c5 19.♔d1 ♖ae7 20.♕c2 ♖:e3 21.♗:e3 ♘:e3+ 22.♖:e3 ♕:e3 23.♖f1 ♖a8 24.♕c1 ♕:c1+.** Weiß gab auf.

■ *Wenn sich die Könige auf verschiedenen Flügeln befinden, wird der Angriff oft mittels Bauernvorstöße verwirklicht.*

Mit solchen Bauernoperationen strebt man die Öffnung von Linien und Diagonalen für die langschrittigen Figuren an, um diese in den Angriff einzubeziehen. Der Abtausch von Bauern, der im Verlaufe des Unternehmens zustande kommt, ist für den Angreifer vorteilhaft. Denn der feindliche König wird dadurch seiner Deckung beraubt. In der Regel stellt das Verbleiben der Bauern in ihrer Ausgangsstellung den besten Schutz für den König dar. Jedes Vorgehen der den König schützenden Bauern erleichtert dem Angreifer die Durchführung des Bauernangriffes und fordert ferner Drohungen und Opfer heraus. Die Wirksamkeit eines ungestümen Bauernsturmes in Stellungen mit ungleichen Rochaden resultiert daraus, daß das Vorgehen der Bauern die Position des eigenen, auf dem anderen Flügel befindlichen Königs nicht verschlechtert.

c) Die Könige haben nach der gleichen Seite rochiert

Bei gleichen Rochaden nimmt der Plan eines Königsangriffs keine dominierende Rolle ein, sondern ist *einer* neben anderen verbreiteten Plänen wie Ausnutzung gegnerischer Bauernschwächen, Einengung der Beweglichkeit der Leichtfiguren, Beherrschung offener Linien und Diagonalen usw.

Wenn bei gleichen Rochaden ein Angriff auf den feindlichen König unternommen wird, verzichtet man entweder auf einen Bauernsturm (an dem Unternehmen beteiligen sich andere Figuren) oder verwirklicht ihn erst nach sorgfältiger Vorbereitung. Haben sich die den eigenen König schützenden Bauern vorbewegt, wird gewöhnlich dessen Sicherheit gefährdet. Besonders gefährlich erweist sich das, wenn der Gegner mit Konteraktionen im Zentrum aufwartet.

Man sollte sich einprägen:

■ *Ein Flankenangriff verspricht nur dann Erfolgsaussichten, wenn die Möglichkeiten des Kontrahenten für ein Gegenspiel im Zentrum eingeschränkt sind.* Dies gilt für Bauernattacken bei gleichen wie auch bei ungleichen Rochaden.

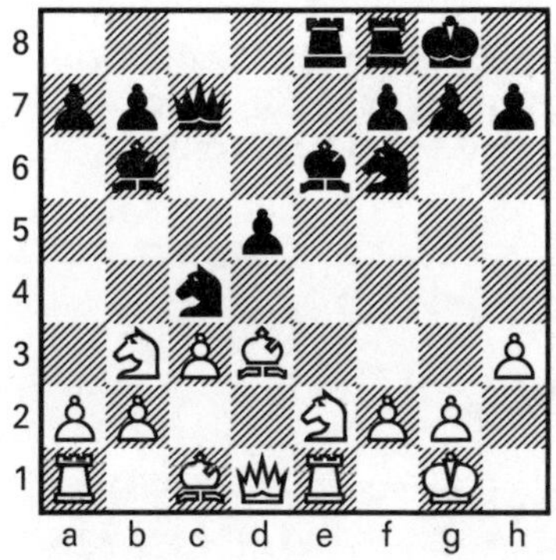

200

Die Stellung auf dem Diagramm 200 stammt aus der Partie **Panow–Bondarewski, Tbilissi 1937.** Schwarz zieht.

Versuchen wir, die Stellung zu bewerten: Die schwarzen Figuren sind besser entwickelt und nehmen aktivere Positionen ein. Bei Weiß stehen der Turm a1 und der Läufer c1 noch abseits, und zudem sind die Springer b3 und e2 einstweilen passiv postiert. Der Schutz des weißen Königs ist infolge des nach h3 vorgegangenen Randbauern etwas geschwächt, was hier – wie wir noch sehen werden – von Bedeutung ist.

Schwarz besitzt zwar auf d5 einen isolierten Bauern, der aber augenblicklich keine Schwäche darstellt. Denn erstens ist Weiß nicht in der Lage, ihn anzugreifen, und zweitens sichert dieser Bauer für die Springer die Felder c4 und e4. Im ganzen gesehen, muß man die Stellung zugunsten von Schwarz bewerten.

Beachten wir eine Reihe von Besonderheiten in der Figurenaufstellung: Schwächung der Bauerndeckung des weißen Königs, Anvisierung des Königsflügels durch den schwarzen Läufer b6 und die Dame, möglicher Einfall der schwarzen Dame auf g3 (der Läufer b6 fesselt den Bauern f2). Auf Grund dieser Faktoren sowie des Umstandes, daß ein Entwicklungsvorsprung nicht von Dauer ist, beschließt Schwarz, einen direkten Angriff auf den König zu unternehmen. Bondarewski schrieb zu der vorliegenden Stellung:

„Wenn jetzt Weiß am Zuge wäre, könnte er den Springer von b3 nach d4 ziehen, wo er einen ausgezeichneten zentralen Punkt besetzt, und dann b2–b3 vorbereiten. Der Anziehende würde allmählich seine Stellung verbessern, das notwendige Zusammenwirken seiner Figuren herbeiführen ... Für Schwarz ist der Augenblick gekommen, wo er energisch handeln muß, damit Weiß seine Stellung nicht konsolidieren kann.“

□ *Schon Wilhelm Steinitz, der erste Schachweltmeister, wies darauf hin, daß die im Vorteil befindliche Seite zum Angriff verpflichtet ist, da sonst ihr Vorteil schwindet.*

In der Partie folgte:

1. ... ♗:h3! 2.♗f4

Im Falle von 2.gh würde ein neues Opfer zum Thema Beseitigen der Verteidiger – 2. ... ♖:e2 – zu einem schnellen Sieg von Schwarz führen, zum Beispiel 3.♗:e2 ♕g3+ 4.♔h1 ♕:h3+ 5.♔g1 ♗:f2+ 6.♔:f2 ♘e4+ 7.♔g1 ♕g3+ 8.♔h1 ♘f2 matt oder 3.♖:e2 ♕:g3+ 4.♔f1 ♕:h3+ 5.♔g1 ♕g3+ 6.♔f1 ♕f3 7.♔g1 ♗:f2+ usw. oder 3.♕:e2 ♕g3+ 4.♔f1 ♕:h3+ 5.♔g1 ♘g4.

2. … ♕d7 3.gh

Im Falle von 3.♗:c4 dc 4.gh (4.♘bd4 ♗f5 oder 4.♕:d7 ♗:d7 5.♘d2 ♘e4) 4. … ♕:h3 5.♘bd4 g5! 6.♗d6 (6.♗:g5 ♕g4+ 7.♔h2 ♕h5+ 8.♔g1 ♕:g5+ oder 6.♗g3 ♘e4 nebst 7. … f5) 6. … ♘e4 7.♗:f8 ♗c7 8.♘f3 ♕:f3 9.♕d4 ♖:f8 erhielte Schwarz einen gefährlichen Angriff. Wir empfehlen dem Leser, die nach 3.♗:c4 entstehenden Varianten sorgfältig zu analysieren.

3. … ♕:h3

Es droht 4. … ♘:b2 und 4. … ♗:f2+ 5.♔:f2 ♘g4+ 6.♔g1 ♘ce3.

4.♗:c4 ♕g4+ 5.♔f1

Falls 5.♗g3, dann 5. … ♖:e2 6.♖:e2 ♕:g3+ 7.♔f1 ♕h3+ 8.♔e1 dc 9.♘d4 ♘e4 10.♖:e4 ♕h1+ 11.♔d2 ♕:e4.

5. … ♗:f2?!

Unnötige Schönheit. Schneller gewann der stille Zug 5. … ♕f3! Nach 6.♘bd4 ♗:d4 7.♕:d4 ♖:e2 8.♔g1 dc besitzt Schwarz zwei Mehrbauern in technisch einfacher Gewinnstellung.

6.♔:f2

Es drohte 6. … ♖:e2.

6. … ♘e4+ 7.♔f1 ♕f3+ 8.♔g1 ♕f2+ 9.♔h1 ♖e6 10.♗:d5

Auch 10.♖f1 verlor wegen 10. … ♕h4+ 11.♔g2 ♖g6+ 12.♔f3 ♕h3+ 13.♗g3 ♘:g3. Doch 10.♕d3 ermöglichte, den Widerstand fortzusetzen, zum Beispiel 10. … dc 11.♕e3 cb 12.ab oder 12.♕:f2.

Schwarz muß gewinnen (wir empfehlen, daß sich davon der Leser selbst überzeugt).

10. … ♕f3+ 11.♔h2 ♖g6 12.♗:f7+ ♖:f7 13.♕d8+ ♖f8 14.♕d5+ ♔h8 15.♘g3 ♕f2+. Weiß gab auf.

In der 29. Lektion haben wir behandelt:

- Die Schachstrategie und ihre sieben Grundelemente
- Die Königsstellung:
- a) Ein König steht in der Mitte
- b) Die Könige haben nach unterschiedlichen Seiten rochiert
- c) Die Könige haben nach der gleichen Seite rochiert.

Übungsaufgaben zur 29. Lektion

Aufgabe 204:
Weiß: ♔g1, ♕g4, ♖a6, ♗d4; c5, f2, g3, h2
Schwarz: ♔g8, ♕c8, ♖b5, ♘d5; c6, f7, g7, h7
□ Schwarz zieht. Wie würden Sie spielen?

Aufgabe 205:
Weiß: ♔b1, ♕h3, ♖d1, ♖h1, ♗e2, ♘c3; a2, b2, c2, g2, h2
Schwarz: ♔e8, ♕f4, ♖d8, ♖f8, ♗b7, ♘d7; a6, b5, e5, f6, f7, h7
□ Weiß zieht. Welches Ziel würden Sie sich mit Weiß stellen, und auf welche Weise würden Sie es verwirklichen?

Aufgabe 206:
Weiß: ♔g1, ♕e2, ♖c1, ♖f1, ♗b2, ♗d3, ♘b3, ♘f3; a3, b4, d4, e4, f2, g2, h2
Schwarz: ♔g8, ♕b8, ♖c8, ♖e8, ♗b7, ♗f8, ♘c6, ♘f6; a7, b6, d6, e6, f7, g7, h7
□ Weiß zieht. Entwerfen Sie für Weiß einen Plan.

Aufgabe 207:
Weiß: ♔g1, ♕h4, ♖f1, ♗g5, ♘c3; a2, b2, d4, e5, g2, h2
Schwarz: ♔g8, ♕e8, ♖c8, ♗d7, ♗g7; a6, b7, d5, e6, f5, h7
□ Weiß zieht. Stellen Sie einen Plan für Weiß auf.

Aufgabe 208:
Weiß: ♔b1, ♕c2, ♖d1, ♖h1, ♗f1, ♘c3, ♘f3; a2, b2, d4, e3, f2, g2, h2
Schwarz: ♔g8, ♕d8, ♖a8, ♖f8, ♗b7, ♗f6, ♘d7; a7, b6, c7, d5, f7, g7, h6
□ Weiß zieht. Wählen Sie für Weiß einen Plan.

30. Lektion

Die Bauernstellung

■ *Die Bauernstruktur stellt oft das Hauptbewertungskriterium dar.*
Die in vielen Situationen erstrangige Bedeutung dieses strategischen Merkmals erklärt sich durch seine verhältnismäßige Stabilität. Die Bauern sind weniger beweglich als andere Figuren und die Möglichkeiten ihrer räumlichen Veränderung deshalb begrenzt. Zudem können die Bauern nicht rückwärtsziehen und sich untereinander nicht zuverlässig genug verteidigen. Darum erfordert fast jedes Vorgehen der Bauern eine entsprechende Vorbereitung, und das muß von den übrigen Streitkräften unterstützt werden. Die Bauernaufstellung bleibt daher oft einige Züge lang unverändert erhalten.

Wichtige Bezeichnungen

Bevor wir den Einfluß der Bauernstellung auf die gesamte Stellungsbewertung näher betrachten, seien die Bezeichnungen aufgeführt, die für das folgende wichtig sind. Einigen von ihnen sind wir bereits früher begegnet.

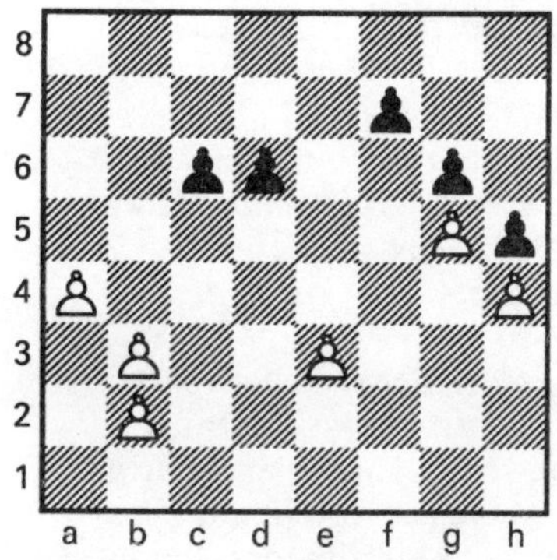

201

□ **Freibauer** heißt ein Bauer, vor dem sich auf seiner und den benachbarten Linien keine gegnerischen Bauern befinden.
Auf dem Diagramm 201 ist der weiße Bauer auf a4 der einzige Freibauer.
□ **Ein isolierter Bauer** ist ein Bauer, der auf den benachbarten Linien keine Bauern seiner Farbe hat.
In der obigen Stellung gilt das für den Bauern e3.
□ **Doppelbauern** sind zwei auf derselben Linie stehende Bauern gleicher Farbe.
Die Bauern b2 und b3 in Diagramm 201 sind Doppelbauern.
Als Stellungsmerkmal gelten natürlich nicht nur einzelne Bauern.
□ **Verbundene Bauern** heißen Bauern eines Spielers, die auf benachbarten Linien stehen.
Im vorstehenden Diagramm haben beide Spieler zwei Gruppen verbundener Bauern – Weiß: a4, b2, b3 und g5, h4; Schwarz: c6, d6 sowie f7, g6, h5.

□ **Hängende Bauern** nennt man zwei verbundene Bauern, die auf einer Reihe stehen und gegnerische Bauern auf benachbarten Linien vor sich haben.
In Diagramm 201 betrifft das die schwarzen Bauern c6 und d6.
□ **Eine Bauernkette** bilden zwei oder mehr benachbarte Bauern eines Spielers, die auf einer Diagonale postiert sind.
In Diagramm 201 hat Weiß die Bauernketten b3, a4 und h4, g5; Schwarz besitzt die Bauernkette f7, g6, h5.
□ **Die Basis der Bauernkette** ist der Bauer in der Kette, der sich näher als die anderen dem Ausgangsfeld befindet.
In Diagramm 201 wird die Basis der weißen Bauernketten durch die Bauern b3 und h4 gebildet, die Basis der schwarzen Bauernkette ist der Bauer f7.
□ Von einem **rückständigen Bauern** sprechen wir, wenn bei einem Bauern, der die Basis einer Bauernkette bildet, das vor ihm liegende Feld von feindlichen Figuren kontrolliert wird.
In der Diagrammstellung 201 ist der Bauer f7 rückständig. Der Bauer b3 kann ein rückständiger werden, wenn es Schwarz gelingt, c6–c5 zu spielen.

Der isolierte Bauer

Stellungen mit einem isolierten Bauer im Zentrum ergeben sich häufig.
Die Seite, die den isolierten Bauern besitzt, ist gewöhnlich bestrebt, ihn als Stützpunkt für andere Figuren zu benutzen (am besten für Springer).
In Betracht kommt auch ein Vorstoß des Bauern, um die gegnerischen Streitkräfte einzuengen.
Ein Spieler, der gegen einen isolierten Bauern kämpft, ist bemüht, ihn zuverlässig zu blockieren (das Feld vor dem Bauern ist dafür günstig, weil es von keinem anderen gegnerischen Bauern kontrolliert wird), um dann entweder den isolierten Bauern zu beseitigen oder wichtige gegnerische Streitkräfte für seine Verteidigung zu binden.
■ *Die Vorzüge eines isolierten Bauern zeigen sich in der Regel, wenn auf dem Brett eine Vielzahl von Figuren vorhanden ist; er wird aber gewöhnlich zu einer Schwäche im Endspiel oder nach beträchtlichen Vereinfachungen.*
Diese Besonderheiten stellen oft die bestimmenden Merkmale bei der Stellungsbewertung dar. Das Bestreben, den Vor- und Nachteilen einer Stellung mit einem isolierten Bauern gerecht zu werden, wird zur Grundlage für die Ausarbeitung des Spielplanes.
Die positive Rolle eines isolierten Bauern wurde bereits in den Beispielen aus den Partien Botwinnik–Vidmar (Diagramm 192) und Panow–Bondarewski (Diagramm 200) aufgezeigt.
Machen wir uns nun mit einem Fall bekannt, wo die Schwäche eines isolierten Bauern erfolgreich ausgenutzt wird.

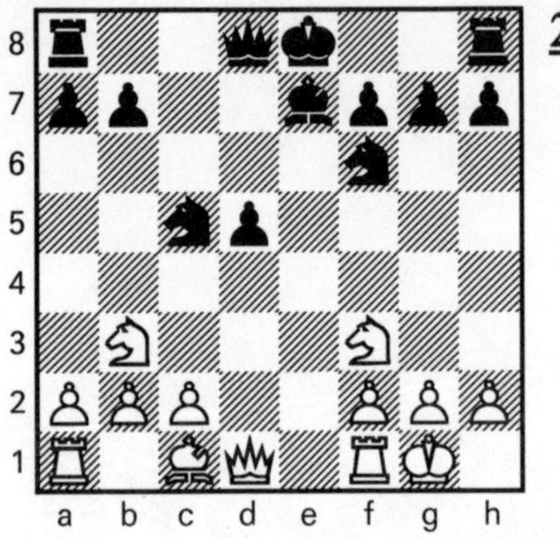

202

Die Diagrammstellung 202 stammt aus der Partie **Krogius–Boleslawski, Riga 1958.** Schwarz zieht.
Es geschah:
1. ... 0–0?
Ein grundsätzlicher Fehler. Der Plan von Weiß besteht darin, Druck auf den Bauern d5 auszuüben. Für ihn ist ein Abtausch vorteilhaft. Doch Schwarz muß ein Figurenspiel auf der c-Linie und e-Linie anstreben und die Stützpunkte e4 und c4 ausnutzen. Deshalb war es notwendig, 1. ... ♘ce4 zu spielen.
2.♘:c5 ♗:c5 3.♗g5
Es droht 4.♗:f6 ♕:f6 5.♕:d5. Schwarz muß für die Verteidigung des Bauern d5 Zeit aufwenden.
3. ... ♖c8 4.c3
Erneut die gleiche Drohung. Wiederum ist Schwarz gezwungen, sich zu verteidigen.
4. ... ♖c6 5.♕d3
Bereitet ♖a1–d1 vor. Wahrscheinlich mußte Schwarz nun mit 5. ... ♗e7 6.♖ad1 ♖b6 oder 6.♘d4 ♖b6 fortsetzen. Er besäße die schlechtere Stellung, wäre aber nicht völlig ohne Konterchancen.
5. ... h6 6.♗:f6 ♖:f6 7.♖ad1 ♕b6
Den Bauern kann Schwarz nicht verteidigen. Falls 7. ... ♖d6, so 8.b4 ♗b6 9.c4.
8.b4 ♗d6 9.♕:d5 ♖c8 10.♖d3 ♗b8 11.♕d7 ♕c6 12.♖fd1 ♔h7 13.♔f1
Der König nähert sich für den Fall eines Überganges ins Endspiel durch 13. ... ♕:d7.
13. ... ♕c4 14.♘d2! ♕h4 15.♘e4 ♕:e4 16.♕:c8 ♗:h2 17.♕h3
Aus dem Versuch von Schwarz, das Spiel zu komplizieren, ist nichts geworden – Weiß hat Materialvorteil und eine leicht zu gewinnende Stellung. Es folgte noch:
17. ... ♗c7 18.♖d4 ♕e5 19.♖e1 ♕g5 20.♕g4 ♕b5+ 21.♔g1 ♕a4 22.♕e4+ g6 23.♕e7 ♕c6 24.♕c5 ♗b6 25.♕:c6 bc 26.♖d2 c5 27.♖e4 ♔g7 28.a4 cb 29.cb ♖c6 30.g3 a5 31.b5 ♖f6 32.♔g2 ♗c5 33.♖c2 ♗a7 34.♖f4.
Schwarz gab auf.

Der Doppelbauer

■ *Doppelbauern stellen öfter einen Nachteil als einen Trumpf dar.*
Doppelbauern engen in der Regel die eigenen Streitkräfte ein (besonders die langschrittigen Figuren) und erfordern in vielen Fällen eine Verteidigung. Sie lenken dadurch bestimmte Ressourcen vom Kampf auf anderen Brettabschnitten ab. Hat ein Spieler einen Doppelbauern, ist für ihn die Bildung von Freibauern schwieriger. Als besonders schwach erweisen sich isolierte Doppelbauern, die leicht eine Beute des Gegners werden.
Lebensfähiger zeigt sich ein Doppelbauer, der mit einem Bauer (oder Bauern) verbunden ist. In der Praxis kommen zum Beispiel oft folgende Bauerngruppen vor:
c6, c7, d6 bei Schwarz;
c3, c4, d4 bei Weiß.
Eine solche Stellung besitzt auch ihre Vorzüge: Diese Bauernkonstellation ist äußerst widerstandsfähig, und auf den benachbarten Linien, die frei von eigenen Bauern sind, können die

Schwerfiguren zum Einsatz kommen. Im Kampf gegen das soeben vorgestellte „Bauerntrio“ ist es wichtig, den Vorstoß eines dieser Bauern zu provozieren, was Löcher in ihrer Aufstellung bewirkt. Am verbreitetsten ist das Verfahren, Druck auf den Bauern auszuüben, der dem Doppelbauern benachbart ist. So zieht Weiß gegen die Bauerngruppe c6, c7, d6 gewöhnlich seine Bauern nach c5 oder e5 mit dem Bestreben, entweder Schwarz zum Abtausch (dc und de) oder zum Vorgehen d6–d5 zu zwingen.
Sehen wir uns eine Partie an (allerdings mit einer etwas anderen Bauernkonstellation), die gut die Schwierigkeiten des Spiels gegen Doppelbauern verdeutlicht.

Kasparjan–Bronstein
Leningrad 1947
1.e4 c5 2.♘c3 ♘c6 3.f4 e6 4.♘f3 d5 5.♗b5 ♘f6 6.e5 ♘d7 7.♗:c6 bc 8.0–0 ♗e7 9.d3 0–0 10.♕e1
Weiß verhindert 10. ... f6 11.ef ♗:f6 wegen 12.♕:e6+.
10. ... ♖b8?
Notwendig war 10. ... c4 11.dc (11.d4 c5!) 11. ... ♗a6.
11.b3 ♕e8?
Erneut verdiente 11. ... c4 Beachtung, zum Beispiel 12.bc dc 13.d4 ♘b6 mit der Idee 14. ... c5 oder 14. ... ♘d5.
12.♗a3 ♗a6 13.♘d1!
Da der Bauer d5 zweimal verteidigt ist und der Vorstoß c2–c4 ihn nicht zum Vorgehen zwingen kann, verbindet Weiß seinen Plan mit einem Druckspiel auf den Bauern c5. Sein Springer muß auf a4 einfallen, allerdings nicht sofort, denn falls 13.♘a4, dann 13. ... ♗b5.
13. ... f5 14.♕a5 ♗b7 15.♘b2
Nicht 15.♕:a7? wegen 15. ... ♕c8 16.♕a5 ♖a8 17.♕e1 ♖:a3.
15. ... ♕d8 16.♕c3 ♗a6 17.♘a4 d4

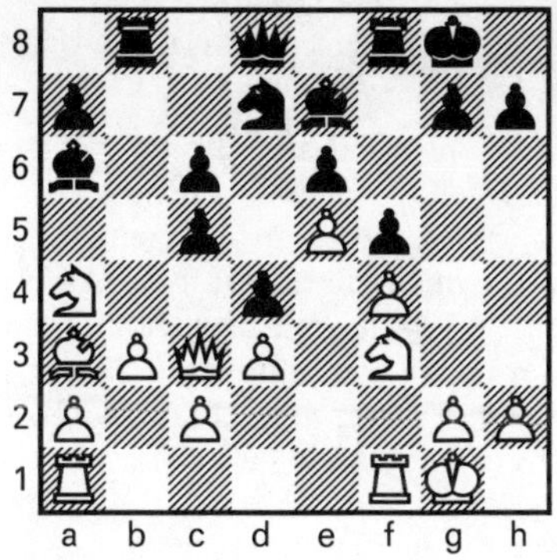
203

Der erste Teil des Plans ist verwirklicht. Jetzt ist die potentielle Drohung c5–c4 beseitigt, und die schwarzen Bauern sind zur Unbeweglichkeit verurteilt. Weiß erhielt das Feld c4 für Springermanöver.
18.♕d2 ♗b5 19.♘b2 ♘b6 20.♘c4
Hier konnte Schwarz mittels 20. ... ♗:c4 oder 20. ... ♘:c4 seinem Gegner auch einen Doppelbauern verschaffen. Doch nach 21.dc könnte Weiß den Springer auf der Marschroute f3–e1–d3 überführen mit sehr gefährlichem Angriff auf den Bauern c5.
20. ... h6 21.♔h1 ♔h7 22.♖ae1 ♖b7 23.♖g1
Auf 23. ... g5 hat Weiß den Gegenschlag 24.g4 vorbereitet.
23. ... ♘d5 24.♘d6!
Ein entscheidender Einbruch. Weiß öffnet die e-Linie und schwächt das gegnerische Zentrum.
24. ... ♗:d6 25.ed ♕:d6 26.♖e5 ♖f6
Falls 26. ... ♘b4, so 27.♖:c5. Angemerkt sei, daß Weiß einstweilen die Drohung ♘:d4 in petto hat.
27.♖ge1 ♖b6 28.♘:d4 ♖a6 29.♕c1 ♘b4 30.♘:e6 ♘:c2 31.♕:c2 ♖:a3 32.♕b2 ♖a5 33.♘:c5 ♗:d3
Ein Versehen in Verluststellung, aber auch alles andere ist aussichtslos. Falls 33. ... ♗a6, so 34.b4 ♖b5 35.♘:a6.
34.♘:d3. Schwarz gab auf.

Hängende Bauern

Häufig sind für die Stellungsbewertung hängende Bauern einzuschätzen. Bilden sie in einer konkreten Stellung eine Stärke oder eine Schwäche?

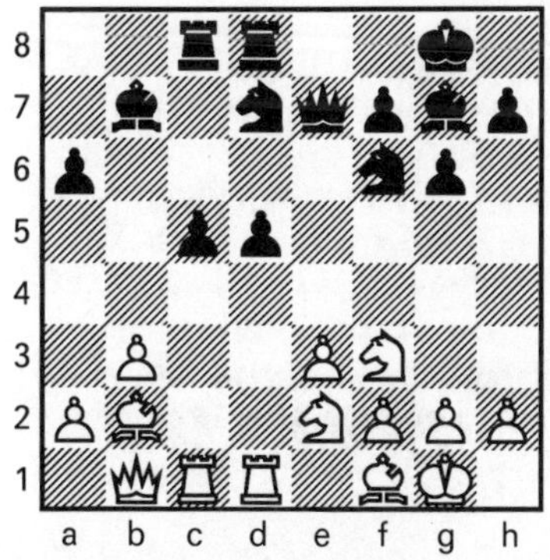
204

Die Diagrammstellung 204 entstammt der Partie **Sokolski–Botwinnik, Leningrad 1938.**
Auf dem Brett befindet sich das hängende Bauernpaar c5 und d5. Wenn man die Vorzüge und Mängel solcher Bauern beurteilen will, ist zu prüfen, ob sie eine Phalanx darstellen und zuverlässig die vier Felder vor ihnen (im Diagramm die Felder b4, c4, d4, e4) kontrollieren. Die Errichtung dieses originellen „Kontrollzaunes“ ist ihr Vorzug. Aber zugleich können hängende Bauern nicht von anderen „Kollegen“ unterstützt werden und brauchen wertvollere Figuren für ihre Verteidigung.
Der entscheidende Augenblick kommt, wenn einer der Bauern vorstößt: Einerseits kann dies zur Blockade der Bauern führen, zur Eroberung günstiger Zentrumsfelder durch den Gegner und zu Schwierigkeiten bei der Verteidigung des stehengebliebenen Bauern. Andererseits kann dieser Vorstoß die Voraussetzungen schaffen, einen starken Freibauern zu

bilden oder Angriffslinien für die eigenen Figuren zu öffnen.
Es ist unmöglich, eine allgemeingültige Einschätzung über den Wert hängender Bauern zu geben. Alles hängt von den konkreten Umständen ab, unter denen der Vorstoß hängender Bauern geschehen kann. Erfolg und Mißerfolg halten sich die Waage.

In der Diagrammstellung 204, in der Schwarz am Zuge ist, sind seine Chancen vorzuziehen, weil seine Figuren aktive Positionen einnehmen und zum Angriff bereit stehen. Die Streitkräfte von Weiß sind verhältnismäßig passiv postiert. Außerdem ist es Weiß bisher nicht gelungen, irgendeine Drohung gegen die hängenden Bauern aufzustellen.
Es folgte:
1. ... ♗h6
Schwarz visiert die verwundbarsten Punkte in der weißen Stellung an – f2 und e3; zugleich droht 2. ... d4.
2.♗a3
Jetzt ist 2. ... d4 unbefriedigend wegen 3.♘:d4.
2. ... ♘g4!
Verstärkt den Angriff auf die Punkte f2 und e3 durch die Drohung 3. ... ♗:e3 4.fe ♕:e3+ 5.♔h1 ♘f2+ 6.♔g1 ♘h3++ 7.♔h1 ♕g1+ nebst 8. ... ♘f2 matt.
3.♕d3 ♘de5 4.♘:e5 ♕:e5 5.♘g3 ♕f6 (mit der Drohung 6. ... ♕h4 7.h3 ♘:e3) **6.♘h1**
Beweist den Zusammenbruch der weißen Strategie. Jetzt setzt Schwarz mit entscheidender Wirkung den Bauernvorstoß im Zentrum durch.
6. ... d4 7.♕e2 ♘e5 8.ed
Oder 8.♗:c5 ♗f3 9.gf d3 10.♖:d3 ♘:d3 11.♗d4 ♘:c1. Es verliert auch 8.♖:c5 ♖:c5 9.♗:c5 ♘f3+ 10.gf ♗:f3 11.♕c2 ♗:d1 12.♕:d1 ♕g5+.
8. ... cd! (8. ... ♗:c1? 9.de!) **9.♖:c8 ♗:c8 10.♖e1 d3 11.♕d1 ♗g4 12.♕a1** (12.f3 ♘:f3+) **12. ... d2.**
Schwarz gewann bald.

Rückständige Bauern

In den meisten Fällen schwächt ein rückständiger Bauer die Stellung, denn er ermöglicht dem Gegner, die Felder vor und neben ihm mit eindringenden Figuren zu besetzen. Außerdem wird ein hängender Bauer infolge seiner Unbeweglichkeit leicht zum Angriffsobjekt.

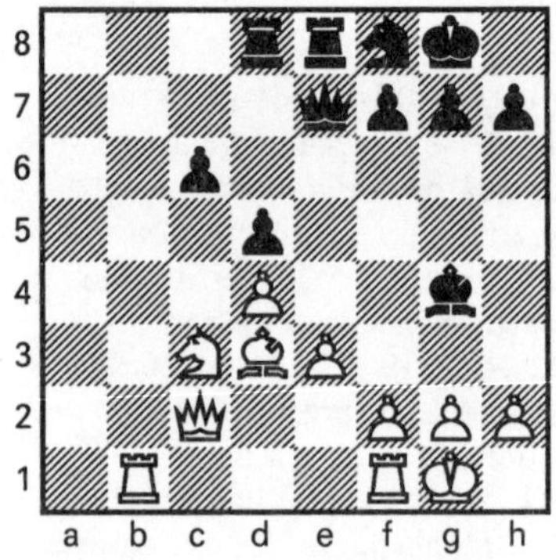

205

Auf dem Diagramm 205 ist eine Stellung aus der Partie **Krogius–Rawinski, Leningrad 1957,** angeführt. Weiß ist am Zuge.
Der schwarze Bauer c6 ist rückständig. Wie ist diese Schwäche auszunutzen? Wie bereits erläutert, gibt es dafür zwei Spielverfahren: direkter Druck auf den Bauern und Ausnutzung des Umstandes, daß die Figuren für seine Verteidigung gebunden und dadurch von anderen Objekten abgelenkt sind.
Hier fanden beide Verfahren Anwendung. Es geschah:
1.♘e2 ♖d6 2.♘g3 ♕g5 3.♖b6 ♗d7 4.♗f5 ♗:f5 5.♕:f5 ♕d8 6.♖fb1 ♖f6 7.♕c2 ♕d6
Die notwendige Verteidigung des Bauern gegen einen direkten Angriff hat die schwarzen Figuren gezwungen, ungünstige Positionen einzunehmen (insbesondere mußten Dame und Turm die achte Reihe verlassen), aber vorerst wird der Bauer gedeckt. Die unharmonische Aufstellung der schwarzen Figuren berücksichtigend, verändert Weiß seinen Plan etwas und strebt einen Einfall auf die achte Reihe an – natürlich ohne dabei den Bauern c6 aus dem Auge zu verlieren.
8.♕a4 ♖g6 9.♕b4 ♕e6 10.♖b8 ♘d7 11.♖:e8+ ♕:e8 12.♕b7 ♖e6 13.♖a1 ♘f8 14.♖a8 ♕e7 15.♕:e7 ♖:e7 16.♖c8 ♖e6 17.♘e2!
Scheinbar ist dieser Zug nur mit der Idee verbunden, mit dem Springer auf der Marschroute e2–f4–d3–b4 zum Bauern c6 zu gelangen. Aber Weiß verfolgt auch noch ein zweites Ziel – den schwarzen Bauer nach g5 hinzulenken, um dadurch ohne Störungen das Schlüsselfeld f5 für einen Angriff auf die beengte schwarze Stellung zu erobern.
17. ... g5 18.♘g3! f6 19.♘f5 h5 20.h3 g4
Sonst spielt Weiß selbst g2–g4.
21.hg hg 22.♔h2 ♔f7 23.♔g3 ♔g6 24.♘h4+.
Schwarz gab auf.

Bauernketten

Bauernketten, also eine Aufstellung von Bauern gleicher Farbe hintereinander auf einer Diagonale, findet man oft in verschiedenartigen Spielsituationen. Dabei kommt Bauernketten, die sich gegenüberstehen, besondere praktische Bedeutung zu. In solchen Fällen muß sich der Hauptschlag gegen die Basis der Bauernkette richten. Betrachten wir dazu ein Partiebeispiel.

Krogius–Kortschnoi
Tbilissi 1956
1.e4 e6 2.d4 d5 3.♘d2 ♘f6 4.e5

♘fd7 5.♗d3 c5 6.c3 b6
Der Bauernkette von Weiß b2, c3, d4, e5, steht die von Schwarz d5, e6, f7 gegenüber. Im weiteren Partieverlauf versucht Weiß einen Angriff auf die Bauern e6 und f7 zu organisieren. Schwarz seinerseits attackiert die Basis der weißen Bauernkette.
7.f4 ♗a6 8.♗:a6 ♘:a6 9.♘df3 ♗e7 10.♘e2 c4
Jeder tut das seine – Weiß bereitet den Vorstoß f4–f5 vor, und Schwarz faßt (nachdem er 10. ... c4 gespielt hat) den Vormarsch des b-Bauern ins Auge.
11.0–0 0–0 12.g4! f5

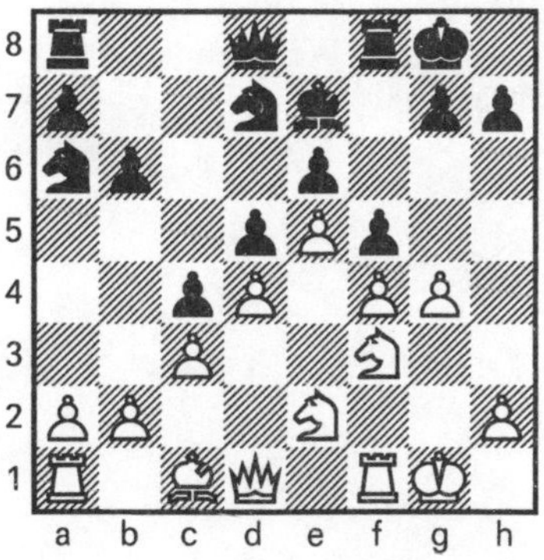

206

Neben den Bauern muß man sich auch um die Könige kümmern! Schwarz befürchtete einen weißen Angriff durch 13.f5 und kommt deshalb diesem zuvor. Allerdings schafft er sich dadurch einen rückständigen Bauern auf e6.
13.ef ♘:f6 14.♘e5 ♘c7?
Schwarz, ganz der Verwirklichung seines Planes hingegeben, zollt den gegnerischen Aktionen nicht die gebührende Aufmerksamkeit. Nötig war 14. ... ♘e4. Nach dem möglichen 15.♖f3 b5 16.♘g3 ♘:g3 17.♖:g3 haben beide Seiten Chancen.
15.♘g3 b5 16.♕e2 ♗d6 17.♗d2 ♘d7
Schwarz fühlt die Gefahr und leitet ein notwendiges Verteidigungsmanöver ein. Er möchte 18. ... ♗:e5 spielen, und im Falle von 19.de den Springer über c5 nach d3 führen.
18.f5
Endlich ist Weiß bis zur Basis der Bauernkette vorgedrungen.
18. ... ♕e7?
Richtig war 18. ... ef 19.♘:f5 ♗:e5 20.de ♘e6.
19.♖e1 ♗:e5 20.de ♖ae8 21.♕f2!
Verhindert ein für allemal den Zug ♘c5 wegen f5–f6. Auf 21. ... a6 folgt 22.♗e3, wonach für Schwarz keine nützlichen Züge zu sehen sind.
21. ... ♕d8 22.♕:a7 ef 23.♘:f5 ♖:e5 24.♖:e5 ♘:e5 25.♗f4!
Nach 25.♕d4 ♖e8 konnte sich Schwarz noch halten. Der Textzug gewinnt sofort.
25. ... ♖e8 26.♗:e5 ♖:e5 27.♕d4 ♕e8 (falls 27. ... ♕f6, so 28.♘h6+)

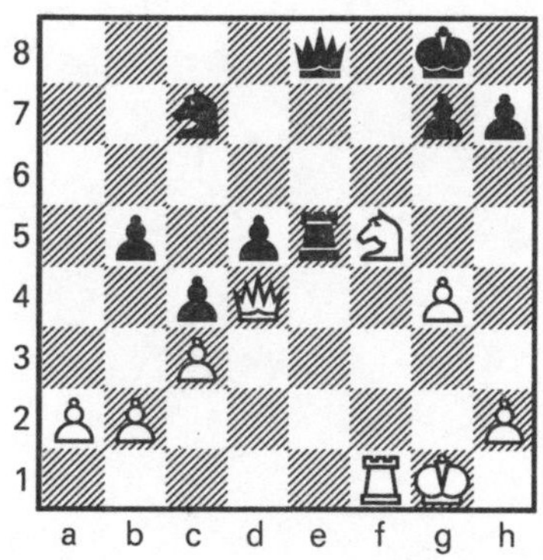

207

28.♘:g7! ♕e7 29.♘f5 ♕e6 30.♘h6+ ♔g7 31.♘f7. Schwarz gab auf.

Damit beschließen wir die Betrachtung der hauptsächlichen Spielpläne für einen Angriff auf den König und für die Ausnutzung von Besonderheiten der Bauernaufstellung.
Mit Problemen des Zentrums und der Entwicklung der Streitkräfte werden wir uns ausführlicher bei der Untersuchung des Eröffnungsstadiums der Partie beschäftigen. Auf die übrigen strategischen Merkmale (zum Beispiel den relativen Wert von Läufer und Springer) werden wir dort ebenfalls kurz eingehen.
Natürlich haben wir dem Leser nur die Grundkenntnisse über die Schachstrategie vermitteln können. Die Untersuchung der komplizierteren Methoden ginge über den Rahmen dieses Buches hinaus.

In der 30. Lektion haben wir behandelt:

- Die Bauernstellung
- Wichtige Bezeichnungen
- Besonderheiten des Spiels bei isolierten Bauern, Doppelbauern, hängenden Bauern, rückständigen Bauern, Bauernketten.

Übungsaufgaben zur 30. Lektion

Aufgabe 209:
Weiß: ♔g1, ♕d3, ♖a1, ♖e1, ♗a2, ♗h6, ♘f3, ♘c3; a3, b2, d4, f2, g2, h2
Schwarz: ♔g8, ♕a5, ♖c8, ♖e8, ♗d7, ♗e7, ♘c6, ♘f6; a6, b7, e6, f7, g6, h7
□ Weiß zieht. Stellen Sie einen Spielplan für Weiß auf und führen Sie die taktischen Mittel für seine Verwirklichung an.

Aufgabe 210:
Weiß: ♔g1, ♕d1, ♖a1, ♖f1, ♗c1, ♗g2, ♘c3; a2, b2, e2, f2, g3, h2
Schwarz: ♔e8, ♕b6, ♖a8, ♖h8, ♗c8, ♗e7, ♘f6; a7, c6, d5, f7, g7, h7
□ Weiß zieht. Arbeiten Sie einen Spielplan für Weiß aus.

Aufgabe 211:
Weiß: ♔h1, ♕e1, ♖c1, ♖f1, ♗e3, ♘c3; a2, b2, c2, e4, f5, g2, h2
Schwarz: ♔g8, ♕c4, ♖a8, ♖f8, ♗e7, ♘f6; a7, b7, d6, e5, f7, g7, h7
□ Weiß zieht. Arbeiten Sie einen Spielplan für Weiß aus.

Aufgabe 212:
Weiß: ♔g1, ♕e2, ♖d1, ♖e1, ♘f3; a2, b2, c3, d4, e5, f2, g2, h3
Schwarz: ♔g8, ♕c7, ♖a8, ♖d8; a7, b6, c4, d5, e6, f7, g7, h7
□ Schwarz zieht. Welchen Spielplan soll Schwarz wählen?

IV. Die Eröffnung

Lektionen 31 bis 33

Die Eröffnung – Entwicklung

Eröffnung nennt man das Anfangsstadium einer Partie, in dem die Mobilisierung der Streitkräfte durchgeführt und die entscheidenden Kämpfe auf dem Brett vorbereitet werden. Es wäre falsch, der Eröffnung nur eine helfende Funktion zuzuschreiben. Denn viele Schachduelle enden bereits in der Eröffnung, vor allem aber bestimmt die Figurenaufstellung in der Anfangsphase der Partie die weitere Spielentwicklung. Das Endergebnis hängt deshalb oft von den ersten Zügen ab.
Wie lange dauert die Eröffnung, und wieviel Züge gehören zu diesem Partiestadium? Auf diese Frage eine präzise Antwort zu geben ist unmöglich, weil die Hauptaufgabe der Eröffnung, die Figurenentwicklung, in den unterschiedlichen Situationen nicht gleich schnell gelöst wird. So können wir nur als Richtwert nennen, daß die durchschnittliche Dauer der Eröffnung 12 bis 15 Züge beträgt.
Da sich zu Spielbeginn alle 32 Figuren auf dem Brett befinden, stellt die Eröffnung theoretisch das komplizierteste Partiestadium dar. Zahlreiche Eröffnungsmonographien beschäftigen sich eingehend mit der Analyse der verschiedenartigen Eröffnungssysteme und Varianten.

■ *Für den Einsteiger ist es unzweckmäßig, in das Variantendickicht einzudringen und darüber Spezialuntersuchungen zu studieren.*

■ *Später läßt sich das nicht umgehen, doch vorläufig genügt es, sich die allgemeinen Prinzipien der Eröffnungsbehandlung anzueignen.*

Begrifflich sind dem Leser diese Prinzipien bereits bekannt. Bei der Einführung der strategischen Ideen und Merkmale sowie bei der Stellungsbewertung wurde auf sie hingewiesen. Die Hauptprinzipien für die Eröffnungsbehandlung sind:
a) Schnelle Entwicklung (Mobilisierung) der Streitkräfte;
b) Kampf um die Beherrschung des Zentrums;
c) Aufbau einer günstigen Bauernformation.
Natürlich gelten für das Anfangsstadium der Partie alle allgemeinen Regeln der Strategie. Doch diese drei Grundsätze besitzen besondere Bedeutung für die Eröffnung. Wir wollen sie deshalb in dieser und der 32. Lektion näher untersuchen.

Schnelle Entwicklung der Streitkräfte

Natürlich darf der Grundsatz einer schnellstmöglichen Entwicklung der Streitkräfte nicht isoliert vom Kampf ums Zentrum und von der harmonischen Aufstellung der Bauern gesehen werden.
Für die Entwicklung der Streitkräfte gelten folgende Forderungen:
□ 1. Die Zentrumsbauern sind vorzuziehen, damit die Dame und die Leichtfiguren einen Ausgang erhalten.
□ 2. Die Leichtfiguren sind zu entwickeln.
□ 3. Die Rochade ist durchzuführen.
□ 4. Die Schwerfiguren – Dame und Türme – sind zum Einsatz zu bringen.
Gleichzeitig soll der Gegner an die Erfüllung ebendieser Aufgaben gehindert werden. Capablanca betonte: „Wenn es einem Spieler gelungen ist, seine gesamten Streitkräfte früher zu entwickeln als der Gegner, kann er mit seinem Spiel vollauf zufrieden sein. Diese grundsätzliche Überlegung sollte für einen Schachanfänger vor allen anderen gelten."
Folglich ist der wichtigste Faktor **die Zeit.**

■ *Die Entwicklung der Figuren in kürzester Frist stellt die Leitforderung dar.*

Machen wir uns nun mit einem möglichen Spielverlauf in der Eröffnung vertraut:
1.e4
Neben 1.d4 einer der gebräuchlichsten Züge, der der Dame und dem Läufer den Weg öffnet und den gezogenen Bauern im Zentrum postiert.
1. ... e5
Häufig sind auch die Antworten 1. ... c5 (Sizilianische Verteidigung), 1. ... e6 (Französische Verteidigung) und 1. ... c6 (Caro-Kann-Verteidigung) anzutreffen.
2.♘f3

Weiß entwickelt eine Figur mit gleichzeitigem Angriff auf den Bauern e5.

2. … ♘c6

Passiver ist 2. … d6. Es geht jedoch auch 2. … ♘f6 mit Angriff auf den Bauern e4. Ungünstig wäre 2. … ♕e7, weil dieser Zug die Entwicklung des Läufers f8 stört.

3.♗b5

Mit diesem Zug beginnt die Spanische Partie, eine der populärsten und gehaltvollsten Eröffnungen.

3. … d6

Verteidigt den Bauern e5 angesichts der Drohung 4.♗:c6 nebst 5.♘:e5. Diese Drohung erweist sich allerdings als nicht so gefährlich, wie es auf den ersten Blick erscheint, und es gibt aktivere Spielweisen für Schwarz: 3. … a6 und nach ♗a4 dann 4. … ♘f6 oder 4. … ♗c5. Auch die Fortsetzungen 3. … ♘f6 und 3. … ♗c5 (anstelle 3. … a6) sind möglich.

4.d4 ♗d7

Schwarz ist bestrebt, die Stellung im Zentrum zu erhalten und verteidigt mit dem vorliegenden Zug indirekt den Bauern e5: 5.♗:c6 ♗:c6 6.de de 7.♕:d8+ ♖:d8 8.♘:e5 ♗:e4.

5.♘c3 ♘f6 6.0–0 ♗e7 7.♖e1

Zwingt Schwarz, dem Gegner nach Abtausch des Bauern e5 Raum im Zentrum zu überlassen.

7. … 0–0 führt zu Materialverlust wegen der von Tarrasch stammenden forcierten Variante 7. … 0–0 8.♗:c6 ♗:c6 9.de de 10.♕:d8 ♖a:d8 11.♘:e5 ♗:e4 12.♘:e4 ♘:e4 13.♘d3 f5 14.f3 ♗c5 15.♘:c5 ♘:c5 16.♗g5 ♖d5 17.♗e7 ♖e8 18.c4.

7. … ed 8.♘:d4 0–0

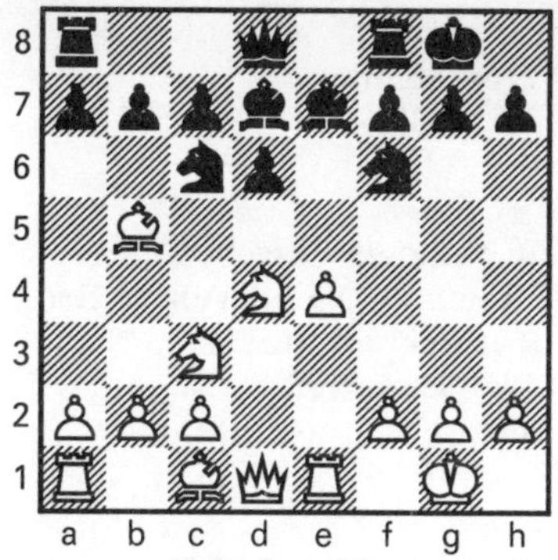

208

Exweltmeister Capablanca bemerkte zu dieser Stellung:

„Weiß beherrscht das Zentrum, aber die Stellung von Schwarz ist äußerst fest. Die Erfahrung hat gelehrt, daß man derartige Stellungen erfolgreich verteidigen kann."

Oft wird das Spiel nun so fortgesetzt: 9.♗:c6 bc 10.♗g5 ♖e8 11.♕d3 h6 12.♗h4 ♘h7 13.♗:e7 ♖:e7. Weiß hat etwas Raumüberlegenheit, aber in der schwarzen Stellung sind keine auffälligen Schwächen. Schwarz beabsichtigt, den Springer über f8 oder g5 nach e6 zu überführen. Die Dame zieht nach b8 und b6. Im Mittelspiel steht ein komplizierter Kampf mit etwa gleichen Chancen bevor.

In diesem Eröffnungsbeispiel agierten beide Seiten entsprechend den Forderungen der Strategie. Die Figuren wurden ohne Verzögerung entwickelt und auf aktive Positionen im Zentrum gebracht.

Viel Aufmerksamkeit widmeten beide Seiten einer harmonischen Aufstellung der Bauern. Dabei mußte Schwarz einen kleinen Mangel in seiner Bauernkonstellation (Doppelbauer auf der c-Linie) in Kauf nehmen. Dieser Umstand besitzt jedoch keine wesentliche Bedeutung, da Weiß die schwarzen Bauern c und d nicht zum Vorgehen zwingen kann. In diesem Zusammenhang spielt der Läufer d7 eine wichtige Rolle bei der Verteidigung.

Zuerst den Springer oder den Läufer entwickeln?

Häufig stellt sich dem Lernenden die Frage, welche Figur in der Eröffnung zuerst gezogen werden soll – der Springer oder der Läufer? Eine eindeutige Antwort darauf gibt es nicht. In den meisten Fällen ist es jedoch begründeter, zuerst den Springer zu entwickeln. Aktive Läuferausfälle in den ersten Zügen erweisen sich oft als verfrüht.

Ein Beispiel dafür ist die folgende Partie.

Morphy–Beratende (Herzog Karl von Braunschweig und Graf Isouard)
Paris 1858

1.e4 e5 2.♘f3 d6 3.d4 ♗g4? 4.de ♗:f3

Der Läuferausfall erwies sich als unnütz wegen der Variante 4. … de? 5.♕:d8+ ♔:d8 6.♘:e5, wonach der Läufer für den Springer getauscht werden muß. Der Zeitverlust kommt hinzu, denn der Läufer zog zweimal, der Springer nur einmal.

5.♕:f3 de 6.♗c4 ♘f6? 7.♕b3 ♕e7

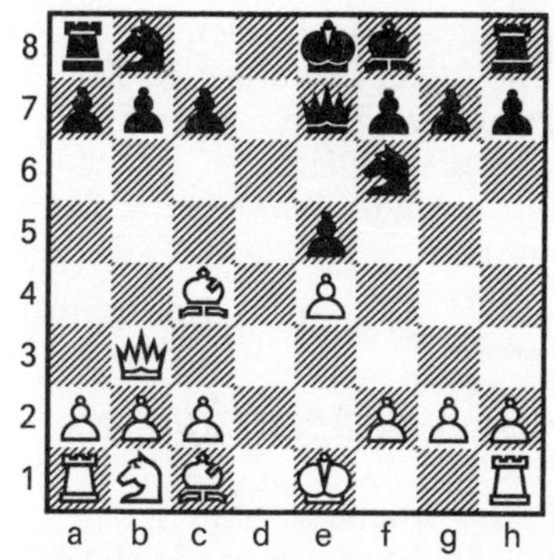

209

Jetzt konnte Weiß bereits mit 8.♕:b7 einen Bauern gewinnen. Morphy beendete die Partie jedoch wie folgt:

8.♘c3!? c6 9.♗g5 b5? 10.♘:b5 cb

11.♗:b5+ ♘bd7 12.0–0–0 ♖d8 13.♖:d7 ♖:d7 14.♖d1 ♕e6 15.♗:d7+ ♘:d7 16.♕b8+ ♘:b8 17.♖d8 matt.

Die Folgen vernachlässigter Figurenentwicklung

Oft wird das Prinzip der schnellen Figurenentwicklung in der Eröffnung verletzt. Auf einige typische Verletzungen dieser Art wollen wir eingehen. Der Lernende muß sie unbedingt kennen.
Häufig führen Spieler völlig unnütze Bauernzüge aus. Dadurch bietet sich dem Gegner die Möglichkeit, beweglichere, wertvollere und stärkere Figuren schneller in den Kampf zu führen. Besonders sind die zum größten Teil unnützen Züge mit den Randbauern zu tadeln, die Schachanfänger gern machen.

■ *Bemühen Sie sich, in der Eröffnung die Bauernzüge auf ein Minimum zu beschränken, und widmen Sie mehr Aufmerksamkeit der Mobilisierung der anderen Figuren.*

Großmeister Spielmann riet:
„Seien Sie in der Eröffnung vorsichtig, ja geizig, mit Bauernzügen, und verfolgen Sie vor allem drei Hauptziele: Entwicklung, Entwicklung und noch einmal Entwicklung."

Unnötige Bauernzüge

Wohin die Vorliebe zu unnötigen Bauernzügen führt, zeigen die folgenden Beispiele:
1.e4 e5 2.d4 ed 3.♕:d4 ♘c6 4.♕e3
Die Variante mit dem frühzeitigen Damenausfall ist nicht sehr günstig, führt aber natürlich noch nicht zu einer Verluststellung.
4. ... ♘f6 5.h3?
Warum?
5. ... ♗e7 6.a3?
Noch ein zielloses Vorgehen eines Bauern. Dadurch bleibt Weiß in der Figurenentwicklung zurück.
6. ... 0–0 7.♗c4 ♖e8
Röntgenangriff auf der e-Linie!
8.♕b3?

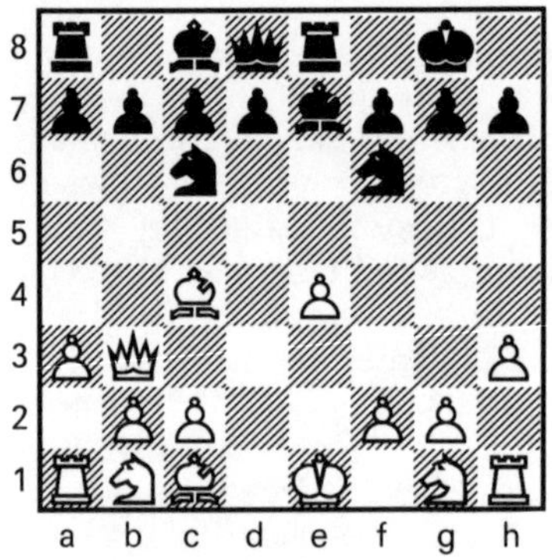

210

Ein abschließender Fehler. Acht Züge sind ausgeführt, davon drei Damen- und vier Bauernzüge. Ein solches Verhältnis rächt sich in der Entwicklung. Notwendig war 8.♘c3 oder 8.♘e2 mit schlechter, aber noch verteidigungsfähiger Stellung.
8. ... d5 9.♗:d5 ♘:d5 10.♕:d5 ♕:d5 11.ed ♗b4++
Ein tödliches Doppelschach, vor dem der Zug 6.a3 nicht rettete.
12.♔d1 ♖e1 matt.

Rossolimo–Romanenko
Salzburg 1948
1.e4 c5 2.♘f3 ♘c6 3.♗b5 g6 4.0–0 ♗g7 5.♖e1 ♘f6 6.♘c3 ♘d4?
Solange die Streitkräfte nicht entwickelt sind, ist es unverzeihlich, dieselbe Figur zweimal zu ziehen.
7.e5 ♘g8 8.d3 ♘:b5 9.♘:b5 a6?

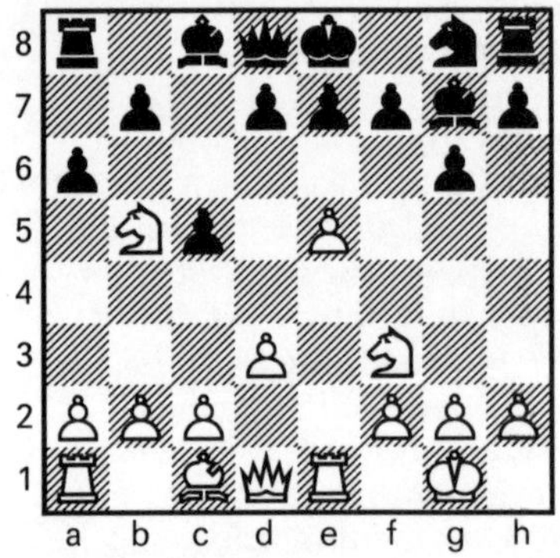

211

Erneut ein verhängnisvoller Bauernzug. Besser war 9. ... ♘h6.
10.♘d6+ ed 11.♗g5 ♕a5 12.ed+ ♔f8 13.♖e8+!
Hinlenkung.
13. ... ♔:e8 14.♕e2+ ♔f8 15.♗e7+ ♔e8 16.♗d8+ ♔:d8 17.♘g5.
Schwarz gab auf. Falls 17. ... ♘h6, dann 18.♕e7 matt.

Mehrmaliges Ziehen mit ein und derselben Figur

Ein anderer typischer Fehler ist das mehrmalige Ziehen ein und derselben Figur. In den betrachteten Beispielen kam dies neben den nutzlosen Bauernzügen bereits vor. Nimzowitsch verglich derartige Züge mit dem Verhalten eines Sportlers, während des Wettlaufs stehenzubleiben und „auf der Stelle zu treten".

Krogius–Kusnezow
Jessentuki 1962
1.d4 ♘f6 2.c4 c5 3.d5 b5 4.cb e6 5.♘c3 ed 6.♘:d5 ♗b7 7.e4
Im Falle von 7.♘:f6+ ♕:f6 würde sich der Plan von Schwarz rechtfertigen. Er hätte Weiß in der Entwicklung überflügelt und könnte mit seinen Bauern das Zentrum besetzen

(nach d7–d5). Deshalb gibt Weiß den Bauern zurück.
7. … ♘:e4 8.♗c4 ♗d6 9.♘f3 ♕a5+ (besser ist 9. … 0–0)
10.♘d2 ♘g5?
Notwendig war 10. … 0–0. Der Springerausflug ist unverständlich.
11.0–0 ♘e6
Bereits der vierte Zug mit dem Springer g8 in dieser Partie. Schwarz ist dadurch hoffnungslos in der Figurenentwicklung zurückgeblieben, und Weiß erhält die Möglichkeit, die Begegnung mit einem direkten Angriff zu entscheiden.
12.♘e4 ♗e5 13.f4 ♗d4+

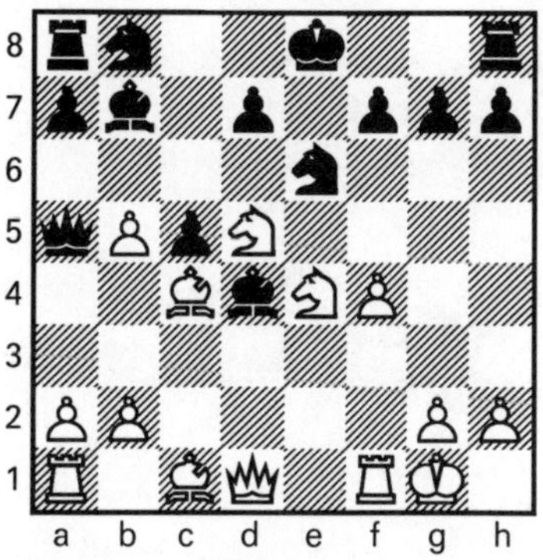

212

14.♕:d4!! ♘:d4
Falls 14. … cd, dann 15.♘d6+ ♔f8 16.♘:b7 ♕a4 17.b3, und die schwarze Dame sitzt in der Falle.
15.♘d6+ ♔f8 16.♘:b7 ♕a4 17.b3 ♘:b3 18.ab!
Nach der Dame wird noch ein Turm geopfert. Dank des neuen Opfers wird die notwendige Zeit für den Abschluß des Königsangriffs gewonnen.
18. … ♕:a1 19.♗e3 ♕b2
Hoffnungslos ist 19. … ♕:f1+ 20.♔:f1 d6 wegen 21.♘c7.
20.♗:c5+ d6 21.♗:d6+ ♔g8 (wenn 21. … ♔e8, dann 22.♖e1+ ♔d7 23.♖e7+ ♔c8 24.♖c7 matt)
22.♘e7+ ♔f8 23.♖e1 h5
Es drohte 24.♘g6++ nebst 25.♖e8 matt. Falls 23. … ♘d7, so 24.♘c8+.
24.♘g6++ ♔g8 25.♖e8+ ♔h7 26.♘:h8 ♕d4+ 27.♔f1 a6 (27. … ♕d1+ 28.♖e1 ♕d2 29.♘:f7 rettete nicht) **28.♘:f7 ab 29.♘g5+ ♔g6 30.♗f7+ ♔f5 31.♖e5+ ♔:f4 32.g3+** und Matt im nächsten Zug (33.♗e6 matt). Schwarz gab auf.

Schädliche Damenzüge

In der anschließenden Partie muß Schwarz dafür „bezahlen", daß er in der Eröffnung zweimal die Dame zog.

Keres–Kotow
Budapest 1950
1.e4 c5 2.♘f3 d6 3.d4 cd 4.♘:d4 ♘f6 5.♘c3 a6 6.♗e2 ♕c7 7.♗g5 ♘bd7 8.0–0 e6 9.♗h5
Stellt die Drohung 10.♘:e6 auf.
9. … ♕c4?

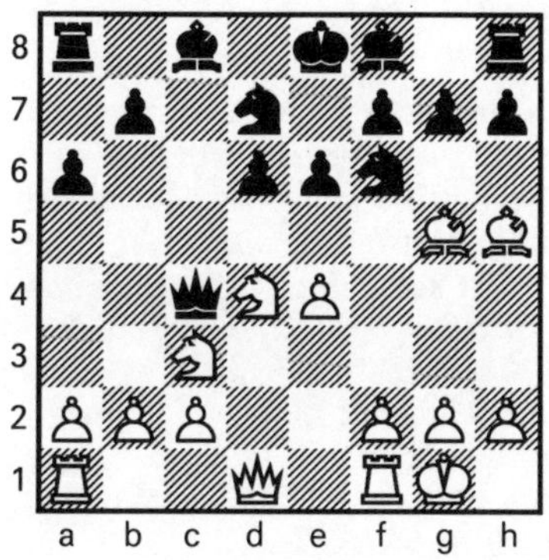

213

Notwendig war 9. … ♘:h5 10.♕:h5 g6.
10.♘:e6!
Nur so! Auf 10. … ♘:h5 entscheidet 11.♕d5! ♘b6 12.♕:c4 ♘:c4 13.♘c7 matt. Schwarz muß mit der Dame auf e6 nehmen.
10. … ♕:e6 11.♘d5 ♔d8
Falls 11. … ♘:d5, dann 12.ed ♕f5 13.♕e1+ ♘e5 14.f4.
12.♗g4 ♕e5 (12. … ♖e8 13.♗:d7 ♗:d7 14.♕d4) **13.f4 ♕:e4** (13. … ♕:b2 14.♖b1 nebst 15.e5) **14.♗:d7 ♗:d7 15.♘:f6 gf 16.♗:f6+**, und Weiß gewann bald.

Es ist unzweckmäßig, frühzeitig die Dame ins Spiel zu bringen, weil sie leicht ins Schußfeld weniger wertvoller Figuren geraten kann. Ein frühzeitiger Damenausfall führt dadurch zu einer Verlangsamung des Entwicklungstempos der eigenen Streitkräfte. Deshalb stellt zum Beispiel der folgende naive Überrumpelungsversuch nur Zeitverlust dar:
1.e4 e5 2.♕h5? (oder ebenso 2.♗c4 ♘c6 3.♕h5?). Eine gute Antwort für Schwarz ist: **2. … ♘c6 3.♗c4 g6** 4.♕f3 ♘f6, und falls nun noch 5.g4?, dann 5. … ♘d4.

■ *Das wiederholte Ziehen der Dame auf Kosten der Entwicklung der übrigen Figuren ist ein typischer Anfängerfehler.* Auch in den folgenden zwei Kurzpartien wird die Dame ungerechtfertigt früh aktiviert.

Tarrasch–von Scheve
Breslau 1926
1.e4 c6 2.d4 d5 3.ed cd 4.♗d3 ♘c6 5.♗e3 ♘f6 6.♘f3 ♗g4 7.h3 ♗:f3 8.♕:f3 ♕b6 (besser ist 8. … e6) **9.0–0 ♕:b2?**

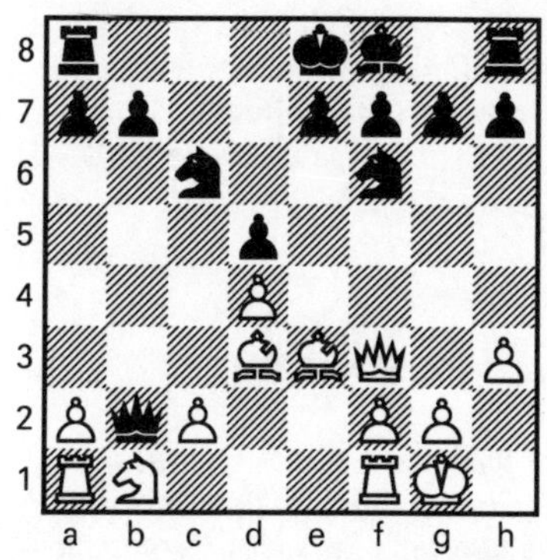

214

Ein Bauernraub auf Kosten der Entwicklung. Notwendig war 9. … e6.

10.♘d2 ♘:d4? 11.♕f4 ♘e6? (11. … ♘c6 erscheint verhältnismäßig besser) **12.♕a4+ ♘d7 13.♖ab1 ♕c3 14.♖:b7 ♘c7 15.♗d4! ♕:d2 16.♖:c7 ♖d8 17.♕:d7+ ♖:d7 18.♖c8+ ♖d8 19.♗b5** matt.

Heemsoth–Lange
Berlin 1953
1.e4 d6 2.d4 g6 3.♘c3 ♗g7 4.♗e3 ♘f6 5.f3 ♘bd7 6.♕d2 e5 7.0–0–0 ♕e7?
Warum nicht 7. … 0–0?
8.♘b5 ♘b8?

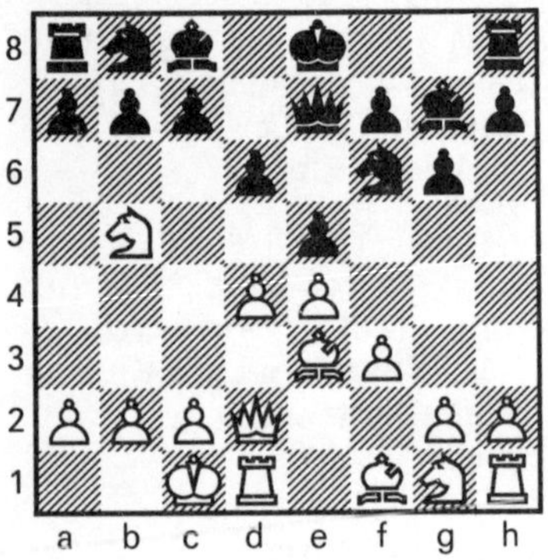

215

Besser war, mit 8. … ♕d8 einzugestehen, daß die Damenentwicklung im vorigen Zug ein Fehler war.
9.de de 10.♗c5
Falls 10. … ♕d7, dann 11.♕:d7+ ♘:d7 12.♘:c7+.
10. … ♗h6 11.♕:h6.
Schwarz gab angesichts der Variante 11. … ♕:c5 12.♕g7 ♖g8 13.♕:f6 auf.

Verfrühte Aktionen

■ *Ein typischer Fehler ist, wenn bei nicht abgeschlossener Figurenentwicklung leichtfertig Aktionen unternommen werden.*
Bei solchen Unternehmungen wird in der Regel der Kampf mit zu wenig Streitkräften geführt und scheitert oft, weil andere Figuren nicht rechtzeitig in den Kampf eingreifen können.
Wir führen ein typisches Beispiel an.

Galia–Grünfeld
Wien 1946
1.e4 c5 2.♘f3 ♘c6 3.d4 cd 4.♘:d4 e5 5.♘b5 d6 6.a4 a6 7.♘5a3 ♗e6 8.♗c4 ♘f6 9.♘c3 ♗:c4?
Besser ist 9. … ♗e7. Schwarz beabsichtigt einen Zentrumsdurchbruch, der aber widerlegt wird.
10.♘:c4 ♘:e4 11.♘:e4 d5 12.♗g5!
Dieser Zwischenzug bestraft den Fehler von Schwarz.

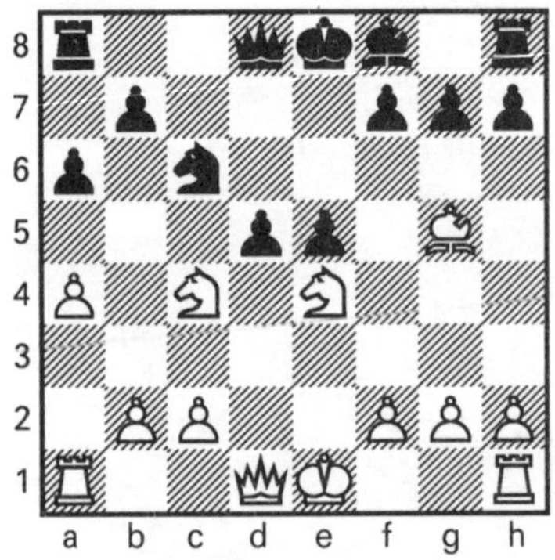

216

12. … f6 (12. … ♕d7 13.♘b6 oder 12. … ♗e7 13.♘cd6+ ♔f8 14.♕:d5) **13.♗:f6! gf 14.♕:d5 ♗e7** (falls 14. … ♕:d5, so 15.♘:f6+) **15.♘ed6+ ♗:d6 16.♘:d6+ ♔e7 17.0–0–0 ♘d4 18.♖:d4.**
Schwarz gab auf. Im Falle von 18. … ed würde 19.♖e1+ ♔d7 20.♘:b7+ nebst 21.♘:d8 folgen.

Versäumte Rochade

Gefährlich ist der Verbleib des Königs in der Ausgangsstellung, besonders wenn er in einen Angriff geraten kann. Obendrein stört ein nicht rochierter König das Einbeziehen der Türme in das Kampfgeschehen. Deshalb steht der König in der Ausgangsstellung in den meisten Fällen ungünstig.

Keres–Alexander
Margate 1937
1.d4 ♘f6 2.c4 e6 3.♘c3 ♗b4 4.♘f3 b6 5.g3 ♗b7 6.♗g2 ♕c8
Ein überflüssiger Zug. Besser war 6. … 0–0.
7.0–0 c5?

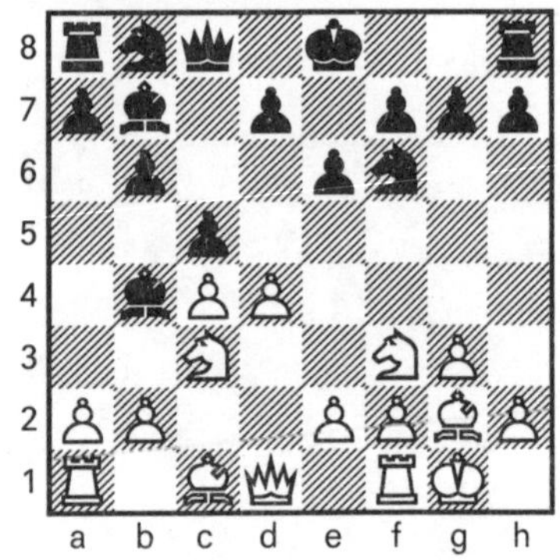

217

Die kurze Rochade war erforderlich. Jetzt gerät der schwarze König in einen vernichtenden Angriff.
8.♘b5 cd (8. … 0–0 9.a3 a6 10.♘d6 mit Läufergewinn) **9.♗f4 ♘a6 10.♗d6!** (verhindert die Rochade)
10. … ♕:c4 11.♕a4! ♗c6 12.♘f:d4 ♗:g2 13.♕:a6 ♗:f1 14.♖:f1 ♕:d4
Andere Züge sind nicht zu sehen. Es drohte 15.♘c7+.
15.♘:d4 ♗:d6 16.♘b5 ♔e7 17.♖d1 ♗c5 18.a3 ♘e4 19.♖:d7+ ♔f6 (19. … ♔:d7 20.♕b7+) **20.♕b7.**
Schwarz gab auf.

Materialgewinn auf Kosten der Entwicklung – Gambits

Verbreitet ist die Jagd nach Materialgewinn auf Kosten der Figurenentwicklung. In verschiedenen Eröffnungsvarianten opfert ein Spieler bewußt Material, um den Gegner in der Entwicklung zu überflügeln.
Betrachten wir ein Beispiel.

Lindelin–Macusski
Paris 1863
1.e4 e5 2.d4 ed
Wie wir bereits festgestellt haben, gewinnt Schwarz nach 3.♕:d4 ♘c6 Zeit für die Mobilisierung seiner Figuren. Aber Weiß dachte sich etwas anderes aus.
3.c3!?
Ein Bauernopfer, um die Figurenentwicklung zu beschleunigen und das Zentrum zu besetzen.
3. ... dc
Besser ist 3. ... d5, denn nach 4.ed ♘f6 (oder 4. ... ♕:d5) 5.♗b5+ ♗d7 6.♗c4 dc 7.♘:c3 ♗d6 kann Schwarz rochieren.
4.♗c4 cb 5.♗:b2

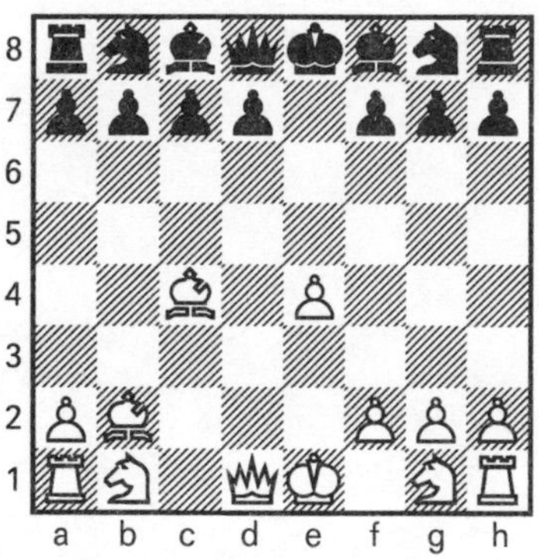

218

Dieser Partiebeginn wird als **Nordisches Gambit** bezeichnet.

■ *Gambit nennt man eine Eröffnung, in der eine Seite einen oder mehr Bauern opfert (manchmal sogar eine Figur), um den Gegner dafür in der Entwicklung zu überflügeln.*
Ein Gambit ist somit ein Opfer für einen Entwicklungsvorsprung.
Ist die Anwendung von Gambits gerechtfertigt? Capablanca war der Ansicht, daß man die Opfer des Gegners annehmen kann, wenn sich die Figurenentwicklung nicht länger als um zwei Züge verlangsamt. Wahrscheinlich trifft das für viele Eröffnungsstellungen zu, dennoch gilt diese Empfehlung nicht für alle konkreten Fälle. In der modernen Turnierpraxis werden Gambits verhältnismäßig seltener angewandt, weil die verteidigende Seite durch den Materialgewinn oft gleiche Chancen erhält. Dabei vereinfacht sich das Spiel gewöhnlich, was nicht dem Geschmack vieler Spieler entspricht. So war es in dem vorliegenden Beispiel Schwarz möglich, bereits im dritten Zug d7–d5 zu spielen. Auch in der jetzt entstandenen Stellung wäre 5. ... d5 gut. Nach 6.♗:d5 ♘f6 7.♗:f7+ ♔:f7 8.♕:d8 ♗b4+ 9.♕d2 ♗:d2+ 10.♘:d2 c5 stände das Spiel gleich.
In der Diagrammstellung nach 5.♗:b2 hat Schwarz zwar zwei Bauern gewonnen, aber noch keine Figur entwickelt. Das Läuferpaar von Weiß steht zum Angriff bereit, und zudem beherrscht er mit dem Bauern e4 das Zentrum.
5. ... ♘f6 6.♘c3 ♗b4 7.♘e2 ♘:e4?
Das ist zu gewagt! Die Habgier wird sofort bestraft. Notwendig war 7. ... d6.
8.0–0 ♘:c3 9.♘:c3 ♗:c3 10.♗:c3 ♕g5
Es scheitert 10. ... 0–0 an 11.♕g4 g6 12.♕d4. Jetzt gerät der König unter Beschuß.
11.♖e1+ ♔d8 (auf 11. ... ♔f8 folgt 12.♗b4+ d6 13.♗:d6+ mit Gewinn) **12.f4! ♕:f4** (falls 12. ... ♕c5+, so 13.♔h1 ♕:c4 14.♗:g7 nebst 15.♗f6 matt) **13.♗:g7 ♖g8 14.♕g4! ♕d6** (14. ... ♕:g4 15.♗f6 matt) **15.♗f6+ ♕:f6 16.♕:g8** matt.
Schwarz wurde regelrecht zerschmettert.
Seien Sie wachsam gegenüber Opferangeboten, deren Annahme mit einem Rückstand in der Figurenentwicklung verbunden ist.

Beachte:
■ *Jedes Streben nach Materialgewinn auf Kosten der Entwicklung ist mit Gefahren verbunden!*

Stören der Entwicklung des Gegners

Natürlich besteht die Aufgabe eines Schachspielers in der Eröffnung nicht nur darin, für eine schnelle Entwicklung der eigenen Streitkräfte zu sorgen. Es stehen sich ja zwei Parteien gegenüber, und deshalb ist es ebenso wichtig, den Gegner in seinen Aktionen zu stören, damit er nicht harmonisch und ungehindert die Mobilisierung seiner Figuren durchführen kann. Folglich sehen sich beide Akteure in der Eröffnung wie auch in den anderen Partiestadien einer doppelten Aufgabe gegenüber:
■ *Es ist die Verwirklichung der eigenen Pläne anzustreben und zugleich der Gegner an der Erreichung seiner Ziele zu hindern.*
Dazu ein Partiebeispiel.

Larsen–Spasski
Belgrad 1970
1.b3 e5 2.♗b2 ♘c6 3.c4 ♘f6 4.♘f3 e4 5.♘d4 ♗c5 6.♘:c6 dc
Die aktive Stellung des Läufers auf c5 und des Bauern e4 bewirken bereits Entwicklungsschwierigkeiten bei Weiß.

7.e3 (falls sofort 7.d4, dann 7. … ed 8.ed ♗d4) **7. … ♗f5** (hemmt den Bauern d2) **8.♕c2 ♕e7 9.♗e2 0–0–0 10.f4?**
Dieser Zug richtet sich gegen das Manöver ♘f6–g4–e5, aber die entstandenen Schwächen in der Bauernstruktur wiegen schwerer.
10. … ♘g4!! 11.g3 h5 12.h3
Mit dem Zug 10. … ♘g4 hat Schwarz faktisch die Entwicklung der weißen Figuren paralysiert. Auf 12.♘c3 würde 12. … ♖:d2 folgen, z. B. 13.♔:d2 ♗:e3+ 14.♔e1 ♗f2+ 15.♔f1 ♘e3+ oder 13.♕:d2 ♗:e3 nebst 14. … ♗f2+ und 15. … ♘e3+.
12. … h4!
Ein Figurenopfer, das es Schwarz ermöglicht, auf dem Königsflügel einzudringen.
13.hg hg 14.♖g1

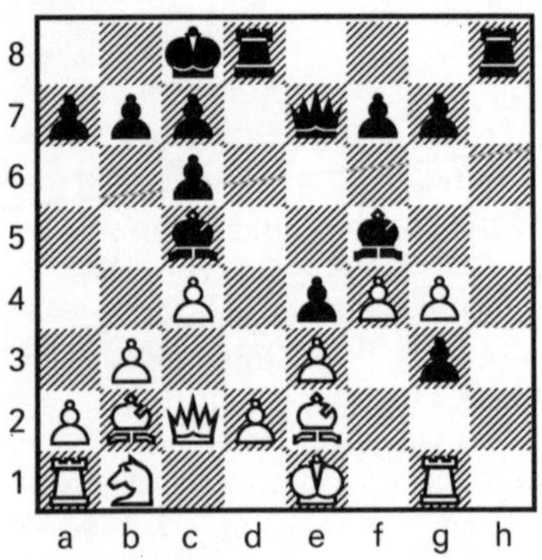

219

14. … ♖h1!!
Mit diesem glänzenden Opferschlag gewinnt Weiß Zeit für den Schlußangriff.
15.♖:h1 g2 16.♖f1 (falls 16.♖g1, so 16. … ♕h4+ 17.♔d1 ♕h1 18.♕c3 ♕:g1+ 19.♔c2 ♕f2) **16. … ♕h4+ 17.♔d1 gf♕+.** Weiß gab auf, denn die weitere Folge 18.♗:f1 ♗:g4+ 19.♔c1 ♕e1+ führt zum Matt im nächsten Zug.

Harmonische Figurenentwicklung

Das Prinzip der schnellen Figurenentwicklung darf man nicht formal sehen. Es genügt nicht, lediglich dafür zu sorgen, daß die Figuren rasch ihre Ausgangsstellung verlassen.

■ *Die Figuren sind schnell, aber zugleich auch so zu entwickeln, daß ein harmonisches Zusammenwirken zwischen ihnen gewährleistet ist.*

Gedrängte Aufstellung und Doppelfunktionen hinsichtlich Angriff und Verteidigung sind zu vermeiden. Sonst bieten sich dem Gegner vielfältige taktische Möglichkeiten. Betrachten wir dazu die folgende Kurzpartie.

Krogius–Aratowski
Saratow 1945
1.e4 e5 2.♘f3 d6 3.d4 ♘d7 4.♗c4 c6
Ein notwendiger Verteidigungszug. Fehlerhaft wäre 4. … ♘f6 wegen 5.♘g5 oder 4. … ♗e7 wegen 5.de ♘:e5 (5. … de?? 6.♕d5) 6.♘:e5 de 7.♕h5 mit Bauerngewinn.
5.♘g5 ♘h6 6.a4 ♗e7?

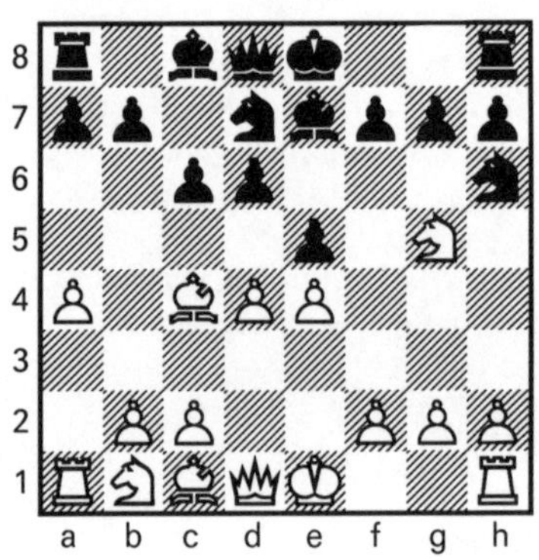

220

Dieser Läuferzug verstärkt das schwarze Figurengedränge, das nach dem Zug 3. … ♘d7 begann. Erforderlich war 6. … ♕f6 nebst 7. … ♗e7.
7.♗:f7+ ♘:f7 8.♘e6
Damit wird auf bewunderswerte Weise die Dame gefangen.
8. … ♕b6
Falls 8. … ♕a5+, so 9.♗d2 ♕b6 10.a5 ♕:b2 (10. … ♕a6 11.♘c7+) 11.♗c3 ♕b5 12.♘c7+.
9.a5 ♕b4+ 10.c3 ♕c4 11.♘c7+ ♔d8 12.b3
Der sich nun bietende Materialgewinn reicht Weiß zum Gewinn. Schwarz gab auf.

In der 31. Lektion haben wir behandelt:
- Die Eröffnung
- Schnelle Entwicklung der Streitkräfte
- Zuerst den Springer oder den Läufer entwickeln?
- Die Folgen vernachlässigter Entwicklung: unnötige Bauernzüge, mehrmaliges Ziehen mit ein und derselben Figur, schädliche Damenzüge, verfrühte Aktionen, versäumte Rochade, Materialgewinn auf Kosten der Entwicklung
- Stören der Entwicklung des Gegners
- Harmonische Figurenentwicklung.

32. Lektion

Kampf um das Zentrum und die bessere Bauernstruktur in der Eröffnung

Eingangs der 31. Lektion haben wir drei Hauptprinzipien für die Eröffnungsbehandlung herausgestellt. Das erste dieser Hauptprinzipien – die schnelle Entwicklung der Streitkräfte – war Gegenstand der 31. Lektion. Das zweite und dritte Hauptprinzip betrachten wir im Folgenden.

Kampf um die Beherrschung des Zentrums

An früherer Stelle haben wir darauf hingewiesen, daß die Mobilisierung der Streitkräfte zweckmäßig verwirklicht werden muß. Doch auf welche Felder muß man die Figuren entwikkeln?
Die Schachpraxis beweist, welch gewaltige Bedeutung die Beherrschung des Zentrums besitzt. Die besondere Rolle des Zentrums erklärt sich wie folgt:

■ 1. Figuren, die im Zentrum postiert sind, kontrollieren eine größere Felderzahl als von einem anderen Brettabschnitt aus. Dadurch erhöhen sich Schlagkraft und Aktivität dieser Figuren.

■ 2. Vom Zentrum aus gelangen Figuren schneller zu einem der Flügel. Folglich besitzen die auf Zentrumsfeldern befindlichen Figuren größere Beweglichkeit.

■ 3. Die Vorherrschaft im Zentrum führt in der Regel zu einer Störung im Zusammenwirken der gegnerischen Figuren, die zusammengedrängt und isoliert werden. Dies verringert ihre Aktivität erheblich.
Deshalb ist die Konzentration der Streitkräfte auf Zentrumsfeldern gewöhnlich vorteilhaft, und das Bestreben, das Zentrum zu beherrschen, eine wichtige Forderung. Für die Eroberung des Zentrums eignen sich am besten Bauern. In vielen Fällen können diese indes auch durch andere Figuren, die ins Zentrum überwechseln, erfolgreich ersetzt werden. In manchen Situationen kann an die Stelle einer unmittelbaren Besetzung des Zentrums ein Figurendruck auf die Zentrumsfelder treten.
Im Schach muß man jede Aktion danach beurteilen, welchen relativen Wert sie für beide Gegner besitzt. Bekannt ist Nimzowitschs Ausspruch: „Wichtig ist nicht nur die Besetzung des Zentrums mit Bauern, weitaus wichtiger das beiderseitige Kräfteverhältnis im Zentrum."

Klassisches Bauernzentrum

Betrachten wir eine Partie, in der es Weiß mittels eines umstrittenen Läuferopfers gelang, das sogenannte **klassische Bauernzentrum** zu erhalten, das heißt verbundene Bauern auf der d- und e-Linie.

Bronstein–Rojan
Moskau 1956
1.e4 e5 2.♘f3 ♘c6 3.♗c4 ♘f6
Diese Eröffnung trägt den Namen Zweispringerspiel. Sie ist von scharfem taktischem Kampf geprägt, der bereits in den ersten Zügen entbrennt.
4.♘g5 d5 5.ed ♘a5
Die beste Antwort. In Partien wenig erfahrener Schachspieler kommt oft 5. … ♘:d5?! vor, was es Weiß ermöglicht, nach 6.♘:f7 ♔:f7 7.♕f3+ ♔e6 8.♘c3 ♘b4 (8. … ♘e7 9.d4 c6 10.♗g5 h6 11.♗:e7 ♗:e7 12.0–0–0 ♖f8 13.♕e4 ♗g5+ 14.♔b1 ♖f4 15.♕:e5+ ♔f7 16.♘:d5 cd 17.♗:d5+ ♔f8 18.♗b3 ist günstig für Weiß) 9.♕e4 c6 10.a3 ♘a6 11.d4 ♘c7 12.♗f4 ♔f7 13.♗:e5 gefährliche Drohungen gegen den schwarzen König aufzustellen.
6.d3
Ein anderer Weg ist: 6.♗b5+ c6 7.dc bc 8.♗e2 h6 9.♘f3 e4 10.♘e5 ♗d6

11.d4 ed 12.♘:d3 ♕c7 13.h3 0–0 14.0–0 ♗f5 15.♘d2 ♖fe8 16.a3 ♖ad8. Für den geopferten Bauern hat Schwarz angesichts der bedeutend aktiveren Figurenaufstellung ausreichende Kompensation.

6. ... h6 7.♘f3 e4 8.de?!

Gewöhnlich spielt man 8.♕e2 ♘:c4 9.dc ♗c5 10.h3 0–0 mit aktiver schwarzer Stellung für den geopferten Bauern, zum Beispiel 11.♘h2 c6! 12.dc e3 13.♗:e3 ♗:e3 14.fe ♘e4.

In dieser Partie opfert Weiß selbst einen Läufer und erhält dafür zwei verbundene Bauern im Zentrum.

8. ... ♘:c4 9.♕d4 ♘b6 (besser ist 9. ... b5 oder 9. ... ♘d6 10.e5 ♘f5)

10.c4 c5?

Notwendig war 10. ... ♗b4+, der Textzug verstärkt nur das weiße Zentrum.

11.♕d3 ♗g4 12.♘bd2 ♗e7 13.0–0 0–0 14.♘e5!

Weiß beeilt sich nicht mit dem Bauernvorstoß im Zentrum (14.e5 ♘f:d5), weil dieser noch besser vorbereitet werden muß.

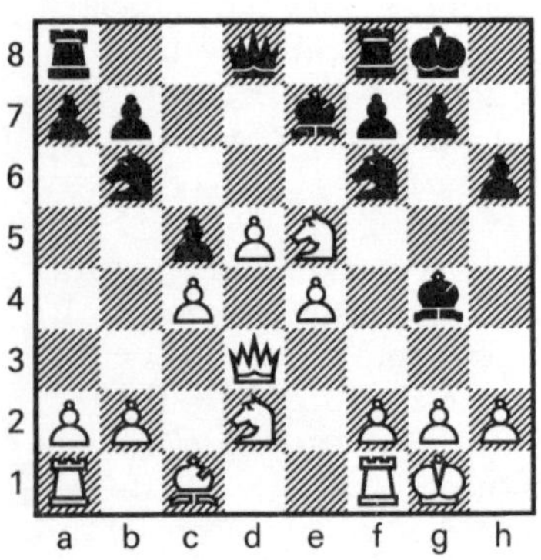

221

14. ... ♗h5 15.b3 ♘fd7 16.♗b2 ♘:e5 17.♗:e5 ♘d7 18.♗c3 ♗f6 19.♖ae1 ♗:c3 20.♕:c3 ♕f6?

Hilft nur dem Gegner, seine Trümpfe auszuspielen. Besser ist 20. ... f6 nebst 21. ... ♕e7.

21.e5 ♕f5 22.f4 ♗g6 23.♘e4

Schwarz befindet sich in einer eigenartigen Zugzwangstellung im Mittelspiel und ist verurteilt zu warten, was der Gegner unternimmt.

23. ... ♖ab8 24.♕f3 ♗h7

Es ist keine Aussicht auf eine Verteidigung geblieben. Das Gegenopfer 24. ... ♘:e5 scheitert an 25.fe ♕:e5 26.♘:c5.

25.g4 ♕g6 26.f5 ♕b6 27.♕g3 f6

Es ist unzweckmäßig, dort Aktivität zu zeigen, wo der Gegner stärker ist. Hartnäckiger war 27. ... ♔h8.

28.e6 ♘e5 29.h4 ♔h8 30.g5!

Der entscheidende Sturm.

30. ... ♖bc8 31.♔h1 ♕d8 32.g6 ♗:g6

Bereits hier gibt es keinen befriedigenden Zug mehr. Aussichtslos ist 32. ... ♗g8 wegen 33.d6.

33.fg b5 34.d6 ♕b6 35.d7 ♘:d7 36.ed ♖cd8 37.♘:f6

Ein Opfer, bevor der Vorhang fällt.

37. ... ♕c6+ 38.♕g2 ♕:g2+ 39.♔:g2. Schwarz gab auf.

Figurendruck auf das Zentrum

Beschäftigen wir uns nun mit einer Situation, in der das Zentrum nicht unmittelbar besetzt, aber wirkungsvoll von Figuren aus der Ferne kontrolliert wird.

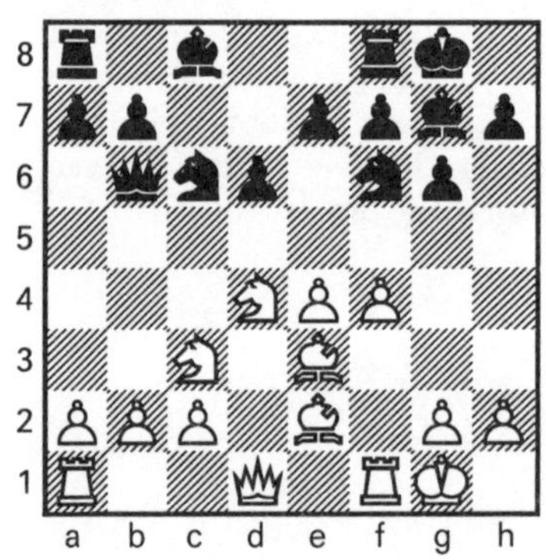

222

In der Diagrammstellung 222 ist Weiß am Zuge.

Die weißen Figuren beherrschen im Zentrum großen Raum. Jedoch üben die schwarze Dame und der Läufer g7 zusammen mit dem Springerpaar ziemlichen Druck auf den Diagonalen a1–h8 und a7–g1 aus. Ihr Hauptziel ist das Feld d4, der Kreuzungspunkt dieser Diagonalen.

Analysieren wir diese Stellung!

Wenn Weiß versucht, sofort mittels 1.♘f5 den gordischen Knoten zu lösen, dann gerät er nach 1. ... ♕:b2 2.♘a4 ♕a3 3.c3 ♘:e4! (3. ... gf? 4.♗c1) 4.♗c1 ♘:c3 5.♗:a3 ♘:d1 6.♘:g7 ♘e3 in eine schwierige Lage.

Als nicht zufriedenstellend erweist sich auch 1.♕d2 wegen 1. ... ♘:e4 2.♘:e4 ♗:d4 3.♗:d4 ♕:d4+ 4.♕:d4 ♘:d4.

Interessant ist 1.e5!? de 2.fe ♘:e5 3.♘f5 ♕:b2 4.♘:e7+ ♔h8 5.♗d4! (5.♕d2 ♗e6! oder 5.♘:c8 ♕:c3 6.♗d4 ♕:c8 7.♗:e5 ♖d8 ist gut für Schwarz) 5. ... ♕b4! Durch diese Antwort wird der weiße Angriff widerlegt: 6.♗:e5 ♕:e7 7.♕d4 ♘h5 8.♗:g7+ ♘:g7 9.♗d3 ♗e6, und Weiß besitzt keine genügende Kompensation für den geopferten Bauern.

Offensichtlich muß Weiß mit **1.♕d3** fortsetzen. Nach **1. ... ♘g4** (das ist aussichtsreicher als 1. ... ♕:b2 2.a3 ♘:e4 3.♘:c6–3.♘a4 ♕:d4!–3. ... ♘:c3 4.♘:e7+ ♔h8 5.♗f3) **2.♘d5 ♗:d4** bieten sich Weiß zwei Wege an:

1) 3.♘:b6 ♗:e3+ 4.♔h1 ♗:b6 5.♗:g4 ♗:g4, und die schwarzen Leichtfiguren sind nicht schwächer als die weiße Dame.

2) 3.♗:g4 ♗:e3+ 4.♕:e3 ♕:e3+ 5.♘:e3 ♗:g4 6.♘:g4 mit etwa gleichen Chancen im Endspiel.

Die angeführten Varianten verdeutlichen die Stärke eines Figurendrucks auf das Zentrum.

Zentrumsaktionen kontra Flügelangriff

In manchen Fällen wird bereits in der Eröffnung ein Angriffsunternehmen auf einem Flügel geplant. Solche Aktionen sind bei geschlossenem Zentrum (zum Beispiel bei blockierten Bauernketten) möglich. Doch zumeist erweist sich eine solche Strategie als unbegründet und wird von der anderen Partei am besten mittels energischer Aktionen im Zentrum widerlegt.
Großmeister Nimzowitsch formulierte einmal:
„Das Zentrum ist das vorherrschende Prinzip – die Flanke das untergeordnete."
Sehen wir uns eine Partie an, die diese Äußerung treffend veranschaulicht.

Suetin–Bondarewski
Leningrad 1963
1.e4 e5 2.♘f3 ♘c6 3.♗b5 a6 4.♗a4
Es wird die Spanische Partie gespielt. 4.♗:c6 dc 5.♘:e5 würde wegen 5. … ♕d4 nicht zu Bauerngewinn führen.
4. … d6 5.0–0 g5?
Ein ungerechtfertigter Plan eines Flügelangriffs, der nur im Falle eines passiven Spiels von Weiß unbestraft bliebe. Aber der Anziehende handelt völlig richtig und unternimmt sofort Aktionen im Zentrum. Ein energisches Spiel im Zentrum stellt die beste Reaktion auf einen Angriff am Flügel dar.
6.d4! g4
Wenn 6. … b5, so 7.♗b3 g4 8.♘g5 ♘h6 9.♗d5 ♗d7 10.c3 mit Vorteil für Weiß. Im Falle von 10. … ♗e7 ist 11.h4! (11. … gh 12.♕h5!) gut.
7.♗:c6+ bc 8.♘e1 ed
Auf 8. … ♗g7 folgt 9.de ♗:e5 10.♘d3. Schwarz hat eine schlechte Bauernstruktur und einen beträchtlichen Entwicklungsrückstand.
9.♕:d4 ♕f6 10.♕a4!
Nach dem Damentausch könnte sich Schwarz leicht verteidigen. Deshalb ist es für Weiß besser, seinen Entwicklungsvorsprung im Mittelspiel zur Geltung zu bringen.
10. … ♘e7 11.♘c3 ♗d7 12.♕a5!

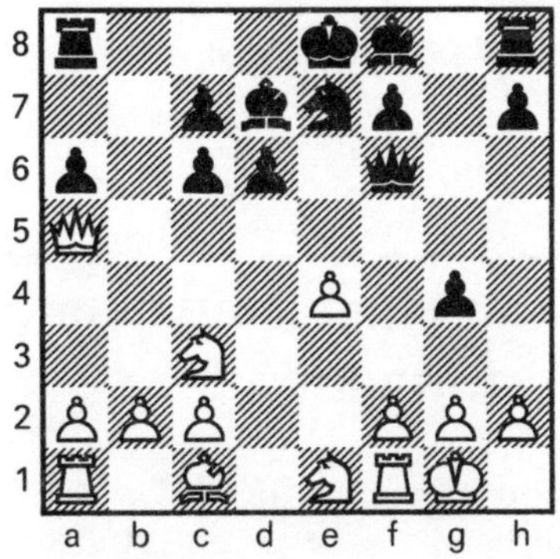
223

Der letzte weiße Zug ist ein Schlag gegen den verwundbarsten Punkt in der gegnerischen Stellung. Schwarz muß auf die Rochade verzichten.
12. … ♔d8 13.♘d3 ♗g7 14.e5!
Da der schwarze König in der Mitte anvisiert ist, stellt die Linienöffnung ein wichtiges Kampfmittel dar.
14. … ♕f5
Nach 14. … de 15.♘c5 droht sehr gefährlich 16.♖d1.
15.♖e1 d5
Andernfalls geschähe 16.♘e4. Jetzt besitzt Weiß das günstige Feld c5 für Angriffsmanöver.
16.♘e2 ♘g6 17.♘g3 ♕e6 18.♗g5+ ♔c8 19.♘c5 ♕e8 20.♘h5 ♖g8 (20. … ♗:e5 21.♘f6) **21.♘:g7 ♖:g7 22.♘:a6 ♖a7 23.♗e3 ♖:a6** (falls 23. … ♖b7, so 24.♘c5 ♖b8 25.♕a6+ ♔d8 26.♗g5+) **24.♕:a6+ ♔d8 25.♗g5+ ♘e7 26.♗f6 ♖g6 27.a4 ♗c8 28.♕d3 ♔d7 29.a5 ♗b7 30.b4 ♘g8 31.c4 ♕e6 32.♕d4 ♔e8 33.b5 cb 34.cb ♘e7 35.♕c5 ♕d7 36.♖ec1.** Schwarz gab auf.

Bereits im 20. Zug hatte Weiß in dieser Partie eine Gewinnstellung erreicht, obwohl elf seiner Züge auf die Dame und die Springer entfielen. Ist damit nicht der früher gegebene Rat, daß es unzweckmäßig sei, in der Eröffnung ein und dieselbe Figur mehrmals zu ziehen, widerlegt? Nun, wir dürfen die Schachtheorie nicht als ein Dogma auffassen und sollten uns hüten, blindlings allgemeinen Prinzipien zu vertrauen. Solche Grundsätze stellen die Verallgemeinerung einer großen Anzahl von Fakten dar. In der Regel sind sie richtig, aber es gibt keine Regel ohne Ausnahme. Im vorliegenden Fall wurden die wiederholten Züge der selben weißen Figuren durch konkrete taktische Besonderheiten der Stellung gerechtfertigt. Gerade diese Züge ermöglichten es, die Mängel der schwarzen Flankenoperation 5. … g5 aufzudecken.

Kampf ums Zentrum als Doppelaufgabe

In dem Abschnitt *Klassisches Bauernzentrum* haben wir die Partie Bronstein–Rojan betrachtet. In ihr gelang es Weiß, erfolgreich eine doppelte Aufgabe zu lösen: Beherrschung des Zentrums durch eigene Kräfte und Verhinderung der Zentralisation der gegnerischen Figuren. Wir führen dafür noch ein eindrucksvolles Partiebeispiel an.

Aljechin–Löwenfisch
Petersburg 1914
1.d4 c5 2.d5 ♘f6 3.♘c3 d6 4.e4 g6 5.f4 ♘bd7?
Ermöglicht es Weiß, das Zentrum mit Bauern zu besetzen und zudem die gedrängte Stellung der schwarzen Figuren auszunutzen. Besser ist 5. …

♗g7 6.♘f3 (6.e5 ♘fd7) 6. … 0–0 7.♗e2 ♗g4.

6.♘f3 a6

Ein überflüssiger Zug. Schwarz war verpflichtet, 6. … ♗g7 zu spielen und nach 7.e5 mit 7. … de 8.fe ♘g4 9.e6 ♘de5 10.♗b5+ ♔f8 fortzusetzen.

7.e5! de 8.fe ♘g4 9.e6 ♘de5 10.♗f4 ♘:f3+ (oder 10. … ♗g7 11.♘:e5 ♘:e5 12.♕e2) **11.gf ♘f6 12.♗c4!**

Der Bauer auf e6 blockiert die schwarzen Figuren, und deshalb muß Weiß ihn behaupten. Den Rochadeverlust durch 12.ef+ würde Schwarz leichter ertragen.

12. … fe 13.de ♕b6

Schlecht wäre 13. … ♕:d1+ 14.♖:d1 ♗g7 wegen 15.♘a4 b5 (15. … 0–0 16.♘b6 ♖a7 17.♗b8) 16.♘b6 bc 17.♘:a8.

14.♕e2! ♕:b2

Sonst käme 15.0–0–0, doch jetzt folgt eine schöne Kombination.

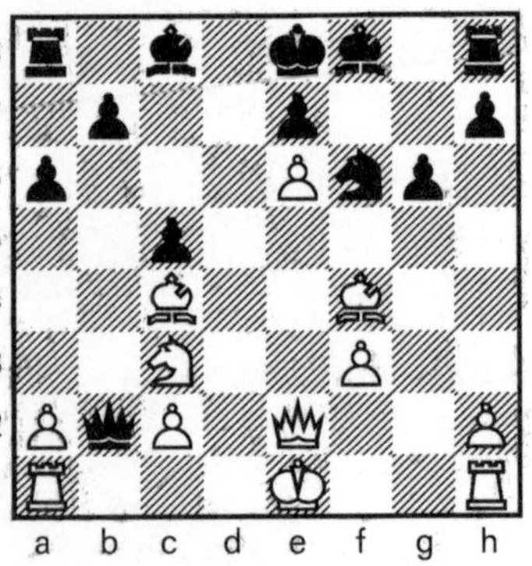

224

15.♘b5!! ♕:a1+

Schwarz muß dieses Danaergeschenk annehmen, denn im Falle von 15. … ab gewinnt 16.♗:b5+ ♔d8 17.♖d1+ ♗d7 18.♗e5 ♕b4+ 19.c3.

16.♔f2 ♕:h1 17.♘c7+ ♔d8 18.♕d2+ ♗d7 19.ed.

Schwarz gab auf. Falls 19. … ♘:d7, so 20.♗e6, und auf 19. … e5 ist gut 20.♗:e5 ♗g7 21.♘e6+ ♔e7 22.♕d6+.

Bei dieser Partie erinnerte ich mich an die Worte Laskers:

„Bedeutung hat nicht nur Materialgewinn, sondern auch die Eroberung von Raum, in den der Gegner nicht ohne Materialverlust eindringen kann. Je mehr Raum eine Seite erobert, desto geringer ist die Beweglichkeit des Gegners und desto begrenzter die Anzahl der Züge, mit denen er drohen oder sich verteidigen kann."

Aufbau einer günstigen Bauerformation

Das dritte Hauptprinzip für die Eröffnungsbehandlung besteht im Aufbau einer günstigen Bauernstellung (vgl. den Anfang der 31. Lektion).

■ *Da Bauern nicht zurückgehen können und ihr Vorgehen die Stellung des Königs und anderer Figuren schwächen kann, verlangt jeder Bauernzug schon in der Eröffnung besondere Aufmerksamkeit.*

Fehler in der Bauernführung (vor allem, die den König entblößen, zum Beispiel 1.e4 e5 2.♘f3 f6?), die in den ersten Zügen, also in der Eröffnung, begangen werden, wirken sich meistens erst im Mittelspiel und Endspiel aus. Das hat psychologische Bedeutung: Einem Fehler, der nicht sofort geahndet wird, mißt man meistens nicht so viel Gewicht bei. Natürlich darf man nicht ins andere Extrem verfallen und auf Bauernzüge ganz verzichten.

Wir raten:

■ *Seien Sie besonders in Spielsituationen aufmerksam, in denen die Bildung von Doppelbauern, rückständigen und isolierten Bauern real werden könnte.*

Betrachten wir als Beispiel eine Beratungspartie.

An einer **Beratungs-** oder **Konsultationspartie** sind auf einer oder beiden Seiten mehrere Spieler beteiligt, die sich bei der Zugauswahl miteinander beraten. Gewöhnlich befinden sich die Gegner in getrennten Räumen (oder Raumecken), und jede Seite berät über die von ihr auszuführenden Züge. Das Spielen von Beratungspartien ist eine gute Trainingsmethode. Wir empfehlen unseren Lesern, solche Partien auszutragen.

Capablanca–Salwe und Beratende Lodz 1913

1.e4 e5 2.♘f3 ♘c6 3.♗b5 a6 4.♗a4 ♘f6 5.0–0 ♘:e4

Es wird eine uns bereits bekannte Eröffnung gespielt – die Spanische Partie. Allerdings ist die Variante (5. … ♘:e4) neu für uns.

6.d4

Mittels 6.♖e1 ♘c5 7.♖:e5+ konnte der Bauer sofort zurückgewonnen werden, aber Weiß strebt eine komplizierte Stellung im Zentrum an.

6. … b5 7.♗b3 d5

Schlechter ist 7. … ed wegen 8.♖e1 d5 9.♘c3! cd 10.♗:d5.

8.de ♗e6

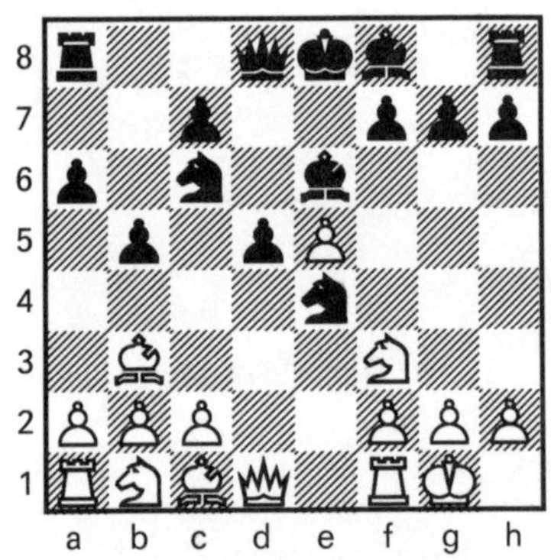

225

In der Bauernstruktur von Weiß und Schwarz sind bereits die Konturen der künftigen strategischen Pläne enthalten: Weiß besitzt einen Mehrbauern am Königsflügel und Schwarz am Damenflügel. Die Aufgabe von Weiß muß darin bestehen, das Spiel am Königsflügel zu aktivieren und dem Druck am anderen Flügel zu widerstehen. Die Strategie von Schwarz beinhaltet das Erreichen der entgegengesetzten Ziele. Aber außer richtigen Überlegungen sind konkrete, genau ausgeführte Aktionen notwendig. Die folgenden Züge zeigen, daß Schwarz die Bedeutung der Verteidigungsmaßnahmen am Königsflügel überschätzte und nicht Streitkräfte zum Ausnutzen der Vorzüge der eigenen Stellung heranführte – für das Vorgehen der Damenflügelbauern. Im Ergebnis gelingt es Weiß, im gegnerischen Lager eine dauerhafte Schwäche zu schaffen – den rückständigen Bauern auf der c-Linie.

9.c3 ♗e7 10.♘bd2 ♘c5

Häufiger spielt man 10. ... 0–0 11.♗c2 f5.

11.♗c2 ♗g4 12.h3 ♗h5 13.♖e1 ♗g6

Besser ist 13. ... d4 oder 13. ... ♘e6, um Aktionen im Zentrum und am Damenflügel vorzubereiten.

14.♘d4 ♘:d4?

Danach werden die Damenflügelbauern nicht zu einer Stärke, sondern zu einer Schwäche im schwarzen Lager. Notwendig war 14. ... ♕d7, um die Festlegung des c-Bauern zu vermeiden.

15.cd ♘e6 16.♘b3 ♗g5? (16. ... c5) **17.g3 ♗:c1 18.♖:c1 0–0 19.f4 ♗:c2 20.♖:c2 g6 21.♘c5 ♖e8 22.♕d3 ♘:c5 23.♖:c5**

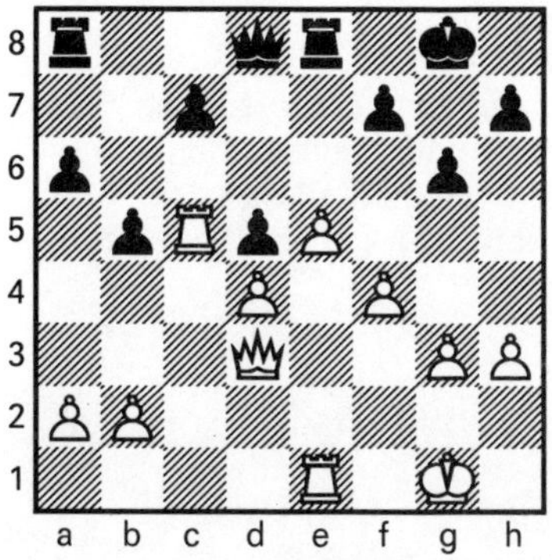

226

Die entstandene Stellung ist ein anschauliches Beispiel für das mißlungene Spiel von Schwarz in der Eröffnung. Seine Bauernstellung zeigt sich geschwächt, und vor allem bietet sich ihm kein Gegenspiel. Weiß realisiert folgerichtig seinen Vorteil.

Es folgte:

23. ... ♕d7 24.g4 c6 25.♖ec1 ♖ac8 26.♕c3 ♖e6 27.♔h2 ♔h8 28.♕a3 ♕b7 29.♕g3 f5 30.♕f3 (droht 31.♕:d5) **30. ... ♕d7 31.♔g3 ♖f8 32.♕a3 ♖a8 33.♕c3 ♖c8 34.♕c2 ♔g8 35.♔f3 fg+ 36.hg ♕f7 37.♔e3 ♖f8 38.♖f1 ♕d7 39.♕g2 ♕e7 40.♖fc1 ♖ef6 41.♖f1 ♔h8 42.♕c2 ♕e8 43.♕h2 ♕e7 44.♖f3 ♖e6 45.♔f2 a5 46.f5! gf 47.gf ♕g5 48.♕f4! ♖:f5 49.♕:f5 ♕d2+ 50.♔f1 ♖g6** (50. ... ♕d1+ 51.♔g2 ♕d2+ 52.♖f2 ♖fg+ 53.♕:g6!) **51.♕f8+ ♖g8 52.♕f6+ ♖g7 53.♖g3.** Schwarz gab auf.

In der 32. Lektion haben wir betrachtet:

- Kampf um die Beherrschung des Zentrums
- Klassisches Bauernzentrum
- Figurendruck auf das Zentrum
- Zentrumsaktionen kontra Flügelangriff
- Kampf ums Zentrum als Doppelaufgabe
- Aufbau einer günstigen Bauernformation.

Zusammenwirken von Eröffnung, Mittelspiel und Endspiel – Wie soll man Eröffnungen studieren?

Als wir die Grundprinzipien der Eröffnungsbehandlung erläuterten, wurden die Grenzen des Anfangsstadiums der Partie oft überschritten. Das geschah nicht zufällig.
Wenn keiner der beiden Akteure in den ersten Zügen einen Fehler begeht, so ist nicht damit zu rechnen, daß die Partie bereits in der Eröffnung entschieden wird. Ein Angriff auf den König mit schwachen Streitkräften, ohne die Unterstützung durch die Hauptmasse der Figuren, zeitigt in der Regel keinen Erfolg und führt nur zur Zerrüttung der Stellung des Angreifers. Bereits in der Mitte des 19. Jahrhunderts hat der hervorragende amerikanische Schachspieler Paul Morphy mit seinem Schaffen bewiesen:
■ *Von Anfang an hat die Hauptstoßrichtung der in den Kampf geführten Streitkräfte nicht dem König, sondern dem Zentrum zu gelten.*
Die Figurenentwicklung in der Eröffnung wird mit Blickrichtung auf die bevorstehenden Auseinandersetzungen verwirklicht. Dies geschieht allerdings mit unterschiedlicher Wirkung entsprechend der Erfahrung, dem Wissen und den Fähigkeiten des Spielers sowie seinem Spielstil und Temperament. Doch unabhängig von den individuellen Unterschieden berücksichtigt der erfahrene Spieler bei der Entwicklung der Figuren schon ihre künftigen Aktionen. Oft werden die Voraussetzungen für einen Erfolg im Mittel- oder Endspiel dank der entsprechenden Postierung der Streitkräfte bereits in der Eröffnung geschaffen.

Wechselbeziehungen zwischen Eröffnung und Mittelspiel

Zwischen Eröffnung und Mittelspiel bestehen vielfältige Wechselbeziehungen. Zumeist stützt sich der Plan für die weitere Spielführung auf die in der Eröffnung festgelegte Aufstellung der Könige (zum Beispiel bei entgegengesetzten Rochaden) oder auf die entstandene Bauernstruktur. In der folgenden Partie lassen sich gut die Wechselbeziehungen zwischen Eröffnung und Mittelspiel erkennen.

Marshall–Capablanca
New York 1909
1.d4 d5 2.c4 e6 3.♘c3 c5
Neben 1.e4 sind die mit dem Damenbauern beginnenden Eröffnungen (also 1.d4) ebenfalls sehr populär. Nach dem Zug 1.d4 kommen Angriffe auf den König seltener vor, da seine Residenz besser von den Bauern gesichert wird.
4.cd ed 5.♘f3 ♘c6 6.g3 ♗e6 7.♗g2 ♗e7 8.0–0 ♘f6 9.♗g5

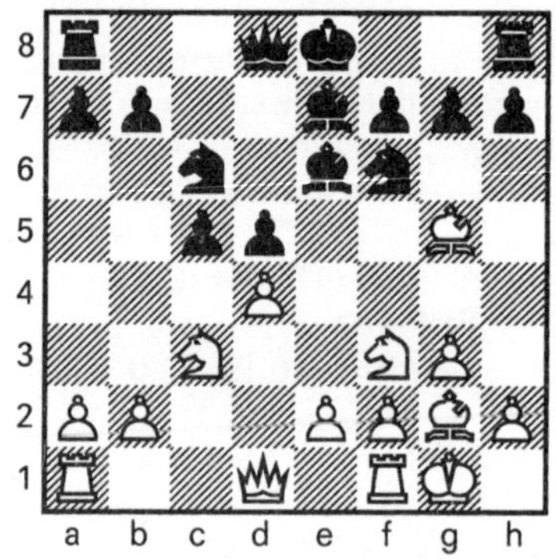

227

Weiß konnte hier eine typische und für sich vorteilhafte Position mit einem gegnerischen isolierten Bauern im Zentrum erhalten. Dafür mußte er 9.dc spielen und erst auf 9. ... ♗:c5 den Zug 10.♗g5 folgen lassen. Der Textzug ermöglicht es Schwarz, eine Abtauschserie zu forcieren und eine Stellung zu erlangen, in der er einen Mehrbauern am Damenflügel besitzt.
9. ... ♘e4! 10.♗:e7 ♕:e7 11.♘e5
Im Falle von 11.dc ♘:c3 12.bc ♕:c5 ist der Bauer c3 schwächer als der Bauer d5. Besser war 11.♖c1.
11. ... ♘:d4 12.♘:e4 de 13.e3 (13.♗:e4? ♗h3!) **13. ... ♘f3+ 14.♘:f3 ef 15.♕:f3 0–0**

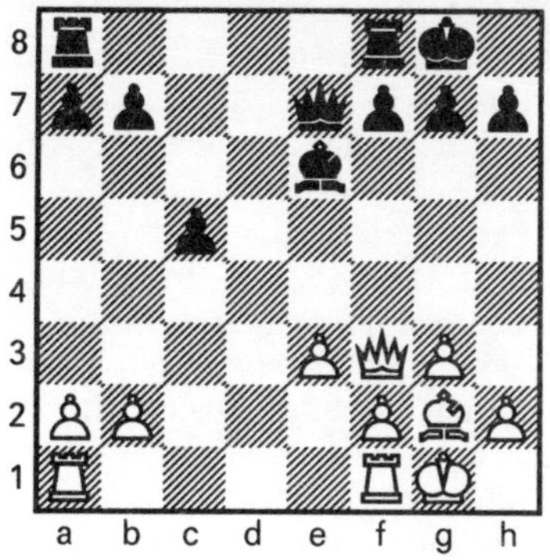

228

Aus dem Ergebnis der Eröffnung werden die beiderseitigen Pläne ersichtlich. Schwarz, der auf dem Damenflügel drei Bauern gegen zwei besitzt, bereitet dort einen Angriff vor. Weiß verfügt am anderen Flügel über die Bauernmehrheit. Um den Druck von Schwarz zu kompensieren, ist er zu aktiven Unternehmungen auf der rechten Bretthälfte verpflichtet. Für ihn wäre jetzt 16.♕:b7 unvorteilhaft wegen 16. ... ♕:b7 17.♗:b7 ♖ab8 nebst 18. ... ♖:b2 mit klarem Vorteil für Schwarz, der die offenen Linien beherrscht und einen Freibauern besitzt. Diese Variante verdeutlicht die Regel, daß es nachteilig ist, Aktivität dort zu entfalten, wo der Gegner stärker ist.

16.♖fc1?

Notwendig war, die Königsflügelbauern vorzuziehen, zum Beispiel 16.e4 nebst 17.♕e3 und 18.f4. Das passive Spiel gestaltet die Stellung von Weiß schwierig.

16. ... ♖ab8 17.♕e4 ♕c7

Es drohte 18.♗h3. Schwarz vermeidet den Läufertausch, da dies Weiß die Verteidigung erleichtern würde.

18.♖c3 b5 19.a3 c4 20.♗f3 ♖fd8 21.♖d1 ♖:d1+ 22.♗:d1 ♖d8 23.♗f3 g6 24.♕c6 ♕e5

Gewöhnlich sind Abtauschaktionen vorteilhaft für die verteidigende Seite. Deshalb weicht Schwarz dem Damentausch aus. Nach 24. ... ♕:c6 25.♗:c6 a6 26.♖c2 wäre die weiße Stellung verteidigungsfähiger als die sich nach der Partiefortsetzung ergebende.

25.♕e4 ♕:e4

Hier geschieht der Damentausch in einer anderen Situation, denn der Bauer b5 befindet sich in Sicherheit, und Schwarz gewinnt Zeit für die entscheidende Verstärkung seiner Figurenstellung.

26.♗:e4 ♖d1+ 27.♔g2 a5 28.♖c2 b4 29.ab ab 30.♗f3 ♖b1 31.♗e2 b3 32.♖d2

Falls 32.♖c3, so 32. ... ♖:b2 33.♗:c4 ♖c2 mit Läufergewinn.

32. ... ♖c1 **33.♗d1** (es drohte 33. ... ♖c2) **33. ... c3 34.bc b2 35.♖:b2 ♖:d1 36.♖c2 ♗f5 37.♖b2 ♖c1 38.♖b3 ♗e4+ 39.♔h3 ♖c2**

Schwarz realisiert überzeugend seinen Materialvorteil. Es folgte noch: **40.f4 h5 41.g4 hg+ 42.♔:g4 ♖:h2 43.♖b4 f5+ 44.♔g3 ♖e2 45.♖c4 ♖:e3+ 46.♔h4 ♔g7 47.♖c7+ ♔f6 48.♖d7 ♗g2 49.♖d6+ ♔g7.** Weiß gab auf.

Die angeführte Partie ist gekennzeichnet durch das zielstrebige Spiel von Schwarz. Darüber hinaus kann sie als Beispiel dafür dienen, was planlose und passive Aktionen für Folgen nach sich ziehen. Weiß war verpflichtet, im 16. Zug seine Königsflügelbauern vorzuziehen, selbst wenn seine Chancen nicht so groß wie die des Gegners waren. Ein alter Schachaphorismus besagt:

Es ist besser, sich an einen falschen Plan zu halten, als völlig ohne Plan zu spielen.

Sehen wir uns eine weitere Partie an.

Juferow–Grosdow
Lwow 1966

1.e4 c5 2.♘f3 ♘c6 3.d4 cd 4.♘:d4 ♘f6 5.♘c3 g6 6.♗e3 ♗g7 7.♗c4 0–0 8.♗b3 d6 9.f3 ♗d7 10.♕d2 ♕b8 11.0–0–0 ♖c8

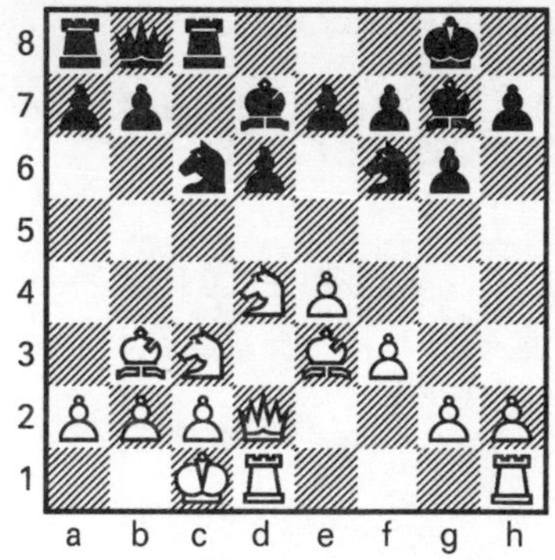

229

Auf Grund der entgegengesetzten Rochaden streben beide Seiten einen direkten Angriff auf die gegnerische Königsfeste an.

12.h4! b5 13.h5 ♘a5 14.hg ♘:b3+ 15.♘:b3 hg

Besser ist 15. ... fg.

16.♗h6 ♗h8 17.♗f8! ♖:f8 18.♖:h8+ ♔:h8 19.♕h6+ ♔g8 20.♘d5!

Schwarz gab auf, denn nach 20. ... ♘:d5 entscheidet 21.♖h1. Nicht so klar wäre 20.♖h1 wegen 20. ... ♘h5.

Wechselbeziehungen zwischen Eröffnung und Endspiel

Die Eröffnung ist mit dem Endspiel nicht nur durch das Mittelspiel verbunden, sondern oftmals führt eine direkte Linie dorthin. Zuweilen prägen sich bereits im Anfangsstadium der Partie Stellungsmerkmale aus, die sich als entscheidende Faktoren nach Abtausch der Mehrzahl der Figuren erweisen können. Die Seite, der sich eine solche Perspektive auftut, ist bestrebt, den Übergang ins Endspiel zu forcieren, und oft gelingt ihr das.

Ljublinski–Jeruchimow
Murmansk 1960
1.e4 e5 2.♘f3 ♘c6 3.♗b5 a6 4.♗:c6 dc 5.♘c3 ♗d6 6.d4 ♗g4?

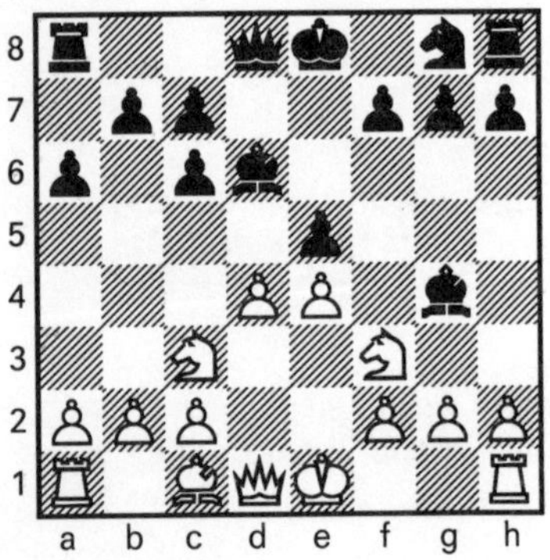

230

Auf dem Brett ist die Abtauschvariante der Spanischen Partie entstanden. Die Spezifik der Stellung (nach dem bevorstehenden Abtausch der Bauern d4 und e5) besteht darin, daß Weiß vier Bauern gegen drei am Königsflügel besitzt. Allerdings herrschen bei Schwarz analoge Verhältnisse am Damenflügel, aber es besteht auch ein wesentlicher Unterschied. Schwarz hat dort einen Doppelbauern auf der c-Linie, und deshalb ist es ihm bei einem normalen Gang der Ereignisse auf dieser Bretthälfte unmöglich, einen Freibauern zu bilden. Für Weiß wäre es darum ideal, alle Figuren (also nicht die Bauern) abzutauschen. Er würde dadurch Chancen erhalten, das entstehende Endspiel zu gewinnen, da er faktisch einen Mehrbauern besitzt. Aus diesen Überlegungen werden die beiderseitigen Pläne offensichtlich: Weiß strebt Vereinfachungen an, Schwarz muß Abtauschaktionen vermeiden und ein aktives Gegenspiel mit Figuren schaffen. Aus diesem Grund erweist sich der Zug 6. ... ♗g4? als ungünstig, da der Abtausch forciert und Schwarz seinen gewichtigen Trumpf nimmt – das Läuferpaar.

7.de ♗:f3 8.♕:f3 ♗:e5 9.♗f4 ♕f6 10.♗:e5 ♕:e5 11.♕e3 ♖d8 (besser ist 11. ... ♘e7, und auf 12.f4 folgt 12. ... ♕a5) **12.f4 ♕d4?**
Schwarz kommt den Wünschen des Gegners entgegen. Obwohl seine Stellung schwierig ist, mußte er, koste es, was es wolle, den Damentausch vermeiden. Besser war 12. ... ♕a5.
13.♕:d4 ♖:d4 14.♖d1 ♖:d1+ (besser ist 14. ... c5) **15.♔:d1 ♘f6 16.♔e2 ♔e7 17.♖d1 ♖d8? 18.♖:d8 ♔:d8**

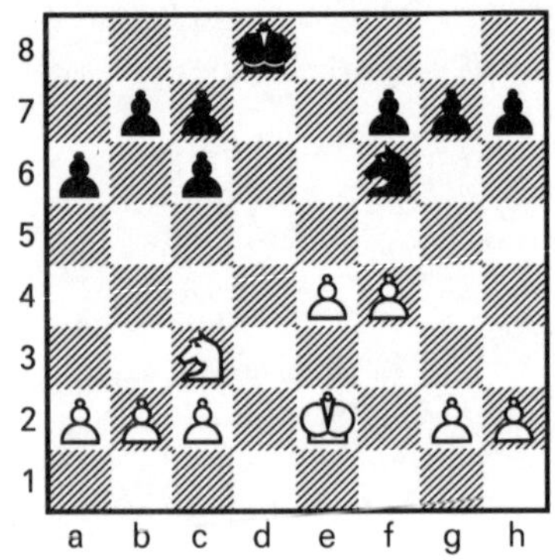

231

Die Stellung auf dem Diagramm ist für Weiß gewonnen. Schwarz fand nicht sein eigenes Spiel, er erfüllte gewissermaßen nur die „Befehle" des Gegners. Es war ein „Spiel auf ein Tor".
19.♔f3 ♔e7 20.g4 ♔e6 21.♘e2 c5 22.e5 ♘d5 23.♔e4 ♘b6 24.f5+ ♔e7 25.h4 c6 26.g5 g6 27.f6+ ♔d7 28.♘f4 ♘a4 29.e6+ fe
Jetzt wäre eigentlich das logische Ende des Kampfes gekommen. Nach 30.h5! gh 31.g6 hg 32.♘:g6 ♔e8 (sonst 33.f7) 33.♔e5 ♘b6 (33. ... ♔f7 34.♘h8+) 34.♔:e6 ♘d7 35.f7+ ♔d8 36.c4 b5 37.b3 b4 38.♔d6 wäre der Ausgang der Partie klar. Schwarz ist völlig hilflos und wird bald gezwungen sein, auch den h-Bauern zu geben und den weißen Springer nach e7 durchzulassen. Zu unnötigen Verwicklungen würde in dieser Variante der sofortige Figurengewinn 36.f8♕+ (anstelle 36.c4) führen, weil Schwarz nach 36. ... ♘:f8 37.♘:f8 h4 durch den Freibauern Gegenchancen erhielte.
In der Partie geschah:
30.f7? ♔e7 31.♘:e6, und der Kampf entbrannte mit neuer Stärke. Natürlich ist der Zug 30.f7 unlogisch und geht mit dem Plan der Ausnutzung des Mehrbauern am Königsflügel nicht konform.
Ein abschließendes Partiebeispiel.

Taimanow–Suetin
Kiew 1954
1.c4 c5 2.♘c3 ♘f6 3.g3 d5 4.cd ♘:d5 5.♗g2 ♘c7 6.d3 ♘c6

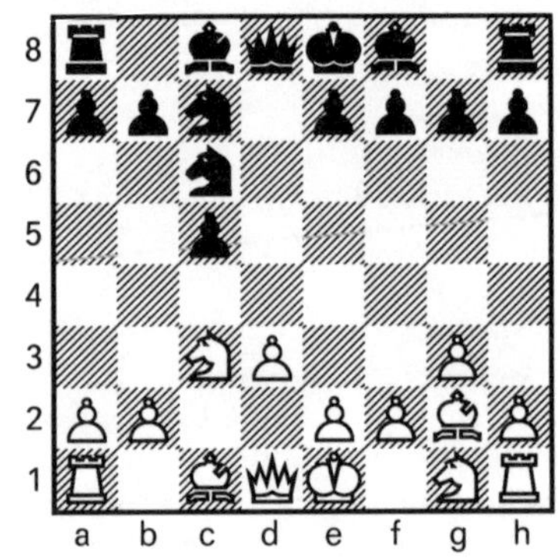

232

7.♗:c6+!
Weiß tauscht seinen starken Läufer, um dem Gegner einen Doppelbauern zu verschaffen, dessen Schwäche sich besonders im Endspiel bemerkbar machen wird. Deshalb ist der Kurs für Weiß klar – auf zum Endspiel!
7. ... bc 8.♕a4 ♕d7 9.♘f3 f6 10.♗e3 e5 11.♘e4 ♘e6 12.♖c1 ♖b8 13.♕c2 ♗e7 (besser ist 13. ... ♘d4 14.♗:d4 cd 15.♕:c6 ♗b7) **14.♘:c5! ♗:c5 15.♗:c5 ♘:c5 16.♕:c5 ♖:b2 17.♘:e5! ♕e6** (17. ... fe 18.♕:e5+ nebst 19.♕:b2) **18.♕:c6+ ♕:c6 19.♘:c6.** Es ist ein für Weiß gewonnenes Endspiel entstanden. Er errang bald den Sieg.

Oft vermeiden Schachanfänger, weil sie ein „kompliziertes Spiel“ anstreben, zu Unrecht Vereinfachungen und ziehen nicht die Vorteile in Betracht, die sich aus einer Überführung des Kampfes ins Endspiel ergeben. Deshalb möchten wir an die Worte Aljechins erinnern:
„Jeder Schachmeister ist moralisch verpflichtet, so schnell wie möglich das Stellungsproblem zu lösen, ohne Furcht vor Vereinfachungen aufkommen zu lassen. Ein Spiel auf Verwicklungen stellt das äußerste Mittel dar, zu dem ein Schachspieler nur greifen soll, wenn er keinen klaren und logischen Plan findet.“
Hinsichtlich des Stellenwertes der Eröffnung in der Schachpartie gibt die folgende Äußerung Capablancas Aufschluß:
„Eröffnungen darf man niemals nur für sich betrachten, sondern sie sind in Verbindung mit dem Mittel- und Endspiel zu sehen.“
Mit diesem Zitat möchten wir die Darlegungen über den Anfangsteil der Schachpartie beschließen.

Wie soll man Eröffnungen studieren?

Wir haben uns in diesem Buch auf die Darlegung der Grundprinzipien für die Eröffnungsbehandlung beschränkt. Es war nicht beabsichtigt, den zahlreichen, riesige Mengen an Informationen bergenden Eröffnungswerken ein weiteres hinzuzufügen. Der Leser möge sich gemäß seinen persönlichen Interessen und Neigungen aus diesen Eröffnungsführern für seine Spielpraxis geeignete Eröffnungssysteme selbst auswählen.
Jedoch stellt sich die Frage: Wie soll man an das Studium der Eröffnungen herangehen? Ist es notwendig, sich Hunderte und Tausende konkreter Varianten, die in den Eröffnungswerken angeführt sind, einzuprägen? Die gesammelten Erfahrungen belegen eindeutig:
■ *Ein mechanisches Auswendiglernen von Eröffnungszügen und -varianten ist unzweckmäßig.*
Nach den Worten des bekannten tschechoslowakischen Großmeisters Réti wäre dies ein „nur auf Varianten-Trugbildern aufgebautes Wissen“. Natürlich kann man nicht gänzlich auf konkrete Eröffnungskenntnisse verzichten, schon deshalb nicht, weil ein Schachspieler bei einer Spielabweichung von bekannten Wegen leicht in eine hilflose Lage gerät.
■ *Es ist notwendig, den Ideengehalt des gewählten Eröffnungssystems zu verstehen, ja zu „durchfühlen“.*
Damit ist gemeint, daß das Studium der allgemeinen Prinzipien und konkreter Varianten untrennbar miteinander verbunden sein muß und ständiger praktischer Prüfung bedarf.
Beim Studium eines bestimmten Eröffnungssystems sollte man wie folgt verfahren:
■ 1. Die Eigenart der in diesem System anwendbaren allgemeinen Prinzipien der Eröffnungsbehandlung feststellen (Königsstellung, Bauernstruktur, Zentrum usw.).
■ 2. Sich vertraut machen mit den typischen Stellungen, die beim Übergang von der Eröffnung zum Mittelspiel entstehen, sowie mit den geeignetsten Plänen im Mittelspiel und den strategischen Konturen des künftigen Endspiels.
■ 3. Die für das zu untersuchende System typischen taktischen Verfahren, Kombinationen, Fallen und häufig vorkommenden Fehler kennenlernen.
Um die erworbenen Kenntnisse zu festigen, ist eine gründliche Überprüfung des gewählten Eröffnungssystems in der Praxis unerläßlich. Am besten eignen sich dafür thematische Trainingspartien, das heißt, die anzuwendende Eröffnung wird vorher verbindlich festgelegt.
■ *Es erweist sich dabei als nützlich, das gewählte System mit wechselnden Farben zu spielen, also einmal mit Weiß und einmal mit Schwarz.*
Denn das Eröffnungsverständnis des Lernenden vertieft sich, wenn er eine von ihm angewandte Eröffnung aus dem Gesichtswinkel von Weiß und Schwarz zu sehen lernt.
Beim Studium der Eröffnungsvarianten muß man ein richtiges Maß für den Umfang einer konkreten Analyse finden. Das Gebiet der Analyse ist unerschöpflich, und es kommt darauf an, die Hauptwege der möglichen Spielentwicklung zu untersuchen.
Dafür der Rat:
■ *Lieber weniger, aber besser.*
□ Um den Ideengehalt der Eröffnungssysteme kennenzulernen und die in ihnen enthaltenen strategischen und taktischen Hauptelemente aufzuspüren, erweist sich eine sorgfältige Analyse von Meisterpartien als wertvolle Hilfe.
Die Partien starker Schachspieler, in denen eine uns interessierende Eröffnung gespielt wird, sind gründlich in ihrer ganzen Länge zu untersuchen. Keinesfalls sollte die Analyse nach dem Eröffnungsstadium abgebrochen werden. Auf diese Weise läßt sich besser der Zusammenhang von Eröffnung mit dem Mittel- und Endspiel verfolgen, die charakteristischen strategischen und taktischen Merkmale treten deutlicher hervor.
□ Man darf sich nicht zur gleichzeitigen Anwendung einer großen Anzahl von Eröffnungen verleiten lassen.
Für den Anfang ist es zweckmäßig, sich mit Weiß auf den Zug 1.e2–e4 und zum Beispiel die Wahl der Schottischen Partie (1.e4 e5 2.♘f3

♘c6 3.d4) zu beschränken. Mit Schwarz kann man sich auf das System 3. … d6 der Spanischen Partie und auf die Italienische Partie (1.e4 e5 2.♘f3 ♘c6 3.♗c4 ♗c5) vorbereiten, sofern im dritten Zug Weiß den Läufer nach c4 zieht. Auf 1.d4 ist es angebracht, in der ersten Zeit 1. … d5 zu erwidern.

□ Natürlich kann und soll ein Eröffnungsrepertoire nicht unverändert bleiben. Wenn Sie in der Spielpraxis immer wieder neue Eröffnungssysteme kennenlernen und anwenden, sollten Sie denen den Vorzug geben, die Ihnen gefallen und die besten Ergebnisse bringen.

In der 33. Lektion haben wir behandelt:

- Zusammenwirken von Eröffnung, Mittelspiel und Endspiel
- Wechselbeziehungen zwischen Eröffnung und Mittelspiel
- Wechselbeziehungen zwischen Eröffnung und Endspiel
- Wie soll man Eröffnungen studieren?

Nachwort

Die 33 Lektionen sind bewältigt. Die dabei erworbenen Kenntnisse und Fähigkeiten sind ein, wie ich glaube und hoffe, gutes Rüstzeug für Ihren Eintritt in die Schacharena. Freudige und interessante schachliche Begegnungen stehen Ihnen bevor. Dazu wünsche ich Ihnen viel Erfolg. Zum Abschluß möchte ich Ihnen noch einige Hinweise und Ratschläge mit auf den Weg geben.

Es ist nicht einfach, ein starker Schachspieler zu werden. Nicht nur ein systematisches Training bildet dafür die Voraussetzung. Auch Beständigkeit, Schaffensfreude, Geduld und Optimismus sind gefordert. Der schachliche Entwicklungsweg führt über Höhen und Tiefen, ist voll begeisternder Unternehmungen und schöpferischer Hingabe.
Für das Vorwärtskommen im Schach können Turnierkämpfe und Unterweisungen in Gruppen und Schachklubs sehr viel beitragen. Jedoch ist es ohne selbständiges Forschen, ohne kritisches gedankliches Verarbeiten der Erfolge und Mißerfolge im eigenen Spiel schwierig, rasche Fortschritte zu erzielen.

Garant für den schachlichen Erfolg ist die Fähigkeit, eigenständig zu arbeiten und zu denken. Die Hauptsache in der selbständigen Arbeit ist, die Fähigkeiten zur Analyse von Schachstellungen zu entwickeln. Dafür ist eine Arbeitsmethode von Nimzowitsch lehrreich. Wenn er Partien der Schachmeister untersuchte, bemühte er sich von Anfang an, den besten Zug selbst zu finden. Erst danach wandte er sich dem in der Partie gemachten Zug zu. Der ständige Vergleich seiner Überlegungen mit dem gedanklichen Ergebnis der Meister deckte Versäumnisse und Fehler der eigenen Analyse auf.

Neben anderen Trainingsmethoden verdient das Analysieren von Stellungen, ohne die Figuren auf dem Brett zu ziehen, große Aufmerksamkeit. Der Schachspieler führt hierbei die Kombinationen und Manöver nur in seiner Vorstellung durch.
Danach, wenn Ihnen das Analysieren, ohne die Figuren zu bewegen, zur Gewohnheit geworden ist, sollten Sie zum Studium der Schachliteratur und zur Lösung komplizierter Übungen übergehen, ohne die Figuren aufzustellen. Sie lösen also die Aufgaben „vom Blatt“.

Nützlich ist es auch, mit etwa gleichstarken Spielern einen Teil der Partie ohne Ansicht des Brettes zu spielen. Treten dabei Schwierigkeiten auf, muß man die erreichte Stellung auf dem Brett aufbauen und die Partie wie üblich fortsetzen. Bemühen Sie sich aber, eine Partie blind bis zum Ende zu spielen.

Es ist unerläßlich, die eigenen Partien aufzuschreiben und danach sorgfältig zu analysieren. Insbesondere muß man den Wendepunkten des Kampfes große Aufmerksamkeit schenken und versuchen eine Antwort auf die Frage zu finden, wie es zu dem Partieergebnis kam.

Den größten Nutzen kann die unvoreingenommene Analyse eigener Niederlagen bringen. Capablanca wies darauf hin, daß die kritische Untersuchung einiger Verlustpartien bedeutend mehr seine schachliche Vervollkommnung förderte als die Dutzender Gewinnpartien. Bei der Analyse der Verlustpartien macht sich die Tendenz bemerkbar, begangene Fehler (besonders grobe) durch zufällige Umstände erklären zu wollen. Nehmen Sie sich ein solches Verhalten nicht als Beispiel. Eine Niederlage entsteht nicht zufällig, ist sie das Ergebnis zuweilen verborgener, aber durchaus bestimmbarer Schwächen im Denken oder Charakter des Schachspielers. Ihre Beseitigung setzt eine objektive Diagnose voraus. Der bekannte sowjetische Schachpädagoge Romanowski empfahl, sich mit den Verlustpartien sogar mehrmals zu beschäftigen, sofern in der Analyse irgendwelche Unklarheiten bestehen.

Beim Studium der Schachliteratur sollte man die Urteile und Bewertungen der Autoritäten nicht mechanisch akzeptieren, sondern jede Aussage kritisch prüfen. Bemühen Sie sich, die Gedankengänge des Meisters und die Objektivität seiner Analyse zu verstehen, um sich von der Zuverlässigkeit der Darlegungen zu überzeugen. Wundern Sie sich nicht darüber, wenn es Ihnen gelingt, manche Varianten oder Empfehlungen anzuzweifeln – gegen Fehler ist niemand gefeit.

Zuletzt noch eines: Achten Sie Ihren Gegner, aber glauben Sie an sich selbst. Fürchten Sie sich nicht, etwas zu wagen! Befolgen Sie Capablancas Rat:

„Lassen Sie sich niemals von einem Zug abbringen, nur aus Furcht zu verlieren. Wenn Sie einen Zug für gut halten, führen Sie ihn aus. Die Erfahrung ist der beste Lehrer.“

Lösungen der Übungsaufgaben

1. Lektion

Nr. 1
Die Felder c1, c2, c3, c4, c5, c6, c7, c8.
Nr. 2
Die Felder a6, b6, c6, d6, e6, f6, g6, h6.
Nr. 3
Diagonalen: weißfeldrige a8–h1; a2–g8; a4–e8; a6–c8; b1–h7; d1–h5; f1–h3; b1–a2; d1–a4; f1–a6; h3–c8; h5–e8; h7–g8;
schwarzfeldrige – a1–h8; a3–f8; a5–d8; a7–b8; c1–h6; e1–h4; g1–h2; c1–a3; e1–a5; g1–a7; h2–b8; h4–d8; h6–f8.
Nr. 4
Diagonalen, die sich nur auf dem Damenflügel befinden: b1–a2; c1–a3; d1–a4; a7–b8; a6–c8; a5–d8; nur auf dem Königsflügel befindliche: e1–h4; f1–h3; g1–h2; h5–e8; h6–f8; h7–g8.
Nr. 5
Durch das Zentrum führende Diagonalen: a1–h8; a2–g8; b1–h7; a8–h1; a7–g1; b8–h2.
Durch das erweiterte Zentrum führen die eben genannten 6 Diagonalen sowie: a3–f8; a4–e8; h3–c8; h4–d8; c1–h6; d1–h5; f1–a6 und e1–a5.
Nr. 6
Die Felder b2 und c3 sind schwarz, und die Felder d1 und f3 sind weiß.
Nr. 7
Die Felder c6 und h3 sind weiß, e7 und g5 sind schwarz.
Nr. 8
Die Felder e2, e4, e6 und e8.
Nr. 9
Die Felder b6, d6, f6 und h6.

2. Lektion

Nr. 10
Auf einem Feld des Brettes darf sich nur ein Stein befinden.
Nr. 11
Die Bauern a) vor den Läufern – c2, c7, f2, f7;
b) vor den Türmen – a2, a7, h2, h7;
c) vor den Königen – e2, e7;
d) vor den Springern – b2, b7, g2, g7;
e) vor den Damen – d2, d7.
Nr. 12
Grundstellung oder Ausgangsstellung:
a) ♘b1, ♘b8, ♘g1, ♘g8;
b) ♔e1, ♔e8;
c) ♖a1, ♖a8, ♖h1, ♖h8;
d) ♕d1, ♕d8;
e) Bauern: a2, a7, b2, b7, c2, c7, d2, d7, e2, e7, f2, f7, g2, g7, h2, h7;
f) ♗c1, ♗c8, ♗f1, ♗f8.
Nr. 13
Die Steine von Weiß stehen auf der 1. und 2. Reihe, die von Schwarz auf der 7. und 8. Reihe.
Die weißen und schwarzen Steine befinden sich auf folgenden Linien:
a – Türme und Bauern; b – Springer und Bauern; c – Läufer und Bauern; d – Damen und Bauern; e – Könige und Bauern; f – Läufer und Bauern; g – Springer und Bauern; h – Türme und Bauern.
Steine, die auf Diagonalen stehen:
1) a1–h8 – Weiß ♖a1; Bauer b2, Schwarz – ♖h8; g7;
2) h1–a8 – Weiß ♖h1; g2, Schwarz – ♖a8; b7;
3) b1–h7 – Weiß ♘b1; c2, Schwarz – h7;
4) g1–a7 – Weiß ♘g1; f2, Schwarz a7;
5) h2–b8 – Weiß h2, Schwarz ♘b8; c7;
6) a2–g8 – Weiß – a2, Schwarz – ♘g8; f7;
7) c1–h6 – Weiß ♗c1; d2;
8) c1–a3 – Weiß – ♗c1; b2;
9) b1–a2 – Weiß ♘b1; a2;
10) d1–h5 – Weiß ♕d1; e2;
11) d1–a4 – Weiß ♕d1; c2;
12) e1–a5 – Weiß ♔e1; d2;
13) e1–h4 – Weiß ♔e1; f2;
14) f1–a6 – Weiß ♗f1; e2;
15) f1–h3 – Weiß ♗f1; g2;
16) g1–h2 – Weiß ♘g1; h2;
17) a7–b8 – Schwarz ♘b8; a7;
18) a6–c8 – Schwarz ♗c8; b7;
19) h3–c8 – Schwarz ♗c8; d7;
20) a5–d8 – Schwarz ♕d8; c7;
21) h4–d8 – Schwarz ♕d8; e7;
22) a4–e8 – Schwarz ♔e8; d7;
23) h5–e8 – Schwarz ♔e8; f7;
24) a3–f8 – Schwarz ♗f8; e7;
25) h6–f8 – Schwarz ♗f8; g7;
26) h7–g8 – Schwarz ♘g8; h7.
Nr. 14 – Türme: a1, a8, h1, h8.
Nr. 15
Auf dem Damenflügel: Weiß ♕d1, ♖a1, ♗c1, ♘b1; a2, b2, c2, d2; Schwarz ♕d8, ♖a8, ♗c8, ♘b8; a7, b7, c7, d7.

Auf dem Königsflügel: Weiß ♔e1, ♖h1, ♗f1, ♘g1; e2, f2, g2, h2. Schwarz ♔e8, ♖h8, ♗f8, ♘g8; e7, f7, g7, h7.

Nr. 16

Weiß: ♔e1, ♕d1, ♖a1, ♖h1, ♗c1, ♗f1, ♘b1, ♘g1; a2, b2, c2, d2, e2, f2, g2, h2.
Schwarz: ♔e8, ♕d8, ♖a8, ♖h8, ♗c8, ♗f8, ♘b8, ♘g8; a7, b7, c7, d7, e7, f7, g7, h7.

Nr. 17

Auf schwarzen Feldern befinden sich die Steine:
a) Weiß ♔e1, ♖a1, ♗c1, ♘g1; b2, d2, f2, h2;
b) Schwarz ♕d8, ♖h8, ♗f8, ♘b8; a7, c7, e7, g7.
Auf den weißen Feldern befinden sich die Steine:
a) Weiß ♕d1, ♖h1, ♗f1, ♘b1; a2, c2, e2, g2;
b) Schwarz ♔e8, ♖a8, ♗c8, ♘g8; b7, d7, f7, h7.

Nr. 18

Nein. Das abwechselnde Ziehen ist Pflicht.

Nr. 19

Nein.

Nr. 20

Weiß kann seinen König nach d5, e5, f5, d6 und f6 ziehen. Unmöglich sind die Züge auf der 7. Reihe, weil die Könige immer ein Feld Abstand voneinander wahren müssen.
Bei Anzug von Schwarz kann der König nach d8 oder f8 ziehen. Es ist unmöglich, sich nach d7, e7 und f7 zu begeben, weil diese Felder der weiße König kontrolliert.

Nr. 21

Unmöglich ist nur der Zug 1.♔b7, weil der Feld b7 der schwarze König bedroht.

3. Lektion

Nr. 22

Bei Anzug von Weiß: 1.♖e2:e7+ ♖e8:e7 2.♖e1:e7+ usw. (vollständige Notation) oder 1.♖:e7+ ♖:e7 2.♖:e7+ usw. (Kurznotation).
Bei Anzug von Schwarz: 1. … ♖e7:e2+ 2.♖e1:e2 ♖e8:e2+ usw. (vollständige Notation) oder 1. … ♖:e2+ 2.♖:e2 ♖:e2+ usw. (Kurznotation).

Nr. 23

Bei Anzug von Weiß 1.♖a8+ ♔e7 (oder ein beliebiger anderer Königszug) 2.♖:h8, und Weiß gewinnt den Turm.
Bei Anzug von Schwarz gewinnt er einen Turm: 1. … ♖h1+ 2.♔e2 (oder ein beliebiger anderer Wegzug) 2. … ♖:a1.

Nr. 24

In mindestens vier Zügen, zum Beispiel 1.♖a1–a5, 2.♖e1–a1, 3.♖a5–e5, 4.♖e5–e1.

Nr. 25

Innerhalb von drei Zügen. Marschroute: 1.♖e1–a1, 2.♖a1–a8, 3.♖a8–h8.

Nr. 26

1.♖c8 matt.

Nr. 27

1.♔b6 ♔b8 (diese Antwort ist erzwungen) 2.♖e8 matt.

4. Lektion

Nr. 28

Der beste Plan beginnt mit dem Zug 1.♖a8–g8 und nachfolgendem Übergang des Königs auf die f-Linie.

Nr. 29

In einer Pattstellung steht der König nicht im Schach.

Nr. 30

1) Nach 1.♖a7:g7 ist Schwarz patt.
2) Matt wird auf zwei Arten erreicht:
a) 1.♖c1–h1+ ♔h8–g8 (1. … ♖g7–h7 2.♖a7–a8 matt) 2.♖a7–a8 matt;
b) 1.♖a7–a8+ ♔h8–h7 (1. … ♖g7–g8 2.♖c1–h1 matt) 2.♖c1–h1 matt.

Nr. 31

Patt entsteht nach 1.♖f1–f8+.

Nr. 32

1.♖h1–h8+ ♔g8:h8 2.♖f1–f8 matt.

Nr. 33

Zum Beispiel: Weiß ♔a6, ♖e8, Schwarz ♔a8.

5. Lektion

Nr. 34

a) e1, g3, h4, g1, e3, d4, c5, b6, a7;
b) b3, a2, d3, e2, f1, b5, a6, d5, e6, f7, g8;
c) d4, c3, b2, a1, f6, g7, h8, c7, d6, b8, f4, g3, h2;
d) g2, f1, g4, f5, e6, d7, c8.

Nr. 35

Die Gewinnmethode ist analog der betrachteten (siehe Diagramm 19).

Nr. 36

Idealstellung für Weiß wäre:
Weiß ♔a6, ♗c6, Schwarz ♔a8, ♖b8.
♔a6, ♗c6, Schwarz ♔a8, ♖b8.
Doch Schwarz antwortet 1. … ♖b8–b7, und ein Gewinn ist selbst hier unmöglich.

Nr. 37

a) 1.♗e2–b5;
b) 1.♗g1–e3;
c) ♖a2–a8.

Nr. 38

a) 1.♗b3–d5+;
b) 1.♗a7–d4;
c) 1. … ♖e6–e5+.

Nr. 39

Die gleichzeitige Verwirklichung von Fesselung und Doppelangriff ist mit Läufer oder Turm möglich. Beispielstellungen:
a) mit dem Läufer – Weiß ♔a1, ♗b1, ♗g1, Schwarz ♔h6, ♖d2, ♖f4. Weiß zieht. Richtiger Zug: 1.♗g1–e3;
b) mit dem Turm: Weiß ♔f6, ♖c1, Schwarz ♔h8, ♗a8, ♗f8. Richtiger Zug: 1.♖c1–c8.

Nr. 40

Möglich sind folgende Stellungen:
a) Weiß ♔e1, ♗c1, Schwarz ♔d8,

♖f6. Weiß zieht – 1.♗c1–g5;
b) Weiß ♔e1, ♗c1, Schwarz ♔d8, ♖h4. Weiß zieht – 1.♗c1–g5+.

6. Lektion

Nr. 41
Mögliche Variante: 1.♕d4 ♔f5 2.♕e3 ♔f6 3.♕e4 ♔g5 4.♕f3 ♔g6 5.♕f4 ♔g7 6.♕f5 ♔h6 7.♕g4.
Nr. 42
Unabhängig von den Zügen des schwarzen Königs entscheidet folgende Marschroute: 1.♔b2, 2.♔c3, 3.♔d4, 4.♔e5, 5.♔f6, 6.♕g7 matt (bei Stellung des schwarzen Königs auf g8 oder h8) oder 6.♕f7 matt, 6.♕d8 matt (bei Stellung des Königs auf f8).
Nr. 43
Doppelschach: 1.♖c4++ und 1.♖e6++.
Abzugsschach: 1.♖d4+; 1.♖:b4+; 1.♖e3+; 1.♖e5+; 1.♖e7+; 1.♖e8+.
Nr. 44
Bei Anzug von Weiß 1.♗d5+.
Bei Anzug von Schwarz 1. … ♗b2+ und 1. … ♗h6+.
Nr. 45
Zum Ziel führt 1.♕a8+ ♔:a8 2.♖a5++ ♔b8 3.♖a8 matt.
Nr. 46
Führen Sie zum Abschluß selbständig eine Analyse der Partien durch!

7. Lektion

Nr. 47
In 5 Zügen. Eine mögliche Variante ist: 1.♘c3, 2.♘b5, 3.♘a7, 4.♘c6, 5.♘b8.
Nr. 48
Auf das Feld e3 in 4 Zügen, zum Beispiel 1.♘f3 2.♘d2 3.♘c4 4.♘e3; auf das Feld c5 in 4 Zügen, zum Beispiel: 1.♘f3 2.♘d4 3.♘b3 4.♘c5; auf das Feld a7 in vier Zügen, zum Beispiel: 1.♘f3 2.♘d4 3.♘c6 4.♘a7.
Nr. 49
Eine mögliche Variante ist: 1.♘c2 2.♘e3 3.♘f1 4.♘g3 5.♘h1 6.♘f2 7.♘g4 8.♘h6 9.♘f7 10.♘h8 11.♘g6 12.♘e7 13.♘c8 14.♘b6 15.♘a8 16.♘c7 17.♘b5 18.♘d4 19.♘b3 20.♘a1.
Es gibt auch andere Möglichkeiten, zum Beispiel 1.♘b3 2.♘d4 3.♘e2 4.♘g3 usw.
Nr. 50
Vom Feld e1 zum Feld e3: 1.♘c2 2.♘a3;
vom Feld b8 zum Feld d4: 1. … ♘c6 2. … ♘d4.
Nr. 51
Eine mögliche Variante ist: 1.♘f2 2.♘d3 3.♘b4 4.♘d5.
Nr. 52
In 4 Zügen: 1.♘c3 ♘e7 2.♘b5 ♘c6 3.♘c7 ♘b4 4.♘a6 ♘:a6.
In der Schlußstellung verbleibt auf dem Brett nur der schwarze Springer.
Nr. 53
Führen Sie eine selbständige Analyse der Partie durch!
Nr. 54
1.♘b6+ ♔b8 2.♘d7+.
Nr. 55
1. … ♘c3+ 2.♔a1 ♖a2 matt.
Nr. 56
1.♘g6++ (fehlerhaft ist 1.♘:f7++) 1. … ♔g8 2.♕h8 matt.
Nr. 57
1.♘c2+.

8. Lektion

Nr. 58
1.h8♕+ ♔:h8 2.b8♕+ ♔g7 3.♕:h2.
Nr. 59
1.fg hg 2.h4 gh 3.gh.
Nr. 60
1. … a5 2.♔g1 ♔g3, und der schwarze König gelangt als erster zum Feld b3.
Unvorteilhaft ist für Weiß der Durchbruch 1. … a5 2.b4 ab 3.a5 b3 4.a6 b2 5.a7 b1♕ matt.
Nr. 61
Wer zieht, der verliert: a) 1.e3 (1.e4 e5!) 1. … e6! 2.e4 e5 3.g4 hg; b) bei Anzug von Schwarz: 1. … e6 2.e3 e5 3.e4 b5 4.ab.
Nr. 62
Bei Anzug von Weiß: 1.c4.
Bei Anzug von Schwarz: 1. … f5.
Nr. 63
Versuchen Sie, in der Analyse Fehler zu finden!
Nr. 64
Versuchen Sie, in der Analyse Fehler zu finden!
Nr. 65
1.bc♖ ♔a6 2.♖a8 matt.
Nr. 66
1.♖a8! h5 2.♖a4! Danach folgt 3.♖:b4 nebst Schlagen des a-Bauern, und anschließend werden die schwarzen Königsflügelbauern beseitigt.
Nr. 67
1.♗e7 g4 (1. … h6 2.♗f8 h5 3.♗h6 g4 4.♗f4 h4 5.♗g5 h3 6.♗f4 f5 7.♗g3) 2.♗h4 h5 3.♗e1 f6 4.♗h4 f5 5.♗g3 f4 6.♗:f4 h4 7.♗g5 g3 8.♗:h4 g2 9.♗f2.
Nr. 68
1.♘f6 a4 2.♘e4 a3 3.♘c3 a2 4.♘:a2.
Nr. 69
1.♘d3 a5 2.♘c5 a4 (2. … b4 3.♘a4 b3 4.♘b2 a4 5.♘:a4 b2 6.♘:b2) 3.♘d3 a3 4.♘b4 a2 5.♘:a2 b4 6.♘:b4.
Nr. 70
1.♕:d3! (1.♕:b3? c2 2.♕:a3 d2 oder 2. … d2 3.♕c2 a2, und nicht Weiß gewinnt, sondern Schwarz) 1. … b2 (1. … c2 2.♕c3 a2 3.♕b2) 2.♕b1, und die schwarzen Bauern gehen verloren.

9. Lektion

Nr. 71
Bei Anzug von Weiß ist weder die kurze noch die lange Rochade mög-

lich, da sein König im Schach steht. Falls Schwarz zieht, ist der Zug 1. … 0–0–0 möglich. Die kurze Rochade scheitert, weil der Springer h6 das Feld g8 kontrolliert.

Nr. 72
a) Weiß kann zeitweilig mittels sechs Zügen Schwarz an der Rochade hindern: 1) 1.♗a3; 2) 1.♖e1+; 3) 1.♕e1+; 4) 1.♕e2+; 5) 1.♕d8+; 6) 1.♕d7+. Die letzten zwei Züge wären unzweckmäßig, da ein Damenopfer keinen Sinn hätte.
b) In den übrigen Fällen verfügt Schwarz über folgende Antworten: 1) 1. … c5; 2) 2. … ♗e6 oder 2. … ♘e6; 3) 2. … ♗e6 oder 2. … ♘e6; 4) 2. … ♗e6 oder 2. … ♘e6.
c) Der ständige Rochadeverlust wird erreicht mit 1.♗:f7+. Nach 1. … ♔:f7 folgt 2.♘e5+ ♔e8 3.♘:g4.

Nr. 73
1. … ♘f2+! 2.♖:f2 ♕e1+ 3.♖f1 ♕:f1 matt.

Nr. 74
1.♔d6 droht Matt und greift gleichzeitig den schwarzen Turm an.

Nr. 75
Weiß erlangt nach 1.♖c8+ ♔h7 2.♖ee8 ♕:g3+ 3.hg eine Gewinnstellung.

10. Lektion

Nr. 76
Schwarz hat geringen Materialvorteil: ♖+♗+ 2 Bauern = 10, Weiß: ♕ = 9 Bauern.

Nr. 77
1. … ♖h6+ 2.♔g1 ♘e2+ mit Qualitätsgewinn (Turm c1 für den Springer).

Nr. 78
1.♕:d6! ♕:d6 2.c7, und Schwarz hat keine ausreichende Verteidigung gegen 3.c8♕.

Nr. 79
1.♗f3! ♕:f3 2.♕a8+ nebst 3.♕:f3.

Nr. 80
1.♖h4+ gh 2.g4 matt.

Nr. 81
1.♖g8+ ♖:g8 2.♘:f7 matt.

Nr. 82
1.♕:h5 gh 2.♖hg3 mit unvermeidlichem Matt.

Nr. 83
1. … ♘g4+ 2.♗:g4 ♖8f2+ 3.♔h3 ♖h1 matt.

Nr. 84
1. … ♕a5+ 2.♔:a5 ♖:a2+ 3.♔b4 a5 matt.

Nr. 85
1.♖f8+! ♖:f8 2.♕g8+ ♖:g8 3.♘f7 matt.

Nr. 86
1.♖:g7+ ♖:g7 2.♖e8+! ♔f7 3.♕:g7+ ♔:e8 4.♕f8 matt.

11. Lektion

Nr. 87
Schwarz gewinnt nach 1. … ♕:f1+! 2.♕:f1 ♖:f2+ 3.♔g1 (oder 3.♔e1 ♖:g2 mit Mattdrohung) 3. … ♖:g2+. Möglich ist 4.♔f1 ♖af2+ 5.♔e1 ♗d2+ 6.♔d1 ♗:b4, und Weiß ist schutzlos gegen die Drohungen auf der ersten Reihe.

Nr. 88
Vor allem mittels Verhinderung der Rochade von Schwarz: 1.♗a3!

Nr. 89
1.f4+ ♔d6 2.f5! mit Ausschluß des schwarzen Läufers vom Spiel. Versuche, den weißen Läufer zu fangen, sind zwecklos, zum Beispiel 2. … b5 3.♗a6 ♔c6 4.a4 oder 3.♗b7.

Nr. 90
1. … ♖a3! Bremst den am weitesten vorgedrungenen Freibauern. Danach begibt sich der schwarze König zum Damenflügel. Fehlerhaft ist 1. … ♖b3? wegen 2.a7 ♖a3 3.b6 ♔f6 4.b7! ♖:a7 5.b8♕.

Nr. 91
1.♖d4! ♔g7 2.♔c6 ♔f6 3.♔b5 ♔e5 4.♖d2.

12. Lektion

Nr. 92
Nach dem Eckfeld a1. Marschroute des Springers: ♘b6–d5–b4–d3–b2. Die Methode zur Einengung des Königs auf die Mattführung sind analog dem Beispiel auf Diagramm 71.

Nr. 93
Nach dem Eckfeld h8. Marschroute des Springers: ♘e4–g3–e4–g5–e6–g7. Die Methode zur Einengung des Königs und die Mattführung sind analog dem Beispiel auf Diagramm 71.

Nr. 94
1.♘d5 ♔b7 2.♔d7 ♔b8 3.♗a6 ♔a7 4.♗c8 ♔b8 5.♘e7 (oder 5.♘b4) 5. … ♔a7 6.♔c7 ♔a8 7.♗b7+ ♔a7 8.♘c6 matt oder 8.♘c8 matt. Auf 1. … ♔b8 folgt 2.♔d8 ♔b7 3.♔d7 und weiter nach der obigen Variante.

13. Lektion

Nr. 95
1.♗c4 läßt den schwarzen König nicht zum Eckfeld h8.

Nr. 96
1.♘h3 gh 2.♔f2 h2 3.♘g3 matt.

Nr. 97
1) 1.♘e6 mit anschließender Annäherung des Königs;
2) 1.♘f7 ♔g7 2.♘e5 mit folgender Annäherung des Königs.

Nr. 98
1.♘c3+ ♔a1 2.♘a5 e2 3.♘b3 matt.

Nr. 99
1.♔c3 (aber nicht 1.♔b3? wegen 1. … c1♘+ mit Remis) 1. … c1♕+ 2.♔b3, und Schwarz hat keine Verteidigung gegen das Matt.

Nr. 100
1.♕d2+ ♔a1 2.♕c3+ ♔a2 3.♕b4 oder 1. … ♔b1 2.♕b4+ ♔a2 3.♔f7.

Nr. 101
Bei Anzug von Weiß Gewinn: 1.f6 ♔h7 2.f7 oder 1. … ♔f7 2.h7.
Bei Anzug von Schwarz Remis: 1. … ♔h7 2.♔b2 ♔:h6 3.♔c3 ♔g5 4.♔d4 ♔:f5.

15. Lektion

Nr. 102
1. … a5 2.♔e5 c3! Versperrt dem weißen König den Weg. 3.dc a4 4.♔d4 a3 5.♔d3 a2 6.♔c2 a1♕ mit Gewinn.
Nr. 103
1.♔e5 ♔d7 2.♔f6 ♔e8 3.♔g7! (3.h4? führt nach 3. … ♔f8 zum Remis) 3. … ♔e7 4.h4 ♔e6 5.h5, und der weiße Bauer zieht zur Dame ein.
Nr. 104
1.♔b5 ♔c3 2.♔c5 ♔d3 3.♔d5 ♔e3 4.♔e5 ♔f3 5.♔f5 ♔g3 6.h6! gh 7.h5 ♔h4 8.♔g6 ♔g4 9.♔:h6 ♔f5 10.♔g7 mit Gewinn.
Nr. 105
1.♔c2 ♔e7 2.♔d3 ♔d7 3.♔d4 ♔d6 4.d3! ♔c6 5.♔e5 mit Gewinn.
Nr. 106
Bei Anzug von Weiß gewinnt 1.e5! ♔f7 2.♔d7 oder 1. … ♔g6 2.♔d7 ♔f5 3.♔d6.
Bei Anzug von Schwarz Remis: 1. … e5! 2.♔d6 ♔f6 3.♔d5 ♔f7 (Opposition auf der Diagonale) 4.♔:e5 ♔e7 5.♔f5 ♔f7 6.e5 ♔e7 7.e6 ♔e8!
Nr. 107
1.♔d6 ♔f8 2.f7! ♔:f7 3.♔d7 ♔f8 4.♔e6 ♔g7 5.♔e7 ♔g8 6.♔f6 ♔h7 7.♔f7 ♔h8 8.♔:g6.
Nr. 108
1.♔c6, und der weiße König befindet sich im Quadrat des schwarzen Bauern. Remis.
Nr. 109
Nach 1.♔f4 gewinnt Weiß. Bei Anzug von Schwarz nach 1. … ♔g5 oder 1. … ♔f5 Remis.

16. Lektion

Nr. 110
Nach 1.a4! h5 2.♔d2 gewinnt Weiß, der sich mit dem König zu den h-Bauern begibt. Die weißen Bauern decken sich gegenseitig, zum Beispiel 2. … ♔c5 3♔e3 ♔b6 4.c4! ♔a5 5.c5.
Nr. 111
1. … f5 2.♔d2 ♔f3 3.♔d3 f4 4.c4 ♔g2 5.c5 f3 6.c6 f2 7.c7 f1♕+.
Nr. 112
1. … f5+ 2.♔d4 f4, wonach der schwarze König der Reihe nach die weißen Bauern erobert.
Nr. 113
1.f6 gf 2.g6 hg 3.h6, und der Bauer zieht zur Dame ein. Falls 1. … ♔e6, dann 2.fg ♔f7 3.h6 ♔g8 4.♔d3 ♔f7 5.♔e4 ♔g8 6.♔e5 ♔f7 7.♔f5 ♔g8 8.g6 hg+ 9.♔f6 g5 10.♔g6 g4 11.h7 matt.
Nr. 114
1.b5! ♔h5 (1. … ♔f6 2.♔g4 g5 3.♔h5 mit Gewinn der Bauern g5 und h4) 2.a5 ba 3.b6 cb 4.d6, und der Bauer zieht zur Dame ein.
Nr. 115
Weiß muß die Damenflügelbauern vorziehen mit dem Ziel, einen Freibauern zu bilden. Der weiße König unterstützt dieses Vorgehen. Falls der schwarze König in die Verteidigung des Damenflügels eingreift, muß der weiße König, die Ablenkung ausnutzend, zu den Königsflügelbauern durchbrechen.
Nr. 116
1.♔e2 ♔e6 2.♔f2! ♔:e5 3.♔f3.

17. Lektion

Nr. 117
1.♔d6! (1.a5? ♘f3 2.a6 ♘d4 3.♔d6 ♘b5+ 4.♔c6 ♘a7+, remis) 1. … ♘f3 (1. … ♘f7+ 2.♔c7 oder 1. … ♘e4+ 2.♔c6) 2.♔d5 ♘e1 3.a5 ♘d3 4.♔c4 ♘e5+ 5.♔b5 ♘d7 6.a6 ♘f6 7.a7 mit Gewinn.
Nr. 118
1.♘b4! mit Gewinn. 1.a7? führt nach 1. … ♔b7 zum Remis.
Nr. 119
1.♘d7+ ♘:d7 2.e5! ♘:e5 3.g7 mit Gewinn.
Nr. 120
1.ab ♘:a6 2.b5! mit Gewinn, z. B. 2. … ♘b8 3.ba oder 2. … ab 3.ba.

18. Lektion

Nr. 121
1.g3+ ♔f5 2.g4+ ♔f6 3.g5+ ♔f5 4.g6 ♔f4 5.b7, und einer der Bauern ist unaufhaltsam.
Nr. 122
1. … ♗h4! (mit der Drohung 2. … ♗:g3) 2.gh g3 3.hg h2.
Nr. 123
1.♗f3 ♗a6 (1. … ♗a8 2.a6) 2.♗:c6 ♗e2 3.b5 f3 4.a6! f2 5.a7 f1♕ 6.b6+ ♔d8 7.a8♕+ ♔e7 8.♕e8+ ♔f6 9.♕f8+ ♔g5 10.♕:f1 ♗:f1 11.b7.
Nr. 124
1.♗f8+ ♔d7 2.♗c5 ♗h2 3.♗a7. Es droht 4.♗b8. Falls 3. … ♔c7, dann 4.♔e6 nebst 5.♗c5, 6.♗d6 und 7.♗:e5.
Nr. 125
1.♗e5+ ♔g8 2.f5 e6 3.f6! ♗b4 4.f7+ ♔f8 5.♗g7+ ♔e7 6.f8♕+.

19. Lektion

Nr. 126
1.♔e6 ♗b4 2.f6 ♗a5 3.f7 ♗b4 4.♔f6 ♗c3+ 5.♔g6 ♗b4 6.♔g7.
Nr. 127
1.♗c2+ ♔a5 2.b4+ ♔a6 3.♔c6 ♔a7 (3. … ♗a7 4.♗d3 matt) 4.b5 ♔a8 5.♗e4 ♔a7 (5. … ♗a7 6.♔:c7 matt) 6.♗f3 ♔a8 7.b6 cb 8.♔:b6 matt.
Nr. 128
1. … b5! 2.ab ab 3.cb c4! 4.♗a2 c3 5.♗b1 ♔d7. Der schwarze König strebt dem Bauern c3 zu, und die weißen Bauern sind blockiert.
Nr. 129
1.c5! bc 2.♗c4, und einer der Bauern zieht zur Dame ein. Oder 1. … ♗:c5 2.a5!
Nr. 130
1.♔d7 mit der Absicht, zum Feld h7 zu gehen und den Bauern h6 zu schlagen, zum Beispiel 1. … ♗b4 2.♔e8 ♗c3 (2. … ♔g7 3.♔e7 und 4.f6+) 3.♔f8 usw.

20. Lektion

Nr. 131
1.e5! ♖:e5+ 2.♔f4 mit den Drohungen 3.♖h1 matt und 3.♔:e5.
Nr. 132
1.♔e4.
Nr. 133
1.♖c8 ♖:a7 2.♔b6+.
Nr. 134
1. … g3! 2.hg ♖h1+ und 3. … b1♕ oder 2.♔:g3 ♖g1+.
Nr. 135
1.♖b7! ♖:b5 2.♔g6 ♔f8 3.h6 ♖e5 4.♖b8+ ♔e7 5.h7.

21. Lektion

Nr. 136
1.g7 ♖h5+ 2.♔f4 ♖h4+ 3.♔f3 ♖h3+ 4.♔g2.
Nr. 137
1.a6 ♖a1 2.a7 ♔f7 3.♖h8 ♖:a7 4.♖h7+ ♔e6 5.♖:a7.
Nr. 138
1.♖b8+ ♔f7 2.♖b7 ♖e7+ 3.♔d6 ♖:b7 4.ab.
Nr. 139
Am aussichtsreichsten ist für Weiß der Plan, einen entfernten Freibauern zu bilden, der von hinten durch den Turm gedeckt wird, zum Beispiel: 1.f5 gf 2.gf ♖f6 3.♖f4 b4 4.b3 ♖f7 5.f6 ♔d6 6.♔d4 ♔e6 7.♖f2 ♔d6 8.♖a2 ♖c7 9.♖a6+ ♔d7 10.♖b6.
Nr. 140
Wegen der Fesselung des Bauern c6 hat Weiß keine Gewinnaussichten.

22. Lektion

Nr. 141
1.♔g5! ♘f2 2.h4 ♘e4+ 3.♔g6 ♘:d6 (3. … ♔g4 4.h5) 4.h5 mit Gewinn.
Nr. 142
1.♘e6 fe (1. … ♗e4 2.♘g5+ ♔f4 3.♘:e4 ♔:e4 4.c6 bc 5.b7) 2.c6 ♗e4 (2. … ♗f5 3.cb) 3.c7, und der Bauer wird zur Dame.
Nr. 143
1.♗d4! ♔g7 (1. … ed 2.♔g3 ♔g6 3.♔f4, und Schwarz befindet sich in Zugzwang, oder 1. … e5? 2.d6!) 2.d6 ♔f8 3.♗:f6 mit Gewinnstellung, zum Beispiel 3. … ♘b6 4.♔g3 ♘d7 5.♗b2 ♔g8 6.♔g4 ♔h7 7.♔h5 ♘f8 8.g4 ♘d7 9.g5! hg 10.♔:g5 ♔g8 11.♗d4 ♔h7 12.h4 ♘f8 13.♔f6.
Nr. 144
Falls 1. … ♔a6, dann 2.♕a2+ ♔b6 3.♕b1+ ♕:b1 4.b8♕+ und 5.♕:b1. Auf 1. … ♔c7 gewinnt 2.♕h2+ ♕:h2 3.b8♕+ ♔d7 4.♕:h2.
Nr. 145
1.♕c7.

23. Lektion

Nr. 146
1.♖d1+ ♔e7 2.♖:d8 ♔:d8 3.♗:b6+.
Nr. 147
1.♗:b4 ♕:b4 2.♖:c7! (2.♕:e5+? f6!) 2. … ♖:c7 3.♕:e5+ und 4.♕:c7.
Nr. 148
1. … ♖:e1+ 2.♖:e1 ♖c2 mit den Drohungen 3. … ♕:f2 und 3. … ♕:c3.
Nr. 149
1.♗:g6+ fg 2.♕:g7+! ♔:g7 3.♘:e6+.
Nr. 150
1.♖:a7 ♖:a7 2.c7, und der Bauer zieht zur Dame ein.
Nr. 151
1. … e3 2.♕:b7 e2+ 3.♔e1 ♖:g1+ 4.♔d2 ♖d1+.
Nr. 152
1.♖e5! ♕d3 (1. … ♕g4 2.h3) 2.♖:e7+ ♔:e7 3.♘:d5+ ♘:d5 4.♕:d3.
Nr. 153
1. … ♖e1 2.♗:e1 (2.♖:e1 ♘f2+) 2. … ♘b2 3.♗c3 ♘:d1 4.♖:d1 ♕e2!
Nr. 154
1. … ♖d1! 2.♖:d1 (2.♕:c6 ♖:e1 matt) 2. … ♕:f3.
Nr. 155
1.♖d4 (1. … g6 2.♖:d8 ♘:a1 3.♕d4+ ♕:d4 4.♖:f8+ ♔g7 5.♘e6+).

24. Lektion

Nr. 156
1.♖b3 cb 2.♕:b4 oder 1. … ♕a5 2.♕b8+ ♔d7 3.♖b7+ ♔e8 4.♖e7 matt.
Nr. 157
1. … ♖c2 2.♗:c2 (2.♕e3 ♘e2+ 3.♔f2 ♘g4+) 2. … ♘e2 matt.
Nr. 158
1.♖:b5 ♖:b5 2.♕a4 ♖:b1 3.♕:d7.
Nr. 159
1. … ♖e2 2.♕:c5 ♖g:g2+ 3.♔h1 ♖h2+ 4.♔g1 ♖eg2 matt.
Nr. 160
1.♕a4+ ♕c6 (1. … ♘c6 2.♕:c6+ ♕:c6 3.♖d8 matt) 2.♖d8+ ♔:d8 3.♕:c6.
Nr. 161
1. … ♘:e4 2.♗:d8 ♘:g3 mit unwiderlegbarer Mattdrohung.
Nr. 162
1. … ♕e1+ 2.♖:e1 ♘f2+ 3.♔g1 ♘:h3+ (die fesselnde Figur ist vernichtet) 4.gh hg. Schwarz besitzt die Qualität mehr und Gewinnstellung.
Nr. 163
1.♖e7 ♕:e7 (1. … ♗:e7 2.♕f7 matt) 2.♕:d5+.
Nr. 164
1. … ♘f6 2.♖:d8+ ♘:d8 3.♕a1 ♔:g7 mit Gewinnstellung für Schwarz.
Nr. 165
1. … ♖d1 2.♔:d1 h2.
Nr. 166
1.♕g3.

25. Lektion

Nr. 167
1. … ♕h1+ 2.♔:h1 ♖:h3+ 3.♔g1 ♖h1 matt.
Nr. 168
1.♖h8+ ♗:h8 2.♕h3.
Nr. 169
1. … ♖:d5 2.♗:d5 d2! 3.♕:d2 ♘f3+.

Nr. 170
1.♕a4+ ♕:a4 2.♘c7+ ♔f8 3.♖:d8 matt.
Nr. 171
1.♖b8 ♕:b8 2.♕:h4.
Nr. 172
1.♗g5 hg 2.♕h5 matt.
Nr. 173
1. … e4 2.♕:e4 ♖:c2 3.♖:c2 ♕c1+ 4.♖:c1 ♖:c1+ usw.
Nr. 174
1.♘f5+ ♔h5 (1. … gf 2.♕:f6+ nebst 3.♕g5 matt) 2.♕:h7+ ♘:h7 3.g4 matt.
Nr. 175
1. … ♕a5 2.♕:a5 ♘c2 matt.

26. Lektion

Nr. 176
1. … ♗:f3 2.gf ♖:h2+ 3.♔:h2 ♗g3++ 4.♔g1 ♖h1+ 5.♔:h1 ♕h4+ oder 4.♔:g3 ♕h4+.
Nr. 177
1.♕:d4 ed 2.♖fb1.
Nr. 178
1.♕:h6+ gh 2.♖ag8 matt.
Nr. 179
1. … ♕:h2+ 2.♔:h2 ♖f6 3.♔g1 ♖h6.
Nr. 180
1. … ♖:b2 2.♔:b2 ♕:c3+ 3.♔c1 ♖b8 4.♖d3 ♖b1+ 5.♔:b1 ♕b2 matt.
Nr. 181
1.♗:h7+ ♔:h7 2.♘g5+ ♔g6 3.♕h3 ♘d:e5 4.♕h7+ ♔f6 5.♘ce4+ de 6.♘:e4 matt.
Nr. 182
1. … ♗:g2+ 2.♔:g2 (2.♔g1 ♗f3!) 2. … ♕g4+ 3.♔h1 ♘:f2+ 4.♖:f2 ♖:d1+ 5.♕:d1 ♕:d1+.
Nr. 183
1. … ♕:f2+ 2.♔:f2 ♘g4+ 3.♔f3 (3.♔g1 ♗e3 matt) 3. … e4+ 4.♔:e4 ♘df6+ 5.♔f3 ♘e5+ 6.♔f2 ♘fg4+ 7.♔g1 ♗e3 matt.

27. Lektion

Nr. 184
1. … ♗f6+ 2.ef ♔g6 nebst 3. … ♕h5 matt (3.g4 ♕e1+).
Nr. 185
1.♘f6+ ♗:f6 2.♗d3 ♖e8 3.♗:h7+ ♔h8 4.♗g6+ ♔g8 5.♕h7+ ♔f8 6.♕:f7 matt.
Nr. 186
1. … ♖h4+ 2.gh g4 matt.
Nr. 187
1.♕h7+ ♘:h7 2.♘hg6+ ♔g8 3.♘:e7+ ♔h8 4.♘eg6 matt.
Nr. 188
1.♕:f5 ♖:f5 2.♘e6+.
Nr. 189
1. … b3 2.ab ♘b4.
Nr. 190
1. … ♘e1 2.♖:e1 ♕f3+ 3.♔g1 ♗h3.
Nr. 191
1. … ♖f1+ 2.♔g3 (2.♔:f1 ♕e1 matt) 2. … ♘g5+ 3.♖g4 ♖1e3+.
Nr. 192
1.g5+ ♔h5 2.♖:h7+ ♗:h7 3.♖h6 matt.
Nr. 193
1.♕e5+ ♔a7 2.b5 (2.♖e8 ♖:g3+) 2. … cb (2. … ab 3.♕c7 ♕b8 4.♕a5 matt) 3.c6 f6 4.♕e3+ d4 5.♕:d4+ ♔b8 6.♖:g7 ♕:g7 7.♕d8+.
Nr. 194
1.♗e3! ♕:e3 (1. … ♗:e3? 2.♖f7, und Weiß gewinnt) 2.♕h5+ ♔g8 (2. … ♔g7? 3.♖f7+ nebst 4.♕h7 matt) 3.♕f7+ ♔h8 4.♕h5+ und Remis wegen ewigen Schachs.

28. Lektion

Nr. 195
1. … ♕:h2+ 2.♕:h2 ♗:h2+ 3.♔:h2 ♖:d1.
Nr. 196
1.♕g7+ ♗:g7 2.♗:g7+ ♔g8 3.♗f6 matt.
Nr. 197
1.♖a8+ ♗:a8 2.♕:a8+ ♕f8 3.♗h7+ ♔:h7 4.♕:f8.
Nr. 198
1. … ♕:g2+ 2.♔:g2 ♖g6+ 3.♔h1 ♘:f2 matt.
Nr. 199
1. … ♕g8! 2.♕b5 ♕:c4 3.♕:c4 patt.
Nr. 200
1.♘e5.
Nr. 201
1.♘d5 ♗:d4 2.♘:e7+.
Nr. 202
1.♗:e6 ♖:d1 2.♕a8+ ♔h7 3.♗:f7.
Nr. 203
1.♕g6+ ♔:g6 2.♗:e4++.

29. Lektion

Nr. 204
1. … ♖b1+ 2.♔g2 ♘f4+ 3.gf (3.♕:f4 ♕:a6 oder 3.♔f3 ♘e6) 3. … ♕:g4 matt.
Nr. 205
Das Ziel ist, die Stellung des Königs in der Mitte auszunutzen. Hier eine mögliche Variante: 1.♘:b5 ab 2.♗:b5 ♗c8 3.♖d6! ♖g8 (es drohte 4.♖e6+) 4.♖hd1 ♖g4 5.♖c6 (mit der Drohung 6.♖:c8) 5. … ♖h4 6.♕d3 e4 7.♕e2 ♗b7 8.g3 ♕g4 9.♕:g4 ♖:g4 10.♖c7.
Nr. 206
Der Plan – Angriff auf den König. Am aussichtsreichsten ist der folgende Weg: 1.e5 ♘d5 2.♗:h7+ ♔:h7 3.♘g5+ ♔g6 4.♕g4 f5 5.♕h4 ♘f6 (sonst 6.♖c3 nebst 7.♖g3) 6.ef ♔:f6 7.♖:c6! ♗:c6 8.d5+ e5 9.dc ♖:c6 10.g4 g6 11.♘d4 ed 12.♕h7 ♗g7 13.♗:d4+ ♖e5 14.♘f3.
Nr. 207
Der Plan – Einbeziehung des Turms in den Königsangriff. Eine mögliche Variante ist: 1.♖f3 ♕f8 2.♖g3! oder 1. … ♗b5 2.♖g3 ♖c7 3.♗f6 ♔h8 4.♕h6 ♕f8 5.♘:b5 ab usw.
Nr. 208
Der Plan – Königsangriff mit Vorgehen der Bauern. In der Partie Rjumin–Rabinowitsch, Leningrad 1934, folgte: 1.h4 c5 2.g4 cd 3.ed g6 4.g5 hg 5.h5! ♔g7 6.hg fg 7.♗d3 ♖h8

8.♗:g6 ♕c7 9.♗f5 ♖:h1 10.♖:h1 ♘f8 11.♖g1 ♕f4 12.♘:g5 ♗:g5 13.♘e2 ♕:f2 14.♕c7+ ♔h6 15.♕d6+ ♔g7 16.♖:g5+ ♔f7 17.♗g6+ ♘:g6 18.♕:g6+ ♔e7 19.♖e5+. Schwarz gab auf.

30. Lektion

Nr. 209
Am zweckmäßigsten ist 1.d5! ed (1. … ♘d8 2.d6) 2.♘:d5 mit der möglichen Fortsetzung 2. … ♗f5 (2. … ♘:d5 3.♗:d5 ♗f5 4.♗:f7+) 3.♖:e7 ♖:e7 (3. … ♗:d3 4.♘:f6+ ♔h8 5.♖:f7) 4.♘:f6+ ♔h8 5.♕d2 usw.

Nr. 210
In der Partie Rubinstein–Salwe, Lodz 1908, aus der die angeführte Stellung stammt, folgte: 1.♘a4 ♕b5 2.♗e3 0–0 3.♖c1 ♗g4 4.f3 ♗e6 5.♗c5 ♖fe8 6.♖f2 ♘d7 7.♗:e7 ♖:e7 8.♕d4 ♖ee8 9.♗f1 ♖ec8 10.♘c5 ♘:c5 11.♖:c5 ♕b6 12.e3 ♖c7 13.♖fc2 ♖ac8 14.b4 a6 15.♖a5 ♖b8 16.a3 ♖a7 17.♖:c6 ♕:c6 18.♕:a7, und Weiß gewann bald.

Nr. 211
Schwarz hat den rückständigen Bauern d6. Für Weiß ist es vorteilhaft, das Feld d5 zu besetzen, den Springer von Schwarz abzutauschen, so daß dieser einen schlechten Läufer behält. Möglich ist die folgende Variante: 1.♗g5 ♖fe8 2.♗:f6 ♗:f6 3.♘d5.

Nr. 212
Es ist für Schwarz zweckmäßig, einen Plan mit Angriff auf die Basis der gegnerischen Bauernkette durchzuführen. Hier eine mögliche Variante: 1. … b5 2.a3 a5 3.♘h2 b4 4.ab ab 5.f4 bc 6.bc ♖a3 7.♖c1 ♕a5 mit Initiative für Schwarz.

Sachregister

Bitte beachten Sie die folgenden Seiten

KURZWEILIGES SCHACHTRAINING

Erfolg im positionellen Spiel

Nutzen Sie die Gelegenheit und trainieren Sie mit einem der berühmtesten Trainer, der schon zu Lebzeiten eine Legende ist – und überzeugt davon, daß »jeder junge, aufstrebende Spieler in seinem Ränzlein die glitzernde Krone des Weltmeisters trägt«! Ob für Neuling oder Fortgeschrittenen, dieses kurzweilige und ganz unmittelbare Training macht Prinzipien und Gesetzmäßigkeiten des positionellen Spiels verständlich.

Ca. 144 Seiten,
Ca. 100 Diagramme,

ISBN
3-328-00424-6

SPORTVERLAG GMBH · Neustädtische Kirchstraße 15 · O-1086 Berlin

SPORT
VERLAG

ERFOLGREICH
INS ZIEL

THEMA: FERNSCHACH

Der ferne Gegner – ganz nah

Die in nahezu vier Jahrzehnten Spielpraxis gesammelten Erfahrungen des Weltmeisters bringen die reizvolle Dimension dieser Variante des Schachspiels nahe. Seine Tips und Tricks sind nicht nur für Fernschachfans, sondern für Spieler aller Klassen wichtig, wobei so interessante Fragen beantwortet werden, wie: Können Computer beim Schachspiel helfen? Wie verhält man sich, wenn der Gegner nicht aufgibt? Hat der Fernschachweltmeister eine Chance gegen den Nahschachweltmeister? Ist Fernschach überhaupt eine Sportart? (Sie ist es!)

251 Seiten,
140 Diagramme,
11 Fotos,
6 Strichzeichnungen,

ISBN
3-328-00398-3

SPORTVERLAG GMBH · Neustädtische Kirchstraße 15 · O-1086 Berlin

SPORT VERLAG

ERFOLGREICH INS ZIEL

DER JÜNGSTE WELTMEISTER

Die Biographie aus erster Hand

Das Geheimnis um Garri Kasparows kometenhaften Aufstieg und seinen Sieg über den Erzrivalen Anatoli Karpow wird endlich gelüftet. Und zwar von keinem geringeren als Kasparows Trainer und väterlichen Freund, Alexander Nikitin, der selbst ein Souverän der sowjetischen Schachelite ist. Er skizziert alle wesentlichen Stationen seines Schützlings auf dem Weg zum Schachgipfel und bezieht die entscheidenden Partien aus den Jahren 1976–1990 mit ein. Von besonderer Brisanz sind dabei die Enthüllungen (sport)politischer Hintergründe . . .

310 Seiten,
93 Diagramme,
29 Fotos,

ISBN
3-328-00394-0

SPORTVERLAG GMBH · Neustädtische Kirchstraße 15 · O-1086 Berlin

SPORT
VERLAG

ERFOLGREICH INS ZIEL